李纲

　　这是一个被战争塑造的历史形象,一身如燃烧般的火红色战袍和同样如火焰般的簪缨,难以让人想象这是一个士人,仿佛是一位天生的大将!这个人一生活了五十七年,北宋四十四年,南宋十三年。他是北宋王朝从鼎盛走向覆没的见证者,也是北宋王朝的最后拯救者,然而,这个在北宋时代度过了四十四年的历史人物,最终却被历史恒久地注定在他仅仅生活了十三年的南宋。

张浚

一个在故纸堆里沉睡千年的人物,一个王朝的托命之人,究竟扮演了怎样的历史角色?

若要还原历史的真相,还得将那尘封的历史一页一页揭开——

朱熹赞张浚"勋存王室,泽被生民,威镇四夷,名垂永世",杨万里则把张浚推崇到了"三圣无多学,千年仅一翁"的至高境界。

沈园

　　沈园姓沈，它的主人是一位姓沈的富商，对那位园主的追溯已经没有太多的意义。由于陆游和唐琬在这园林里出现，这一座私家园林从此就只属于他们。沈园其实很小，却仿佛永远走不到尽头。

　　陆游和唐琬的美好婚姻被无情拆散，在沈园的墙壁上，陆游留下那首"山盟犹在，锦书难托"的《钗头凤》，还有唐琬以一生才情书写的"世情薄，人心恶"的凄艳和词，合奏出一曲千古绝唱的爱情悲歌。而也是在这沈园写下的那首《卜算子·咏梅》，那"零落成泥碾作尘，只有香如故"的咏叹，更是陆游赤诚爱国，历尽坎坷的人生写照，是在毁灭中升华的人生意境。

辛弃疾纪念祠

  当一个身影穿越翻卷的狼烟和黑暗中的烽火闯入你的视线，你感到一个灵魂骤然复活。那是一个死了千百年的人，多少年了，他依然活着，依然让你感觉到一个生命胸膛里的热量、血脉贲张的悲愤与激情，那一身血性随时都将喷薄而出。

  辛弃疾21岁拉起队伍参加起义军。在南下途中，判徒杀害了义军主帅，使义军溃散。辛弃疾聚集了五十多个义士，袭击了几万人的敌人，擒了叛徒，逃奔了南宋从此驰骋疆场，累获升迁，又累遭贬逐。这个把宋代豪放词推上历史巅峰的词人，临终也是在嘶声疾呼"杀贼"的铁血英雄。"万里中原，不堪回首，人生如寄。"好一种苦吟，一吟双泪流。

岳麓书院

一条夹在荆棘与巉岩间的幽险古道已经很久没有人走过，年复一年枯枝败叶堆积得太深厚了，当你听见脚下正咔咔裂响，踩在上面的感觉又厚实又空洞，你是否有过以这种方式走进历史。

中国理学史上著名的"朱张会讲"就发生在岳麓书院。在国耻中备感屈辱的朱熹力图从精神上寻找拯救国家的力量，来到潭州（今长沙），访问湖湘学派的代表人物张栻，在这里展开了一场长达近三个月的公开辩论。这场理学上的巅峰对决，让岳麓书院声名大噪，从此位居宋代四大书院之首。后来，朱熹任潭州知府，又改建并扩建书院，并常在书院讲课。一代大儒已去，他一生穷究天理的精神却留在人间。

文天祥祠

北京东城府学胡同 63 号，看上去如深藏着无数秘密的王府。其实，是一座很不起眼的建筑，一座寂静的门楼，大门、前殿、后殿，以安稳的姿态不紧不慢地展开——这就是文天祥祠。1278 年（南宋景炎三年），南宋右丞相文天祥在广东海丰的抗元作战中被俘，后被解押元大都（今北京）囚禁。元世祖忽必烈惜其才学，更感其精神，曾亲往劝降，并许以中书宰相之职。文天祥近五年时间里不为所动，英勇就义。他抒写的"人生自古谁无死，留取丹心照汗青"的诗句，就是历史的时空中树起的不死的灵魂坐标。

| 南宋卷 | 陈启文 —— 著 |

大宋国士

中国出版集团公司
华文出版社

图书在版编目（CIP）数据

大宋国士. 南宋卷 / 陈启文著. —— 北京：华文出版社，2020.1（2023.1 重印）

ISBN 978-7-5075-5202-7

Ⅰ. ①大… Ⅱ. ①陈… Ⅲ. ①历史人物－人物研究－中国－南宋 Ⅳ. ①K820.44

中国版本图书馆CIP数据核字（2019）第245904号

大宋国士·南宋卷

DASONG GUOSHI · NANSONG JUAN

作　　者：	陈启文
责任编辑：	谭　笑
出版发行：	华文出版社
地　　址：	北京市西城区广外大街 305 号 8 区 2 号楼
邮政编码：	100055
网　　址：	http://www.hwcbs.com.cn
投稿邮箱：	784263235@qq.com
电　　话：	总编室 010-58336239　发 行 部 010-58336267　58336230
	责任编辑 010-58336237
经　　销：	新华书店
印　　刷：	三河市龙大印装有限公司
开　　本：	710×1000　1/16
印　　张：	25
字　　数：	326 千字
版　　次：	2020 年 1 月第 1 版
印　　次：	2023 年 1 月第 2 次印刷
标准书号：	ISBN 978-7-5075-5202-7
定　　价：	74.00 元

版权所有，侵权必究

目 录

李 纲　进退一身关社稷 …………… 1
　一、北宋帝国的黄昏 ……………… 2
　二、一个永不愈合的伤口 ………… 13
　三、南宋第一名相 ………………… 28
　四、进退一身关社稷 ……………… 38

陈 规　在一个王朝转身之际 ……… 49
　一、帝国守门人 …………………… 50
　二、德安守城录 …………………… 55
　三、顺昌之战：历史的分水岭 …… 63
　四、一个历史的侧影 ……………… 69

张 浚　一个王朝的托命之人 ……… 73
　一、从一个白日梦开始 …………… 74
　二、鏖战关陕功与罪 ……………… 88
　三、从淮西之战到淮西兵变 ……… 109
　四、最黑暗的岁月 ………………… 120

  五、最后的辉煌与败笔 …………………………… 130

虞允文　伟哉虞公，千古一人 …………………… 147
  一、人生的三个角色 …………………………… 148
  二、一个王朝的命门 …………………………… 152
  三、文有苏东坡，武有虞允文 ………………… 160
  四、伟哉虞公，千古一人 ……………………… 171

胡　铨　脖子最硬的人 …………………………… 179
  一、失重的江山 ………………………………… 180
  二、南朝有人，中国不可轻 …………………… 189
  三、脖子最硬的人 ……………………………… 196
  四、要使奸雄怯胆寒 …………………………… 200
  五、为厉鬼以杀贼，死亦不忘 ………………… 210

陆　游　一树梅花一放翁 ………………………… 214
  一、沈园，或前定的宿命 ……………………… 214
  二、坎坷而低迷的仕途 ………………………… 226
  三、寻找失落的灵魂 …………………………… 239

辛弃疾　谁揾英雄泪 ……………………………… 244
  一、铁血英雄 …………………………………… 245
  二、"归正人"的尴尬身份 …………………… 249
  三、白鸥在何处 ………………………………… 262
  四、迟到的召唤 ………………………………… 276

朱　熹　谁道天路幽险 …………………………… 287
  一、"问渠那得清如许" ……………………… 288

二、一场宿命的心理决斗 …………………… 297
三、谁道天路幽险 …………………………… 303
四、聆听灵魂的声音 ………………………… 316

陈文龙　从祭坛走向神坛 ………………… 324
一、一半是国史，一半是家史 ……………… 324
二、清心为治本，直道是身谋 ……………… 332
三、从祭坛走向神坛 ………………………… 337

文天祥　最后的拯救 ……………………… 344
一、颠倒的名字 ……………………………… 345
二、最后的拯救 ……………………………… 354
三、一个王朝真正的尾声 …………………… 360

后　记 ……………………………………… 371

绪 言

重新发现一个王朝

这是一部宋朝士人的命运之书。所谓"士人",又称"士",是中国古代才有的一种特殊身份,一般而言,士人被视为中华民族所独有的一个精英群体,也可谓中国古代文人或知识分子的泛称。宋朝士人黄庭坚对国士的解释:"士之才德盖一国,则曰国士。"国士乃一国中才能最优秀出众的、以天下兴亡为己任的士人,而这正是宋代士人共同的特征。

从士人到士大夫,则是士人与官吏的合二为一。北宋开国,即定下了天子与士大夫共治天下的政治架构,赵宋政府不仅以文人治国,而且以文驭武,连"佐天子执兵政"的最高军事长官枢密使和兵部尚书也基本上由文臣担任。当一个国家把政事、军事、人事等一应国家大事全都压在了士人身上,这使宋朝士人在历代士人中成了最有担当、最有使命感和天下抱负的一代士人。

从政治上看,赵宋之世把皇权和士人的关系调适到了历史上的最佳程度,从北宋到南宋,一直以士人主政,这让有宋一朝在中国历代王朝中不同于那些诉诸强权武力的王朝,而是一个人文理想主义色彩特别浓厚的王朝,一个相对开明、宽仁、廉洁的王朝,一个充满了危机感和忧患意识又锐意进取、不断变法图强的王朝。从"将相兼荣谁可比"的寇准到"宁鸣而死,不默而生"的范仲淹,从"慨然有矫世变俗之志"的王安石到"乾坤只在掌拿中"的司马光,直至一个王朝覆没之际的最后拯救者、"留取丹心照汗青"的文天祥，这些士人出身的政治家层出不穷，或跻身于宰执大臣擘画天下，或投身于郡县造福一方，或如苏洵等虽不为当世所用，却有非凡的政治韬略和天下抱负。这些士大夫不只是传统意义上那些励精图治的好官，而且产生了范仲淹、王安石等足以用伟大来形容的政治家或改革家，这也是宋朝政治上的一个突出特色，从仁宗朝范仲淹主导的庆历新政、神宗朝王安石推行的熙宁变法，一直到南宋濒临灭亡时，文天祥还提出了一系列包罗政治、经济、文化、教育和军事上的变革主张，一个王朝自始至终有着如此强烈的变革意识，这在历代王朝中不说是绝无仅有，却也十分罕见。

透过一个个国士的背影，对一个被误解、被低估、被歪曲的王朝也有重新发现和正视的可能。只有在充满文化自信的宽松政治环境下，才能打破和激活自西汉董仲舒罢黜百家、独尊儒术以来一直墨守成规的、长时间处于压抑和沉默的、几乎没有思想活力的局面。在政治角逐中，宋朝虽然没有出现现代意义的政党，但事实上一直存在各种"党争"，如北宋时代的新党（改革派）与旧党（保守派）之争，南宋时代的主战派与主和派之争，贯穿了宋朝三百余年的历史。又尽管别的朝代也不乏所谓"党争"，但在宋代却更接近于政党意义的政争，除了少数结党营私者是为一己私利而争，绝大多数士人（如王安石与司马光）围绕变法的激烈交锋，绝非为一己私利而争，而是甘愿牺牲个人利益、以天下为己任的国策或政策之争。对宋朝的"党争"，甚至有后世称之为"民主政治的典范"。对此论我虽不敢苟同，但赵宋之世又确是一个政治环境相当宽松的可以容忍百家争鸣的时代。

从文化上看，国学大师陈寅恪对宋朝给予了极高的历史定位："华夏民族之文化，历数千载之演进，造极于赵宋之世。"一般认为，在中国思想文化学术史上曾出现过三座高峰：一是先秦诸子百家争鸣的时期；二是宋学蔚然兴盛的时期，宋代被后世公认为自春秋战国以降中国历史上出现的百家争鸣的时代；三是清末民初在西学大举冲击下所激发的各种思潮的激烈碰撞和交锋，从而带来又一个思想文化学术上的高峰。特别值得一提的是，这三个高峰期，前后两个皆处于乱世，均是在中央集权瓦解的情境下发生，因天下大乱而让思想学术禁锢瓦解，而赵宋之世的宽松环境则是在中央集权相当巩固的时代发生，这不能不归功于宋朝统治者的宽和与自信。另一方面看，那也是一个史上鲜有的文人相亲的时代，哪怕势不两立的政敌，如王安石和司马光，对彼此的道德文章也均给予高度赞赏，当然也是基于客观事实的赞赏。

宋代学术争鸣与政争几乎是同时发生的，可以说是互相激发、互为因果的，伴随通经致用、讲求义理以及疑古思潮的兴起，直接催生理学，在周敦颐、邵雍、张载、二程、朱熹、张栻、陆九渊等人的不断探索下，理学成为中国文化和哲学发展的又一高峰。理学的勃兴和思想学术的争鸣又把书院推向鼎盛，中国古代四大书院都是宋代打造的。宋代也是中国教育最繁荣的时期之一，上至太学，下至蒙学（塾学），还有军事方面的最高学府——武学，甚至还有科技类的专门学校，其教育体系之齐全为历代少有。这是一个遍地书香的时代，也是一个裹着一身浓浓书香气的王朝，"弦诵之声，往往相闻"。在文学上，唐宋八大家中有六大家诞生于北宋，更有被誉为中国古代文学皇冠上的一颗钻石——宋词，把中国文学推上了汉唐以来的又一个高峰；科技上，宋代是中国古代天文学的巅峰期，如苏颂与韩公廉制造的水运仪象台，是融观测天象、演示天象、计量时间为一体的大型综合性的天文观测仪，相当于一座小型天文台；又如杨忠辅制作的统天历已与现在世界通用的格里哥利历完全相同。数学方面，以秦九韶等为代表的数学家，在联合一次同余式组的解法、高次方程式的数值解法、一元多次方程式及多元高次联立方程式消去法、高阶等差级数求和法等重要数学问题上均有创造性贡献。而中国古代四大发明有三项（火药、活字印刷术和指南针）诞生于宋朝，尽管后世对火药发明于何时尚有争议，但对北宋发明的活字印刷术和南宋发明的指南针是一致公认的。

这些文学艺术家、思想家、科学家，不仅是各门类的杰出士人，也大多是以天下兴亡为己任的国士，唐宋八大家在宋代表现最突出的特征，就是主张文章应"有为而作""言当世之要""言必中当世之过"，以"施之于今"，在现实中发挥了强有力的作用。哪怕是周敦颐、二程、朱熹、陆九渊等更偏重于学术的鸿儒，他们不但是思想与学术境界的高蹈者，也是脚踏实地的行动者，特别强调知行互发和行重知轻，知在先，行为重，"知之愈明，则行之愈笃；行之愈笃，则知之益明"。

文治武功，历来是中国人评价一个伟人或一个王朝的两大标准。

宋朝是文治盛世，武功弱世，这是历史对宋朝的基本评价。

中国历史上对宋朝的评价使用频率最高的一个词是"积贫积弱"。当国人还在妄自菲薄时，西方与日本史学界对宋朝的历史却有了令国人吃惊的发现。在历经唐末、五代暴力的循环后，随着一个以文治立国的王朝诞生，从太祖赵匡胤的"建隆之治"开始，北宋王朝便平稳地迈进了盛世，赵匡胤深知得民心者得天下，实行休养生息的政策，建隆年间（960—963年），全国土地开垦面积（约七亿亩）与亩产量皆为唐代最高值的两倍。在仓廪充实的保障和商业刺激下，宋代城市进入了蓬勃的扩张期，市民阶层不断壮大。宋代是古代工商业最蓬勃的时代，直接推动了百业的兴旺，民间手工艺遍布各地，水陆交通发达。而在以水运为主的时代，又推动了造船业的快速发展，宋代已能够制造运载千吨货物的船只。而这一切都极大地提高了老百姓的生活水平，有宋以来人口一直大幅度增长。盛唐时期，中国人口最高达5288万，宋初人口约为4640万，到达北宋末年竟高达1.25亿。宋朝朝廷的财政和国库收入，也是历史上最充实的。从经济总量来看，中国GDP（国民生产总值）在宋朝全盛时期约占世界比重百分之六十，远胜于史上最强盛而又持久的汉唐帝国，为中国各朝第一，也是当时世界第一。宋朝的繁荣程度、文明程度，都远远超过了我们对一个王朝既往的想象，这个帝国堪称当时世界第一强国。

然而，每当我面对一幅复原的《清明上河图》，看着那难以复制的繁华盛世的景象，一个个问号也接踵而至。这样一个充满了活力、创造力的王朝，一个在经济、文化教育与科学创新上最繁荣的时代，却又一直处于被动挨打的状态，历史上还很少有哪个王朝被外族欺侮到如此悲惨屈辱的地步，从俯首称臣到跪下来称侄、称孙，这是最荒诞的历史，却又出自堂堂正史。如果你不相信正史，按民间说法则更糟糕，人道是"脏唐臭汉鼻涕宋"，所谓"鼻涕宋"，是说宋朝像鼻涕一样软弱。一个王朝为何如此软弱？一个想当然的直接答案，宋朝的软弱是文人治国的必然结果。这里有几个经常援引的例子，被后世用以证明宋代文臣对武功与武臣的轻视。

第一个例子见于宋人笔记《渑水燕谈录》：陈尧咨是北宋真宗年间（998—1022年）的状元，此人集文武之道于一身，不但科举第一，还以"善弓矢"著称。那时宋朝和契丹（辽）使臣往来，时常要比箭，陈尧咨曾打算应真宗之命改授武职，和契丹使者比射，却遭母亲的痛打和严责："汝策名第一，父子以文章立朝为名臣，汝欲叨窃厚禄，贻羞于阀阅，忍乎？"陈尧咨最后不敢应命了。宋真宗赵恒在位时，宋朝开国不过四五十年，从朝廷到民间都如此瞧不起武职，那么谁又为国家带兵打仗呢？

第二个例子见于另一宋人笔记《野老记闻》，说的是北宋名将狄青的命运。狄青则是宋代屈指可数的名将之一。他出身贫寒，从一个士卒而登上枢密使的高位，他是全凭骁勇善战打出来的。然而这样一位智勇双全的大将军，竟也为文臣瞧不起。狄青在定州做总管时，其顶头上司是被后世称为北宋政治家和名将的韩琦。韩琦一生以大度容人而为人称道，但在韩琦要杀狄青的旧部焦用，狄青求情："焦用有军功，好儿！"韩琦竟不屑一顾地说："东华门外以状元唱出者乃好儿,此岂得为好儿耶?"他当着狄青的面就把焦用杀了。一个文臣这样瞧不起武官,让狄青悲愤不已,他也曾发牢骚:"韩枢密功业官职与我一般,我少一进士及第耳!"这还真是说到点子上了,他缺少的就是一个士人的身份。在宋朝,一个士人在科举及第之后,其起步官阶虽然很低,但上升得很快,十余年内就能从九品县主簿做到朝廷大臣,甚至跻身于宰执大臣之列;而身无任何军功者,也可以官拜朝廷最高军事长官——枢密使,而那些出生入死的武将,一般也就只能授以六品、七品的游击、都尉之类,若能干到五品以上已是凤毛麟角了,像狄青这样能拜枢密副使、枢密使的武将,在宋代已是奇迹般的超升。而狄青最终遭受罢逐的命运,最重要的原因就是一个王朝对武将的猜忌。

此外,还有一个更极端的例子,岳飞被杀。岳飞被杀的罪名是"莫须有",但说到底,有一个原因是少不了的,随着岳飞收复的失地越来越多,掌握的军权越来越大,朝廷对他的猜忌、提防也在逐步提升,当这种疑忌和提防达到了顶点,岳飞也只有被杀的命运了。当时岳飞统率全国五分之三的兵力,他曾奉劝高宗早日解决皇嗣问题,而高宗立马露出愠色:"卿握重兵于外,此事非卿所当预也!"岳飞虽是为帝国政权的平稳交接着想,却以武夫的莽撞而触犯了天子的大忌,一个手握重兵的大将对皇位如此关心,又怎能不让一个皇帝悬心,此人的野心是不是太大了?这正是他的老祖宗宋太祖开国之后就一直在猜想并且严加防范的。

从上述三个事例看,似乎足以证明宋朝重文抑武所必然造成的软弱。但一个疑问又接着一个疑问,无论这个王朝如何软弱,它又是中国历史上绵延时间最长的王朝之一,历十八帝三百二十年。而在这漫长的历史中,又是谁在攘外安内、保家卫国呢?有人曾如是评说(大意):宋代书生文人掌军,除虞允文成功外,其余如文天祥等都是失败的典范。抛开"人生自古谁无死,留取丹心照汗青"的忠义不说,单从军事技术上来说,这些杀身成仁义无反顾的忠臣，于国于家是相当失败的。而屠杀了岳飞这样杰出武将的赵宋，此后百余年面临的是文人将兵极不得法，只落得蠢忠愚孝血流成河的境地。所谓"国破思良将"，只能是"海上叹零丁"。——听着后世文人的这一声声哀叹，我却又一直在下意识地追问，一个"以文驭武"的帝国，真的像后世叹息的一样不堪一击吗？

北宋开国之初，面临的最大威胁是契丹（辽），宋、辽两国进行了长达二十五年的战争，最终以宰相寇准为统帅，在澶渊之战顶住了契丹大军的进攻，又在掌握主动权的优势下与契丹（辽）缔结澶渊之盟，宋、辽约为兄弟之国，从此宋辽边境基本上一直相安无事。

又看北宋的另一个强邻西夏（党项）。北宋与西夏先后经历了五次大规模战争。第一次宋夏之战，以范仲淹等人为代表的文臣将领，在防御西夏的战略部署上以及在治军上是有口皆碑的，也是历史公认的。也正是在范仲淹独具慧眼的发现和提携下，西北军中才涌现出像狄青、种世衡等有勇有谋的将领，又训练出一批骁勇善战的士兵，直到北宋末年，这支军队依然是宋军的精锐。宋仁宗庆历四年（1044年），北宋在击败西夏、占有主动权的前提下，与西夏达成"庆历和议"，西夏俯首向宋称臣，宋、夏战争中西夏所占领的宋朝领土以及其他边境蕃汉居住地全部归属宋朝。尽管北宋与辽夏缔结和约都有输纳岁币的条款，但两次和议均换得了北宋边境长时间的和平。到了神宗、哲宗时，宋、夏之间又爆发大规模战争。熙宁六年（1073年），在宰相王安石的运筹帷幄下，以王韶为秦凤路沿边安抚使，率军进攻吐蕃，一举收复河（今甘肃临夏）、岷（今甘肃岷县）等五州，拓地二千余里，受抚羌族三十万帐，从而建立起对西夏可守可攻的战略防线，史称"熙河大捷"。

宋朝从强者沦为弱者，还是从宋金战争开始的。两国联手灭辽后，宋、金战争遂起。金朝为何突然发动了对盟友的战争？据史家分析，在与宋联合灭辽的过程中，金人便发现宋朝军队战斗力低下,遂向宋京(汴京开封,亦称汴梁)发起突袭。靖康元年(1126年)春,汴梁被金军铁骑攻破,最终掳徽、钦二帝及后妃、宗室等数千人北归,这也是中华民族念念不忘的奇耻大辱——靖康之耻。金朝之所以一战而灭北宋,又据史家分析,一是金朝当时正处于军事和政治的上升时期,而北宋在徽、钦时代,权奸把持朝政,朝廷官吏腐败,又加之各地农民起义,极大地消耗了北宋的国力;二是金军充分利用骑兵的迅捷之长,可以长驱直入直捣宋朝的心脏,给北宋以毁灭性打击。但北宋灭亡了,赵宋王朝并未灭亡,随着宋高宗赵构再造宋朝(南宋),一度起用主战派大臣李纲为相,形势一度好转。金兵入侵京师时,李纲任京城四壁守御使,亲率军民冲锋陷阵,多次击退金兵。担任南宋宰相后,他又提出了一系列极具战略眼光的军事部署,力主沿黄河一线设防。在军事部署的同时,他又力图革新内政,试图以刮骨疗伤的方式,从根本上让大宋帝国变得强大起来,但可惜的是,他担任宰相仅七十七天,就在宋高宗和他宠幸的投降派朝臣排斥下遭受罢黜。而在抗金以及之后的抗元战争中,又陆续产生了陈规、辛弃疾、陆游、虞允文、陈文龙、文天祥等以文驭武的名将。但他们的能量,由于主和派或投降派长期把持朝政,一直难以完全释放出来。南宋基本上是采取自守待敌、妥协求和的国策,但理性看待这一百五十多年的历史,南宋也绝非偏安一隅,哪怕按宋高宗、秦桧与金国所订的"绍兴和议",金、宋两国之间东以淮水、西以大散关(今陕西宝鸡西南)为界,依然据有包括长江以北大片土地的大半壁河山,并同金朝形成了长时间的南北对峙,而对峙的背后是实力,所谓"和",永远只在势均力敌的前提下发生。最终,南宋还于宋理宗端平元年(1234年)联合元军灭亡了金朝,在同金朝的对峙中,庶几也可谓是笑到了最后的胜利者罢。

宋、蒙联手灭金的结果,一如宋、金联手灭辽的历史重演。灭金之后,蒙古铁骑随即便发动了对南宋的战争。这场战争从宋理宗端平二年(1235年)一直打到宋少帝祥兴二年(1279年)春天，打了四十四年，历经理宗、度宗、端宗、恭宗、少帝等五位皇帝，这个王朝才被他最后一个对手灭亡。四十四年，对于人类生命已是漫长历史，一个被历史认为软弱的王朝，同蒙古铁骑展开了一场场殊死血战。而它的对手，不仅是汉民族历史上遭遇的最强大的入侵者，而且是一个足以征服世界的入侵者。在赵宋王朝灭亡之前，契丹（辽）灭亡了，金国（女真）灭亡了，西夏（党项）灭亡了，而从中亚、西亚到遥远欧洲的莫斯科，还有南亚的印度次大陆上诸国，整个北半球，几乎全为成吉思汗和忽必烈所征服。而南宋，是蒙古铁骑最后战胜的一个对手，这个对手也许不算是最强大，却已被历史验证是他们最难以战胜的对手。这也是大蒙古国耗时最长、最为棘手的一场战争。而在覆没之际，两军还经历了一场历时二十三天的海战，双方投入总兵力达五十余万、动用战船两千余艘的最后一战，这就是史称"世界历史上四大海战"之一的崖门海战，一个绵延了三百二十年的王朝，最终才在大海里沉没。

　　这个王朝的顽强，文天祥等大宋国士们的顽强，实在超出了蒙古人的想象，也远远超出了我这个历史追记者的想象。

　　对宋朝的灭亡，陈寅恪先生是扼腕叹息的。这个王朝为中国创造了另一类王朝的典型，这是一个在政治与外交上表现得相当内敛而低调的王朝，也是中国历史上的一个没有扩张性的王朝，在军事上一直以防御为主，一直奉行"和为贵"的和平主义政策。进入这样一个王朝的心态也与进入别的王朝迥然不同，它以舒缓而平和的方式展开，你也只能用舒缓而平和的心态去品味它，这样才会发现，它的确有很多迷人的气质，它不像大汉帝国那样雄浑厚重、纵横八荒，但比汉朝更从容淡定；它不像唐朝那样辉煌壮美，泱泱乎，堂堂乎，却比唐朝更加精致、灵秀；它的质地就像那个时代的青瓷一样，甚至就是一个青瓷的帝国，却又绝对不是一个像青瓷一样脆弱得不堪一击的帝国。

按陈寅恪先生的说法，当华夏民族之文化"造极于赵宋之世"以后，随着宋朝的灭亡，"后渐衰微"。华夏文化衰微的直接原因，是蒙古人与满族人的隔代入侵，这已经不是一般的王朝更迭，而是游牧民族以武功对文治的直接征服、以野蛮对文明的血腥摧残，是一种先进文化被落后文化颠覆后的历史大倒退。

对一个历史假设我是比较认同的：假如宋朝的繁荣与文明进程没有被野蛮的外族入侵打断，能够在文治的力量下和平崛起，中国很有可能领先于欧洲而率先进入现代文明。而一切的假设也需要前提。按我的读史心得，这第一个前提是，随着宋代工商业突飞猛进的发展和市民阶层的不断壮大，中国就有了过渡到现代文明的土壤；第二个前提是，随着一个文治盛世所营造的宽松的政治环境，必将进一步激活政治、思想、文化，由此推动一个帝国在政制上不断改革、创新，中国就有了过渡到现代政制的可能。而这两个假设的前提也有历史事实为依据，譬如说历史上一直争议不断的王安石变法，当历史进入二十世纪之后，戊戌变法的主角之一梁启超以现代眼光看这一场古老的变法，就做出了如是判断：他把青苗法和市易法看作近代"文明国家"的银行，把免役法视作"与今世各文明国收所得税之法正同"，"实国史上，世界史上最有名誉之社会革命"，还认为保甲法"与今世所谓警察者正相类"。而以"大胆假设、小心求证"为治学精神或方式的胡适先生也有类似的评价。美籍华裔历史学家黄仁宇先生更是认为，如果王安石变法成功，可以把中国历史一口气提前一千年。然而，王安石变法却不是被蒙古族和满族这两个入主中原的军队打断的，而恰恰是被死死抱着祖宗之法的"圣人"司马光打断的。在中华文化历史上，一直存在开拓性文化与保守型文化的斗争。而同王安石相比，司马光显然更接近保守型文化，于此可以得出一个结论：正是华夏民族历史上的一种落后的、保守型的文化，直接堵死了中国过渡到现代文明的出路，而且是唯一的出路。

今世学者中，有不少人深受国学大师陈寅恪先生的影响，寄望于今日之中国在文化上、精神上接续以"造极盛世"的宋文化为正源的华夏民族之文化，而我觉得，中国当下最需要的还是从常识的层面全面接受人类进步的、开拓性的文化，摒弃落后的、保守型的文化。我深信一生热衷于中国文化研究的国学大师陈寅恪先生也会认同我的观点，我也深信他的预言有朝一日会变成现实：人类进步的、开拓性的文化为华夏民族所接受，华夏民族之文化"终必复振"！

李 纲

进退一身关社稷

这是一个被战争塑造的历史形象,看那一身如燃烧般的火红色战袍和那同样如火焰般的簪缨,难以想象这是一个士人。这个文治盛世的士人,似乎天生就已分成了两半,一半是文人的情调和气质,一半是将帅的血统,但无论是那个将相兼荣的寇准,还是镇守西域的范仲淹,包括那个打造了熙河大捷的王安石,在历史中无不以士人的形象示人,唯有他,一旦出现就是这样一个形象,仿佛是一位天生的大将!

在我与他超越时空"对视"的那一瞬间,他那孤绝的眼神让我猛地觉悟了,一个王朝已经到了最危险的时刻,而历史,也只能以这样一种极限的方式让一代士人把自己的能量施展到极限。

这个人活了五十七年,北宋四十四年,南宋十三年。

一个王朝可以清晰地断代,但那些在一个王朝转身之际的生命却难以清晰地分隔,他是北宋王朝从鼎盛走向覆没的见证者,也是北宋王朝的最后拯救者。然而,这个在北宋时代度过了四十四年的历史人物,最终却被历史恒久地烙印在他仅仅生活了十三年的南宋:

他与赵鼎、李光和胡铨合称"南宋中兴四大名臣";

他是南宋第一名相,却又是宋朝历史上最短命的宰相。

难道这就是他一生最重要的符号和意义?显赫与悲情交错。这是历史的错误,还是刻意的安排?

一、北宋帝国的黄昏

宋神宗元丰六年（1083年），在一个早已消逝的日子里，一个今后响当当的赤子呱呱坠地了，他被取名为李纲，字伯纪。从我对历史的搜索看，一说他先代为江南无锡人，唐末避乱，迁福建邵武；又一说恰恰相反，他祖籍福建邵武，自祖父一辈起迁居无锡。后世的纷争已无关于他本人，而我追记的这位历史主人公，却是"进退一身关社稷"。

就在他出生的前一年，历史的另一位主人公、北宋王朝的第八位皇帝（宋徽宗赵佶）已经诞生了，这两个未来命运将交织在一起，且他们上半辈子难解难分的一君一臣，基本上是同龄人，这也注定了他们将以不同的方式、在同一时空里见证一个王朝走向覆没的全过程。

如果说，李纲是一个王朝末世的最后一位国士，在他降生时，这个帝国还正处于如日中天的全盛时期："荆公之时，国家全盛，熙河之捷，扩地数千里，开国百年以来所未有者。"谁又能想到，一个处于全盛时期的北宋王朝，将在四十四年后覆没？

李纲之父李夔，字斯和，宋神宗元丰三年（1080年）进士。他的一生可分为两个阶段，一是在宋徽宗即位之前，历任秀州华亭尉、松溪尉、池州军事推官、钱塘知县、鄜延经略安抚司勾当公事、签书平江军节度判官厅公事；一是在宋徽宗即位后，"迁大宗正丞。久之，擢宗正少卿，兼学制局参详官，移太常少卿。大观四年（1110年），知邓州，兼京西南路安抚使。改知颍州。宣和三年卒，年七十五"。一说他曾官拜龙图阁待制，但在正史中找不到记载。对这样一个历史人物，正史就像我的复述一样一掠而过了，他一生抵达的最高官位，当是他兼任的京西南路安抚使，安抚使掌管一路兵民之政，有"便宜行事"之权，实际上成为一路的第一长官，大约相当于现在的省长。但他一生最重要的一段经历，却是他任鄜延经略安抚司勾当公事，鄜延为路名，治所在延州（今延安），是镇守西夏的边寨，也就是当年范仲淹镇守的地方，李夔担任的这个职务，为鄜延帅府幕僚。从历史事实看，这一职位相当于现代一个军区司令部的高参或参谋长，可以直接参与指挥和统军。李夔的军事天赋从他在鄘延军事谋略上高度体现了，他到延州赴任还不到一个月，西夏便调集了数十万大军进攻延州，据史载，李夔制订的"守御方略，使一路得安"。西夏在延州没有捞到什么便宜，又发兵十余万进攻宋军防守比较薄弱的米脂，"诸将将弃城而逃"。在敌众我寡、军心动摇的危急时刻，李夔力主先沉住气，按兵不动，在稳定军心、严防以待时，"又张声势"。这一战略显然借鉴了诸葛亮的空城计，而且还非常奏效，当西夏军队兵临城下，看到城头上的旌旗猎猎，宋师俨然，却又从容，认为宋军早已做好防备，未敢轻易下令攻城，在徘徊数日之后，便怏怏而退。从这两次战役看，李夔还真是一个小诸葛，而他一辈子也多次出任军职，这对他儿子日后投笔从戎，在一个帝国的末日把自己打造为一个以文驭武的一代名将，是一段潜移默化的铺垫。

李纲自小一直追随父亲辗转于各地宦途，除了父亲的言传身教，他也是一个天生的读书人，既十分刻苦，又有惊人的记忆力。其父藏书极多，经史子集，军事典籍，琳琅满目，汗牛充栋。李纲虽说没有"神童"之称，但他把父亲的满橱藏书，几乎都读进肚子里去了，把自己读成了一个"书橱"。但他又并非一个书呆子，而是一位潇洒倜傥的才俊，据其宗室李纶所撰的《李纲行状》描述，李纲"把酒赋诗，谈笑酬唱，动盈卷袖；每有奏议下笔千言，一挥而就"。

宋徽宗崇宁三年（1104年），二十二岁的李纲验证了自己的实力，以第一名考入太学，太学也就是全国最高学府国子监，换句话说，李纲这个第一名相当于如今的全国高考状元。太学生也是分等级的，像李纲这样的优等生，为"上舍生"。说来又是一段佳话了，早在王安石熙宁变法年间，李纲之父李夔也曾以第一名的成绩考入太学；继李纲之后，他的胞弟李经也于宣和二年（1120年）以第一名的成绩考入太学。一家三人均是全国高考状元，无论当世还是今天，不说绝无仅有，却也屈指可数。李纲得知弟弟考上了第一名，他正谪居沙阳，这对一个正处于人生低谷的士人，无疑是一针兴奋剂，他被刺激得又是激动又是兴奋，当即赋诗一首《闻七弟叔易登科》："吾家世儒业，教子惟一经。迩来四十载，父子三成名。"这种骄傲与自豪之情，在他一生中少有。后世有人称，这李氏三父子（三李）"足可媲美史上的三曹、三苏"，此言，又似乎过于激赏了，毕竟那三曹（曹操与其子曹丕、曹植）、三苏（苏洵与其子苏轼、苏辙），无论在政坛上或是在文坛上都是抵达了历史巅峰的人物，而这三李虽说一个个也非常了得，但除了一个李纲登上了历史巅峰，其余二李似乎还有些差强人意。

就在李纲以第一名考入太学的这年，比他年长一岁的宋徽宗也干了一件载入史册的大事，他听从了宰相蔡京蓄谋已久的建议，将以司马光为首的那些反对王安石变法的元祐党人重定党籍，又定曾反对自己当皇帝的章惇等人为"元祐党人"，刻石于朝堂，这就是历史上臭名昭著的"元祐党人碑"。审视这个历史片段，虽说有些荒唐和滑稽，却又不能不正视，宋徽宗和蔡京都是熙宁变法和元丰改制的追随者与继承者。至少从表面上看是这样。

先看看蔡京。熙宁三年（1070年），二十三岁的蔡京中进士第一名，被宋神宗钦点为熙宁变法期间的第一位状元，步入仕途之后，也是从基层干起的，从熙宁四年（1071年）到九年（1076年），蔡京任舒州团练推官、钱塘县尉等，都是比七品芝麻官还小的官儿，而此时主政相府的是王安石，若要提拔重用就必须得到变法派的赏识。蔡京还真是青苗法、农田水利法等新法的积极执行者和推行者。王安石是一位对"三农"问题非常重视的宰相，他曾知鄞县（浙江宁波），他的许多尝试性改革，最早就是从鄞县开始的，在执掌相权后，他又把鄞县作为新法的试验田。钱塘与鄞县离得很近，蔡京这个小县尉感觉王安石就站在自己身边，眼睁睁地看着自己在任上都干什么，他又怎么能不卖力地推行新法呢？但王安石此时可能并未关注他，王安石真正开始对他刮目相看，可能与他干出的一个水利工程有关。

熙宁八年（1075年），已是王安石推行"农田水利法"的第五个年头，据《宋会要辑稿》载："自是熙宁中，四方之民，辐辏开垦，环数千里，并为良田。"于此可见，在王安石推行的各种新法中，"农田水利法"还真是有了显著的成效，说三道四的人也就少了。蔡京也很想干出点名堂，可他这个钱塘县尉似乎有些无用武之地，但他脑子活络，忽然想到他家乡福建莆田也是一个水患成灾之地，老百姓苦不堪言，便奏请在莆南修陂（水库）——木兰陂。对此，正史没有记载，但与蔡京同时代莆田人方天若在《木兰水利志》有确凿可信的记载：蔡京兄弟"感涅槃之灵谶，念梓里之横流，屡请于朝，乃下诏募筑陂者"。朝廷批准了这个工程，却没有批下经费，水利是造福一方的好事，搞不好又难免为害一方了。为不给老百姓增加负担，蔡京兄弟主要采取向富人募捐的方式。蔡京亲自给一些富绅写信："时福州有义士李宏，家雄于财而心乐于施。蔡公以书招之，遂倾家得缗钱七万，率家干七人入莆，定基于木兰山下。负锸如云，散金如泥，陂未成而力已竭。"眼看义士李宏倾家荡产了，一个工程就要成为烂尾工程，"蔡京复奏于朝，募有财有干者辅之。得十四大家，遂慨然施钱共七十万缗，助本陂"。方天若这篇《木兰水利志》真实客观地记录了蔡京为这一水利工程发挥的关键性作用。在木兰陂未筑之前，由于此地处于木兰溪与兴化湾海潮的交汇处，每当涨潮时，咸涩的海潮溯溪而上，一直涌到距今入海口百里之远的仙游林陂（古名灵陂），一旦遭遇洪水，方圆百里一片泛滥，咸潮退走后，遍地是"只生蒲草，不长禾苗"的盐碱荒滩。随着木兰陂修成，"集万涧而汇一川，故有无穷之源；障一川而济万井，故有无穷之泽"，昔日的盐碱地变成了米粮川，这一方水土的老百姓也从苦不堪言过上丰衣足食的好日子了。这一水利工程，是全国五大古陂之一，如今还被列为全国重点文物保护单位。但它又不只是供后世凭吊的文物，它坚固的程度足以在风雨中穿越千年，如今依然以完整的功能泽被众生。这是一个像都江堰一样的经典水利工程，只因蔡京被打入了历史另册，在官修的正史中才成为绝对的空白。

当然，蔡京兴修水利的动机一开始也可能并不单纯，对此，宋人龚茂良曾以一句"此水还应接鄞水"的诗句，说出了蔡京热衷于水利与王安石变法一脉相承的关系。但这又有什么错呢，王安石希望有更多能支持自己变法的实干家，而蔡京至少在步入仕途的最初几年，就是这样的一个实干家，对这一段历史是不能否认的，也是无法否认的。同样，蔡京的文学才华和艺术天赋也是难以否认的，他的人品，你可以睥睨和轻蔑，但对他在书法、诗词、散文等方面的造诣，你绝对不能用鄙视的眼神去看。可惜了，如果不是他声名狼藉，说不定他也会被后世标榜为北宋的又一个苏东坡。

蔡京被打入历史的另册，一个不可忽视的原因，就是他炮制了那个"元祐党人碑"，他原本想把司马光等儒学教化下的典范极力贬低，结果却把自己牢不可破地钉上了历史的耻辱柱。从此，一个奸臣的阴暗几乎笼罩了他所有的一切，让北宋王朝提前进入了最黑暗的时代。

再看看那个宋徽宗赵佶，当年他继位时，执政大臣章惇就疾呼："端王轻佻，不可以君天下！"但向太后力以宋神宗的话驳斥章惇等反对者："先帝尝言：端王有福寿，且仁孝，当立！"未知此言是否当真，但只要太后首肯，他也就成了一个帝国大统的合法继承人。赵佶即位的第二年，临朝执政的向太后去世，北宋才真正进入他的时代，宋徽宗改年号为"建中靖国"，似乎是踌躇满志，要大有作为了。宋徽宗是历史上聪明透顶的皇帝，也是一个愚蠢透顶的皇帝。以他在位的二十五年来看，哪怕是一个没有什么作为的庸君，至少也可以成为一个守成之主，但这个多才多艺、才华横溢的风流天子，早已被历史定格了。元代脱脱撰《宋史·徽宗纪》，不由掷笔叹曰："宋徽宗诸事皆能，独不能为君耳！"

这个对宋史充满了偏见的元代宰相，这句话倒是一句实诚话，一下说到点子上了。

宋徽宗亲政后，重用蔡京、王黼、童贯、梁师成、朱勔、李彦六人，后被太学生陈东称为"六贼"，还有没被列入"六贼"的奸臣高俅、汪伯彦等，总之凡是被他重用的，几乎没有一个好人，无一不是声名狼藉的奸臣。历史叙述需要证据，而这一帮昏君奸臣还真是罪证如山。有宋以来的北宋天子都有朴素节俭的美德，偏偏这个宋徽宗却是穷奢极欲。为此，他于崇宁元年（1102年）在苏州、杭州设置了造作局，制造宫廷所用珍巧器物。崇宁四年（1105年）又在苏州设置了应奉局，搜罗东南各地奇花异石、名木佳果，由水陆运送京师，称之"花石纲"。他嫌那座住了七代先皇的宫苑过于狭小，又在汴梁大内拱辰门外建造豪华宫殿延福宫，建成后，他的大部分时间便是在这座奢华无比的宫苑中度过的。另外，他又于宫城东北建华阳宫，又称艮岳（艮为地处宫城东北隅之意），他还御笔亲撰了一篇美文《御制艮岳记》。北宋的危机，从庆历新政以来几乎都可以归结为财政危机，而宋徽宗如此大兴土木，一帮奸臣又投其所好，很快就将北宋政府历年积蓄的财富挥霍一空。当年向后称，"先帝尝言：端王有福寿"，这个端王品行虽不端，但还真有福气，奢侈地享受到了他之前历代先皇都享受不到的幸福生活，然而在他作威作福时，天下就遭殃了。当国家财政出现危机时，他们就搜刮民脂民膏，蔡京没有继承王安石变法的真经，却假改革变法之名，尽改盐法和茶法，又铸当十大钱，以致币制混乱，民怨沸腾。而"民怨"又以反叛的方式如火山般爆发。从方腊起义军挖掘蔡京祖坟、将其祖父暴尸戮骨这个历史细节看，天下百姓对蔡京这个奸相可真是恨之入骨。

再从最终的悲惨命运看，他也是天下百姓最痛恨的首恶。这里，有一篇以人民的名义书写的历史，据宋人笔记、王明清《挥麈后录》载："初，元长之窜也，道中市食饮之物，皆不肯售，至于辱骂，无所不至。遂穷饿而死。"蔡京，字元长。据说，他在七十九岁时被流放岭南，临行之前，金银财帛装了满满一大船，可惜他一生精明胜算，却没有算到，他还应该装上另一种比金银财帛更重要的粮食。结果，他在流放的路途上，沿途老百姓愣是不卖给他一点吃的。当他走到潭州（今湖南长沙），也没有一家客栈让他寄身，只能像个乞丐似的瑟缩在一座破庙里。他不禁悲叹："京失人心，何至于此？"或许就在这一声叹息之后，他便饿极而死，死时已"腹与背贴"。又因没有棺木安葬，只好以布裹尸，埋进了那些收葬贫病无家者的乱葬岗（漏泽园）。

对这样的历史，自然不忍细看，它虽说反映了民意，却连民间传说也算不上，只能说是一个天真的童话。想一想，那正缺钱花的朝廷，还有满朝文武，难道能眼睁睁地看着一个流放的贪官把这么多钱财运出京师？一个人带着满船的金银财宝，从开封走到长沙，居然就买不来一碗饭吃？更接近历史真相的一种可能是，他的家产被抄没了，而他当时已是一位年届八旬的老人，又怎么能经得起这长途跋涉的折腾呢？他死在长沙是一个事实，但绝不是因老百姓不卖给他一点"食饮之物"而饿死的，死亡的方式实在太多，病死，气死，郁闷而死，总之是，他悲惨而绝望地死去了，而一个王朝也必将为他殉葬。

这就是李纲所处的时代，这个时代可以说，就是宋徽宗和蔡京两个人的时代，宋徽宗在位二十五年，而蔡京一生的辉煌也是从宋徽宗的时代开始，从崇宁元年（1102年）蔡京首次拜相到北宋覆没，历时二十五年，蔡京先后四摄相印，达十七年之久。所以可以说，北宋灭亡的罪责皆在这一君一臣身上了，其他奸臣都只是帮凶。

然而，真正的历史如历史人物一样，又怎能如此简单和绝对？哪怕蔡京是一个绝对的坏人，他至少还是干过一些人事的，对此我已在前文提及。在蔡京逝世三十五年后，赵宋王朝又将他与岳飞等在同一诏书中平反昭雪，也不能说没有一点理由。又哪怕宋徽宗是一个绝对的昏君，他不顾及天下生民，也会顾及自家的王朝帝国。在这样的推论中，我忽然对历史有了一种更直观的本能感觉：

蔡京修了一个水利工程，可以造福一方，但也难以拯救一个王朝；

蔡京为宋徽宗修了两座奢华的宫殿，也不可能导致一个王朝覆没。

历史没有绝对的道理，却总有根本的原因。若要追溯，又得从王安石变法说起。这里不说别的，只说一次划时代的变法引发的巨大震荡，一个北宋王朝，几乎就是在震荡中倾覆的。

从熙宁元年（1068年）开始，宋神宗在位十八年，从熙宁变法到元丰改制，对旧有体制是一次颠覆；

元丰八年（1085年），神宗驾崩，高太后临朝执政九年，尽废新法，复行旧制，历史又一次被颠覆过来；

元祐八年（1093年），高太后去世，宋哲宗亲政，罢黜元祐党人，起用元丰诸臣，新法再次起死回生，历史又一次被颠倒过来；

元符三年（1100年），年仅二十三岁的宋哲宗猝然驾崩，向太后主政，复行旧制；

向后在主政一年后去世，北宋的历史才真正进入宋徽宗的时代，而历史也又一次像翻烙饼一样翻了过来。从此，一直到北宋覆没，基本上由蔡京把持朝政。

北宋王朝的覆灭，从根本上看，还是宋神宗和王安石看到的那些危机一直没有从根本上化解，若能将变法进行到底，并在实施的过程中不断完善，历史也就可以改写了。然而在改写之前，历史却被司马光改写了，然后，就是动荡，摇摆，反反复复地翻烙饼，翻来覆去地折腾老百姓，同时也在折腾一个帝国。蔡京是北宋王朝任宰辅时间最长、次数最多的历史人物，按说，他既是王安石变法的积极执行者和推行者，就不该再折腾了，但就算他不想折腾，皇帝却要折腾，这从蔡京四起四落的命运也反映出来了，也从李纲的命运中能反映出来。

李纲与宋徽宗的第一次交集，当是在政和二年（1112年）。此时，离北宋王朝的覆灭还有十五年，李纲年届而立，中莫俦榜进士，但他的成绩并不优异，未登甲榜，仅中乙科。但在天子御试时，宋徽宗对李纲"顾问再三"，也就是向他征询一些治国理政方面的问题，李纲到底谈了些什么未得其详，但从他尔后的表章奏札、政治军事论著和诗文看，一是表现他深重的危机与忧患意识，于国，他与屈原、贾谊、杜甫的忠义风烈、爱国情怀一脉相承；于民，"但得众生皆得饱"。结果是，他的回答让宋徽宗十分满意，特旨将李纲从进士乙科升为甲科进士，像他这种被皇帝把名次从乙科提升到甲科的士子，被称为"天子亲擢门生"，比实际上考上甲科进士是更为荣耀的事。

尽管他中进士的年岁已不算年轻，但他在仕途上提升得很快。在进士及第的第二年，他以承务郎授镇江教授，一年后便奉召赴阙三省审察院，迁国子正。这年十二月，宋徽宗又召他在便殿内交谈政事，这一次君臣对谈显然又让宋徽宗很满意，随后他又得以擢升，"除尚书考功员外郎"；到政和五年（1115年）九月，也就是他中进士的第三个年头，他便擢升为监察御史兼权殿中侍御史。此职虽说只是七品官，但权力很大，历代监察御史不仅可对违法官吏进行弹劾，也可由皇帝赋予直接审判行政官员之权力，而殿中侍御史"掌纠弹百官朝会失仪事"，是天子身边的御史，也可谓是天子监察朝廷高官的耳目。在御史任上，李纲和皇帝见面的机会就更多了。一次，他因事得到宋徽宗的召见，恰好他父亲当时也在觐见皇上。宋徽宗看着这一对父子"同日造朝"，眼里也闪烁着欣喜的光芒，他看着李纲，笑道："卿父子同日造朝，缙绅荣事！"父子俩一起在皇帝膝前交谈，回答皇帝的问题，谈论国事，却如同一家人说话，可见宋徽宗对李纲父子的器重和恩宠眷顾之深。

追溯李纲这一段仕途之路，他每一次觐见天颜、君前奏对，都会得以擢拔。他能得到宋徽宗的眷顾，得益于他既懂得君臣之分，又懂得立朝之位，用现在的话说，他能摆正自己的位置。但若李纲只是这样一个守规矩、懂分寸的官员，那又不是李纲了，他深知官场的风险，做官的难度，他曾深有感慨地说（大意）："世上没有好做的官，哪怕是报关之吏，也须夜行早起，为国为民，方为称职。如若说做官好，便不是做好官的人。"而从李纲接下来的表现看，他想做的还不是一个好官，他提倡："士之立朝，要以正直忠厚为本。正直则朝廷无过失，忠厚则天下无嗟怨，二者不可偏也。一于正直而不忠厚，则渐入于刻，一于忠厚而不正直，则流于懦。"而在攸关社稷安危、天下苍生的大是大非面前，他就会毅然决然地做出"与其进而负于君，不若退而合于道"的抉择，这就不是一个好官的角色而是一个政治家的作为了，而"道"，就是一个政治家的最高理想，也是信仰。

接下来，李纲将以他的命运来验证他的为官之"道"。就在这次君前奏对后不久，他就连奏三论"论内侍建节"；"论宰相任用堂后官"；"论从官入朝，笏击其下"。这三论如同一把把锋芒毕露的利剑，直指内侍、宰相等朝廷权贵。此时正是蔡京、蔡攸父子主宰朝政，蔡京自称太师，总领门下、中书、尚书三省之事，改尚书左、右仆射为"太宰""少宰"，由太宰兼门下侍郎，少宰兼中书侍郎。对这样一个全由蔡党把持的朝廷，李纲的结局只能是拿鸡蛋碰石头，随即便从监察御史兼权殿中侍御史迁为尚书礼部员外郎，约相当于礼部的副司局级干部。接下来，他的职务一年一变，政和六年（1116年），转承事郎；政和七年（1117年），充礼部贡院参详官。政和八年（1118年）四月，宋徽宗在把他晾了几年后，又召见他，这次又是一番君前奏对，又得到了宋徽宗的器重，五月除太常少卿，此官为太常寺副长官，正四品上。李纲能在入仕的第五年就擢升到这样的高位，已经来之不易了；八月，除起居郎；十二月，兼国史编修官。这一系列职务都是皇帝身边的亲信职务，主要负责记录皇帝言行和修撰国史。

然而好景不长，第二年，宣和元年（1119年）五月，京城之西遭遇大水，"渺漫如江湖，漕运不通"，眼看老百姓在水深火热之中挣扎，而朝廷却在大兴土木营造宫殿，李纲于六月十二日上疏，这就是历史上著名的《论水便宜六事奏状》。他痛心疾首地描述灾难之深重："淹浸屋庐，漂溺民畜，损伤苗稼，不可以数计。"提出"治其源，折其势，固河防，恤民隐，省烦费，广储蓄"等六条治水之策，但明眼人一看，与其说是在谈治水，不如说是在议论一个王朝的内忧外患。历代治水与治国就是高度统一的，而他一点也不掩饰自己的意图，在文中抨击朝廷"比年以来，工役浸多，仰食者众，岁以侵耗，遂至殚竭"，疾呼朝廷"凡营缮工役，花石纲运，有可省者，权令减罢"。这是直接对着宋徽宗和蔡京来的，许多话李纲早就想说了，正好趁着此次京师大水为民请命。

这一次的反应很快，就在他上疏的第二天，六月十三日，宰持传旨阁门，让李纲退立待罪，也就是立即撤职等候处分。而这一次李纲的结果就更惨了，蔡京等"恶其言"，把他从四品上的太常少卿直贬为"监南剑州沙县管库"，一说为沙县税监，无论管库还是税监，都是一贬到底了。这也是他仕途上第一次遭受贬逐。

这年李纲恰好三十六岁，遭遇了他仕途上的一大坎坷。

对他此次被贬，一说是宋徽宗的旨意，又一说此事宋徽宗好像不知道，李纲后来还朝得到重用后，徽宗还惊讶地问起这事："相公顷为史官，缘何事去？"

李纲如实告知真相后，宋徽宗才向李纲吐露真情："当时宰执中有不喜公者。"

而当时的宰执就是蔡京父子。这就是说，李纲几次遭受打压，都是他得罪了蔡京，也遭了蔡京的罪。但对李纲和蔡京的关系，后世一直议论纷纷，由于李纲和蔡京是福建老乡，有人说李纲曾得到过蔡京的荐引，甚至有人说李纲依附蔡京父子一党。对此，有后世者为了维持李纲的名节，为李纲激辩，生恐一个大忠臣与一个大奸臣沾上了关系。其实，哪怕蔡京荐引过李纲，想把他拉拢为自己的同党，也无损李纲的名节，关键还要看李纲的历史事实，而历史还将进一步验证，李纲虽不是一个完人，但绝对是一个大义凛然、光明磊落的国士。

李纲于宣和元年（1119年）十二月底到沙县赴任。按当时的规矩，凡因罪责免官者，或年限已满，或已久，或遇恩，即可恢复被贬之前的官职。事实上，李纲被贬沙县的时间不到一年，便于宣和二年（1120年）十月，接到恢复原职的诏命，随即启程北归。他归心似箭，但这一次的归期却遥遥无期。他从福建沙县抵达信州（今江西上饶）黄藤驿时，方腊的义军已经席卷了大半个江南，从信州到京师的路途已经走不通了。在那个暴风雪一场紧接着一场的冬天，李纲在风雪中辗转数月后，于宣和三年（1121年）三月折回到父亲的身边。四月初八，方腊被韩世忠生擒，但各地农民起义军继续转战浙东各地，一直延烧到北宋灭亡。

由于李纲一直难以返京，朝廷又于宣和六年（1124年），任命他知秀州（今浙江嘉兴市），但李纲未去赴任。直到宣和七年（1125年）七月，这已是李刚被贬沙县后的第七个年头，他终于又回到了七年前的那个原点，复为太常少卿。从三十六岁被贬出京师，到四十二岁官复原职，这原本是人一生的黄金岁月，对于他，却是一段名副其实的蹉跎岁月，如同生命的空转。

而此时，离北宋灭亡只剩下两个年头了，一个王朝的历史已进入倒计时。

二、一个永不愈合的伤口

历史仿佛在宿命进行,就在李纲还朝的第三个月,宋徽宗宣和七年(1125年)十月,一场来自北方女真金国的逆袭,裹挟着黑沉沉的老北风一路呼啸南下,在突入一望无垠的华北平原后,这个马背上的民族愈加兴奋了,他们感到进攻一个中原农耕民族是如此轻松和舒畅。当大金国元帅完颜宗望(斡离不)统领的东路军在北宋叛将郭药师的引导下,一路跃马扬鞭,长驱直入,北宋帝国那座如海市蜃楼般的首都汴京,已逼真地出现在他们的套马圈内……

宋徽宗赵佶在那金碧辉煌的寝宫里接到金军兵临城下的急报,那酒意酩酊的脑袋"嗡"的一声,他在天旋地转中拉住一个近臣的手,悲愤地喊了一声:"没想到金人如此对待朕啊……"一声拉长了的悲叹还没来得及喊完,他就像被一闷棍打晕了的狗,一头栽倒在龙床前。

这样的描述不像是历史,倒像是小说家言,但他那莫名的悲愤却又有真实的背景。

就在金人此次向北宋大举进攻之前,宋、金、元军刚刚联手灭掉了一个北方的宿敌——辽。

北宋开国以来,一直面临着的两大外患,一个是雄踞东北的契丹(辽),一个是西夏(党项),但最终灭掉北宋的却是一个在大辽国背后如同横空出世的金(女真)。宋、辽两国进行了长达二十五年的战争,北宋最终以寇准为统帅,在以战逼和、掌握了主动权的优势下,与辽国订立了澶渊之盟,宋辽约为兄弟之国,从此宋辽边境基本上一直相安无事。但这貌似和平的局面又是不平等的,一是辽国一直占着北宋的幽云十六州,二是北宋每年都要给辽国一大笔岁币,对这种以土地和金钱换来的"和平",北宋一直心有不甘。而无论是宋还是辽,一开始都未把那支隋唐时期的黑水靺鞨放在眼里。黑水靺鞨就是女真人的前身,是隋唐时期为渤海国所统治的一个少数民族,随着渤海国被辽灭亡,辽国把数千户女真强宗大姓迁往辽宁境内,这一支归化了辽国的女真族史称"熟女真",另有一支游牧于松花江、黑龙江流域的女真人,他们从未归化辽国,如同没有开化的生番,史称"生女真"。而后来建立金国的完颜部,仅仅只是生女真的一个部落——金。然而,就是这少数民族中的一个小小部落,这个远远落后于契丹文明更落后于中原文明的奴隶制酋长国,竟然在宋、辽长时间对峙又"相安无事"的一百余年里,在野蛮与剽悍中迅速崛起。

在女真金国崛起的同时,契丹(辽)的眼睛依然一直紧盯着宋朝,压根儿就未曾想到背后还有另一支正在崛起的力量,而一旦发现,对方却已经变得势不可当。随着完颜部像所有充满了掠食性的游牧部族一样开始向外扩张,长期处于契丹(辽)的残酷剥削和压榨之下的熟女真,纷纷揭竿而起,与生女真一起投入了摧毁辽国的战斗,而此时,两百余年来在北方不可一世的大辽国,随着契丹贵族日趋腐化和内部的各种纷争,早已元气大伤,一天不如一天,以致被金国屡屡击败。当金军在攻打辽军的战争中捷报频传时,这让宋朝君臣从隔岸观火中看到了一个有利的局面,何不趁此一举灭掉辽国呢?可见,那个信奉道教的宋徽宗未必是一个无所作为的皇帝,更不是那个被历史塑造为不问国事、不理朝政的昏君,至少在此时,他捕捉到一个百年不遇的机会,可以采取远交近攻之举,与金国联手一举除掉契丹(辽)这个心头之患,收回幽云十六州。在金军攻辽时,他数次派遣使臣远涉黄海和渤海,绕到辽国背后去与金国密谈,最终于宣和二年(1120年)与金国缔结联手灭辽的盟约,史称"海上之盟":宋、金两国地位平等;宋、金对辽进行南北夹击,长城以北的中京由金攻取,长城以南的燕京(即辽所治的南京,今北京)由宋攻取,灭辽后,燕云十六州归宋,辽西京之地待拿获天祚帝(辽国亡国之君)后归还宋(平、营、滦诸州的归属未定),宋给辽的岁币转送金国。

遍观诸史,我发现这是宋朝历史上签订的一个最平等的条约,甚至比澶渊之盟对大宋帝国更为有利,仅从这样一个侧面看,可见宋徽宗这个昏君和那一帮主持朝政的奸臣也不是一味地穷奢极欲,以搜刮民脂民膏为能事,至少,他们还念念不忘那些被别国侵占的国土,从未在任何条约上正式声明放弃那些领土，一旦看准了机会就毅然决定收复。但从战略上看，宋徽宗似乎又失策了，当辽国这个宋、金之间的屏障被两国联手灭掉，宋朝立马就与金国短兵相接，如果两国势均力敌，按"海上之盟"来瓜分胜利的成果，宋徽宗哪怕再穷奢极欲，蔡京等哪怕再奸邪，他们也会被历史重新塑造为"民族英雄"。然而，在灭辽之后宋徽宗的美梦旋即一变而为噩梦。此时的宋和金，一个已是百病缠身的老人，一个则是血气方刚、身强力壮的棒小伙。对于这一点，北宋王朝显然还处于一个强盛帝国的幻觉之中，而金人在与宋军联手灭辽时就一眼看到了北宋骨子里的虚弱，他们好像发现了奇迹的孩子，又急着创造另一个奇迹。当一个老朽的大辽国被摧枯拉朽般灭掉后，另一个老朽旋即便成为他们下一个摧毁的对象。

任何战争都需要借口，都需要一个名义和理由，金人对宋朝开战的第一个理由是，宋宣和五年（1123年）五月，降金辽将、金南京（平州）留守张觉叛金，六月初，张觉兵败逃往燕山府，为宋朝收纳。宋朝招纳叛亡，破坏了宋金盟约，当时便有朝臣警告宋廷"失信于金，必启外侮"。事实上，宋朝随后便将张觉处死，并将人头函送金朝。由于此时尚未灭辽，金太宗也就没有与宋朝立马闹翻。两年后，宣和七年（1125年）三月，金俘辽天祚帝，辽国告亡。此时又有宗翰等金将奏"宋数路招纳叛亡"，"斡鲁奏宋不遣岁币户口事，且将渝盟"，"宗翰、宗望俱请伐宋"，当年十月，金太宗觉得既师出有名，又有灭宋的实力，断然下诏伐宋。

金军兵分两路，西路军以左副元帅宗翰（粘罕）为统帅，自西京大同府（云州）南攻太原。两路金军一路势如破竹，剑锋直至汴京。此时那个宋徽宗又是何反应呢？他是北宋时代在政治上最昏庸无能、在生活上最荒淫腐朽的昏君，而他偏偏又多才多艺、风流多情，后世常常把他视为南朝陈后主、南唐李后主的翻版，明人笔记《良斋杂说》曾为之叹惋："李后主亡国，最为可怜，宋徽宗其后身也！"李煜虽说风流多情，尚无"青楼天子"之名，而赵佶还真像章惇当年预见的那样轻佻放荡，比李后主有过之而无不及。不过，若同南朝陈后主比，他倒没有像陈叔宝那样醉得人事不省，连前线来的急报都不知扔到哪儿去了，赵佶在第一时间接到金军逼近京师的急报后，随即便做出了一连串貌似清醒的反应，一是下令取消花石纲；二是下《罪己诏》，向天下人做检讨；三是"召天下勤王之师"，呼唤军民同心协力，抵御外侵，保家卫国；四是命太子赵桓为开封牧，让儿子来为自己擦屁股，收拾这个烂摊子。这一系列的反应说明恐惧已经让他脱离了幻觉，他不得不正视现实了。然而，一个更严峻的现实是，宋徽宗在位二十余年来，早已让天下人大失所望，甚至是绝望了，他此时做出的政治姿态已没有任何号召力。

每当一个民族到了最危险的时刻，必将有民族英雄横空出世。

在这生死关头，李纲像前辈寇准一样，开始走险棋了。当朝野上下一片慌乱时，有人建议逃跑避敌，有人建议投降乞和，李纲却在思考如何用兵，以抵挡敌军。他给宋徽宗连上《御戎五策》《论御寇用兵二十事札》等奏章，一是表明了他坚决主战的立场，二是拿出了很具体的战略。而当他看到宋徽宗不得人心，为了让天下人有一个同心协力御敌的主心骨，他又冒着身家性命的危险，敦促宋徽宗以内禅的方式，提前将皇位传给了太子赵桓。他刺臂血，上血书："皇太子监国，典礼之常也。今大敌入攻，安危存亡在呼吸间，犹守常礼可乎？名分不正而当大权，何以号召天下，期成功于万一哉？若假皇太子以位号，使为陛下守宗社，收将士心，以死悍敌，天下可保！"

这还真是极危险的一步险棋，一个臣子逼天子提前交出帝位，这是谋逆的大罪，也是北宋开国以来的首例。李纲这个险也实在冒得太大了！但他并非一位孤胆英雄，当时和他站在一起的还有吴敏等主战派朝臣。宋徽宗虽说没有抵抗金军的能力，但杀掉一个四品太常少卿却如同捻死一只蚂蚁，甚至可以将其满门抄斩。历史上，越是那些亡国之君，越是表现出最后的疯狂。但从宋徽宗最终接受内禅的事实看，他至少还没有历史描述的那样昏聩，虽说也做出心有不甘的挣扎，但他最终在吴敏、李纲等人的逼迫下，把帝位禅让给太子赵桓，与其说这是李纲等的逼迫，事实上是金军的逼迫。禅位之后，徽宗自称太上皇，赵桓于当年十二月下旬即位，是为钦宗。他是徽宗长子，即位时已二十五岁，若北宋有中兴的可能，以他这样的年岁，正是中兴之年。对于这个太子，李纲至少一开始还是挺看好的："东宫（太子）恭俭之德闻于天下，以守宗社可也。"可惜的是，这一次李纲看走眼了，这位北宋的第九个皇帝，必将成为一个末代皇帝，他在位仅一年零两个月，就和他父亲、太上皇赵佶一起成为了金人的俘虏。从在位时间看，他是北宋最短命的天子。而这一年零两个月，可以说是李纲为他赢得的时间，也可以说是李纲为一个王朝延续的寿命。

宋钦宗即位后，随即改年号为靖康，这将成为一个民族最耻辱的年号。

对于李纲把自己提前推上帝位，钦宗自然心存感激，他在延和殿召见了李纲，还提起了李纲七八年前上《论水便宜六事奏状》的那件旧事，说自己至今还能背诵李纲的那篇奏章："朕顷在东宫，见卿论水灾疏，今尚能诵之。"而此前李纲也给刚刚继位的钦宗上疏："方今中国势弱，君子道消，法度纪纲，荡然无统。陛下履位之初，当上应天心，下顺人欲。攘除外患，使中国之势尊；诛锄内奸，使君子之道长，以副道君皇帝付托之意。"这也是他对一代新帝的勉励，而当时面对兵临城下的金兵，大多朝臣都主张割地求和，李纲则再三告诫钦宗："祖宗疆土，当以死守，不可以尺寸与人！"对他坚决主战的意见，"钦宗嘉纳"，这表明钦宗在即位之初是站在李纲等主战派朝臣的立场上的，这次君前奏对后，李纲随即被钦宗任命为兵部侍郎，相当于如今的国防部副部长。

靖康元年（1126年）正月初，东路金军一路攻破相州（今河南安阳）、浚州（今河南浚县、滑县、淇县一带），眼看金军逼近了黄河北岸，据守南岸的宋军一把火焚毁了河桥，随即四散溃逃。急报传到宫中，正是大年初三，太上皇徽宗旋即于当天半夜出逃，明明是逃亡他也找到了一个借口，说是要去安徽亳州蒙城烧香祈福。对宋徽宗带着一帮宠幸提前逃跑，李纲倒也没有劝阻，不管他动机如何，至少在客观上看，他以这种逃离的方式远离了政治中心，让新帝可以放开手脚、全面接管政权。这是历代史家很少注意到的方面，人们几乎都是往宋徽宗的贪生怕死和卑鄙人格上去想。

但钦宗一看太上皇逃走了，他的意志也支撑不住了，他身边那些贪生怕死的朝臣，时刻像乌鸦般向他奏报京师将破的消息，这些投降派一面劝钦宗赶紧割地议和，一面又劝钦宗"南狩避敌"。钦宗在金军攻城的呐喊与马嘶中早就吓得魂不附体了，巴不得早点逃亡。于是，"有旨以纲为东京留守"，想把开封这个烂摊子扔给李纲，然后带着怂恿他南逃的那班朝臣出逃。李纲心里自然清楚，这个钦宗对于东京防御战没有任何实际意义，却又有一个谁也无法替代的意义，只要他还在这座京城里待着，就让军民有一个主心骨和凝聚力，若军民得知天子已经逃走，必将引发军心民心动摇。为此，李纲力劝钦宗在这关键时刻绝不可"南狩避敌"，他引唐玄宗在安史之乱的教训说："明皇（唐玄宗）闻潼关失守，即时幸蜀，宗庙朝廷毁于贼手……今四方之兵（援军）不日云集，陛下奈何轻举以蹈明皇之覆辙乎？"钦宗听了此言，似有所悟，但此时那些投降派早已把挟天子出逃的车马行李都准备好了，又有内侍赶来奏报，中宫（皇后）已经上路了。钦宗的脸色一下又变了，慌得一撅龙臀就离开了龙椅："朕不能留矣！"

李纲趋前一步，一下跪在天子跟前，痛哭流涕，以死相劝。钦宗低头看着李纲那在悲哭中一颤一颤的花白脑袋，他的身体再次颤动了一下，无可奈何地说："朕今为卿留。治兵御敌之事，专责之卿，勿令有疏虞！"李纲眼看天子终于被自己劝阻住了，便使劲地点头，他一定会坚守住首都，等待援军赶到。没过多久，宋钦宗"复决意南狩"，李纲闻讯后又一次奔向朝廷，这一次天子的御驾在禁卫擐甲的保护下已经启程了，李纲眼看这一次是无法劝阻钦宗了，他飞奔向前拦住皇家禁卫军，大喊一声："尔等愿守宗社乎，愿从幸乎？"这是一句气壮山河的疾呼，也是一句犯上作乱的话，"你们是愿意保家卫国，还是愿意跟着皇帝一起出逃？"

就凭这样一句话，让人一下把所谓忠臣和所谓国士的意义鲜明地区别开了。在李纲心目中，国家的重要性远远高于一个皇帝。而那些禁卫军也不愿意跟着一个贪生怕死的皇帝逃亡，他们如同山呼海啸般地响应一个国士的召唤："愿死守！"

李纲去觐见钦宗，这一次他不是哭泣着规劝，而是底气十足地质问皇帝："陛下已答应我留下，为什么又要出行呢？现在六军将士的父母妻子儿女都在京城，都愿意死守，如果万一他们半途逃回来，将由谁来保卫陛下呢？而敌军已经逼近，他们知道皇上出行，如果用快马追赶，又将用什么来抵御他们呢？"

于是，宋钦宗又一次感悟了："上感悟，遂命辍行。"但与其说是宋钦宗又一次感悟，不如说是他还真是非常担心李纲说出的那个可怕的后果：刚刚逃出京师，就提前做了金军的俘虏。在惊出了一身冷汗后，他不得不下令停止逃亡，这正是李纲想要的圣旨，他立刻假天子之名传旨，对那些挟天子出逃的奸臣们发出威严逼人的警告："敢复有言去者斩！"

禁卫军一听李纲传下的圣旨，一齐跪拜在李纲面前，向着眼前一个挺身矗立的身影高呼万岁，"六军闻之，无不感泣流涕"。这热泪盈眶的悲壮一幕，有如将相兼荣的寇准在澶渊之战的翻版，历史的叙述如出一辙。而这一幕也被宋钦宗看在眼里，或许还会让他回味不已，尽管那些禁卫军跪拜的不是李纲，而是他的圣旨，却又让他不由得再次惊出了一身冷汗，一个大臣竟然有如此强大的号召力，已经完全凌驾于他这个皇帝之上，哪怕他再没有主见，也有一种本能的警觉与惶恐。

正月初七，东路金军在渡河南下后，很快就逼临开封城下。宋廷先以吴敏为行营副使、李纲为参谋官，加紧部署东京保卫战。吴敏是一个比较复杂的历史人物，他是劝宋徽宗内禅的大臣之一，历仕给事中、知枢密院事、宰相，在金兵南犯之初，他和李纲一样坚决主战，随后又变为投降派。在"徽宗东幸"——逃往东南方向后，那些贪生怕死的宰执大臣又议请钦宗难逃"暂避敌锋"。从宋真宗时代开始，"暂避敌锋"就是投降派怂恿天子逃跑的一个借口，而南方一直是一个王朝宿命般的逃亡方向，如果没有寇准、范仲淹等以文驭武的国士，北宋兴许早已提前百年便沦为了南宋。而现在，又轮到李纲这个国士来力挽狂澜了。他劝阻钦宗："道君皇帝（徽宗）挈宗社以授陛下，委而去之可乎？"年轻的钦宗皇帝一下被他问住了，默然了。太宰白时中阴沉着脸看着李纲说："城不可守。"李纲大义凛然地说："天下城池，岂有如都城者，且宗庙社稷、百官万民所在，舍此欲何之？"而那位以"恭俭之德闻于天下"的钦宗皇帝，到了危急时刻还真是懦弱无能，没有主见，他眼巴巴地看着白时中、李邦彦等宰执大臣，战战兢兢地问："策将安出？"李纲生恐几个宰执大臣又撺掇天子逃跑，抢先回答说："今日之计，当整饬军马，固结民心，相与坚守，以待勤王之师！"钦宗又问谁可为将？李纲看了一眼白时中、李邦彦，说："朝廷以高爵厚禄崇养大臣，盖将用之于有事之日。白时中、李邦彦等虽未必知兵，然藉其位号，抚驭将士，以抗敌锋，乃其职也！"这让白时中恼羞成怒，他愤然反问李纲："李纲莫能将兵出战否？"

李纲凛然回答："陛下不以臣庸懦，傥使治兵，愿以死报！"

李纲没想到，他这凛然回答的一句话，还真是给五心不定的钦宗暂时壮了一下胆，"乃以纲为尚书右丞"，又"命纲为亲征行营使，以便宜从事"。尚书右丞实为副相，而钦宗命他"以便宜从事"，这个权力就更大了，李纲实际上已经处于执政大臣的地位。所谓乱世出英雄，又一次被李纲这个英雄所验证，他在短短数月间，就从一个四品太常少卿超升为执政大臣，全权负责帝国首都的防御任务，这在和平年代是绝对不可能发生的。总之是一个王朝已把首都的防御任务交给他了，只要帝国首都能够坚守住，一个王朝就不会覆没，北宋也就不会变成南宋。这几乎是一个王朝对一个士人以命相托。李纲临危受命，统率东京保卫战，而此时，本文开头所描述的那个被战争塑造的历史形象，已昂然登上汴京城头，那一身如燃烧般的火红色战袍和那同样如火焰般的簪缨，如同在帝国末日的夜空中熊熊燃烧的火炬。就在这通宵不灭的火炬映照之下，一个以文驭武的统帅，率京师军民里三层外三层地加固城防，又里三层外三层地进行防御部署，在帝国首都筑起了有宋以来最坚固的防线，一半是砖石，一半是血肉。应该说，这种牢不可破的城防还真是对付骑兵的最有效的手段，那些长驱直入的金军战马只能扬起铁蹄冲着一道道难以逾越的城墙嘶鸣，那表情看上去非常古怪。李纲在暴风雪中亲自登城督战，哪里的战斗最激烈，形势最危急，他的身影就会出现在那里。在他镇定自若的指挥下，面对金军强大的攻势，宋军能沉住气、定住神，等到金军进入射程之内，城头上的弓弩万箭齐发，更有从城头上铺天盖地砸下去的砖石，一次次打退了金兵不可一世的攻势。

李纲率军同金军一直鏖战到靖康元年（1126年）正月下旬，虽说没有彻底打退金军，却也以铁桶一般的坚守让金军无缝可钻，一座被金军围困的帝国首都，在宋军的坚守下没有丧失一寸土地。这种战争的胶着状态，正是最考验双方意志的。正月二十七，钦宗又召集李纲与李邦彦、吴敏、种师道、姚平仲、折彦质等大臣召开了一个御前会议，商讨在宋金对峙的状态下如何用兵。李纲提议"扼河津，绝粮道，禁抄掠，分兵以复畿北诸邑，俟彼游骑出则击之，以重兵临贼营，坚壁勿战，如周亚夫所以困七国者。俟其刍粮乏，人马疲，然后以将帅檄其誓书，复三镇，纵其归，半渡而后击之，此必胜之计也"。从李纲的战略建议看，当时的形势已经开始向有利于宋军的方向好转，李纲的战略已不仅是考虑京师的防御，而开始运筹如何收复汴京以北被金军占领的各个州县（复畿北诸邑），而钦宗"深以为然"，参加这次御前会议的诸臣也都赞同李纲的意见（众议亦允）。

事实上，李纲的战略判断是非常准确的，随着宋、金两军对峙日久，金军眼看着汴京久攻不下，已经开始打退堂鼓了。至少，这个大宋国并不像他们想象的那样可以轻易摧毁。在金军开始动摇退缩时，李纲招募了一批身强力壮的勇士组成敢死队，在夜幕掩护下，从城上用绳子吊下去发动袭击，一连斩杀金军的十多个酋长，杀死数千金兵。而此时，金人已侦知一个叫李纲的将领和麾下的宋军正誓死保卫宋京，还有各路援军正在向京师集结，又听说那个贪生怕死的徽宗老儿已传位给一个年轻的皇帝，眼看占不到什么便宜，已暗暗决定撤兵了。

此时的形势，恰如澶渊之战的形势，宋军二十万勤王兵马云集开封城外，金兵不过六万，金帅完颜宗望外强中干，暗中已做撤兵北返的打算，却又像当年澶渊之战的辽军一样，转而对宋朝内部的投降派施行诱降之计，而宋廷自金兵南侵以来，一直弥漫着金人不可战胜的悲观论调，那些主宰朝政的投降派大臣几乎每天都在钦宗耳畔聒噪，怂恿钦宗遣使赴金营议和。李纲眼看钦宗打定主意求和，担心那些畏敌如虎的投降派丧权辱国，让金人在战场上得不到的利益反而在谈判桌上得到，他便奏请钦宗，命他为赴金营谈判的使臣。如果朝廷能派他去同金人谈判，他肯定不辱使命，金人也休想占到任何便宜。但那些投降派大臣最担心的就是钦宗派李纲出使，他们原本就对李纲在东京保卫战中的功劳充满了嫉妒，如果李纲再赴金营谈判，为朝廷争取了更大的利益又赢得了和平的局面，李纲势必功高盖世，权倾朝野，他们这些战无寸功、"和"不关己的宰执大臣必将被李纲和那些主战派大臣取而代之，这是他们绝不甘心的。结果是，在他们的蛊惑下，原本就没有什么主见的钦宗竟然派了蔡京的一个走狗李棁去同金人议和。

结果就可想而知了，李棁等宋使一路战战兢兢地走进气氛肃杀的金军大营，从营门就开始磕头，一直"膝行"，三跪九叩地爬进金军东路军统帅完颜宗望（斡离不）的行辕，一见那色厉内荏的完颜宗望，更是吓得说不出话来。完颜宗望一看宋使那猥琐不堪的样子，立马又摆出了一副大金国元帅的气势，更摆出一副南面而王的姿态，而李棁等一见此气势更是吓得长跪于地，在金帅北面一拜再拜。南面而王，北面而臣，这无异于宋朝已经向大金国俯首称臣了。而完颜宗望对议和条件更是狮子大开口，"索金五百万两，银五千万两，绢缎各一万端，牛马各一万匹；尊金主为伯父；归燕云之人；割太原、中山、河间地归金；以亲王、宰相为质"。而李棁居然接受了金人的全部要求，未做任何辩驳，便唯唯诺诺地退出金营，又如同立下了大功一般地回朝向天子禀报，只要朝廷答应金人的条件，金军立马就撤兵。

可这样的卖国条约能答应吗？李纲大声说（大意）："金人勒索这么多金币，哪怕穷尽全国之力都不够，这等于是把一个国家给出卖了，更何况一个都城呢！"几位宰执大臣却只要一个结果，只要金人撤兵，什么条件都可以接受。李纲据理力争，若答应金人的条件，他就辞职！他原本想以辞职相威胁，因为他觉得这些贪生怕死的宰执大臣断不敢像他一样上前线指挥东京保卫战,没想到此举却正中宋钦宗和那帮宰执大臣的下怀,他们早就吓破胆了,眼看马上就要到手的"和平"机会,哪还有心思恋战。钦宗一听他要辞职,连忙安慰他:"爱卿,你只管放心去治理兵事,这件事嘛,还可以慢慢商量。"可李纲刚刚退出,朝廷就将早已议定的求和誓书送往金营,对金人提出的所有要求全部答应了,并派钦宗的皇弟康王和少宰张邦昌去作人质。这也是北宋历史上签订的一个最屈辱的条约,不过,对于赵宋王朝,这还只是刚刚开始。

一代国士李纲,眼睁睁地看着自己和宋军将士在枪林弹雨中打拼出来的、一个如同澶渊之战一样以战逼和的大好形势,就这样被投降派白白断送了,而朝廷为了满足欲壑难填的金人,只能进一步搜刮民脂民膏。金人得到了战争中没有得到的大便宜之后,虽说暂时从汴京撤兵,但却继续在宋朝境内烧杀掳抢。李纲痛心疾首,连上奏章:"金人既贪婪无比,又凶残无理,对其非用兵不可!"他分析敌情,认为金兵只是利用骑兵的优势长驱直入,孤军深入,只要加固各地城池,金军攻城必将如"虎豹自投栅栏",对他们完全可以计谋俘获,没必要和他们拼一时的气力。应该说,他的分析是对的,这也是他在东京保卫战中积累的战略经验,完全可以在全国各路重镇推广。而那个没有主见的宋钦宗,此时还真是表现出了他最没有主见的两面性,一会儿向投降派那边摇摆,一会儿又向主战派这边摇摆,而对李纲这种冷峻的、对战略形势非常清醒的主战派大臣,他却充满了猜忌,既想要李纲全面承担起保卫帝国首都的重任,却又不对他授以全权,试图利用各种力量来牵制他。

也就在这种摇摆状态中,宋钦宗优柔寡断、反复无常的性格越来越明显了,由于他对政治问题缺乏判断力,谁也不知道他下一张牌会出什么。结果是,他从一个极端摇摆向了另一个极端,打出了一张无论是那些投降派还是主战派都没有预料到的牌,他居然妄想通过那种充满了冒险主义色彩又急于求成的"劫寨之战",在一夜之间就彻底打败金军。而这种"劫寨之战",又主要由另一个充满了冒险精神的妄想家姚平仲来指挥实施。

姚平仲，字希晏，其人其事正史所载不详。据陆游《渭南文集》载，姚家世代为西陲大将。姚平仲从小就成了孤儿，由叔伯抚养成人，十八岁时，他便应征入伍，在和西夏军队战斗中勇猛无敌，被关中豪杰呼为"小太尉"。宋钦宗还是太子时就久闻其名，在京师被金军围困时，得到了钦宗的召见，一番君臣奏对之后，钦宗对他非常器重，"厚赐金帛，许以殊赏"。姚平仲立功心切，在钦宗面前誓言，请求率领敢死队直插金军大帅行辕，一举生擒金军东路军大帅完颜宗望献给钦宗，同时救出作为人质的康王，这自然让钦宗喜出望外。随即，钦宗便命他率领步兵和骑兵上万人，夜袭敌营，但这个"小太尉"虽说勇猛无比，却缺乏谋略，他接连攻破金军的两座营寨，金军却在他攻入营寨之前便提前撤走了。李纲一开始并不知道姚平仲夜袭敌营的冒险计划，直到清晨时，钦宗大概觉得事情不妙，才让中使传旨于他，让他立即驰援姚平仲。李纲也感到姚平仲的处境非常危险，旋即率军从封丘门出城，在幕天坡一带遭遇早有防备的金军，李纲用神臂弓射击金人，打退了金兵。但姚平仲却因未能兑现在钦宗面前的誓言，在全军覆灭后，由于害怕被钦宗杀头，骑着一匹青黑色的骡子拼命逃命，一昼夜跑了七百五十里，抵达邓州后，才敢吃饭。随后他又进入武关，到了长安，打算在华山隐居，但他担心离朝廷太近，又跑到蜀地，躲进了谁都不认识他的青城山上。他感到此地还是非常危险，又往大面山深处走了二百七十余里，估计连采药的人都来不到这里，于是放走了那匹狂奔千里的黑骡子，找了一个石洞隐居下来。后来，朝廷多次下诏搜寻他，都没有找到，一直到南宋孝宗年间他才出山，到了丈人观道院，跟人说出了自己这番经历。而此时，南宋诗人陆游早已出生并成名了，便把这件事记录下来。据他描述，此时当年那个骁勇无敌的"小太尉"已经八十多岁了，红光满面，长着一脸茂密蓬松的紫红色的胡子，飘拂在胸前，有好几尺长，走起路来他一点也不躲闪那些悬崖、沟壑和荆棘，而且还特别善跑，那速度就像奔马。他还写一笔非常奇特雄伟的狂草。在陆游眼里，他已经得道了，差不多是半个神仙了，但他从不说他得道的原因。

交代了一段后话，回到眼下这个北宋，由于"小太尉"姚平仲夜袭金营，金人派遣使者来宋朝兴师问罪，若不交出此次夜袭的元凶，他们将再次发兵讨伐宋朝。若说这幕后的元凶，自然是宋钦宗，但宰相李邦彦对钦宗忠心耿耿，便嫁祸于李纲："派兵袭击是李纲、姚平仲所为，绝对不是朝廷的意思。"而宋钦宗为了找到一个替罪羊，给金人一个交代，立马将李纲罢职。对此，李纲似乎没有任何辩解，他也犯不着推卸袭击金人的责任，但他的罢职却引发了北宋历史上的一次大规模学潮。

这次学潮的领袖，是一个才华出众又极有气节和抱负的太学生——陈东。他对李邦彦等投降派与金人议和的屈辱卖国行为早已充满了愤怒，几乎把拯救国家的最后希望都寄托在李纲等主战派身上，惊悉李纲遭受罢黜，他感到支撑一个帝国的最后一根顶梁柱被抽空了，大厦将倾，天要塌了。若没有这样的危机感，他不可能牺牲自己的前途，甚至豁出命来，率诸生伏于宣德门下上书，请求钦宗赶紧起用李纲这样的社稷之臣，罢黜蔡京、王黼、童贯、梁师成、朱勔、李彦"六贼"，还有没被列入"六贼"的高俅、汪伯彦等，这些奸臣都是社稷之贼。太学生们手无寸铁，没有任何的企图，他们只是在这威严的宫殿之外下跪，静坐，请愿。这就是历史上著名的"靖康学潮"。除了太学生外，不断有贩夫走卒加入，请愿的人一时云集了数万，黑压压的，像乌云一样，那阵势还是挺震撼人的。而一旦清一色的太学生中有了更复杂的人员掺杂进来，情况变得更难以控制了，宰相李邦彦等人刚一露头，大概是想要劝退请愿者，就遭到请愿者一顿殴击，那从四面八方伸过来的手，恨不得把这个奸相撕碎了……

此时，那躲在大殿里暗中偷窥的宋钦宗已经吓得浑身筛糠般地发抖了，他只得硬着头皮答应了太学生的请愿，将李纲官复原职，又罢黜贬逐了一帮奸臣。这背后其实还有一段插曲，那个太上皇宋徽宗逃到镇江后，并不甘心就此退出政治舞台，随即以太上皇圣旨，将东南地区的"递角"（报告）、"纲运"（物资）和北上勤王的军队扣留，从而掌握了东南地区的军政与经济大权，妄图卷土重来当皇帝。宋钦宗贬逐或诛杀"六贼"中的王黼、李彦、朱勔、梁师成等，也是为了巩固自己的帝位。随后，他又将太上皇身边的童贯、蔡攸、蔡京贬逐，并下诏太上皇不得干预政事。徽宗眼看大势已去，被迫以密信向钦宗乞求，愿回开封，"乐处闲寂"，不再"窥伺旧职"。但他回开封后立马就遭到了禁军的软禁。这又显示权力斗争的残酷了。

陈东等太学生的要求在部分得以兑现后，这才慢慢散去。但当时投降派的领袖李邦彦却没有被罢免，反而更得钦宗倚重，待到事态平息下来，他便大搞秋后算账，但幸得太学祭酒、大理学家杨龟山的保护，陈东等人方得无恙。

宋钦宗对这次太学生请愿，无疑也视为对君主权威和最高权力的挑战，而此前，禁军在李纲面前的疾呼也让他感到了一个大臣对皇权的威胁，他虽然在民心的高压下复用李纲，但从此对李纲充满了高度的警觉和忌惮，"自后君臣遂生间隙，疑其以军民胁己"，"颇忌之"。事实上，陈东直到死，也并未与李纲有一面之交，他率太学生请愿，其情可感，事实上却帮了李纲的倒忙。很快，宋钦宗和那些嫉恨李纲的宰执大臣们，就找到了一个再次罢黜李纲的借口，宋钦宗随即御批："惟辟作福，惟辟作威，大臣专权，浸不可长。"

一句"大臣专权"，就是必须罢黜李纲的根本原因和必然结果，也证明宋钦宗并不像人们想象的那样，是一个没有主见的昏君，他与其先祖宋太祖是一脉相承的想法，无论到了什么时候，这个王朝最警惕的就是"大臣专权"。

还在李纲被贬之前，太上皇宋徽宗听说金兵已经撤退，就回到了他养尊处优的宫殿，结果是，外患刚刚平息，父子又起内讧。此时李纲已经预感到自己被贬的命运，但还是抓紧时间对徽宗和钦宗父子间的矛盾进行调解。他深知，这种最高权力的博弈绝不是赵宋王朝自家的纷争，极可能造成北宋政权在被外患摧毁之前就从内部分裂瓦解了。但对李纲的这些功业，宋钦宗不仅没有丝毫感念，反而越来越忌惮。靖康元年（1126年）五月，一个临危受命的尚书右丞、亲征行营使，在危机暂时解除后被解除了职务，被朝廷贬为河东、河北宣抚使，实际上是将他驱赶出朝。李纲如同那个被楚怀王贬出了楚都的屈原，一步三回头，充满眷恋与惆怅地回顾他一直坚守的帝国首都，他可能已经预感到，这是他对故国首都的最后一次深情回望。

李纲的预感是非常准确的，他那河东、河北宣抚使徒具空名，无节制军队之权，又由于那些主宰朝政的投降派大臣对他处处设防、事事加以限制，在这种报国无望又极度尴尬的处境中，李纲只能自寻解脱，于同年九月辞职。但辞职也不行，他随即又被加上"专主战议，丧师费财"等莫须有的罪名，先贬建昌军（今江西南城）安置，实际上是被监视居住，再贬夔州（今重庆奉节白帝城）。李纲被贬逐出宋都的消息一阵风似的传到金国，金人感觉这是天助大金，灭宋之日终于来临，随即再次挥师南征。眼看汴京又被金兵围困，那些投降派大臣倒也处变不惊，以为只要割地求和，就可以打发这些野蛮的金人撤兵北返，但这一次金人的口张得更大了，大得足以吞并整个大宋帝国。事实上这也是金国的唯一要求，将整个大宋割让给金国。直到此时，宋钦宗才对李纲早就说过的一句话深信不疑了，对付金人，只能以战争的方式，就是求和，也只能以战逼和。而此时，满朝文武百官，竟没有一个人像李纲那样挺身而出，"愿以死报！"无论是太上皇宋徽宗，还是年轻的宋钦宗，在金军的围困之下，此时想要逃难都来不及了，一旦出城就将提前变成金人的俘虏。宋钦宗别无选择，急忙诏令李纲为资政殿大学士、领开封府事，并命他以最快的速度北上解围。而此时李纲正在被贬逐的路上踽踽独行，离这座他誓死坚守的帝都已越来越远。宋钦宗似乎一辈子再也不想看到他了，一直把他贬到了远在西南绝域的临江（今云南）。不知宋钦宗是否后悔过，他在一个苟安的局面暂时形成之后罢黜一个功高震主的功臣，或许还可以理解，但他犯了一个非常严重的错误，不该把李纲贬逐到天高皇帝远的地方，结果是，一旦战火再次燃烧起来，他想用李纲来救急时，远水已经解不了近渴。当李纲在潭州（今长沙）得知钦宗诏令时，他没有任何迟疑，立即掉头北上，并奉天子诏命率沿途的勤王之师昼夜兼程去解京城之围，无奈路途遥远，还没等李纲赶到，帝国首都就已被金兵攻破……

接下来发生的一幕，李纲注定也来不及看见了。随着京师陷落，还在梦想议和的北宋朝廷几乎还没反应过来，大宋帝国的太上皇赵佶、皇帝赵桓就成了女真人的俘虏。金兵就像充满好奇心的孩子，对这两个位居九五之尊、被宋人尊为"二圣"的天子，就像对待两只刚捉到的猴子一样，尽情地调戏、侮辱。金国皇帝又将赵佶、赵桓废为庶人，用绳子拴着，像一根绳子上的两只蚂蚱，拴在马屁股后面带往北方。随两位大宋皇帝一起被掳走的还有那三宫六院的后妃、皇族、宋廷的文武百官数千人，而那些后妃宫女将沦为金人的军妓、性奴，那些皇子、宗室、贵卿、文武百官将沦为金人的马夫和奴隶。一同被掳走的还有皇家的教坊乐工、技艺工匠、法驾、仪仗、冠服、礼器、天文仪器、珍宝玩物、皇家藏书、天下州府地图等。对这些堆积如山的财帛，金人就用宋廷的御车御马满载着，浩浩荡荡地押往北方。一座当时世界上最辉煌的帝国首都，被一个马背上的游牧民族掳掠一空，而这个绵延了一百六十七年的北宋王朝、文治盛世，在一个野蛮民族的铁蹄下，就像一幅被无情地撕破的虚幻图景，从此只在后世的梦幻中，如同海市蜃楼般浮现……

一个王朝的耻辱，就这样被历史刻印在靖康二年（1127年）三月底，史称"靖康之耻"。

三、南宋第一名相

南宋建炎元年（1127年）和北宋靖康二年实为同一年。

随着一个新年号的诞生，意味着北宋王朝的终结，南宋王朝的开始。

北宋灭亡了，但赵宋王朝并未灭亡，它还将在时空中继续绵延一百五十二年，这个历史长度同北宋差不多。一个王朝能够绵亘这么长的时间，比最终灭亡它的大元帝国差不多还长了一倍。就凭这一点，对这个偏安于淮水以南的王朝也不应该有偏见，一个王朝能与北方虎视眈眈的列强长久地对峙，绝对有值得后世正视的地方，甚至可以说是一个历史的正面形象。

然而那个南宋的第一位皇帝，宋高宗赵构，却又似乎是一个负面的历史形象。

赵构为宋徽宗赵佶的第九子，于宣和三年（1121年）十二月晋封为康王，宋徽宗虽说是个昏君，但他本人以及众多的皇子都是高智商的艺术天才。赵构更以天性聪明、学识渊博和超强的记忆力而誉满天下，无论多么忙，他每日都要读诵书籍千余言。和他父亲一样，赵构也能文善诗，尤精于书法，明人陶宗仪《书史会要》对他的书法评价甚高："高宗善真行草书，天纵其能，无不造妙。"其笔法颇得晋人神韵，洒脱婉丽而自然流畅，影响和左右了南宋书坛。这是一个文治色彩浓厚的皇帝，而他的武功也十分了得，其臂力足以拉动一石五斗、力量超过二百斤的弓弩，而后来号称南宋第一大力士的岳飞则能拉动三百斤力的弓弩。他的臂力虽说不如岳飞，但在历代天子中，这样的武力也堪称雄奇。而同他穷奢极欲的父皇相比，赵构在生活上的节俭也是为人津津乐道的美德，尤其是他去充当凶险莫测的人质时，更是大义凛然，毅然请行，还说了一句掷地有声的话："敌必欲亲王出质，臣为宗社大计，岂应辞避！"

这样一位文治武功兼于一身又不乏美德的皇子，若能当上天子，这个帝国就有救了！

当时的天下人还真是这么看的，但按正统的皇位继承秩序，无论如何也轮不上他这个老九来当皇帝，他恐怕一辈子也没有天子命。历史虽说对一个王朝过于残酷，然而，对这个皇子却很慷慨，它将以战争的方式，给一个原本当不上皇帝的皇子创造了一次历史性的机遇。

靖康元年（1126年）春，金兵第一次围攻京师时，根据投降派签订的宋金和议，他奉皇兄钦宗之命，以亲王身份在金营中充当人质。在李纲等主战派的力战之下，他这个人质的命运反倒安全，金人为了做出善意的姿态，居然放了他一马。而金人放了他这个人质，却不想放过这个王朝。就在这年冬天，随着李纲被贬逐出京师，金军又一次大举南侵，他又奉命出使金营求和。幸运的是，他在河北磁州被守臣宗泽劝阻留下了，否则就等于自投罗网，比他的父皇、皇兄更早就当了金人的俘虏。就在他滞留河北时，京师再次被金军围困，但这个王朝几乎再也找不到可以抵抗金军的将领，年方弱冠的赵构在河北受命为天下兵马大元帅（一说为河北兵马大元帅），钦宗诏令他率河北的宋军兵马火速赴京师解围。但赵构这个天下兵马大元帅手下却没有多少兵马，而他在金营里充当人质时就见证了金兵的战斗力之强、气焰之嚣张，此时，他若率河北这点兵马赴京解围无异于飞蛾扑火。或许，他又得了高人的指点，为避敌锋，他先移屯北京大名府（今河北大名），随后又转移到东平府（今山东境内），就在他辗转避敌之时，京师被金军毫无悬念地攻破，他的父皇赵佶、皇兄赵桓一起被金军俘获，北宋灭亡。

一个多月后，靖康二年（1127年）五月初一，康王赵构在南京应天府（今河南商丘）即皇帝位，改元建炎。但这是一次没有"奉天承运，皇帝诏曰"的继位，既无先帝遗诏，也没有皇兄内禅的诏书，他这个皇帝也就当得有些诚惶诚恐。但一个年方弱冠的皇帝，还真是充满了政治智慧，他深知自己既非按正统顺序登基，若要统御天下军民，就必须让天下人认可他建立的新生政权，因此必须物色一个人心所向的宰相，为他主政，让天下归心。在文武百官中，既在朝野上下德高望重，又有文治武功者，首推李纲。尽管历史上一直倾向于把赵构打入和他父皇、皇兄一类的昏君之列，但从他拜李纲为尚书右仆射兼中书侍郎（右相）这件事来看，这位高宗皇帝至少一开始一点也不昏，还有着十分清醒的政治头脑。

就在高宗拜李纲为相时，反对的声浪却不小。当时，许多朝臣既对金军充满了恐惧，又对金人心存幻想，依然梦想与金人媾和，也从金人的心理去考虑，如御史中丞颜岐就极其露骨地劝谏高宗："李纲为金人所恶，不宜为相。"而右谏议大夫范宗尹则是琢磨皇帝的心理，奏称："李纲名浮于实，有震主之威，不可以相。"但高宗的意志相当坚定，不为这些反对的声音所左右，他称赞李纲为"学穷天人，忠贯金石"，一个大人才、大忠臣，毅然决然授以李纲相印。

李纲正在赶赴汴京开封的途中，顷接到高宗诏命，随即便转赴南京应天府（今河南商丘）。

南宋的第一位皇帝和南宋的第一位宰相，就这样风云际会了。

但严谨地说，此时北宋首都汴京虽已被金军攻破，但并未被金军占领，北宋王朝在江淮以北的大部分版图也没有沦陷，哪怕以高宗称帝的南京应天府为战时首都，北宋的南京和东京都处于北纬三十四度，基本上在同一纬度线上，地不分南北。这是从来没有交代清楚的一个历史事实：宋高宗应该先是北宋的最后一位皇帝，然后才是南宋第一位皇帝，李纲应该是北宋的最后一位宰相，他还未来得及成为南宋的宰相就被罢黜了。若从李纲的心理去猜测，他甚至从未想过要做南宋第一位宰相，也从未想过要放弃北方的一寸土地。

但为了叙述方便，这里我也只能在交代了历史的事实后，按照历史惯例，权且把李纲作为南宋的第一位宰相，来看看他两个多月的作为。当宋高宗把一颗相印交给他，事实上也把一个烂摊子交给了他。但无论有多烂，说穿了，摆在这个宰相面前的，只有两件当务之急的事：一是抗金救国，一是重整朝纲。这两事又是不分主次、互为因果的。

从第一件事看，首先就必须把投降派那惧敌、畏战的声浪打下去。无论金军的战斗力有多么强大，也无论你对和平多么渴望，对付侵略者都只能以战争的方式，哪怕和议也是以战逼和。这就是李纲的战略思维，也是他的前辈名相寇准、范仲淹等人的战略思维。为此，李纲向高宗提出抗金救国十大措施，主张"一切罢和议"，严惩张邦昌及其他正暗中为金兵效命的宋朝官员（内奸）。为加强主战派的力量，他推荐主战派老臣宗泽出任东京留守，赴开封整修被金军摧毁的城防，部署防御，抢在金军再次南侵之前做好严防死守的准备，这也表明他根本就没有南渡避敌的想法；为了拱卫京师，加强对京师以北的防线，他又提出了一系列极具战略眼光的军事部署，力主沿黄河一线设防，并设置河北招抚司和河东经制司，推荐张所和傅亮分别任河北招抚使、河东经制副使，统御两河军民抗金。当然，对金军的战斗力他也没有低估，因此又奏请在京师后方的沿河（黄河）、沿淮（淮河）、沿江（长江）构筑三道防线，建置帅府，对金军实行纵深防御。从他的战略部署看，他是以京师（汴京开封）为中枢，以北纬三十四度线为基准线，从北向南、依凭天险设置一道道防线，几乎把东京保卫战层层设防的经验扩大到了帝国的现有版图上。此外，为了让金军占领区的各路义军有一个主心骨，从散兵游勇式的抗金义军中凝聚起力量，他奏请由朝廷派出将领，对抗金义军进行统一节制和指挥。这一系列战略部署部分实施后，以步兵为主的宋军在同以骑兵为主的金军交战时，那种被动挨打、一触即溃的局势迅速得以扭转，从前线不断传来宋军击败金军的捷报。而东京保卫战的事实已经验证了李纲卓越的军事才能和战略思维，对付在华北平原和中原长驱直入的金军铁骑，最有效的战略便是层层设防，构筑起如铁桶一般的堡垒。而当时已经拥有了火炮的宋军，只要有像他们筑起的城防一样坚固的意志，无论从军事实力还是军事技术，都足以抵挡住金军强大的攻势。这一点也被另一位以文驭武的名将陈规在顺昌之战等城市保卫战中屡试不爽，一次次验证了。

在加强军事部署的同时，他又针对北宋以来军政腐败、赏罚不明的弊端，奏请高宗，颁布了新军规（军制）二十一条，按条例对军政进行严格整治。由于李纲担任宰相的时间太短，这次整军还没有全面铺开他就被罢相了，但这次整军对提升宋师的战斗力、严肃军令军纪是有深远影响的。对此，元人脱脱在《宋史》中还特意对宋、金两军进行了对比：宋军正规部队无论转战到哪里，又无论是打了胜仗还是吃了败仗，对百姓秋毫无犯，每到一地，为了不扰民，官兵们皆蜷缩在老百姓的屋檐下夜宿，哪怕老百姓打开门让他们进屋歇息，他们也不进屋，"卒夜宿，民开门愿纳，无敢入者。军号'冻死不拆屋，饿死不掳掠'"，而南宋王朝对老百姓也很好，在南渡后，凡北方流民进入宋境，他们全都接纳，百姓没有地种，政府就将官田租给他们，还给牛、给种子。而金军呢，同为北方游牧民族的蒙古人脱脱把金军描绘得像强盗一样，金军每攻占一地，到处烧杀抢掠，仅在建炎四年（1130年）间，就屠长沙、屠南京诸城，烧扬州、临安、建康诸城，抢掠无数……

我深信这是真实的历史，这就是南宋军民忠于南宋的原因，也是南宋足以与金国长时间对峙的重要原因之一。而南宋整军就是从李纲这位南宋第一宰相开始的。

再看李纲执政的第一件事，重整朝纲。从政见上看，李纲一直是力主变革的，在这方面，他与范仲淹、王安石的大方向是高度一致的，不变革不足以整治有宋以来的积重难返的弊政。他力图革新内政，试图以刮骨疗伤的方式，从根本上让大宋帝国变得强大起来，然而，从范仲淹的庆历新政到王安石的熙宁变法，无论是温和克制的变革，还是开虎狼猛药式的激进式变法，最终都没有从根本上化解帝国的危机。从历史事实看，李纲当是介于温和派和激进派之间的中间改革派。如果说他对军政的整顿，有助于朝廷在危机四伏中支撑起一个稳定的局势，宋高宗也基本上能够接受。但一旦开始政改，势必就触动了高度敏感的政治权力和统治集团的利益等问题，这也是范仲淹、王安石无法将改革变法进行到底的根本原因。事实上，以李纲执政的短暂时间，也无法进行一次划时代的大变革，他只能在重整朝纲的大前提下，对迫在眉睫的财政问题进行既有局限性又有开拓性的变革。

宋朝之所以被历史定位为一个积贫积弱的王朝，一个重要原因就是国家财政伴随着这个王朝的延续越来越吃紧，尤其是到了仁宗之后，国家已经出现了严重财政危机。王安石变法就是从为国理财直接切入的。而李纲主政之时，国家府库几被金军洗劫一空，这个帝国已经沦为赤贫，而此时天下百姓在金军的袭扰之下频频沦为难民，朝廷也在金军的穷追猛打下东躲西藏，又加之乱世中的盗贼蜂起和自然灾害，百姓连自己也养不活了，又怎么养活一个帝国？而不说别的经费，既要抗金，就要支付大笔军费。对李纲执政时那种揭不开锅的困境，历史曾有这样的描述："汴河上流为盗所决者数处，决口有至百步者，塞久不合，纲运不通"，致使"南京及京师皆乏粮"，"东北道梗，盐荚不通"，可想而知，李纲这个宰相当得有多么难。当人类赖以生存的粮食和食盐都没有了，这个新生政权又到了何等危急的时刻！若不能采取应急措施迅速解决这些最基本的生存问题，这个王朝别说抵抗侵略，恐怕早就跟着老百姓一起烟灭了。

李纲执政之后，以打通水运、陆运等京师生命线为第一急务，他主政的朝廷也堪称是历史上运转速度最快、效率最高的中央政府，他仅用了二十多天，就打通了连接京师的一条条交通线，"凡二十余日，而水复旧，纲运沓来，间拨入京师，米价始平"。随着漕运畅通，商旅蜂拥而来，飞涨的物价迅速被平抑下来，老百姓又过上了半饥半饱的日子，乱世之民已经备感满足了，民心也稳定了，一个危机四伏的新生政权也暂时稳定下来了。李纲趁形势好转，又开始对经济秩序进行整顿。作为北宋帝国最后一段岁月的见证人，他对北宋亡国的原因是有切身体会的，一个最重要的原因就是出在财政上，这与南宋诸臣的分析也是一致的，罪魁祸首还是蔡京，"蔡京专国柄，诧以为其策出于王安石、曾布、吕惠卿之所未工。故变钞法，走商贾，穷地之宝以佐上用"。一句话，为了搜刮民财，蔡京专权的时代已到了竭泽而渔、挖地三尺的程度。而在国家财政几乎陷于瘫痪之时，李纲以一个政治家卓越的眼光和理智上的清醒，提出了在为国理财上必先处理好两个关系，一是理财与民力的关系："夫民犹鱼也，财犹水也，鱼恃水以生，民恃财以养，水日汲而至于涸则鱼亡，财日取而至于匮则民散。故善养鱼者，蓄之于陂池深渺之间；善养民者，临之以宽厚简易之政。"二是中央财政与地方财政之间的关系："夫王室根本也，州县枝叶也；王室腹心也，州县四肢也；槁泽肥瘠，通为一体，然后可为。况艰难之际，实赖州县协济国事，州县不足，重困吾民，此法之所以不可不变通。"他认为，国家财政越是出现了严重危机，越不能竭泽而渔，去搜刮民脂民膏，而是主动采取"宽厚简易之政"，以与天下生民共度艰难。为此，他采取了许多缓解财政危机的措施，而他提出的对策实际上也是范仲淹、王安石早就提出来的，尽量精简臃肿的行政机构，大规模裁减冗官、冗兵、冗政，省官吏，裁廪禄，"以济一时之急"。这是谁都懂得的常识，也是历代王朝政府最难解决的一个常识性问题，只因它触及了太多既得利益者的切身利益。而无论是谁，只要想在这方面动刀子，首先伤及的就是自己。

　　李纲执政时间实在太短了，还没来得及更深入、全面地对朝政、军政和财政进行更深入的整治，就被罢相了，但他在宋高宗初建政权时的一番作为，为缓解这个新生政权的危境、争取和稳定民心起到了非常重要的作用，也可以说为南宋王朝奠定了执政的基石。李纲一生担任宰执大臣的时间，从宋钦宗靖康元年（1126年）拜尚书右丞（副相），到宋高宗建炎元年（1127年）拜为右相，加起来也不到一年时间，但他在一个王朝的转身之际扮演了具有轴心意义的角色。如果不是他在东京保卫战中表现出卓越的军事才能，北宋已经提前覆灭；又如果不是他在宋钦宗初建政权的第一时间出任宰相，也许就没有南宋的未来了。而南宋政权在未来仅仅用了十几年的时间就削平内乱，最终与金国形成南北对峙的格局，绝不可能靠一纸俯首称臣的和议就能维持一百五十余年，而是拥有足以与金国抗衡的实力。这里边除了李纲的奠基之功，也有他与赵鼎、李光和胡铨等"南宋中兴四大名臣"的鼎力再造赵宋王朝的开创之功，也可以说是以李纲为代表而形成的集体力量吧。

对此，后来成为南宋国师的朱熹曾有谨慎而客观的评价："方南京（商丘）建国时，全无纪纲，自李公入来整顿一番，方略成个朝廷模样。"

一个费解的历史之谜，宋高宗为何会以这么快的速度罢黜一位"学穷天人，忠贯金石"的宰相？

李纲被罢黜的一个直接原因，几乎所有史家都指向了宋高宗赵构的一个软肋，那就是李纲想"收复失地，迎回二圣"，这是触犯天条的大忌。赵构原本就不是按正统秩序登基，若是迎回了"二圣"，他这个皇帝又被置于何地？李纲虽说具有卓越的政治、军事才能，却又似乎缺乏政治韬略，怎么就没有考虑到宋高宗的大忌呢？而历史就是这么写的，他也好，后来的岳飞也好，或被罢黜、或被枉杀，一个让赵构说不出口的原因最终都变成了莫须有的罪名，而这些被尊为民族英雄的人，又无不被历史塑造成了襟怀坦荡、光明磊落的真君子、真豪杰，一切都是真的，自然没有半句遮遮掩掩的假话。

若如此，也可把李纲罢相的主要原因归结为一个主战派领袖与投降派的斗争的结果，不是他战胜不了投降派，而是他根本没法挑战最高皇权。新生的政权以及国防形势在李刚执政后暂归稳定，金人又利用他们安插在宋朝的奸细向宋高宗抛出了议和的"橄榄枝"，而宋高宗此时又与汪伯彦、黄潜善等投降派大臣黏糊在一起了，一个天子已经变成了投降派的领袖了，历史的天平再度倾斜。又诚如御史中丞颜岐在李纲拜相前就极露骨地对高宗的劝谏："李纲为金人所恶，不宜为相。"若要与金人媾和，就必须罢黜李纲。为了把李纲从权力中心排挤出去，宋高宗赵构还真是表现出了他聪明的天性，对于热衷于搞政治的后世，他那一番政治脑筋还真是颇有值得"借鉴"之处，他先把李纲从右相迁为尚书左仆射兼门下侍郎（左相），另委黄潜善接任右相，以牵制李纲。紧接着，他又从剪除李纲的羽翼下手，罢免了李纲其中的两员主战派大将——张所和傅亮，并且采取釜底抽薪的方式，下令撤销了李纲奏请设置的河北招抚司及河东经制司这两个北线和东线直接防御金军的帅府。而他深知李纲的性格，李纲必将为此据理力争，最终又必将自请辞职。

一切都在宋高宗的政治谋划中发生，李纲主政仅仅七十五天（一说为七十七天），即于建炎元年（1127年）八月十八日罢相，这是一个必须以天数来计算执政时间的宰相，也可见有多么短暂！他是南宋的第一位宰相，也是历史上最短命的宰相，但他在如此短暂的时间所做出的建树，从未被后世忽视，而被誉为"南宋第一名相"。事实上，在他担任宰相期间，宋廷还没有南渡，此时的宋朝还是北宋的一段尾声，他也可以说是北宋的最后一位名相。

随着李纲再次被贬，更加之李纲的防御部署被打乱，宋金对峙的局势很快又发生了逆转，一度捷报频传的抗金前线又传来宋军不断败退的急报。这无疑与朝廷撤销河北招抚司、河东经制司有直接关系。李纲可以被罢黜，但他制订的战略部署对以骑兵为主的金军确实是最有效的防御措施。一旦金兵突破了防线，宋军负隅顽抗的堡垒战，必将变成金兵撵鸭子似的追剿战。从接下来的战事看，对一个天子和一个朝廷还真是充满了嘲讽意味，整个儿就像一群被跃马扬鞭的金兵撵着的一群鸭子，他们也只能带着残兵败将撒开了腿奔逃。

这里还有一个北宋时代没有讲完的故事，那个带头闹学潮的太学生陈东见李纲再遭罢黜，又上书请求重用李纲，罢免黄潜善、汪伯彦等软弱无能的卖国贼，敦请宋高宗御驾亲征，"迎回二圣"。

迎回二圣，又是迎回二圣！怎么天下人都惦记着那两个亡国之君呢？

那"二圣"的命运说起来也够凄惶了，金太宗封宋徽宗为昏德公、宋钦宗为重昏侯，并将他们囚禁在遥远而寒冷的北国边陲小镇五国城（今黑龙江依兰县），五年后，宋徽宗病死于五国城，连同他最后用一笔漂亮的瘦金体写出的诗歌一起被火葬。而那个身体孱弱、患有严重风疾的宋钦宗则被金兵的马蹄践踏而死。不过此时他们还没死，若是死了也让宋高宗省心了，也不会让天下人那么惦记了。而天下人之所以那么惦记他们，或许不是惦记他们本人，而是把他们作为了一个王朝、一个民族耻辱的象征，只有痛捣黄龙府，把他们迎回来，才能让一个王朝和一个民族报仇雪耻？这是最接近历史真相的一种可能，这在岳飞后来的两句诗里可以找到确证："靖康耻，犹未雪，臣子恨，何时灭？"

宋高宗难以理喻这天地人心，才下意识地把"二圣"作为了心中的大忌，而一旦谁要触犯了这个大忌，那就只有死路一条了。这就是太学生陈东最终的命运。又加之黄潜善等人在他耳边煽风点火，如果不赶快杀掉陈东等人，他们又会鼓动众人伏阙上书，到时就不好收拾了。一场谋杀已经注定，但君臣二人手上都不想沾上血迹，只是暗中授命府尹孟庾以召见陈东议事为名，予以处决。陈东接受了府尹大人的邀请，当他预知死期已到，从容手书一份遗言，叫人带回家，交给父母亲。他匆匆吃过谋杀者布置的最后一顿午餐，然后去了一趟茅厕。看守他的官吏面有难色，想要拦住他，陈东笑道："我陈东也，畏死即不敢言，已言肯逃死乎？"陈东从厕所里出来，穿戴好衣冠，走向刑场。对死亡，他没有抗议。一颗头颅被很坚决地砍掉，落地时没见任何惶恐。

过了三年，宋高宗也好像后悔了，追赠陈东为承事郎，还派人去祭扫陈东墓，又赐缗钱五百作每年祭祀费用。而像陈东这样的太学生，五百年内也没有再出现过。

宋高宗或许真的后悔不该杀掉一个太学生，但他对罢黜李纲似乎从来没有后悔过。替他后悔不已的是元朝宰相脱脱，他以假设的方式不断发出追问："以李纲之贤，使得毕力殚虑于靖康、建炎间，莫或挠之，二帝何至于北行，而宋岂至为南渡之偏安哉？夫用君子则安，用小人则危，不易之理也。人情莫不喜安而恶危。然纲居相位仅七十日，其谋数不见用，独于黄潜善、汪伯彦、秦桧之言，信而任之，恒若不及，何高宗之见，与人殊哉？纲虽屡斥，忠诚不少贬，不以用舍为语默，若赤子之慕其母，怒呵犹嗷嗷焉挽其裳裾而从之。呜呼，中兴功业之不振，君子固归之天，若纲之心，其可谓非诸葛孔明之用心欤！"

这个对宋朝充满了偏见的脱脱，有时候还真能说出几句接近真理的话，如果让李纲继续指挥东京保卫战，甚至拜为天下兵马大元帅，北宋又怎么会灭亡？那"二圣"又怎么会有那样悲惨的下场？如果宋高宗能够继续让李纲主政，以李纲当时四十六七岁的年岁，正是为国效力的盛年，又有那样卓越的政治、军事才能，能以他为主心骨，形成一个坚强有力的政治班底，在抗金的同时革除弊政、励精图治，又有韩世忠以及接下来的岳飞等名将为朝廷驱驰抗金，收复失地，恢复中原，南宋是极有可能像东汉一样再造一个文治盛世的中兴伟业的。

然而，历史从来没有假设，随着南宋第一名相李纲的提前出局，这个王朝最终注定是一个"背海立国与半壁山河"的格局。

四、进退一身关社稷

李纲罢相之后，还将在南宋度过十三年岁月，但他从此再也没有回朝主政的机会，也没有奔赴抗金前线的机会，他作为政治家和军事家的意义再也难以发挥，这意味着，他已提前进入了人生的尾声。

从接下来的历史事实看，可以窥见朝廷对他的提防更甚于对金军的防范。他罢为观文殿大学士，提举杭州洞霄宫。尽管他已成为一颗弃子，却没有自暴自弃，仍在为抗金救国而奔走疾呼，并不断地给宋高宗上奏章，提出抗金救国的对策，但这些奏章等同废纸。而那些投降派朝臣深知李纲的影响力，唯恐李纲打乱他们同金人议和的步骤，在他罢相两月后，又受殿中侍御史张浚弹劾，再罢观文殿大学士，只保留了一个提举洞霄宫的虚衔，居鄂州。就这样，那些投降派仍然感觉他是一个威胁，一年后，又将他贬逐澧州（今湖南澧县）。就在他赴澧州时，又遭御史中丞王绹弹劾，以他"经年不赴贬所"为由，将他贬逐万安军（海南岛）。这在宋朝是只比满门抄斩低一等的惩罚，在我翻检宋史时，仅有苏东坡遭受过这样的严惩，而李纲当是遭受这种严惩的南宋第一人。

想当年他被宋钦宗贬逐到了西南绝域的云南临江，还比宋高宗此次对他的贬谪略轻一些。在那样一个盗贼蜂起的乱世，李纲只能带着儿子李宗之同行。父子俩一路上也不知遭遇了多少凶险，走了大半年才抵达雷州。雷州自古以来就是贬官的穷途末路，一个罪臣贬到此地就算到了尽头，但李纲还得渡海去那蛮荒的孤岛。就在父子俩打算渡海时，适逢海南黎民叛乱，他们因此被阻隔在雷州，在此滞留了一年多时间。对于这一段岁月，历史的记载像这个乱世一样错乱，但有一件事是确凿无疑的，李纲在这里幸遇了一个法号释琮的禅师。释琮既是他的福建同乡，又是他在京师太学的同窗，在乱世中遁入空门，此时已是湖光岩楞严寺长老，在这天高皇帝远的边地以另一种方式普度众生。

在湖光岩壁画里，有一幅李纲与释琮禅师月下促膝谈心图，此时的李纲早已脱下了一身戎装，也卸下了一身朝服，恢复了书生本色，只是容颜半老，清癯见骨，但那两只被月光照亮的眼珠依然凛凛焕光，在一身硬骨头中更能显示出一个国士的气度。虽说是寄寓禅房，报国无门，但他却没有遁入空门之念，开始做那皓首穷经的功课，先后写了《论语详说》十卷、《易传内篇》十卷及《外篇》十二卷，还写了二十多首诗歌，让后世在政治、军事之外看到了作为一个文学家和诗人的李纲。这其中有一些诗篇便是一个国士与一个高僧在月下对饮、促膝倾谈的抒写，从《赠琮师》中"归来卜筑瘴海滨，十里湖光岩洞小""风姿已含蔬笋气，论语更将藤葛绕"等诗句看，一个贬官的压抑与悲愤似乎已在明亮的月光下化为无形，他的心胸像那湖面上折射的月光一样明朗，却又是一种接近幻觉的明朗。但他题写的"湖光岩"三个石刻大字却不是幻觉，哪怕过了一千年，也依然能触摸到一个宋朝士人手心里那遒劲而滚烫的温度。

李纲父子南渡海南的时间,一说是建炎二年(1128年)冬月,一说为建炎三年十一月下旬,透过他这段时间的诗文推测,我更倾向于后者。

就在这父子俩泛海南渡的同年,宋高宗和朝廷也正在金兵的追剿下仓皇南下。

建炎三年(1129年)早春二月,一个逃亡的皇帝和一个逃亡的朝廷带着一千多兵马逃到了江淮之间的扬州,还没来得及喘一口气,金军铁骑又以千里马的神速奔袭扬州,宋高宗只得仓皇渡江,经镇江府逃奔杭州,一个皇帝逃跑速度之快足以创造历史,这一次连金兵的千里马竟然也没有追上。可喘息未定,却又出了一件大事,那个一路上扈从天子和朝廷逃亡的御营都统制苗傅和一个名叫刘正彦的将领对皇帝和朝廷这种战不能战、和不能和的狼狈情形早已心怀不满,从心怀不满又一变为心怀不轨,于是密谋利用军士对朝政的不满发动政变,他们杀了宋高宗的心腹、同签书枢密院事(最高军事长官或副职)王渊和一批宦官,逼迫宋高宗让位给不满三岁的皇子、魏国公赵旉,改元明受,并请隆祐太后共同听政。隆祐太后为宋哲宗赵煦皇后,已经是高宗的皇祖母了,在金兵攻占汴京,赵宋皇室和王室成员全部被俘后,这位侥幸逃生的皇祖母成了北宋皇权的最后支撑。而这次又被两位叛将请出来听政,实际上是挟太后以令诸侯,遣使与金议和。

这次政变史称"苗刘兵变"或"明受之变"。在崇文抑武的赵宋王朝还极少发生这样的军事政变。而此时,那个极力排挤李纲等主战派的宰相吕颐浩倒是发挥了关键作用,他与张浚、韩世忠等文臣武将起兵勤王,拥戴宋高宗复辟,而苗傅、刘正彦等叛将被宋高宗下令"寸磔而死"。事实上,宋高宗和两位叛将的想法是一样的,不是他不想派使臣向金人乞和,而是金国根本就不想同这个灭亡在即的宋朝议和,只想赶紧将其灭掉。而宋高宗却在给金国皇帝的乞和信里哭诉,就像一个儿子向自己的母亲倾诉,他现在"所行益穷,所投日狭","以守则无人,以奔则无地",乞求大金国天子"见哀而赦己",不要再向南进军。而为了不得罪金国,表现出自己乞和的诚意,他对于抗金战争竟不做任何有力的部署。同年九月，金兵渡江南侵，宋高宗又率朝廷继续南逃，从杭州逃到越州(今绍兴)，随后又逃到明州(今宁波)。在金兵的追击下，宰相吕颐浩主张"且战且避，奉陛下于万全之地"，在走投无路时又上"浮海之计"，从明州渡海逃到定海（今浙江舟山)，一个王朝漂泊在海上，但赵宋王朝此时似乎还命不当绝，至少还要再等一百五十年，这个王朝才会在大海里最终沉没……

而在"苗刘兵变"之后，还有一件直接与李纲的命运有关的事情，宋高宗复辟之后，也深感朝野上下对朝政的强烈不满情绪，他不得不做出一点政治姿态，罢免了汪伯彦、黄潜善等投降派奸臣，又诏令对李纲等被贬逐的主战派大臣予以赦免，准予发还。然而，由于天遥地远，乱世中音信隔绝，李纲父子还来不及接到消息，就已泛海南渡了。而他们若要听到一个从漂浮在海上的朝廷里传来的消息，至少还要再等大半年。

李纲与儿子李宗之渡过了苏东坡在数十年前渡过的那个海峡，李纲兴许是想到了那个胸襟豁达的苏东坡，他的心胸也豁然开朗了。据说他一上岸，马上就入乡随俗，嚼起了那些生番般的黎族人最爱嚼的槟榔果。父子俩向能听懂汉话的当地老乡打听去万安（今海南万宁市）的路如何走，而当地人的回答让李纲一下绝望了，他的贬谪地，比苏东坡当年贬谪的儋州还要远得多，儋州离琼州（今海口）并不太远，而万安离琼州还有五百里，五百里不算什么，他们都走过几千里了，但当地老乡好心地提醒这一对来自远方的父子，他们可能根本走不到万安，一辈子就到头了，此去一路上都是杳无人烟、瘴气弥漫的深山老林，若是看到了个人影，不是野人就是剪径的强盗，还有老虎、豺狼等食人的猛兽。李纲父子登上东山岭，走进一家寺庙，庙里的僧人也如实相告，那些老乡所言皆是实情，若没有成群结队的人拿着武器去万安，走进山林的是活人，扔在深林里的是白骨。李纲就是想冒死一试，也不忍让儿子跟着自己一起遭殃。一个人走到了这样的穷途末路，他就是不想遁入空门也实在走投无路了。就在他削发之际，却又被方丈一眼看出他尘缘未了，不肯为他剃度。李纲眼看一扇佛门都不愿接纳自己，只好乞求方丈赐他一间禅房，在寺中带发修行。

他还真是尘缘未了，就在修行的第三天，便有诏令从数千里之外传到当地官衙，李纲被皇上赦免，准予放还，居住何处自便。但父子俩得知赦免的消息后，并没有马上返回，毕竟此生好不容易来到这天涯海角，他们便在海南逗留了一个多月。这些事情都是历史没有记载的，只在民间传说中流传，却也不是无稽之说，在李纲的诗文总集《梁溪先生文集》中，共收录有他在建炎三年（1129年）冬至之后留下的、与渡海及海南有关的诗九首，从中可以依稀看到李纲父子在天涯海角的萍踪鸿影。

建炎四年（1130年）夏，在李纲父子北返途中，随着韩世忠等抗金将领的拼死抵抗，宋军的形势又一次逆转，从阻击战一变而为反击战。一切就像李纲当年向钦宗奉献的"必胜之计"所预料的那样，金人虽然凭借其骑兵擅长远距离作战的优势，迅速攻入了江南，但他们也有一个致命的弱势，那就是随着战线的拉长，粮草供应不上，只要能针对金军的这个软肋，宋军采取"扼河津，绝粮道，禁抄掠"，宋军即可"俟其刍粮乏，人马疲"，从阻击转入反攻，将其驱赶回老家。李纲卓越的军事策略，在江南抗金中被身材魁伟的韩世忠以勇猛无比的方式验证了，在宋军的反攻态势下，如风卷残云般地将金兵逐出了江南，金兵不可战胜的神话再次被打破，宋高宗赵构和一个漂浮在大海上的朝廷才得以登陆上岸，又回到绍兴、临安府（今杭州）等地，尔后又将临安府定为南宋的行在（行都），这个行都事实上也成为南宋王朝的首都，却又从未定都，一直称之为行在（行都），仿佛随时准备再次逃奔……

宋高宗曾向金主哭诉他"以守则无人，以奔则无地"的悲惨境地，随着金兵暂时被韩世忠等宋军精锐挫败，他现在总算有了一个驻跸之地，如果此时他重新起用李纲执政，又怎么会"以守则无人"？然而，李纲虽说已"准予发还"，却没有接到朝廷的任何诏令，他也就只能选个比较安静的角落，在他福建老家不远的泰宁丹霞岩隐居下来。

直到绍兴元年（1131年），一说为绍兴二年，宋高宗终于发来了姗姗来迟的诏令,再次起用李纲,先后任命他为荆湖广南路宣抚使兼潭州(今长沙)知州、江西南路安抚制置大使兼隆兴(今南昌)知府等职。此时李纲四十八岁,年近天命,一个报国无门的国士,终于有了这样一个报国的机会,他备感珍惜,便抓紧时机,多次上疏,根据当下的宋金形势,奏陈抗金大计。但高宗对李纲的抗金之策均未采纳,皇帝此时想到的不是攘外,而是安内,他要抓住金兵暂停南侵的这一时机,抽调精兵强将镇压荆湖(湖南、湖北)、江西、福建等各路蜂起的内乱和盗匪。从历史事实看,应该说他针对当时情况采取的举措是符合实际的。随着内乱被韩世忠、岳飞等将领一一收拾,他的统治地位才得以巩固。从而在国内(南宋境内)形成了一个长时间比较安稳的局面,这也为他再造一个南宋文治盛世打下了基础。

李纲被任命为荆湖广南路宣抚使、江西南路安抚制置大使,也算是宋高宗对他的重用了,而高宗重用他的意图非常明显,这两地都是钟相、杨幺作乱的"匪区",也是朝廷的心腹大患,而在高宗眼里,李纲不适合做太平宰相,但在为朝廷治乱、收拾乱摊子方面,还真是一个大有为的人才,这样的人才在高宗的心腹大臣中还真是没有。就是在这段时间,李纲和岳飞的人生有过一段交集,一个是年届天命的老臣,一个是年届而立的壮士,李纲比岳飞整整大二十岁,形如父子,相见恨晚,他们的交集也是朝廷的安排,一个主政,李纲全权承担起对地方的安抚责任,筹措军费粮秣;一个带兵,朝廷把岳飞从抗金前线抽调到这里,以最强有力的方式镇压农民起义。从李纲于绍兴二年(1132年)给朝臣的一封信看,他对岳飞寄予了殷切的厚望:"岳飞年齿方壮,治军严肃,能立奇功,近来之所难得……异时定为中兴名将。"

随着钟相、杨幺等农民起义被迅速镇压下去,一方的局势在李纲治理下又稳定下来,回复到一个正常的社会状态,李纲的历史使命也走到头了,宋高宗马上又将他弃于一边,不久,李纲又被罢官。接下来的日子,李纲又从一个国士变成了隐士,但他做不了隐士,因为无论待在这个帝国的哪个角落,他都在关注这个王朝的走向。

绍兴九年(1139年),随着韩世忠、岳飞、张俊、刘光世等"中兴四将"率领各路宋军发起一轮又一轮强有力的反攻，将金兵一路向北驱赶，宋金的形势已从根本上逆转了，此时已轮到宋军像撵鸭子一样追剿金军了。被李纲寄予了厚望的岳飞，更是让他喜出望外，岳飞是南宋初年唯一组织过向金军发起大规模进攻战役的统帅，岳家军经历大小数百战，几乎是每战必胜，一路挥师北伐，所向披靡。岳飞不仅是南宋最卓越的军事统帅，他的军事天赋与李纲也有不谋而合之处，譬如说他非常重视沦陷区的抗金义军，由此缔造了"连结河朔"之谋，以黄河以北的抗金义军和宋军相互配合，对金军实行南北夹击、里应外合，先后收复了郑州、洛阳等沦陷的大片河山。如果说金军在宋廷那些充满了"恐金症"的投降派眼里是不可战胜的神话，岳家军在金军眼里也是一个不可战胜的神话，"撼山易，撼岳家军难！"

然而，就在这种对宋军极有利的形势下，中原失地已经大部分恢复，痛捣黄龙府已经指日可待，如果能将这样强有力的攻势进行到底，不说灭掉金国，把金人驱赶到关外，让金人接受当年宋金联手灭辽的"海上之盟"是极有可能的。然而，此时的宋高宗那块心病又犯了，在秦桧的撺掇下，他又秘密遣使与金人议和，并严令岳飞诸将采取"自守以待敌，不敢远攻而求胜"的消极防御战略。李纲听到这一消息时，正是农历正月，他正在家里为岳家军把盏庆贺，一听"议和"二字，李纲手中的酒杯咣当一声掉在地上，整个人也摔倒在地上，在碎裂声和身体摔倒的一声闷响中，他几乎是嘶吼了一声，"议和，又是议和……"

李纲一生的最后一年，一直在忧愤交集中徒劳地挣扎，于翌年正月十五病逝于仓前山楞严精舍寓所，享年五十七岁。而李纲之死也终于让宋高宗松了一口气，随即慷慨诏令，赐予李纲一个哀荣，"赠少师"。

李纲是忧愤成疾而死，满怀遗恨而死，就是不死，对于一个帝国，他也是一个多余的人。

就在他死后一年，绍兴十一年（1141年），岳飞在进军朱仙镇时，宋高宗和宰相秦桧生恐他打乱了宋金议和的"大好形势"，以十二道金牌下令岳飞退兵，并将配合岳家军作战的所有部队一概撤退，在孤立无援之下，岳飞被迫班师回朝。在宋金加紧议和的过程中，宋高宗决意解除岳飞、韩世忠等大将的兵权，以此向金朝表示宋朝坚决议和的决心。绍兴十一年农历岁末（1142年1月），在秦桧和另一位"中兴名将"张俊等人的诬陷下，以莫须有的罪名，将岳飞与长子岳云、部将张宪一同杀害。而宋金和议也随即签订，南宋向金称臣纳贡，每年除纳贡银二十五万两、绢二十五万匹外，还要给金国皇帝和王公贵族贺正旦、生辰等，这些和约之外的礼物"以巨万计"。凡金朝统治者索要什么，宋高宗和秦桧立即下令在全国搜刮，然后恭恭敬敬送去。宋高宗以这种屈辱的方式，来换取金国承认自己在淮河、大散关以南地区的统治权。而按金朝规定，秦桧事实上成了南宋王朝的终身宰相。

靖康耻，犹未雪，正当壮年的岳飞就在风波亭惨遭杀害，痛切之中，又不能不猜测一下宋高宗的内心里阴暗的动机。岳飞被杀，是赵构丧心病狂制造的一个极端例子，说是"莫须有"，其实又有太多的原因，而一个原因是少不了的，随着岳飞收复的失地越来越多，掌握的军队越来越强大，朝廷对他的猜忌、提防也越来越厉害，当这种疑忌和提防达到了顶点，岳飞也只剩被杀的命运了。他被杀的命运和李纲被罢黜的命运实际上是一样的。那么，宋高宗最担心的又是什么呢？一个众所周知的说法，岳飞一心想要收复失地迎回"二圣"，而一旦"二圣"被岳飞迎回，那么高宗这个代理皇帝又往哪里摆呢？他可能什么也不是，甚至连回去重新当他的康王都不可能了。但实话实说，我一直不大相信此说，真正的原因，还得从赵宋王朝的基本国策里去寻找更符合情理的历史逻辑。也正是依据这个历史逻辑，我觉得，宋高宗最担心的恐怕还不是岳飞一心想要收复失地迎回"二圣"，而是担心岳飞这个军事强人在乱世中强大崛起，而岳飞收复的江山，有朝一日兴许不再姓赵，而是姓岳。这正是他的老祖宗宋太祖开国之后就一直在严加防范的。

从接下来的历史事实看，自从宋高宗杀了岳飞、签订了宋金和议之后，南宋朝廷似乎彻底铲除了内忧外患的祸根，从天子到群臣，一张张脸上不见忧患，一个个喜形于色。应该说，宋高宗这个天子绝对不是通常意义上的那种暴君、昏君，他的焦虑恰好在于他活得太清醒，必须有一种接近幻觉的东西来压倒他内心里的惊恐，否则，他不是失眠，就是在噩梦中惊醒。而南宋的繁荣还真是在接下来的岁月里如愿以偿地出现了，"山外青山楼外楼，西湖歌舞几时休？暖风吹得游人醉，直把杭州作汴州"。这尽管是诗人的讽喻，却又是南宋行都的一个逼真的写照。

但南宋最终的偏安，还是靠枪杆子打出来的。绍兴三十一年（1161年）秋，金国海陵王完颜亮又一次大举南侵，宋高宗又想再次逃离临安府。但海陵王在渡江时被宋军击败，而且是惨败，随后又被部下所杀，这就是南宋史上一场著名的大捷——采石矶之战。而作为战胜国的南宋，又借遣使恭贺金世宗完颜雍即位的机会，再次对金议和。一年后，那个已当了三十六年皇帝的宋高宗似乎有些疲倦了，于是以"倦勤"为由传位给养子赵昚，是为宋孝宗，这是南宋的第二位皇帝，也是赵宋王朝的第十一位皇帝。

一个历史性预言随着宋孝宗登极而被验证了，自从太宗在"烛光斧影"的历史谜团中登基之后，帝位便一直在太宗一脉传承，把大宋开国皇帝宋太祖赵匡胤的那一支更正统的皇家血脉撇开了。但民间一直有"太祖之后当再有天下"的预言，没想到宋高宗赵构还真是传位给了宋太祖的七世孙赵昚。一个帝国的皇位，在宋太宗及其直系血脉中传了九代，终于又回归了开国皇帝宋太祖的正统血脉。

宋孝宗即位后，赵构自称太上皇。这也是宋朝历史上第二位还健在的皇帝提前让位交权，而在交权后他又活了二十五年，才于淳熙十四年十月（1187年11月）在行都临安德寿殿寿终正寝，享年八十一岁，谥号圣神武文宪孝皇帝，庙号高宗。对这样一位缔造了南宋王朝，又干了那么多恶心事的皇帝，元朝脱脱在《宋史》中把他视为一个与夏之少康、周之宣王、汉之光武、晋之元帝、唐之肃宗并称的中兴六君之一，并赞赏"高宗恭俭仁厚"，又叹息高宗"以之继体守文则有余，以之拨乱反正则非其才也"，尤其是继李纲之后，"赵鼎、张浚相继窜斥，岳飞父子竟死于大功垂成之秋。一时有志之士，为之扼腕切齿。帝方偷安忍耻，匿怨忘亲，卒不免于来世之消，悲夫！"

很明显，身为灭宋一族的元人脱脱，认为宋高宗是一个悲剧性的皇帝。

如果说南宋的第一个皇帝给历史留下了太多的悲哀和耻辱，而南宋的第一位宰相则给后世留下了太多的惋惜。翻检他的《梁溪全集》一百八十卷，拜读他的《靖康传信录》《建炎时政记》《建炎进退志》《宣抚荆广记》《制置江右录》等，可以清晰地再现一位国士在一个王朝转身时的奔走与疾呼、蹉跎与辗转，当他对北宋王朝最后的拯救难以实现、对南宋王朝的运筹帷幄又难以施展时，也就只能在诗文中去抒写了。他不但是一位卓越的军事家、政治家，也是一位杰出的文学家和大学者。当我一遍遍地诵读他那七首雄奇壮阔的咏史词，感到有一种穿透千年、撼人心魄的力量。他借历史上那些英明君主平定外忧内患的文治武功，以激励并不缺乏文治武功之才的宋高宗振奋起来，这些词虽说最终也没有撼动宋高宗的心魄，却把以词言志的功能强有力地发挥出来了。如《苏武令》："塞上风高，渔阳秋早。惆怅翠华音杳。驿使空驰，征鸿归尽，不寄双龙消耗。念白衣、金殿除恩，归黄阁、未成图报。谁信我、致主丹衷，伤时多故，未作救民方召。调鼎为霖，登坛作将，燕然即须平扫。拥精兵十万，横行沙漠，奉迎天表。"当他内心里那种特别隐忍的、内敛的力量，以词的方式去揭示，每一个字都充满了能量，每一句词都充满了爆发力。又如《喜迁莺·真宗幸澶渊》："边城寒早。恣骄虏、远牧甘泉丰草。铁马嘶风，毡裘凌雪，坐使一方云扰。庙堂折冲无策，欲幸坤维江表。叱群议，赖寇公力挽，亲行天讨。缥缈。銮辂动。霓旌龙旆，遥指澶渊道。日照金戈，云随黄伞，径渡大河清晓。六军万姓呼舞，箭发狄酋难保。虏情慑，誓书来，从此年年修好。"他以宋真宗听从寇准之策，从逃跑避敌而亲征契丹，最终以战逼和，宋、辽两国达成兄弟之盟，让大宋帝国由此转危为安又形成了一个长治久安的局面，这就是他想要再造的大宋帝国。而宋高宗最终却连那个胆小懦弱的宋真宗都不如，无论李纲怎么规劝，怎么激励，他都一味逃跑避敌，更不用说御驾亲征了。这样一首词，也就只剩下文学的意义，将叙事和议论有机结合，直接开启了后辈辛弃疾"以文为词"之先河。

在李纲去世四十九年后，宋孝宗淳熙十六年（1189年），又特赠李纲为陇西郡开国公，谥忠定。

而那个对前辈非常挑剔的朱夫子朱熹，对李纲却给以慷慨而崇高的礼赞："纲知有君父而不知有身，知天下之安危而不知身之有痼疾，虽以谗间窜斥濒九死，而爱国忧君之志终不可夺者，可谓一世伟人矣！"

而南宋的最后一代名相文天祥对这个南宋第一名相的命运遭际则感同身受，同病相怜："其道则隆，其运则剥。噫，胡出处之不常，为苍天频卜。"

李纲的隔世老乡、福建高湖学者郑大漠以五言古体对李纲的一生予以高度提炼："吾爱李丞相，经术文章匠。时事不可忘，书生作良将。旧筑读书堂，双江古刹上。"

而我更偏爱的还是郑老先生的女婿林则徐在福州李忠定公祠题写的一联："进退一身关社稷，英灵千古镇湖山。"一个能说出这种话的人，必然也是这样一个人。一个王朝可以覆没，一个帝国终将被埋葬，但一个经世不灭的民族，必有某种经世不灭的高贵基因在血管里代代传承、辈辈不绝……

陈 规

在一个王朝转身之际

在我所描写的宋代士人中，第一次出现一个不知生日、不知逝日的人。

陈规，字元则，密州安丘人。密州，即今之诸城，位于山东半岛东南部。安丘，则是一个千年不改名的县份，宋代叫安丘，如今依然叫安丘。史载，陈规中明法科进士，但何时中科亦不得而知。明法科为宋代可见科目之一，专考法令，那么陈规当是北宋晚期的一位法学进士。值得注意的是，就在陈规的同一时代，历史上还有另一个陈规，字正叔，绛州稷山人，生卒时间也同样不详。在宋朝南渡前后，此公中金朝辞赋进士，拜监察御史，"尝上陈八事，刘从益见之，叹为宰相材"。这两个名同而字不同的陈规，一个是山东人，一个是山西人，一个是宋朝进士，一个是金朝进士，一个是南北宋更迭之际的抗金名将，另一个则已归顺金朝并担任金朝的大臣，却由于他们同名同姓又生活在同一时代，性格也极为相似，很容易被后世混淆，而一旦混淆历史就被颠倒了。

我要追溯的是抗金名将陈规。此公说是名将却是文官，他是北宋的文官、南宋的名将。这一尴尬的身份，却是由宋朝的历史决定的，在一个文治时代，一旦到了"国破山河在"的危急关头，那些手无寸铁的文官随时随地便转为战将，这也是我们追溯宋朝士人的一个尴尬而必然的起点。

一、帝国守门人

由于诸史对陈规的生卒时间均无记载,在远隔千年之后,只能根据他载入史册的零星事迹去猜测他的生平。他的盛年,正处于一个王朝的转身之际,他所处的时代或生平岁月,大致应该与南宋第一名相李纲平行。

同一个人模糊的身世相比,一个王朝的历史却是相当清晰的。在北宋为金国灭亡之后,赵宋王朝由北向南转身,与其说这是王朝的更迭,不如说是一个王朝向南迁徙,而陈规所扮演的历史角色也只能随着一个王朝的转身而转身。而就在这样一个纷乱的背景下,这个叫陈规的模糊身影正在变得越来越清晰。

在北宋灭亡的一年前,陈规任德安府安陆县令。这是非常确凿的,据陈规《靖康朝野佥言·后序》记载:"靖康丙午(1126年),规以通直郎知德安府安陆县事。"这个德安不是江西德安,而在今天的湖北江汉之间,安陆为德安府治,陈规后来所著《守城录》中的那座城,指的就是安陆县城,县城虽小,却是扼守南北之间的一处战略要冲。然在汴京陷落之前,这里还是北宋帝国的大后方,这才有陈规奔赴前线之举。在一个依然无人知晓的时日,陈规率领一支临时拉起的队伍誓师北上。一路上,他们遇到的都是纷纷南逃的北宋残兵败将。一个王朝已经丢盔弃甲,只顾仓皇南窜,但各地义士却没有放弃抵抗,一支支义师在胡马长啸中纷纷奔赴抗金前线,然后又在一场注定失败的战争中化身为英烈,或杀身成仁,或舍生取义。陈规虽只是一个七品芝麻官,也义不容辞地成为这仁人志士中的一员。

中原如此辽阔,天地如此悠长,而北宋帝国的江山却如黄河溃决一般,一切只能付诸东流。陈规这支向北挺进的队伍,此时已如同历史的倒叙,他们既然在不可逆转的历史中毅然决然地选择了一个与之相反的方向,也就只能与南下金军频频发生不可避免的遭遇战。这是以卵击石的战争,这样一支杂牌军绝非威武之师,而是一支名副其实的哀兵,充满了悲愤绝望的情绪。自古便有哀兵必胜之说,他们如同被逼急了的亡命之徒,抗金义旗一旦在哪儿出现,哪儿注定就是一次殊死的激战,而每一次激战,几乎是以同归于尽的方式一直战斗到死。这让金兵感到莫名的恐惧,这样的敌人,他们不是不能战胜,而是不敢相信,在他们十分蔑视的宋朝军队中,竟然还有这样一面死扛着的旗帜和一群一心赴死的壮士。而以他们的实力,虽无力阻挡南下的金军铁骑,却也一次次打乱了金军的阵脚,给敌人制造了不少的麻烦。

此时,南下金兵一路追击着南渡的宋高宗赵构,而追随天子的官军越来越少,而这些走失的官军有的干起了趁火打劫的勾当。如镇海军节度使刘延庆麾下的两员部将祝进和王在,在刘延庆被金军追杀后,这两人趁乱率残部逃走,他们担心会受到宋廷的惩罚,一不做,二不休,干脆做起了乱世大盗。柿子拣软的捏,锐不可当的金兵他们是不敢招惹的,他们进攻的对象都是宋金交战区那些尚未被金兵占领的州县。当陈规得知祝进率兵攻打德安府的急报,立刻回师驰援德安。等到他赶回来时,那个德安太守不经打,很快就脱下官服弃城逃跑了。

一座城池群龙无首,眼看就要陷入贼手,当地士绅百姓一致拥戴陈规,请他担任太守,执掌政事,而所谓政事此时已经变成了军事。就这样,陈规成了一个没有朝廷任命、全凭士绅百姓拥戴的"民选"太守。这也是有确凿记载的,据陈规《靖康朝野佥言·后序》追记,"丁未(1127年)春正月,群盗王在等犯德安府。时郡将阙,规摄府事"。他立马就开始整合城中兵马,派神射手张立率兵对祝进发起反击,祝进被打了个措手不及,率一帮乌合之众逃走了。但胜利不会来得如此容易,祝进很快又和另一个大盗王在组成了一支数万人的军队,再次来攻打德安府,祝进发誓要报仇雪恨,一举生擒陈规。这一次,他们调来了那个时代的重兵器,用炮石和鹅车轮番猛攻安陆东城。眼看着一道城池守不住了,有些守军准备撤退,这时陈规披一身戎装登上了残破的城垣,一个文官披一身铠甲,一个在滚落的炮石中伫立的身影被火光照得忽明忽暗,这种角色异位的强烈反差,让守军感到特别悲壮,他们在炮石声中听不清陈规在讲什么,但谁都知道自己应该干什么。顷刻间,城垣上喊杀声震天，而那早已停息的战鼓又被重新擂响了。那些强盗也曾是宋朝军人，经历过一次次不战自溃、望风而逃的战争，而当他们遇到了这样一支誓死抵抗的宋军，突然就害怕起来了。不能不说，陈规这个文官还真是指挥有方，趁士气大振，他指挥守军对贼军发起了一次次反攻。

当城下又变成了空旷的大地，数万贼军已经不见了踪影，扔下的只有一具具黑白斑驳的尸体和残破的兵戈，连血也是黑的，散发着血腥与铁的气息……

据史载，祝进、王在二贼"以炮石鹅车攻城东，规连战败之，二人惧，引众去"。

然而，这还只是德安保卫战的初战，接下来，他们还将面对更强大的敌人。

当宋朝廷被金兵一路驱赶到江南之后，江北的宋金交战区已经处于失控的状态，很多野心勃勃的大盗，以为又一个战国时代来临，趁机占地为王。随着一个王朝南北更迭，北宋变成了南宋，地理上的方位也为历史所颠倒。此时的德安府，随着一个王朝南渡，已经成了帝国的一道北大门，陈规从北宋帝国的最后守门人，一变而为南宋最前线的守门人，从后卫变成了前锋，直接站在了抗金的锋线上。像陈规这样坚守在江北的守将，已是大宋帝国最后的守门人，既是坚守，也是困守。在各路兵马的混战中，也曾有人想要招降陈规，但无论谁来劝降，他就用镣铐拘禁来者。对那个软弱的朝廷，他只能以一个士人的最强悍的方式来表达一个义门子孙对帝国的忠诚。

对这样一块硬骨头，除了战胜他或杀死他，已经没有别的方式。

当一个逃窜的王朝在江南暂时站稳了脚跟，对这位被士绅百姓拥戴的"民选"太守也予以事实上的肯定："除直龙图阁、知德安府。"就在这年九月，又有乱世大盗李孝义、张世率领步兵骑兵数万人逼近德安城下，他们声称愿意接受"招安"。陈规又一次登上城楼，悉心观察对方的阵营，一看就知道这是诈降，命守军立刻准备迎战。果不其然，到了半夜时，数万贼军在如潮涌般的黑暗中把德安城围了个水泄不通，随即，战争又一次在火焰与炮石中惊醒了夜幕中的孤城。由于陈规早已做好战略部署，一场假以"招安"之名发动的奇袭，遭遇了早已众志成城的抵抗，贼军在几个回合的攻城战中没有捞到什么便宜，最终在陈规指挥的城市保卫战中死伤无数，大败而归。

乱世中的贼寇多如牛毛，赶走了一个李孝义，又来了一个杨进，他率领的兵马比李孝义还要强大。陈规在战略思想上更着重于战备，在战争的博弈中善下先手棋，防重于战，坚固城池，充实粮草，做好持久坚守、负隅顽抗的准备。每次敌军入侵，他只能负隅顽抗，以长时间的对峙挫伤敌军的锐气，让敌军渐渐陷入疲惫、懈怠、失去耐心的状态。这是意志与毅力的较量。这次，陈规又是"故技"重演，与杨进率领的贼军相持十八天，他一直据城坚守，绝不主动挑战。由于城中战备物资十分充实，陈规具备对峙下去的足够实力，倒是围城的杨进眼看着粮草越来越少，这样拖下去，军心也越来越不稳，不说那些小毛贼，连杨进这个大盗的精神也快崩溃了。一个意想不到的局面竟然出现了，杨进带着一百多侍卫，径直走到城下的濠沟边，主动向陈规求和。对此，陈规倒是没有丝毫的意外，仿佛一切皆在自己的预料之中，他就等着这一刻呢。于是，陈规亲自出城与杨进议和，城外全是杨进的黑压压的兵马，但陈规却悠闲地像出城会友，还亲热地拉着杨进的胳膊和他交谈。一个文臣出身的将领，原本是被武人瞧不起的，而这样一个深入敌营却从容自如的陈规，让在刀刃上舔血的大盗杨进佩服得五体投地，当即便折断箭柄，发誓永不来犯。在陈规的微笑中，杨进率数万兵马像潮水般退走了。从这件事看，陈规在军事上还真是妙计百出，他针对不同的人、不同的情况而采取不同的方法。对祝进、王在、李孝义等狂妄嚣张的大寇，他敢战善战，坚决予以还击；对杨进这种人性尚未全然泯灭者，他则尽可能以真情打动他。《孙子兵法》中的不战而屈人之兵，还真是被陈规变成了事实。虽是事实，却像演义，我在追溯这一段史实的过程中，也有些难以置信。

一个士人在战争史上的神话或传奇还将继续演绎。一次，又有一个叫董平的贼寇带领一支军队来德安城窥探。这个董平，不知是不是《水浒传》中那个双枪将董平，如果《水浒传》不完全是小说家言，真有历史事实作为依据，在时间上看是有可能的。看那段历史，天底下一下冒出如此多来路不明的贼寇，而且都是拥兵数以万计的大盗，估计有两种来源，一是如祝进、王在等被金军打败后的官军，在兵荒马乱中趁机占山为王，另一种应该便是宋江、方腊等起义军的残部。总之，这个董平对于陈规来说就是不折不扣的贼寇，而且必然会与陈规有一次历史性的交手。他在四下窥探之后，倒也并未轻举妄动地攻打德安城，而是派手下李居正、黄进入城，向陈规要求"犒赏"，实际上也是一种更深入的窥探或试探。对他们，陈规采取的又是一种战略，他先果断地将气焰嚣张的黄进给宰了，却在血腥中留下了李居正这个活口，又软硬兼施地将李居正策反，授他为前锋。这个李居正在被陈规灌了一通迷魂汤之后，还真是如同鬼迷心窍般，一出城就率自己手下的兵马对"主公"董平发动突袭，陈规趁机率部出城，大破董平贼军。

对桑仲，陈规则采用了离间计。桑仲也是一个实力强大的贼寇，在襄阳、汉阳一带烧杀抢掠，他的副手霍明屯兵鄂州（今湖北鄂州一带，治所在今武昌）。陈规据守的德安府也是桑仲一直觊觎的，但陈规一直避免与贼军正面交锋，却以离间计从内部瓦解贼军。他先暗暗地收买了霍明，又向朝廷密奏，暗中将霍明招安，命他镇守鄂州。这样一来，从屯兵鄂州，到镇守鄂州，霍明的身份变了，从贼寇变成宋朝的将领，但他的"主公"桑仲对此根本不知情，还以为霍明是替他把守着鄂州呢。未几，桑仲被抗金名将王彦击败，带着残余的数百人马逃奔到鄂州，他还当霍明是自己手下的兄弟呢，气呼呼地责问霍明为何坐视不救？霍明见他大势已去，也懒得跟他啰唆，手起刀落，可怜桑仲这样一个大盗，立马就血溅三尺、身首分离。但如霍明这样的贼人，贼性难改，朝秦暮楚，谁的势力大就投靠谁。很快，他又被金国扶植起来的傀儡政权伪齐皇帝刘豫收买了，他觉得陈规这人也不错，还想把陈规一起拉过去，便修书一封，信中无非识时务者为俊杰的陈词滥调，派使者去招降陈规。陈规虽说没有杀掉来使，但立马便用镣铐将其拘禁了，他以铁硬的心肠、铁硬的意志，表达了他对南宋王朝不屈的忠诚。

就这样，在北宋沦陷的版图上，陈规一直为帝国牢牢地把守着一道北大门，可以看出他对宋朝的赤胆忠心。此后四五年间，他一直牢牢地镇守着德安这座地处南北要冲的门户。

二、德安守城录

陈规在坚守中的一次超升，或许应该感谢那个南宋第一名相李纲。由于李纲的建议，陈规才有机会从德安知府超升为德安府、复州、汉阳军镇抚使，赐三品服。而在此前，他还被授以一个秘阁修撰的虚衔。

镇抚使是南宋始置的官职，一说是南宋初期宋高宗采纳宰相李纲的建议，在宋金交战区设置镇抚使以抵御金军；另一说是建炎四年（1130年），宋廷采纳参知政事范宗尹的建议，在江北各路设置镇抚司，由镇抚使统御其辖区的军政大权，并在宋金交战区先后任命了三十三名镇抚使。这些人中不乏凭枪杆子打出来的军阀，或为招降纳叛的大盗，如李成、桑仲、郭仲威、许庆、李横等均被封为镇抚使。之后，又有陈规、岳飞等在乱世中崛起的将领被任命为镇抚使。镇抚使在所据地区，除茶、盐由朝廷置官提举外，其余均归镇抚使"便宜行事"，其权势之大如唐末五代十国的藩镇节度使，以军政合一成为统御一方的诸侯。这正是北宋开国时宋太祖赵匡胤最担心出现的局面，宋初吸取了唐末藩镇割据、豪强并起的惨痛教训，采用赵普等人的谋略从根本上革除了藩镇的实权，诸州皆直属中央，以文官取而代之，节度使仅存空名；后又在各路设安抚使，虽然名义上仍是一方军事长官，却以各路及州府主官兼领，其军事实权又被体制设置的种种掣肘大大减弱。没承想，那早已被废除或权力被抽空的节度使，到了这样一个乱世，又假镇抚使而借尸还魂了。

无论是谁的建议，这都是一个非常危险的建议，也是明知不可为而为之的无奈之举。如果这些镇抚使都像陈规、岳飞一样是对宋朝赤胆忠心的忠臣，那集结力量以更强有力的方式守土御敌当是好事，但大多数镇抚使只是名义上受宋廷节制，实际上却像逐鹿中原的战国七雄一样，一个个野心勃勃，飞扬跋扈，为扩大自己的地盘而对其他州府不断发动兼并战争。从之后的史实看，作为镇抚使的陈规绝对没有什么野心，反而是忠心耿耿地为朝廷捏着一把汗，他深知镇抚使的权势之大、为患之重，随着这些军事强人的进一步崛起，天下很可能又会陷入五代十国的乱世。

不过，此时他的当务之急还是守城，但死守是守不住的，死守的背后必须有活路。

从陈规当时的辖区看，他镇守的这个"镇"是介于路与州府之间的政区，实为藩镇，属荆湖北路，下辖德安府、复州（今湖北天门、沔阳一带）、汉阳军（今湖北汉阳一带）等三个州府，在宋廷南渡后，这片土地从北宋的大后方一变而为南宋的战略前沿，一方面拱卫着长江防线，一方面又可沿着汉江向北纵深，可以作为北伐抗金、恢复中原的战略基地。哪怕一心只想偏安江南的宋高宗，也深知必须坚守住这一防线，若江防天险被金军突破，他偏安的美梦将变为噩梦。但南渡之初的宋廷，立足未稳，又无力为江北各路镇抚使的地方兵马供应粮饷和战略物资，一切只能由镇抚使们自行解决，"便宜行事"。

陈规深知，若要保境，必先安民；若要安民，必先养兵。这就是战争与和平的一个互为因果的逻辑链。而两国交战，说到底就是对土地的争夺。岳飞尝言："国家用兵争境土，有其尺寸之地，则得其尺寸之用。因粮以养其兵，因民以实其地，因其练习之人以为向导，然后择其要害而守之，则胜算可操，事功可成矣。"此言说到了战争与土地的根本上，一寸河山一寸血，但若你争得的土地不好好利用，又有何益？

陈规的想法和岳飞一样，在守护每一寸土地的同时，更要利用好每一寸土地，让苍生百姓得以安身立命，老百姓有了活路，天下才有活路。而他的镇抚之地，是江汉平原上的土肥水美之地，既是粮仓又是棉仓，只要经营好了，吃的穿的自然不愁。但在这兵荒马乱的岁月，天下盗贼多如牛毛，很多人家变成了绝户，或遭杀戮，或沦为背井离乡的难民，昔日的沃野良田变成了荒地，一个个村庄变成了十室九空、人烟稀绝的鬼村，那些无以果腹的苍生只能"人相食"。身为镇抚使的陈规，若要镇守一方，先必励精图治，解决老百姓的生存问题，这也就是所谓镇抚之"抚"，如此方能厉兵秣马，镇守住他统御的一片江山。他采取的举措就是"仿古屯田之制"。

据《宋史·宋高宗五》载，绍兴元年（1131年）十一月，"德安府复州汉阳军镇抚使陈规奏本镇营屯田画一事件。自中原失守，诸重镇多失，惟规与群盗屡战，群盗稍息。规以境内多官田荒田，乃仿古屯田之制，命射士、民兵分地耕垦，其说以兵民不可并耕，故使各处一方。军士所屯之田，皆相其险隘，立为保塞，寇至则保聚捍御，无事则乘时田作。其射士皆分半以耕屯田，少增钱粮，官给牛种，收其租利，有急则权罢之使从军。凡民户所营之田，水田亩赋粳米一斗，陆田赋麦豆各五升，满二年无欠输，给为永业。流民自归者以田还之"。透过这一段史实，可见陈规既仿古屯田之制，却又不全然是墨守成规、因循古制，其间也有他的很多革新之举。当时，在他的辖区内除了老百姓逃亡而被抛荒的民田，还有不少官田。陈规对这些无人耕种的田亩先进行清查，分别划给兵民垦殖，大致相当于后来的军垦农场和民垦农场。陈规为何要把兵民分得如此清楚呢，只因他看得十分清楚，"兵民不可共耕"，若让他们一同耕种，那些处于强势的军人就会欺压老百姓。按他的精心设计，凡军队屯田之处，都依据周边的地势筑起了一座座保塞，如若金军或盗贼来犯，这些军垦将士立马就可放下镰刀锄头，拿起兵戈投入战斗。而军垦的收成全部用作他们自己的军费粮饷，这就大大减少了老百姓的赋税徭役。而民户所营之田，则向官府缴纳租赋，水田每亩交粳米一斗，陆田每亩交麦、豆各五升。这在当时已是很低的租赋了。陈规还规定，这些民户所营之田以二年为期，只要百姓连续二年交足了租赋，其所耕种的田地就从官田变为他们永久的自耕地。如果有在外流亡的人回乡，则将原来属于他们的田地归还给他们。对一些贫困农人，官府还可供给他们种子和耕牛。这些百姓中的青壮年，也被吸纳为"民兵"，一旦金兵与贼寇犯境，也可放下手头的农活和军士一起投入战斗。从陈规的制度设计看，他是把减轻老百姓的负担作为一个重要前提的，军费粮饷基本上以军垦的方式由军队自己解决,而"凡屯田事,营田司兼行;营田事,府县官兼行,皆不更置官吏"。如此一来,这一片夹在战争缝隙里的土地,也就在他的治理下百业兴旺,繁荣而充满了活力,这座被金军觊觎的城市才得以坚守。

如果说这就是陈规"便宜行事"的结果,他也没忘向宋廷禀报。应该说,这就是陈规与李成、桑仲、李横等军阀式镇抚使的不同之处,哪怕是在这样一个兵荒马乱之世,哪怕在这样一个王朝权力失控的区域,他也依然中规中矩按常理出牌。陈规此举自然也有一种以天下为己任宏阔视野或宏观战略思维,对这一系列在先行中摸索出来的政策,也在实践中被验证是宋金交战区保境安民的最有效的良政。他并不想一个人独享,而是想分享给别的镇抚使,"条划既具,乃闻于朝"。陈规在本镇屯田固守的经验,也的确为保住宋金交战区的南宋版图探索出了一条进可攻、退可守的务实可行之路,还可以在江北安置大量北方南逃的难民,极大地减轻江南的压力。从地方上看,可保境安民,从整个王朝来看,则可治国安邦。宋高宗也感觉这是一个可以推广的模式,于是"诏嘉奖。明年,下其法于诸镇,使行之"。然事实上,这不过是宋廷官场的套话和套路而已,对于李横等镇抚使而言,来自宋廷的诏令几如废纸一张,他们也有自己"便宜行事"的方式,那就是为扩大自己的地盘,对其他镇抚使发动弱肉强食的战争。

战争毕竟是战争,一场接一场的血战迟早是要来的。

就在宋高宗颁诏推行陈规之法于诸镇的绍兴二年(1132年)六月,宋神武左副军统制、襄阳府邓州随州郢州镇抚使兼襄阳知府李横不去攻打金兵,竟然率军来攻打德安府。此人很懂战术,先在德安城西北造天桥、填外壕,然后率数万兵马攻城。陈规虽与李横同为占据一方的镇抚使,但他占据的地盘和军事实力远不如强邻李横。这将是一场迄今以来最艰巨的城邑保卫战。幸运的是,陈规早已做好了迎战大敌的准备,在如何守城上先就下足了功夫。

据陈规在《靖康朝野佥言·后序》中的追记,靖康二年(1127年)汴京陷落后,令他"徒深痛切,但不知城破之所以然耳!又恨当时不得身在围城中,陪守御之士,以效绵薄"。这句话是后世解读陈规未来一生的关键语，甚至决定了他未来的一生。"规独念：都城之大，濠堑深阔，城壁高厚，实龙渊虎垒，况禁旅卫士百万，虽金人乘我厄运，一时强盛，亦何能破！"后来，他又从宋人笔记《东斋杂录》一编中的《靖康朝野佥言》，才详细了解到金人攻城、汴京陷落的全过程，"规得之熟读，痛心疾首，不觉涕零"。他为此而嗟呼，"治乱强弱，虽曰在天有数，未有不因人事得失之所致也。"在他看来，"势之强弱在人为。我之计胜彼则强，不胜彼则弱。若不用兵，何术以壮中国之势，遏敌人之强？用之则有强有弱，不用则终止于弱而已。强者复弱，弱者复强，强弱之势，自古无定，惟在用兵之人何如耳！"

陈规汲取京师陷落的惨痛教训，针对敌军攻城采用的各种方式，钻研如何采取城防的对策，如敌用云梯登城如何应对？陈规采取的对策是，"于女头墙里鹊台上，靠墙立排叉木，每空阔三四寸一根，通度枪刀向上，高出女头墙五六尺。敌至女头墙上，必为排叉木隔住，背后乘空，守御人于木空中施枪刀刺击，岂有刺击不下者？下而不死者，鲜矣"。又如敌军采用炮攻，"凡攻守之械，害物最重，其势可畏者，莫甚于炮"，陈规认为，炮在攻城上具有巨大的摧毁力，却不适合用来守城，"窃闻金人用炮攻城，守御人于城上亦尝用炮。城面地步不广，必然难安大炮，亦难容数多。虽有炮台，炮台地步亦不甚广。又炮才欲施放，敌人在外先见，必须以众炮来击。又城上炮亦在高处，自然招城外敌人用炮，可以直指而击之。以此观当时守御之人，其不能用炮也明矣"。意思是说，由于在城头上筑炮台太显眼，你还没来得及开炮，就已被敌军开炮击中了。陈规于是设想，"假令当时于城里脚下立炮，仍于每座炮前埋立小木为衣，敌人在外，不见立炮所在"，这是隐蔽之术，但在隐蔽的同时，却又有了问题，由于"炮在城里，炮手不能见得城外事"，连敌军的目标也发现不了，你又怎么开炮呢？陈规想出了一个办法，每一座炮由一个人在城上观察目标，这个人等于就是炮手的眼睛，指挥炮手朝哪儿打，如此一来，既能躲避敌军的炮火，又基本上能命中敌军的目标。

经历了德安之战的陈规，还写出了中国第一部城邑防御的专著《守城录》。这是陈规在德安组织城防作战的经验总结,其卷二《守城机要》。我们可从书中得知陈规是如何从理论和实战上指挥德安保卫战这一经典战例的。就战史意义而言,那个野心勃勃、嚣张跋扈的李横,只是充当了陈规的一个实验品。

陈规先从城门开始,说道:"城门旧制,门外筑瓮城,瓮城上皆敌楼,费用极多。以御寻常盗贼,则可以遮隔箭丛;若遇敌人大炮,则不可用。"因此,他主张:"除去瓮城,止于城门前离城五丈以来,横筑护门墙,使外不得见城门启闭,不敢轻视,万一敌人奔冲,则城上以炮石向下临之。更于城门里两边各离城二丈,筑墙丈五六十步,使外人乍入,不知城门所在,不可窥测;纵使奔突入城,亦是自投陷阱。"而对护门墙如何构筑,他建议:"只于城门十步内横筑高厚墙一堵。亦设鹊台,高二丈。墙在鹊台上,高一丈三尺,脚厚八尺,上收三尺,两头遮过门三二丈,所以遮隔冲突。门之启闭,外不得知;纵使突入墙内,城上炮石雨下,两边羊马墙内可以夹击。"对于城门设置,他认为:"贵多不贵少,贵开不贵闭。城门既多且开,稍得便利去处,即出兵击之。夜则斫其营寨,使之昼夜不得安息,自然不敢近城立寨。又须为牵制之计,常使彼劳我逸。又于大城多设暗门,羊马城多开门窦,填壕作路,以为突门。大抵守城常为战备,有便利则急击之。"又,"城门旧制皆有门楼,别无机械,不可御敌。须是两层,上层施劲弓弩,可以射远;下层施刀枪。又为暗板,有急则揭去,注巨木石以碎攻门者。门为三重,却厚一门,如常制,比旧加厚;次外一重门,以径四五尺坚石,圆木凿眼贯串以代板,不必用铁叶钉裹;又外一重,以木为栅,施于护门墙之两边。比之一楼一门,大段济事"。

一座座德安城门,就是按这样的设计打造的,又到底济不济事呢?

李横集中火力猛攻数日,只见炮石像暴风雨一样向城头倾泻,浓烟滚滚,乌云蔽日,城墙的上半截或被摧毁,或已坍塌,但他就是无法攻入城中,连门也找不着。他试图架云梯攻上城头,却被排叉木给挡住了,守城军士用枪刀向敌军猛刺,那刚刚登上云梯顶端的敌兵在惨叫声中纷纷坠落,城下的敌军慌作一团。而就在此时,城头上万箭齐发,城脚里的暗炮亦如触动了暗设的机关,一齐打响了,打得敌军顾头不顾脚,李横扔下一大片尸体撤退了。

趁敌军撤退的短暂空隙,陈规又指挥军民检修、加固城墙。这一次,他针对敌军攻城的薄弱处,又费了一番心机。"城门外壕上,旧制多设吊桥,本以防备奔冲,遇有寇至,拽启钓桥,攻者不可越壕而来。殊不知正碍城内出兵。若放下吊桥,然后出兵,则城外必须先见,得以为备;若兵已出复拽起桥板,则缓急难于退却,苟为敌所逼逐,往往溺于壕中。此吊桥有害无益明矣。止可先于门前施机械,使敌必不能入。拆去吊桥,只用实桥,城内军马进退皆便;外人皆惧城内出兵,昼夜不敢自安。"又对女头墙、羊马墙等尽心改造,还加紧修筑里城,"只于里壕垠上,增筑高二丈以上,上设护险墙。下临里壕,须阔五丈、深二丈以上。攻城者或能上大城,则有里壕阻隔,便能使过里壕,则里城亦不可上。若此则不特可御外敌,亦可潜消内患。里城、里壕,费用不多,不可不设,庶免临急旋开筑也"。

李横在休整、观望几日后,又来攻城。在陈规琢磨守城之策时,他的脑中也在琢磨如何攻城。没承想,这才几天,一道满目疮痍的城墙又已重新加固,这还是看得见的,还有看不见的。数万兵马,在猛攻一个多月后,终于得手了,攻入城里。可一到城里,李横傻眼了,里边还有一座城墙。对于李横,一切都像重新开始,又集中炮火猛攻里城。一发炮石打来,正好落在陈规身边,他的脚被一块碎片击中,那立足之处立马染赤了一大片。但他面不改色,还弯腰瞅了瞅城下的敌军,他发现敌军的进攻已经有些虚张声势了,连呐喊声也有些低沉而疲倦。

这是一场持久战,李横军攻城七十余日,陈规率守军坚守了七十余日,一道环绕德安城的城墙,无论是里城还是外城,破了又修,修了又破,一场战争,已从武力交锋变成了意志与毅力的较量。在敌军疲惫不堪时,守军将士也处于极度疲惫的状态,在激战的空隙里,他们累得只能肩膀靠着肩膀稍息片刻。更要命的是,此时德安城中的粮饷告罄,当告急声不断传来时,已经多日未踏入家门的陈规,终于踏进了家门,他是来看看家中还剩下多少粮食。这是一家老幼的救命粮,他命令亲兵,把这些粮食全部搬出来,分给那些已经断粮的士卒。饥饿的士卒一边吃饭一边流泪,他们发誓要为将军血战到底,直至战死!

李横见城池久攻不下,又心生一计,派人来议和,他的要求不高,只要城中送一个美女给他,就可以罢兵,哪怕妓女也行。这让众将有些动摇了、动心了,一座孤城此时已至绝境,如果能让一个妇人救活一座城池和一城的老百姓,这还真是值得。而当时德安城中还真有不少美女,为了救一城的老百姓,纷纷请求,以身饲狼。这让陈规鼻子一酸,眼泪随即便涌了出来。他微闭着两眼,不停地摇头。他说,如果这样做,不仅不仁不义,而且,就算你送给李横一个美女,他也绝不会退兵。眼下,最重要的是寻找机会,打败敌军。他就不相信,把城池围得如铁桶一般的敌军,就没有任何空子可钻,就算没有空子,也要撕开一道裂口。

果然,一道裂口出现了,陈规在指挥守军反击时,发现李横修建的一道濠桥毁坏了。趁着敌军抢修濠桥时,陈规抓住了这个战机,他亲率六十人手持他自己发明的火枪从西门杀出,先烧毁了李横攻城的天桥,又以火牛阵猛攻李横精心营造的各种攻城设施。顷刻间,火光冲天,浓烟四起,大火从天桥一直延烧到敌营。烈火浓烟中,那些浑身着火、屁股冒烟的敌军如同群魔乱舞,挣扎、翻滚、喊爹叫娘,悲惨得连陈规看见了都心酸。此时的李横,一双眼里也喷出了火焰,他看了看这座数万兵马苦攻了数月最终也没有攻克的德安城,终于无奈地挥了一下手,撤!

陈规指挥的这次战争,也是宋史上的一场著名战争,史称"德安之战"。而一场持续了七十余日的战争,绝不是我描写的这样简单。陈规不仅为一蹶不振的南宋立下了一系列战功,还创造了城市保卫战中以少胜多的战例。诚如史载,"自中原失守,诸重镇多失,惟规与群盗屡战,自杨进、李孝忠、孔彦威、董平、曹成、马友、桑仲、李横之徒皆不能犯,由是德安独存。"一座德安城,为何能得以"独存"?一直到现在还有军事专家研究。从陈规指挥的一系列战事来看,也足以看出一个以文驾武的文臣将领陈规具有非凡的军事才能,既能因地制宜也能因势利导地采取不同的战术。陈规的《守城录》,在他逝世多年后的南宋乾道八年（1172年），被一度力主抗金的宋孝宗诏令刻印，颁行天下，并直接采用了《德安守城录》这个更具体的篇名，也是中国古代军事史尤其是城邑防御战的传世名篇。

这里有一个重要的历史细节，就是陈规亲率六十人出城袭击时使用的武器——手持火枪。据史载，这是陈规独创的一种管形火器，其原理相当于如今的火箭筒，先把坚韧结实的长竹竿里边凿空，把火药填塞在竹筒内，再装上引线（导火索）。交战时，从竹筒尾后点燃引线，以燃烧的火药向敌军喷射,可喷出数丈远。这种火枪无疑是当时最先进、最有杀伤力的武器。而这种武器在世界军事史上堪称是最早的管形火器，陈规也因此被后世称为"现代管形火器的鼻祖"。

三、顺昌之战：历史的分水岭

随着战功不断累积，陈规又被加封为微猷阁直学士，高宗诏命他赴行在（行都）就任，改显漠阁直学士、池州知府、沿江安抚使。从这样的安排和重用看，高宗实际上是把他调到自己身边来保驾护航。

陈规此次担任的不是镇抚使，而是安抚使，这其实是他自己的建议。

对此,历史曾有这样的记载:陈规奉命入朝，觐见天子，"入对，首言:镇抚使当罢，诸将跋扈，请用偏裨以分其势。上皆纳之"。这是被史家一笔掠过的几句话，却是一段非常重要，甚至决定一个王朝命运的历史。前文已经提及，作为镇抚使的陈规，深知地方权势之大，为患之重，若不采取断然措施，随着这些军事强人进一步崛起，天下很可能又会陷入五代十国的乱世。是故，他便上书朝廷，第一个提出从根本上罢黜镇抚使这一官职，以避免"诸将跋扈"，从而防范了李横等军阀的崛起。同时，他又奏请朝廷根据各位镇抚使的具体情况，区别对待他们，尽可能以平和的方式解决，从而避免各路镇抚使在"削藩"的过程中出现变乱。陈规的建议，让处于内忧外患、对军事强人崛起提心吊胆的宋高宗赵构如获至宝，随即便采纳了他的建议，将军人统治色彩过于强烈的镇抚使大多改为安抚使。宋朝南渡后，无论是在现有版图上，还是沦陷的版图上，均没有出现唐末五代十国那样的乱世，不能不说，陈规的建议功不可没，从而让赵宋王朝从体制上化解了蛰伏的隐患和业已暴露出来的危机，在大敌当前时，就先从帝国内部化解了危机，转危为安。

陈规在池州知府、沿江安抚使任上，一直深得朝廷信任，又迁为龙图阁直学士，改任庐州知府，未久又召赴行在（行都）任职。那时南宋尚未正式建都，每有危机出现，宋高宗便会转徙"以避敌锋"，一个王朝，实际上是在江南、沿海一带逃窜。南宋之所以未在建康（南京）建都，而选择在比较偏远的临安（杭州）建都，只因临安离大海更近，随时都可以奔波流亡在海上。而陈规之所以一次次被高宗召往行在，其实就是高宗命他前来救驾、保驾。这也让陈规告别德安后始终无法在一个职务上久待，随时随地都会接到新的任命，他曾提举江州太平观，又再知德安府，大约就在这不断辗转的过程中，他因对手下官吏失察而被贬官两级。

由于对陈规的生卒时间一直难以确认，故对他此时有多大的年岁也只能猜测，在被贬官两级后，他大约已经步入晚境，但并未一蹶不振。此时，他的历史使命尚未完成，还将肩负更重大的历史使命，南宋初年的一场著名的战争、经典的战例，还等着他来扮演主角。

宋高宗绍兴九年（1139年），在主战派的浴血奋战和投降派的媾和下，宋金终于达成了以黄河为界的和约，这让高宗长吁了一口气，他终于可以在江南的临安睡一个安稳觉了，他是否觉得，从此可以高枕无忧了？然而，还没等他一觉睡醒，第二年五月，金熙宗和金国都元帅完颜宗弼（金兀术）便撕毁了他梦寐以求的一纸和约，以数十万金军铁骑兵分四路，从山东、陕西及汴、洛（开封、洛阳）两京再次发动了对宋朝的大规模进攻。

在宋金签订和约时，陈规已被任命为顺昌知府。宋代的顺昌（即颍州，今安徽阜阳）是一处扼守江淮的要冲。在宋高宗和文武百官都在安稳地睡大觉、做美梦时，陈规正在顺昌加紧修整城墙，招募散兵游勇和流民，建立保伍制度，把一座顺昌城治理得一如当年的德安城，众志成城，固若金汤。其时，金兀术亲率十万主力挥戈南下，剑指江南，而南宋新任东京副留守刘锜此时正率师北上赴任。当刘锜于五月十五行至顺昌，正严阵以待的陈规，见刘锜率兵马路过，便亲自出城迎接。刘锜刚被迎进城中，屁股还未坐稳，就有人来告急，金兵已连破汴、洛两京，正大举向南进发，前锋已进至陈州（今河南淮阳），距顺昌仅有三百里。陈规和刘锜交换了一下眼神，两人都心知肚明，顺昌地处淮北颍水下游，为金军南下必经之地，一场血战已不可避免。刘锜也是一员骁勇善战的将领，在伐夏抗金的战争中出生入死，麾下有一支两万人的八字军，原本是由抗金名将王彦统率的一支义军，和岳飞麾下的岳家军有得一比，是南宋初年战功赫赫的一支抗金部队，曾多次击败金军，后从义军转为官军，为刘锜接管。

大敌当前，刘锜与陈规倒也镇定，一边饮酒，一边商酌如何应敌。刘锜所虑的不是兵马，而是粮草。陈规告诉他，他早已做好了据城久战的准备，顺昌城中有米粮数万斛。刘锜知道陈规早有准备，却没想到陈规准备得如此充分，有了这数万斛米粮，他这两万八字军也不愁吃喝了。他冲陈规深深一揖，而陈规也紧紧握住了他的手，一个文官一个武将，趁着酒兴与豪气一同互勉：死守顺昌！

只要守住了顺昌，金军就无从直下江淮，此城将成为金军无法逾越的一道障碍。

随即，两人便一同登城，命各位将领守卫东南西北四座城门，又派探子连夜去侦察敌情。金军还真是神速无比，胡马的嘶鸣很快就已在城头的风中隐约可闻。但陈规与刘锜估计这还只是金军的小股侦察部队，两人看在眼里，依然按兵不动，在城头悠闲地饮酒。直到金军龙虎大王带着数万大军黑压压地开到了城下，开始排兵布阵，陈规与刘锜才放下酒杯，穿上了金盔甲胄，一起巡城督战。刘锜吃惊地看到，陈规一个文臣，既备战有方、熟谙战术，还能亲自搭弓射箭。趁金军立足未稳，陈规拉开弓箭，"嗖嗖嗖"地向敌阵猛射，箭无虚发，顷刻间射杀敌军无数。随即，城头上的守军一齐动手，万箭齐发，那正排兵布阵的金军，一下就像炸了窝的马蜂，乱哄哄地开始后退。若不出意外，这些对宋军充满了藐视的金军很快就会发起反扑。但意外出现了，金军的第一次进攻被打退后，竟然按兵不动了。陈规知道，金军这是在打鬼主意呢，可能是在思考如何改变攻城战略。陈规不想让金军有思考的余地，他抓住金军暂退的这一机会，又命步兵主动进攻，采用激将法，且战且退，诱敌深入。这种如同戏弄的战术，果然激怒了金军龙虎大王，随即又率大军攻城，当敌军刚刚越过护城河时，守军又发起了猛攻，很多金兵在败退中纷纷掉进了陈规早已布下的陷阱，在护城河里淹死了。

  陈规这种游刃有余的战术，还真是让身经百战的刘锜刮目相看了。他问陈规接下来该如何应对？陈规分析敌情后认为，经过几个回合的交战，敌军的意志屡次受挫，从一开始没把宋军放在眼里的傲慢，在几番强攻无效后再也不会轻视宋师，一定不敢再轻举妄动，而是调整战略部署，想出什么奇巧诡计来围城。而宋师要打破敌军的围困，不如先派兵去偷袭他们的营垒，使敌军昼夜不得安宁，这样，宋师就可以掌握主动权。他这一番论对正中刘锜下怀，连声称妙。两人一边命守军严加防范，轮换休息，一面又屡出奇兵，把金军折腾得日夜不得安宁，一有风吹草动，便乱成了一窝蜂。在如困兽一般被折腾了数日之后，金军龙虎大王再也支撑不下去了，只得向都元帅金兀术连连告急。

  对此，陈规早已预料，金兀术肯定会率大军来增援，而兀术是一位让无数宋军闻之色变的常胜大将军，几乎是一个不可战胜的敌人，半个宋王朝，就是在他手里给灭掉的。他的预料很快就被派往敌营的探子侦知，眼看着金兀术的大军如黑云压顶般迅疾逼近顺昌城，陈规下令犒赏三军将士。酒至半酣时，陈规忽然问："兀术如果率领大军来攻城，我们该以什么策略抵抗？"刘锜手下的一位将领提出，眼下，应以保存实力为第一要务，在兀术率大军赶来之前，我军应该乘机突围，全师回朝。他这样说其实也是有道理的，他们是朝廷的嫡系部队，从一开始就没有协防顺昌的职责。但陈规一听，便大声说："朝廷养兵十五年，正欲为缓急用，况屡挫其锋，军声稍振，规已经准备一死，进亦死，退亦死，不如进为忠也！"刘锜看着陈规那视死如归的神情，一名文官尚且愿意与城池共存亡，这让他既感动又有了坚守顺昌的信心，当即便命手下诸将据城死守:"知府大人乃是文人,尚能发誓死守,更何况你们这些武将呢。眼下,金兵大营离我们仅有三十里之遥,如果兀术率大军来增援,我们的军队一动,金兵必穷追不舍,百姓必然大乱,这样就不仅仅是前功尽弃,平生的报国之志,反过来成为误国,两淮地区必遭金军侵袭,江、浙受震撼,危及社稷。与其之后陷入被动作战,不如此时背城一战,死中求生!"

金兀术比预料的来得更快。大军未到,先就传来了胡马的嘶鸣和金戈铁马之声,顺昌古城墙上的一层厚厚的青苔都被簌簌地震落。据史载:"兀术亲率精兵十余万由东京驰援,进抵颍水北岸,人马蔽野。"这位金国的都元帅,不知吓破了多少宋军的胆子,除了韩世忠、岳飞麾下的几路宋军,别的宋军他几乎不放在眼里。他斜眼看了一眼那座龙虎大王多日攻打不下的顺昌城,"呸"的一声,将一口唾沫吐在一个败将脸上,大声呵斥:"十万大军竟然拿不下一个小小的顺昌城,你们怎么不回家去放羊?"那些败将们赶紧在元帅的马蹄前一溜儿跪下,耷拉着脑袋垂头丧气地回答:"元帅啊,宋军真是今非昔比了!"这话让兀术愣了一下,他对宋军虽说充满了蔑视,但自从和韩世忠、岳飞等宋将交过手后,倒也不像最初那样轻敌。当龙虎大王将此次与顺昌守军交战的过程一五一十地讲给他听后,兀术从轻蔑一变而为忧虑,一连数日茶饭不思,寝食难安,一直没有下令攻城,只是下令官兵每天早晨都到他的行辕前来吃早饭,进行训示,以此整治军心,鼓舞士气。眼看着士气渐渐重振,而他也已深思熟虑,于是决定与宋军一战。在战前誓师时,他折箭与将士盟誓,对拜倒在膝下的几位大将说:"还跪着干什么?站起来,准备攻城!"

元帅毕竟是元帅,金兀术能给金国打下半壁江山,绝对不是一介只识弯弓射大雕的武夫。为了攻下一座顺昌城,他调集了数十万金兵主力,这已是攻打一座帝国首都的兵力。兀术又亲率浮屠军三千人在左右两侧游击,这都是他带了多年的老兵,他们一会儿在城池左边出现,转瞬间又到了右边,搞得守军眼花缭乱,以为是两支金军精锐部队。

陈规与刘锜虽都是久经沙场的老将了,但还是第一次与兀术统御的金军主力直接交锋，而且是数倍于己的敌军。他们在城墙上来回巡视军情，对于据城死守的将士来说，其实不用太多的勉励，他们的身影出现在城头上，就是对士气最好的振奋。而此时，金军的飞箭就在他们身边嗖嗖飞过，只听"嗖"的一声，一枚箭矢准确地射向了陈规。有人惊叫一声。陈规的身子微微地震了一下，像是被击中了，但他却淡定一笑，便从衣服上摘下一只箭矢，也像兀术一样，只用两个指头，就把一支箭一折两段，连那响声也十分轻微。他随手扔掉断箭，却让将士们看到了一个事实，这不就是金军的箭吗，金军的箭与别的箭又有什么两样呢？没什么了不起！在将士们面面相觑时，陈规又意味深长地说："如果我刚才停下脚步，它就不是射在我的衣服上了！"

　　一个文官如此从容，让守城将士更加镇定了。因为此时，最需要的就是沉着镇定。

　　大战在即，也有一些将士求战心切，但陈规依然采用据城死守、同敌军顽强对峙的战略。他对刘锜说："金人大军压境，这么多人要吃要喝，必定求战心切，想要速战速决。而我军粮草充足，足以坚守数月，正好以逸待劳，以守为攻，不必大量出兵迎战，只需不断地变换策略，更换武器，此战必胜！"刘锜深以为然。而两军交战的时间，又正赶上酷暑季节，陈规和刘锜利用天时采取战略，每天清晨，天气比较凉爽的时候，就坚守城门，无论金兵怎么叫阵，怎么进攻，他们都高架吊桥，闭门不出。等到金兵在烈日中暴晒了大半天了，太阳正当顶，连兀术率领的那些浮屠军也一个个精疲力竭，连他们的战马也无精打采、口吐白沫时，陈规忽命将四座城门一齐打开，城中守军如洪水般奔涌而出，从四面八方杀入敌阵。白晃晃的刀枪之下，只见无数人头翻滚，血如喷泉。

　　宋军采用这样的战术，让那位永不言败的金国都元帅兀术也开始犯怵了，战鼓声中，他心里也在打鼓颤抖。这样的战斗持续了数日，兀术实在支撑不下去了，终于选择在一个夜晚率领残兵败将无声无息地溜掉了。对于一个常胜将军，这样的事情还极少发生。兀术或许也开始在心里哀叹，宋军真是今非昔比了。

从顺昌之战金、宋两军的绝对实力看，对于宋军，这是一场几乎不可能打赢的战争，而陈规与刘锜，一个文官与一员武将通过精诚合作，联手打造了中外战争史上的一个奇迹。此役，既是南宋初年抗金的重要战役之一，也是历史上一次以少胜多的城市防御战，整个战争大致分为两个阶段：第一阶段从绍兴十年（1140年）五月二十五日至六月一日，经过三次激战，顺昌守军击败了金龙虎大王率领的金军前锋部队；第二阶段从六月七日至六月十二日，陈规、刘锜率全城军民与金国都统帅兀术率领的金军主力决战，最终以宋军完胜、兀术率金军败退而收场，史称"顺昌之战"或"顺昌大捷"。"顺昌之役，敌震惧丧魄，燕之珍宝悉取而北，意欲捐燕以南弃之。"这正是顺昌之战具有的历史性的战略意义，这是决定宋金分水岭的一战，也是历史的分水岭。顺昌之战让金军看到在一个俯首称臣的王朝里，还有一股不可战胜的力量和坚强意志，这才有了"意欲捐燕以南弃之"的可能。而南宋王朝能够与北方的金朝对峙一百余年，也正是因为有了陈规、刘锜等文官武将的顽强坚守，否则，单靠一纸宋金和约以及俯首称臣纳贡，赵宋王朝是维持不了那么长久的岁月的。

四、一个历史的侧影

作为一个历史的追述者，我一直替陈规有些抱屈。后来那些对以文驭武一向充满了偏见的修史者，把顺昌大捷主要归功于后来官拜太尉的抗金名将刘锜，而自始至终一直起到主导作用的陈规反而成为一个历史的侧影，这让陈规的历史地位一直未能得以正视，一个文官的侧影被一个武将的光芒遮蔽了，至少是被部分遮蔽了。

但当时把持朝政的权相秦桧却没有低估陈规的能量，在顺昌大战后他便采取调虎离山计，将陈规从抗金前线的顺昌府调离，让他改知庐州（今安徽合肥）。同时，秦桧又假"班师"之名，命刘锜率八字军主力撤退到长江以南的镇江府，而留在淮河以北顺昌府的兵力所剩无几，只能长期龟缩在顺昌城内。秦桧此举，无疑是为与金媾和而排除障碍。

仅从这样一个细节看，也不能不怀疑宋相秦桧是金朝安插在宋廷的一个内奸，金军在战场上无法得手的，在这个南宋宰相手里几乎唾手可得。

作为一位力主抗金的文臣将领，陈规受到秦桧等投降派的排挤是必然的。但后世对他的漠视和低估却有些匪夷所思。当我反复翻检那一段历史，我也得出了个人的历史结论：如果岳飞是一位进攻型的抗金名将，陈规则是一位城邑防御战上的抗金名将，在这方面他甚至是当之无愧的第一名将。在金军铁骑无坚不摧的大举进攻下，宋朝在军事上一直以保卫战和防御战为主，但真正能在防御战中挫败金军的将领少之又少，而陈规从德安之战到顺昌之战，几乎无一城失手。这坚守的背后既有他的军事智慧，又何尝没有他的政治智慧做后盾？从他在地方上经世治政方面看，斯人堪为宰相之材，却未能主宰天下，也未列入南宋中兴名臣；在军事上，陈规无论在战略上还是战术上都具有非凡才能，却未能入主枢密，一直在兵荒马乱的岁月中辗转于知府、镇抚使、安抚使这种不高不低的官位上，他在防御战上的智慧与战略，也仅仅只能在自己据守的城池得以有效却也十分限地发挥。

不能不说，这是一个被忽视乃至被蔑视的存在。

陈规的最后一个职位，就是奉秦桧之命改知庐州兼淮西安抚使，这是有确凿史载的，据《建炎以来系年要录》载，绍兴十年（1140年）闰六月己亥"时秦桧将班师，故命规易镇淮右"。另一个确凿记载则是《宋史》，陈规刚刚抵达任所就病倒了。就在他告病修养时，诏令下达，命他立即整修郡城。"吏抱文书入卧内，规力疾起曰：帅事，机宜董之；郡城，通判董之。语毕而卒，年七十。"这里不妨用白话复述一下，当机要秘书一类的郡吏抱着公文走进他的卧室，他挣扎着从病榻上爬起来，对郡中政事、军事一一做了安排：政事，暂由机宜（约相当于州府的秘书长）负责；郡城，则由通判负责整修。这也是他一生对政事、军事的最后安排，也可谓是他最后的遗嘱，刚刚安排妥当，他便闭了嘴，也闭上了眼，溘然长逝了。

根据这两个确凿记载，我终于可以大致推测出陈规的生卒时间：根据他病逝时"年七十"，从绍兴十年（1140年）上溯七十年，可以推测他大约生于宋神宗熙宁三年（1070年），比南宋第一名相李纲年长十二三岁，那正是王安石变法时期。从卒日看，他比李纲多活了十二三年，又在同一年辞世，李纲逝于绍兴十年早春，他约逝于这年夏秋。他也是鞠躬尽瘁、死而后已了。宋廷追赠他为右正议大夫，哪怕死了，赏给他的依然是一个不高不低的职务，从生到死，对于他，一辈子也就这样了。直到一度主战的宋孝宗王政时，对一个已死去多年的亡魂又忽然器重起来，又是诏令于德安府修陈规庙，赐名为"贤守"，又追封他为忠利侯，后又加封智敏。然而这迟到的哀荣，于他，于国，又有何实际意义呢？陈规一生留下的也不只是与战争有关的记忆。据《宋史》匆匆掠过的描述，他性格端重、坚毅，不苟言笑但平易近人。他以忠义自许，一生为官清廉而乐善好施，对穷人难民多有赈济，辞世之后，家无余财，留下来的是四万卷藏书。关于他的这些藏书，又是一个历史的疑团，甚至足以颠覆他既有的历史形象。一种基本上接近定论的说法是，这四万卷藏书并不属于他，而是藏书家王铚一生的珍藏。王铚亦是一个生卒年月不详的士人，汝阴人，字性之，自号汝阴老民，世称雪溪先生。此公在宋高宗建炎四年（1130年）权枢密院编修官，负责纂集太宗以来兵制，该书后被高宗赐名为《枢庭备检》。晚年，因遭权相秦桧的摒斥，避于剡溪山中，日以诗酒自娱。据《老学庵笔记》载，他读书"五行俱下"，"尤长于国朝故事，莫不能记"，又喜聚书，"家富藏书数百箧，无所不备"。其次子王明清，亦为藏书之家，在其笔记《挥麈录·后录》中记道："先祖留心典籍，所藏书逮数万卷。……储之于乡里，汝阴士大夫多以借传。建炎初（约1127年后），所藏书为陈规（字元则）以避兵火为由，豪夺而去。"这又是一个非常确凿的记载，也是关于陈规作为一个士人的人品最不端，也最可原谅的一个记载。南宋初年的汝阴，也就是今安徽阜阳，顺昌也是今安徽阜阳，这是陈规与王铚的交集点之一。另一个交集点是，王铚负责纂集太宗以来兵制《枢庭备检》，而陈规理所当然爱读这一类兵书，两人自然也会有所交集。而顺昌之战，为保全王铚的四万卷藏书，也在情理之中，从历史事实猜测，这些珍贵书籍能够在战乱中保存下来，陈规是功不可没的，但他是否"以避兵火为由，豪夺而去"？从陈规一生的为人处事看，应该不会，这里边是否有王明清对于陈规的误会呢？

从陈规的一个历史侧影到另一个侧影，同一个陈规又几近于一个有着高尚人格的圣人了。有一段佳话：陈规有一个宝贝女儿，他为女儿找一个侍女，这个侍女虽是下人，但举止优雅端庄，怎么看，陈规都觉得这女子不像一个侍女，更像一个仕女。这让陈规感到有些蹊跷，便细细询问这位侍女的身世，她却总是默默地流泪。这让陈规更加生疑，经反复盘问，这位侍女终于道出了真相，她原本是云梦张贡士的女儿，只因在战乱中家破人亡，父母死了，丈夫死了，她举目无亲，无依无靠，身如浮萍，只能寄人篱下讨一口饭吃，借一隅寄生。陈规听了，也跟着她一起流泪，他安慰她："你不是我家的侍女，你就是我的女儿啊！"从此他待此女甚于亲生，又着人为她另觅一个忠厚可靠的夫君，还把自己女儿的嫁妆拿出一半分给她做了嫁妆。据说，陈规也是史上以仁义著称的江州义门陈氏的子孙，这也是义门陈氏子孙载入史册的又一段佳话，他们虽然远离了江州义门，但一个义字却从来没有远离他们。

从一个故事到另一个故事，从一个陈规到另一个陈规，仿佛不是一个人，到底哪一个陈规更接近历史的真相，我也只能立此存照了。

张 浚
一个王朝的托命之人

这样一个在故纸堆里沉睡千年的人物，一旦揭开几乎是逼真地出现在我眼前。

张浚，不是张俊。这是两个很容易混淆于历史是非中的名字，一个是南宋中兴名相，另一位则曾与岳飞、韩世忠、刘光世并称南宋中兴四大名将，后来却沦为谋杀岳飞的帮凶，是迄今仍跪在岳武穆墓前的五奸之一。人道是自古忠奸难辨，一条历史长河绝非干净清纯得一眼就可以洞穿，从来就是泥沙俱下鱼龙混杂，一个人不到最后谁也不能看穿其间的山高水深，哪怕到了最后也依然云遮雾罩。譬如说，史上为秦桧、张俊等鸣冤叫屈者大有人在，如今甚至成了一股潮流；又譬如说，对本文的主人公张浚，从生前死后就一直充满了毁誉参半乃至一边倒的争议、非议，若要解读南宋王朝的一段历史，张浚当是一个最具典型意义的标本。从高宗到孝宗，他穷其一生，无论在战与和的抉择上，还是在"以文驭武"的戎马生涯中，俨然为一个王朝的托命之人。高宗时，张浚一度成为"总中外之政"的宰相并知枢密院事，"宋高宗誉之为王导"；高宗内禅后，"宋孝宗倚之为长城"，将北伐抗金、恢复故疆的重任托付给他。那么，张浚从统兵打仗到治国平天下又到底如何呢？褒之者，如杨万里称其"身兼文武之全才，心怀圣贤之绝学"，"其论谏本仁义似陆贽；其荐进人才似邓禹；其奋不顾身、敢任大事似寇准；其志在灭贼、死而后已似诸葛亮",杨万里还历数张浚的五大社稷之功:"建复辟之勋,一也;发储嗣之议,二也;诛范琼以正朝纲,三也;用吴玠以保全蜀,四也;却刘麟以定江左,五也。"这样一位"出将入相""捐躯许国"的大宋国士,被杨万里推崇到"中兴以来,一人而已""三圣无多学,千载仅一翁"的至高人生境界。哪怕曾遭其打压的赵鼎也称道张浚"有补天浴日之功"。而贬之者则称其"有中兴之心,无中兴之才",更有人斥其"侈言诞计,专权误国","无分毫之功,有邱山之过"。及至明清,一些人对张浚的历史作用乃至人格进行了更彻底的否定,如明人马贯尝谓"宋之不能中兴者,秦桧为之首,而张浚为之从也"。清人王鸣盛则称其"一生无功可言,而罪不胜书"。今世史家如杨德泉等更是痛斥张浚"托名恢复,大言误国,忌贤害能,志大材疏,欺世盗名,流毒苍生",是"一个根本不值得称道的历史人物"。

一个王朝的托命之人,究竟扮演了怎样的历史角色?

若要还原历史的真相,还得将那尘封的历史一页一页揭开——

一、从一个白日梦开始

属于他生命的第一页是在宋哲宗绍圣四年(1097年)揭开的。

此时,离北宋覆没还有整整三十年,赵宋王朝还是一个堂堂正正的大宋帝国。他的家乡汉州绵竹,地处四川盆地西北部,是天府之国中的一个富饶之乡,被誉为"天下七十二洞天福地"之一。而张家是当地一个德高望重的家族,"咸家蜀绵竹,世以积德闻",若要慎宗追祖,乃是汉高祖刘邦的第一谋士、被誉为"谋圣"的留侯张良之后,在其显祖中还有唐开元盛世名相张九龄之弟张九皋。张浚之父张贤良,字君悦,在绍圣初年参加制科试时,由于在其策论中"不以元祐为非",也就是没有旗帜鲜明地反对以司马光为代表的元祐党人(旧党,保守派),把当时主宰朝政的宰相、王安石变法的主角之一章惇给惹恼了,以致"大怒"。宋廷制科试是比进士试更严格的考试,目的是为朝廷选择栋梁之材，张贤良既惹得当权宰相大怒，把一个仕途上的绝好机遇也就断送了，考试成绩作废了，"签书剑西判官"，剑西也就是绵竹一带，张贤良被打发回老家做了一个判官，也就八九品吧。从此他一生仕途低落，眼看自己是指望不上了，也就只能指望后人了。日有所思，夜有所梦，张贤良居然做了个白日梦。后来，岳飞之孙岳珂还在其笔记《桯史》中专门记载了这个白日梦——《张贤良梦》：张贤良"仕既不甚达，益笃意植媺驰庆，以遗后人"，意思是多做积德行善之事，遗福后人。而福报先在他的一个白日梦中兆示了："尝一日昼寝，梦神人自天降，告之曰：'天命尔子名德作宰相。'惊而寤，未几而魏公生（张浚）。时魏公之兄已名滉，君悦不欲更所从，乃字魏公曰德远。出入将相，垂四十年，忠义勋名，为中兴第一，天固有以启之者欤！"

就这样，一个必将出将入相的非凡人物，在一个白日梦中应运而生。那是一个确凿的日子，即公元1097年（绍圣四年）8月11日。尽管他父亲梦见的是一个必然的、宿命的结果，但通向那个结果的过程又是否能在梦中一一兆示呢？那将是一个六十七年的长梦。

那个做白日梦的父亲，在四年后就死去了，这大约也是他没有梦见的。四岁的张浚，从此便成孤儿。对他青少年时代的成长，已经难觅历史细节，只有这样一句描述："行直视端，不说诳言，熟人知为大器。"及长，入太学。宋徽宗政和八年（1118年），张浚在二十一岁时顺利地跨过了进士这道坎，第一个载入史册的官职是山南府士曹参军。士曹参军，为进士入仕后的起步官职之一，其地位之卑微自不待言，在历史中只是一笔掠过，却必须扎扎实实做好，这是为仕途升迁打下的第一级台阶。看来他干得还不错，到靖康初（1126年），他已迁为太常簿，也就是太常寺（掌宗庙礼仪）的文书之类，品秩依然低微，却也跻身于京官之列了。如果没有意外，他还将按部就班地升迁。一个士人在正常状态下能够升迁到什么程度，既要看机遇也要看自身的造化。然而，张浚注定是一个不能按正常仕途升迁的士人，只因他遭逢了非常岁月，北宋已到了覆灭的前夕。

谁能拯救这个即将覆灭的王朝？眼下，显然还轮不上张浚这个比芝麻官还小的官，在一个王朝转身之际扮演历史主角的是"进退一身关社稷"的李纲，而张浚第一次初露锋芒竟是弹劾李纲，这当是张浚所犯的第一个历史错误。

首先向李纲发难的是谏议大夫宋齐愈，他上书论"李纲三事之非"（即招兵、买马、募民出财），"民财不可尽括；西北之马不可得，而东南之马不可用；至于兵数，若郡增二千，则岁用千万缗，费将安出？"宋齐愈的弹劾若在正常年代还真是理直气壮，但在国家生死危亡之秋，李纲采取这三大举措又是非常正确的，也是必须的。相比之下，宋齐愈实在有些不识时务，而李纲竟以"附逆之罪"将其腰斩。要说宋齐愈"附逆"也并非莫须有之罪，他曾拥立张邦昌称帝，接受金人册封建立傀儡政权"大楚"，这是无法篡改的历史事实。可问题是，李纲对同样拥立过张邦昌的洪刍等人却网开一面，对弹劾自己的宋齐愈却施以酷刑，这就难免让朝臣怀疑李纲腰斩宋齐愈有挟私报复之嫌。时任殿中侍御史张浚愤而上书，弹劾李纲典刑不当，有伤新政，斥其"杜绝言路，独擅朝政，事之大小，随意必行，买马之扰，招军之暴，劝纳之虐，优立赏格，公吏为奸，擅易诏吏，窃庇姻亲"，结果是，李纲这位南宋第一宰相，摄相印仅仅七十七天就被张浚这样一个小人物给扳倒了。当时，想要扳倒李纲的朝臣还有很多，但李纲却是在张浚弹劾后被直接扳倒的，他也就成了扳倒李纲的第一责任人，"后世论及此事，皆以张浚为非"。同毁誉参半的张浚相比，李纲留给后世的是一个高大上的历史形象，但至少在当时，李纲的形象还没有那么完美，如吕颐浩斥其"纵暴无善状"，范宗尹论其"名浮于实"，邓肃则认为他"学虽正而术疏，谋虽深而机浅"，但这些不同的声音都被视为"谗谄交构议者"。高宗在罢黜李纲后也曾说过："朕以其人，心虽忠义，但志大才疏，用之必亡国。"这话也不可全信，只是高宗对自己罢黜李纲的辩解。又据佚名者所撰《樵书》载："李纲私藏，过于国帑，侍妾歌童，衣服饮食，极于美丽。每宴客设馔必至百品，遇出则厨传数十担。"果真如此，李纲则成了一个趁火打劫、大发国难财的巨贪了。但这样的野史无法颠覆李纲的历史形象，张浚也没有在这方面弹劾，他直指李纲"杜绝言路，独擅朝政"，这才是要害，也是赵宋一朝最忌惮的，自然也是最奏效的。随着"进退一身关社稷"的李纲被罢相，南宋初建之际的一根顶梁柱被放倒，由此陷入处处挨打的局势。张浚以"逐李纲"而为后世诟病，可谓是他一生留下的一个历史污点。今世更有史家认定张浚对李纲"视为寇仇，恨之入骨"，这又未免罔顾历史事实了。在接下来的历史中又可以发现张浚对李纲的尊重，如张浚拜相后，"数于帝前言纲忠"，一度重启李纲为江南西路安抚大使兼知洪州。当李纲病逝后，张浚还作《李伯纪丞相挽诗二首》，其一："十相从明主，唯公望最隆。召周虽异迹，李郭本心同。未遇升天药，空余济世功。薰风歌吹咽，泪尽古城东。"这是献给李纲的挽歌，也是剖明自己的心迹，其最关键的两句"召周虽异迹，李郭本同心"，张浚援引这两个典故，一指"周召共和"（周厉王逃跑，政权由大臣周公和召公共同执掌，称为共和）时，召公也曾怀疑周公，二指唐朝郭子仪、李光弼这两位大将也曾有过矛盾，他们的矛盾都是出于公心。

这是一段提前交代的后话了，接下来看一下张浚在一个乱世中的平生所为。

当汴京陷落，徽、钦二帝被金人掳走后，张浚和满朝文武一样，陷入了一种群龙无首的慌乱中。当他听说康王赵构（高宗）在应天府（今河南商丘）即位，别的官吏还在犹豫观望或四散逃窜时，他一下就认准了方向，旋即便奔赴应天府，"除枢密院编修官"。未几，在金兵的穷追猛打下，高宗只得率宋廷往东南方向奔逃，一个王朝在逃跑的过程中也正从北宋演变为南宋。那位南宋四大名将之一的韩世忠，此时担任后军统制，护卫天子与朝廷撤退，而就在这慌不择路的南逃中，发生了一件事，韩世忠的亲兵把一个谏官逼到水里淹死了。在那兵荒马乱的世道，死人的事是经常发生的，发生这样的事情也没有太多人去追究，但张浚却把这事当成天大的事了，人命关天哪！他不顾卑微之身，再次挺身而出，"奏夺韩世忠观察使"。这也是他在"逐李纲"之后弹劾的第二个大人物。但高宗既念韩世忠的三次救驾之功，也从爱护功臣大将出发，想要放过韩世忠一马，而张浚那个四川犟脑壳偏是不依不饶，一奏再奏，非把韩世忠拉下马不可。结果是，宋高宗最终还是把韩世忠的观察使给罢了。

罢了韩世忠的观察使，张浚擢殿中侍御史。论品秩，此职高不过七品，却是"掌纠弹百官朝会失仪事"要职，是天子身边的御史，也可谓是天子监察朝廷高官的耳目。张浚能迅速超升到这一位置上，按正常仕途是不大可能的，究其原因，一是高宗朝廷初创，乱世用人在即，张浚抓住了这一机遇；二是他以非凡的政治智慧创造了这一机遇。这次弹劾，绝不只是人命关天的意义，而是从一个王朝的法度和秩序出发，哪怕在一个兵荒马乱的世代，哪怕是一个逃亡的王朝，秩序也不能乱，法度也不能乱，否则就人心大乱，天下大乱，这个王朝就真的没救了。宋高宗绝非昏君，他最终对人微言轻的张浚做出妥协，对位高权重、手握重兵的韩世忠做出处罚，显然也是从这一政治高度出发，从此"上下始知有国法在"。

建炎元年（1127年）十月，宋高宗率宋廷沿运河南下，这条隋唐大运河沦为一个帝国的逃亡之路。虽说是逃亡，宋高宗却以巡幸为名，船上、岸上，依然是天子巡幸的威仪，旌旗与杏黄伞逶迤连绵。此时，在宰相李纲和主战派大将宗泽的抵御下，金兵已退出汴京。李纲和宗泽屡劝高宗还都，"一见祖宗寝庙，以安都人之心"。但赵构唯恐金人再犯汴京，他可不想成为被金人掳走的第三位大宋皇帝。而追随天子南逃的又大多是那些力主和议的朝臣，如黄潜善、汪伯彦等，他们投其所好，对高宗表现出"另一种忠诚"。黄潜善审时度势，建议高宗驻跸淮海（扬州）。扬州乃人间天堂，又处于南北之间，向北可慰中原军民之心，一旦中原得手即可回师北上，进驻汴京；若中原不保，立马就能南渡至一江之隔的镇江，凭长江天险摆脱金军的追击，再慢慢经略江南吴越之地。对这一进可攻退可守的建议，高宗频频点头称诺。李纲、宗泽等主战派大臣一眼就看穿了黄潜善等人的把戏，唯恐中原得而复失，更加急切地催促高宗还都。然赵构意已决，他决然罢黜仅仅当了七十七天宰相的李纲，又杀了反对议和、力主抗金的太学生领袖陈东。天庭震怒之下，满朝文武顿时噤若寒蝉，没有一个人再敢提"中原"二字了。

每到非常时刻，就会冒出非凡之人物。在万马齐喑中，张浚又扮演了一个孤胆英雄的角色，他打破沉默，斗胆进言："中原天下之根本，愿下诏葺东京、关陕、襄邓，以待巡幸。"中国古文总是那么婉转，张浚的意思却是相当直接，他敦促天子颁诏，加紧修复加固东京、关陕、襄邓等战略要地的军事设施，而"以待巡幸"。如寇准当年一样，他以咄咄之势直逼天子上前线、御驾亲征！细看历史，未见高宗对张浚此言的态度，却有"咈（违逆）宰相意"的史载，而此时的左丞右相就是黄潜善和汪伯彦，这两人都是被打入了历史另册的奸相，而张浚一下又树立起一个站在投降派奸臣对立面的鲜明历史形象，成为国士和正义之士的化身。他因进言获罪，"除集英殿修撰、知兴元府"，但尚未赴任，却又发生了戏剧性的一幕，"擢礼部侍郎"。政治风云变幻莫测，而他的官运还真是亨通，从进言获罪到因祸得福，在祸福转换之间竟奇迹般地超升为礼部"副部长"的高位了。这幕后总导演不是别人，正是高宗，他还特意召谕张浚："卿知无不言，言无不尽，朕将有为，正如欲一飞冲天而无羽翼，卿勉留辅朕。"赵构说出了他对张浚特别器重的原因，但显然不是全部真相。这个天子或许意识到，他身边不能全都是黄、汪等阿谀奉迎之徒，总还得有几个敢于犯颜直谏又有真本领的忠直之士。在高宗眼里，张浚就是这样一个忠直之士，至少现在是。在"擢礼部侍郎"后，张浚又进一步得到高宗的倚重，"除御营使司"，参赞军事。他预计金人必来攻，力劝高宗枕戈以待，加紧构筑防御工事。而宰相黄潜善、汪伯彦把持的宋廷却"晏然自得，殊不防备"，在杭州大兴土木，营造宫室。对张浚的苦劝，两位宰相皆讥讽冷笑，说他太"过分"了，也即太夸张了。

高宗能在扬州的风花雪月中安度一年零四个月的时日，只因有老将宗泽在中原看家护院。这位进士出身、沉毅知兵的文臣将领，在留守东京期间二十多次上书，敦请皇上和朝廷"还都"，并制定了收复中原的战略部署，但均未被高宗采纳。建炎二年（1128年）七月，宗泽在忧愤中病逝，时年六十八岁，史称他临终三呼"过河"而卒。一位老将的临终疾呼，在黄河远逝的涛声中留下了悲怆的回荡声，却不知是否给宋高宗和宋廷留下了一秒钟的惊异？这个王朝一旦转身，命定只能走得离黄河越来越远。宗泽死后，宋廷以杜充"权东京留守"，这个杜充就是史上那个扒开黄河大堤以水代兵的杜仲，《宋史》对此人的评价是"喜功名，性残忍好杀，而短于谋略"。但此人的官运非常好。他这"权东京留守"说来只是个暂时性的代理职务，却给了他一个反其（宗泽）道而行之的机会，他立马就中止了宗泽生前制定的北伐部署，切断了对河北沦陷区抗金义军的联系和支援，以致河北所有义军遭受金军镇压。金人还真是看人下菜碟，一看杜充不是对手，金军便兵分三路，挥戈南征，随着宋军节节败退，赵宋王朝从此彻底丢掉了北宋末年被金国侵占的三分之一多的大好河山。建炎三年（1129年）正月，金兵从黄河打到了淮河，并派五千名铁骑奔袭扬州，试图将宋廷一锅端了。这是张浚早已预见的，但他的预言却被黄潜善、汪伯彦那两个"晏然自得，殊不防备"的宰相讥讽为一个夸张的预言，然而历史却被他不幸言中，当内侍急报高宗，赵构吓得魂飞魄散，而黄潜善、汪伯彦把持的朝廷却拿不出任何御敌的对策，上上下下慌作一团，每个人想的都是赶紧逃命。高宗在这方面倒是很有"天赋"，迅即上马，带着五六个亲信马弁第一个逃出扬州，那狼狈逃窜的行状被老百姓看见了，纷纷用手指着大呼："看啊，官家逃了！"

一看天子逃了，紧接着宫人、朝臣们也追随天子惊慌奔逃，扬州城如同两年前汴京失陷的一幕重演，末日降临，天昏地暗，已看不见人影，只有回荡在天地之间的哭号之声。当金军兵不血刃地占领扬州时，扬州已是一座不设防的空城，只有被宋人纷纷抛弃的金银财宝和那如废纸垃圾一样的官府簿籍、朝廷文书，还有一具具尸体。而那些枕藉的尸体没有一个是战死的国殇，只恨扬州城门太窄，在夺门而逃时无数苍生被人马踩踏而死。还有这样一个细节，当时，太常少卿季陵命人将供奉在太庙中的皇家灵牌抬上船，船行不远，金骑逼近，保护灵牌的众臣又狼狈地弃舟逃命，将一个王朝神圣的灵牌弃于路边。当金军铁骑追到瓜洲渡口，从扬州逃出的十万难民被逼到了山穷水尽的境地，那些渡船都被官府抢走了，老百姓只能扑入浊浪滚滚的江中逃命。据史载，堕江而死者有一半之多，未死者全都当了金兵的俘虏、亡国奴。而那些舟船也承载不了那么多亡命之徒，又有很多人随那倾覆、沉没的舟船，在滚滚长江水中淹没。一条汹涌的扬子江，成了一个王朝的死亡之河。

金兵不管老百姓的死活，他们关心的是一个王朝和一个皇帝的死活。当他们在死人活人中遍寻不着高宗君臣的尸体后，便将洗劫一空的扬州城一把火烧掉了。一座天堂般的扬州城化为了焦炭和瓦砾，而涂炭的永远是那些黎民苍生，十万扬州人，劫后余生者寥寥无几。这也是扬州历史上最具毁灭性的一次浩劫。而扬州沦陷同汴京陷落相比，唯一的幸运就是一个天子和一个王朝侥幸逃到了江南。

建炎三年（1129年）早春二月，高宗"巡幸"钱塘（今杭州），随即升杭州为临安府，此时金兵为长江天险阻隔，又加之韩世忠等将士在前线浴血奋战，为高宗赢得了一段短暂的喘息之机。临安，还真是名副其实，一个逃亡的皇帝和一个南渡的王朝至少是临时安顿下来。然而喘息未定，忽起内乱，扈从高宗的统制官苗傅和御营右军副都统制刘正彦突然联手发动兵变，史称"苗刘之变"或"明受之变"。

说是突然，却也事出有因。赵构自罢黜南宋第一宰相李纲之后，既重用黄潜善、汪伯彦等投降派奸臣，又对内侍省押班康履等一帮宦官极为宠幸，宋廷上下乌烟瘴气，朝野内外天怒人怨。在扬州失陷之际，就有军民想要趁乱除掉黄、汪二贼，结果却是枉杀了无辜，将三位黄姓大臣当作黄潜善给误杀了。让天下人切齿痛恨的除了这把持朝政的黄、汪二贼，还有一个主掌枢密的王渊，此人因与高宗关系热络的宦官沆瀣一气也深受高宗宠信，在短短几年里步步高升，超升为御营都统制和枢密使，总管诸军。但他不思如何抗金御敌，却在国家垂危之际趁火打劫，大肆搜刮民脂民膏。当高宗从扬州经镇江逃奔杭州时，他负责断后，竟把战船拿来运送自己的财宝，致使数万宋军兵马失陷于敌营。对此贼，天下人皆曰可杀，但王渊因有高宗宠护的大太监康履等力保，高宗只是做了一点姿态，将王渊的枢密使给免了，随后却又命其"新除同签书枢密院事"。并下诏"王渊免进呈书押本院公事",这等于授予了王渊一柄先斩后奏的尚方宝剑,允许王渊不必呈书报奏皇帝便可便宜行事。王渊的权势更大了,也愈加嚣张。史上将宋高宗列为昏君,从这件事看他的脑子还真是发昏了,一个皇帝如此与天下人心对抗,如同惹火烧身,只会更加激怒天下人。天地人心也许不足虑,高宗却没有料到,一旦人心被野心家利用,他这帝位就岌岌可危了。

报应很快就降临了,首先发难的是扈从统制苗傅。从接下来的历史事实看,他把矛头直指王渊、康履等奸佞,先就存有私念,他自负其家族的功劳之大远在王渊之上,而自己的官位却在王渊之下,在这节骨眼上,他瞅准机会,利用天下人对王渊等奸佞的愤怒,开始策划一场兵变。在以文驭武的宋朝,一位武将要想发动兵变还真不容易。苗傅首先只能摆出一副大义凛然、义正词严的面孔,斥责那帮天下人痛恨的奸臣:"汝辈使天下颠沛至此,犹敢尔耶!"意思是,天下都被折腾成这样了,皇帝颠沛流离至此,你们这些奸臣贼子居然还敢如此!这话痛快淋漓,大快人心。他手下的将领张逵的一番话则更能蛊惑人心(大意):"若能杀死王渊和康履那伙阉人,大家都可以过上好日子了,朝廷又怎么会加罪于我们呢?"这已经是以忠诚的名义来煽动军士叛乱。如果说苗傅发动兵变尚在情理之中,刘正彦参与兵变则有点意外,至少让王渊非常意外。刘是王渊一手提拔的心腹大将,但他对王渊和宦官的骄横跋扈和作威作福也早已心怀不满,若要找出一个直接原因,就是王渊征召他的士兵。总之是,苗与刘很快就结成了同党,决意发动一场兵变,而参与叛乱的军队,则主要是由燕地人组成的北人军队(包括契丹、西夏、汉、女真各族以及南来掳掠从军的汉人),史称"赤心军"。

这是一次非常成功的兵变,据南宋无名氏(佚名)《建炎复辟记》载:"建炎三年三月。五日癸未,苗傅及御营副将军刘正彦反",他们先从"清君侧"开始,趁王渊退朝回家之机,"以兵士守王渊之门,渊兵随之,渊见士卒皆戈胄,不悟,问曰:'何甲也?'语未终,飞兵断其首"。王渊被斩首之后,叛军"乃分兵搜捕中官(宦官),皆杀之"。君侧既清,接下来便是直逼皇城了,一场叛乱至此才可谓是真正的叛乱,他们已是向皇权挑战了。而把守宫门的中军统制吴湛亦已和叛军私通，引导苗傅叛军进入皇城。叛军在旗杆上挂着王渊的首级，一路高呼"苗傅不负国，只为天下除害"的口号，一路逼近皇宫。在高宗答应了他们所有的条件后，他们提出了最后一个要求，以高宗帝位"来路不正"为由，逼迫赵构退位，策立年仅三岁的皇太子赵旉为帝，由隆祐太后垂帘听政，与金国议和。张浚对高宗隔空喊话："民为贵，社稷次之，君为轻，望陛下以社稷百姓为重，效徽宗内禅。"事已至此，高宗连胆子都吓破了，只求饶命，哪敢恋栈。一个王朝的历史又进入了一段短暂的插叙，由苗、刘执政，改元明受，这也是苗刘之变又称"明受之变"的缘故。

值此兵变之际，张浚正驻防平江（今苏州），在兵变几天后他才得到消息，而一旦得到消息，他就必将扮演一个匡扶大宋社稷的历史主角。这个人，越是在历史危急关头越是清醒而果决，他当即在平江起兵，誓师勤王。但他没有轻举妄动，凭他手下那点儿兵力，他是平定不了一场叛乱的。他一边联络韩世忠、刘光世、吕颐浩等诸路兵马，会师平江，一边又派人赴临安申明大义，奉劝苗、刘还政于高宗。此举看似与虎谋皮，却正是张浚的精明之处，其真意在于迷惑叛军，为平叛赢得宝贵的时间。但苗、刘既能成功地发动一场兵变，自然也绝非傻瓜，他们感觉到张浚就是他们最大的威胁，曾以重金雇刺客去刺杀他。有这样一段不载于正史的逸事：某夜，一个不速之客忽然蹿到张浚面前，从怀里掏出一张纸说："此苗傅、刘正彦募贼公赏格也。"张浚镇定地问："那你想怎么办？"客曰："仆河北人，粗读书，知逆顺，岂以身为贼用？特见为备不严，恐有后来者耳。"张浚听了这刺客的提醒，感激地握着这刺客的手，问其姓名，那刺客"不告而去"。

虽说是逸事，却也有真实的历史验证，苗、刘的确是想除掉张浚这个心头大患的。当韩世忠、张俊、刘光世等诸路大将率兵赶到平江，南宋中兴四大将领到了三位。但当时的政局还扑朔迷离，人心隔肚皮，张浚一时也难以洞察各路大将的心机，他连自己手下的将士是何居心也难以猜测。但他必须亮明自己的心迹，这其实也是最好的试探方式和激励方式。有这样一个载入史册的细节：张浚当着众将的面掏出了苗、刘重金悬赏要他脑袋的那张纸，坦然而又严厉地说（大意）："你们如觉我该杀，就取此头去领赏。不然，就跟韩世忠和我、张俊去杀贼，若胆敢退缩，严惩不贷！"结果，"众人感愤，军心遂壮"。而韩世忠、张俊、刘光世等当时地位尚高于张浚的武将地位，也明确表示愿听候张浚调遣。一介书生，一个文臣，在历史的某个关键点上，就这样成了一个以文驭武、率师平叛的统帅。

当张浚与韩世忠、张俊、刘光世联名传檄天下勤王的文告传到临安，讨贼联军已从平江开拔，一路春风激荡，像是在为这支勤王之师助阵。这春风对苗、刘却如风声鹤唳，他们还算明智，自知他们的"赤心军"根本不是讨贼军的对手，赶紧率伪朝廷的文武百官奏请高宗赵构复辟。一场生死存亡的决战还未展开，一段波诡云谲的历史忽然变得非常简单，"太后下诏还政，皇帝复大位"。《宋史全文》论曰："二凶（苗、刘）以三月癸未至，四月戊申反正，凡二十六日而平，盖张忠献（张浚）倡义之功居多焉。"这也是杨万里所谓的张浚平生立下的第一功："建复辟之勋，一也。"从历史大势看，张浚挽救的不是一个皇帝，而是一个王朝，乃至是一个民族的命运。在靖康之变后，金兵掳走了徽、钦二帝以及皇族四百七十多人，几乎将赵宋皇室成员一网打尽，赵构几成了赵宋王室一个硕果仅存、无可替代的皇帝，又加之他没有成年的子侄可以继承皇位，设若他不复辟，在苗、刘两位野心勃勃的鲁莽武夫折腾下，赵宋王朝必将提前灭亡，中华民族的历史上也就没有未来赓续一百五十年的南宋王朝了，一个"造极于赵宋之世"文治盛世也就丧失了一半，没有南宋了。我觉得，这就是张浚一生最伟大的历史意义，哪怕他就此死去，或从今往后在碌碌无为中虚度一生，就凭他在苗刘之变中扮演的历史角色，他也堪称是一个彪炳千秋、居功至伟的大宋国士。

然而，也有一个无稽之谈一直流传至今：张浚"弑赵旉"。赵旉，又名赵敷，他是高宗唯一的儿子，为潘贵妃所生。在苗、刘叛乱时，这三岁小儿被扶上龙椅当了二十六天儿皇帝，就被活活吓死了。对赵旉之死，《宋史》有清楚的记载："既而傅等伏诛，帝复位，乃以旉为皇太子，从幸建康。太子立，属疾，宫人误蹴地上金炉有声，太子惊悸，疾转剧，薨。"历史中还有一些细节，赵旉当时正发高烧，昏睡中一个宫女不小心绊倒了地上的炉子，"哐当"一声，将那高烧中的小儿给吓死了。他的生命如此脆弱，就算不吓死，也悠悠只剩下一口气了。赵旉薨后，高宗和潘贤妃为之悲啼数日，高宗"诏辍五日朝，殡金陵之佛寺"，将那绊倒金炉的宫女和赵旉的保姆一并处死，又追封赵旉为"元懿太子"，到后宋韩林儿起事时，又追谥赵旉为"宋简宗靖文元懿殇孝皇帝"。而赵旉一死，宋高宗就绝后了，按宋人笔记《朝野遗纪》载，苗、刘兵变时，高宗夜半仓皇渡江而逃，"惧然警惕，遂病熏腐"，那命根子废了，从此无论他怎样努力，各种法子都试过了，"后宫皆不孕"。对这一段被《宋史》以及野史稗志都交代得明明白白的事情，到了后来却又生出了一个无稽之谈，明万历二年（1574年）进士马贯一口咬定赵旉为张浚所弑，继而又有沈德符"浚弑太子并乳母同埋"的天方夜谭。这两位明人没有任何历史证据的无稽之谈又曾被今世史家认定，而其依据也只是援引马贯之语。无论从历史逻辑和情理逻辑看，张浚都绝无"弑赵旉"的必要，他难道不知道赵旉是高宗唯一的皇子？难道不知道弑太子所面临的满门抄斩、株连九族的危险？他又为什么要冒着巨大的危险去"弑赵旉"呢？哪怕他真是一个野心勃勃的大恶之人，一个三岁小儿对他又构成了什么威胁？兴许还有利用价值。

可怜那不幸早夭的赵旉，在蒙昧中经历了一段短暂的帝王生涯，哪怕他继续活着那也是一段没有记忆的空白，在宋朝历代皇帝中他也是历史的空白，一个不算数的儿皇帝。而他的夭亡，则给宋高宗的皇位继承人留下了一个后遗症，这是高宗的一块心病。据说，这也是岳飞后来被杀的一个原因，他曾奉劝高宗早日解决皇嗣问题，而高宗立马露出愠色："卿握重兵于外，此事非卿所当预也！"岳飞虽是为帝国政权的平稳交接着想，却以武夫的莽撞而触犯了天子的大忌，一个手握重兵的大将对皇位如此关心，又怎能不让一个皇帝悬心？此人的野心是不是太大了？而一旦天子怀疑你有野心，除掉你也就不是什么悬念了，如此猜测，宋高宗可能就因此而对岳飞"遂起杀心"。

关心皇储的又岂止岳飞一人,南宋朝野上下无不关心。在帝国时代,国不可一日无君,君不可长久无嗣,建储嗣,系民心以固基本,这是宗庙社稷大计。然而,对于独子早夭、膝下无嗣的高宗,这又是一件伤不起的事情。时有乡贡进士李时雨乞立宗子(赵宋宗室之子),遭高宗怒斥还乡,之后又有范宗尹、李回、张守、娄寅亮等相继"发储嗣之议",不是自讨没趣地碰了一鼻子灰,就是遭受各种惩罚,甚至险遭杀身之祸。按杨万里所列举的张浚的五大社稷之功,第二桩便是张浚"发储嗣之议,二也"。据史载,张浚于绍兴元年(1131年)八月及五年(1135年)二月以"万死两发储嗣之议",他也许不是"发储嗣之议"的第一人,但却是成功说服高宗"首肯"的一个人。总之,这一社稷之功是记在他名下了。高宗既已首肯,也是认命了,于是命赵鼎建资善堂,"浚又荐范冲、朱震充训导之选",那个日后必将大有作为的南宋第二帝宋孝宗赵昚,就是从宗子中遴选出来的储嗣,他对以"万死两发储嗣之议"的张浚应该抱有一份感恩之心。后来,"孝宗即位,浚旋即援汉文帝故事,乞立太子","西汉之制,人君即位,首建储嗣,所以固基本属人心",可谓极尽人臣之道,为建储嗣两立社稷之功。这又是后话了。

眼下的故事还没完。高宗复辟后,苗、刘自知死罪难逃,在恭请赵构复辟时便乞求高宗赐予他们免死铁券,这一次赵构倒很聪明,在铁券上御书"除大逆外,余皆不论",以此糊弄了那两个几近文盲的武夫,结果是,苗傅、刘正彦被俘之后,正是那铁券上"除大逆外"的"大逆",以大逆之罪在建康被磔弃市,以最残酷的刑罚凌迟处死了。在处死苗、刘后却又节外生枝,时任御营平寇前将军的范琼,对苗、刘之死又怀兔死狐悲之感,奏请高宗赦免其依附苗、刘者之罪。追溯此人平生,"范琼,山东人,靖康初,干离不(金将,都督)入寇,以万人勤王拜京城都巡检使,后暗通金人,逼二帝北狩,谋张邦昌僭立,遂迁神龙卫四厢都指挥使。高宗即位,释其罪,以为御营平寇前将军。苗、刘作乱,屡诏不至。及苗、刘伏法,谏官吕安老首奏其罪,刘子羽乞诛,吕颐浩与张浚议定诛之于建康狱中"。从这段历史可知,这个范琼"既暗通金人,逼二帝北狩",后又拥立伪大楚皇帝张邦昌,在苗、刘作乱之际又"屡诏不至",上至高宗皇帝下至朝臣早就想除掉他了,但"朝议以范琼手握重兵,特诏不问责,以责后效",而越是这样,范琼越是有恃无恐,他在高宗面前声称,自己已在淮南、京东招揽了十九万盗贼。宋高宗大怒,却依然生恐投鼠忌器,稍有不慎,这贼性不改的范琼就可能再发动一次兵变。此时已知枢密院事的张浚却非常果决,他历数范琼"大逆不道"的罪状,坚决请求将范琼治罪。这其实是一种非常自信的表现。高宗见张浚如此有底气,于是准奏。但如何将范琼收捕又不生乱,张浚还真是颇费了一番心机,他先命大将张俊率几千官兵埋伏好,然后派人去叫范琼、刘光世和杜充等人来会商怎么平定各地民变。一切皆在绝密的状态下进行,当范琼一脚跨进会商之地,旋即就被一跃而起的伏兵杖毙。这也是张浚在平叛苗、刘兵变后又立下的一大功,他为一个王朝提前排除了一颗定时炸弹。对范琼被诛是没有什么争议的,"都人皆鼓舞",而更重要的意义还是,"中外快之,先是国威不立,诸大将多偃蹇不恭,及琼就诛始知有国法矣!"这也是张浚弹劾韩世忠后对国法朝纲的又一次重申与强调,是为"倡大义以正朝纲"又立下的一大功勋,被杨万里推崇为张浚的第三大社稷之功:"诛范琼以正朝纲,三也。"

历史中虽时常会出现诡异之笔,但大致还是按情理逻辑演绎。明受之变对南宋是因祸得福,高宗眼睁睁地看到了那些撺掇他南逃的投降派朝臣既无御敌之策,又无保驾之力,除了妖言诡媚,简直百无一用,而最终让他重登皇位、为之保驾复辟的还是张浚等主战派将臣。一场兵变在促使一个皇帝反思的同时,也让宋廷在李纲被罢后再次转为主战派所掌控,至少是暂时占了上风,并开始着手整顿朝政,对北宋遗留下来的诸多积弊拨乱反正,重定赏罚标准,限制宦官的权力,调整部分官制,裁撤合并了一些机构,以适应战时需要。其中最重要的一项善政就是尽可能减轻老百姓的苛捐杂税,此举为南宋在江南立足赢得了长久的民心。无论从哪方面看,这次兵变都是南宋在政治、军事和经济上的一个转折点。但这次兵变也留下了一个难以治愈的后遗症:这次兵变成了高宗心中挥之不去的魔障,从此他对武将拥兵自重愈加防范，对武将的防范甚至超过了金人，这也为日后岳飞等大将被冤杀埋下了伏笔。

眼下，刚刚经历了一场兵变的高宗，特别需要一个信得过的股肱之臣，他对张浚这位匡扶社稷的第一功臣自是特别看重，《宋史》中有一段充满人情味的叙述，高宗对他"问劳再三"，"留浚，引入内殿，曰：'皇太后知卿忠义，欲识卿面，适垂帘，见卿过庭矣。'"高宗不但将张浚引入内殿，见过太后，还"解所服玉带以赐"，张浚不只是沐浴圣恩，宠幸加身，还有一个一步登天的机会，"高宗欲相浚"，一个人到了这种关头是很容易得意忘形的，但张浚却是特别的冷静和清醒，"浚以晚进，不敢当"，把一个即将到手的相位给辞谢了。据《续资治通鉴》载：高宗"复以浚知枢密院事"，还亲书御制《中和堂诗》赐张浚以明志："愿同越勾践，焦思先吾身。"而后两句则是对张浚的慰勉："高风动君子，属意种蠡臣。"

对于张浚而言，无论是在人生仕途上，还是他扮演的历史角色上，都是他以非凡的政治智慧书写的第一个大手笔。从仕途上看，他在短短的两三个年头，就从一个比七品芝麻官还小的枢密院编修官超升为知枢密院事，成为与宰相文武并立的朝廷军事首脑。此时，"浚时年三十三，国朝执政，自寇准以后，未有如浚之年少者"。对于他早逝的父亲来说，这是一个提前实现了的白日梦，也是只有乱世才能打造的奇迹之一。

二、鏖战关陕功与罪

张浚执掌帝国最高军事机构后，随即便向高宗提出经略关陕的建议："谓中兴当自关陕始，虑金人或先入陕取蜀，则东南不可保，遂慷慨请行。"这是他酝酿已久的一系列战略思考：大宋中兴当自关陕开始，若金人先入陕取蜀，则东南不保；若以西北之川陕牵制剑指东南的金军，如此方能"使全蜀安堵，且以形势牵制东南，江、淮亦赖以安"。为此，他主动请缨，请行为川、陕宣抚处置使，赴陕西总督军务抗金。

从临安到关陕，在那个年代是一条迢迢无期的路，先从临安至建康（南京），溯江而上，在汉口转入汉江，又逆汉水而上，至汉中，一路逆旅，水陆兼程五千余里。一般人在那时要走大半年，而当时最快的速度，就是枢密院黑牌五百里加急，但只是号称日行五百里，实际日行程约为三百里。以这样的速度，要半个来月抵达目的地。但张浚并非单纯只为赶路，他是以知枢密院事兼川、陕宣抚处置使，沿途还要视察军情、要塞。建炎三年（1129年）八月，他抵达襄阳，这是一道扼守金兵从中线南下的咽喉，也是北伐中原的桥头堡。张浚在这里逗留了一段时日，自是为了视察、调整和规划军事部署。当他重新上路时，金军正在西线展开凌厉的攻势。这是张浚早已预料到的，他是一个屡试不爽的战略预言家，此前，他对金人必犯扬州已做出了准确的预言，而他对"金人先入陕取蜀"的预言，还在他奔赴关陕的路上，就已从一个预言变成了残酷的现实。十月二十三日，张浚抵达治所兴元（今陕西汉中），即遣人持表祭祀定军山脚下的武侯墓（诸葛亮墓），以此昭示，他将效法诸葛亮恢复中原之志。却不知这位预言家是否预知，他这位日后的南宋宰相也和那位蜀汉丞相一样，鞠躬尽瘁，死而后已，最终也没有恢复中原。

其时，金兵已攻占鄜延（宋鄜延路，治所在今延安）。关陕之地，大部分已在金军铁骑下蹂躏。金军西线主帅、陕西都统完颜娄室乃是为金国开疆拓土的一代名将，那位辽国末代皇帝天祚帝就是被他生擒的。在灭辽攻宋的战争中，他统率大军从东北的漠北大荒一直打到黄沙漫漫的大西北，大半个中国都是他纵马驰骋的疆场，以大智大勇、战功赫赫而名闻天下。在西线战场，他军威雄壮，一路势如破竹，宋军的一座座要塞，随着他呼呼甩出的一个个套马圈，被一个一个拔掉，跟玩儿似的。这是一位充满了征服欲的战争狂，也是一位无坚不摧的战神。在张浚抵达汉中时，他又率大军渡渭水，攻永兴（宋永兴军路，治所在今西安），给了张浚这位宋军统帅一个漂亮的"见面礼"。但张浚并未被这位金军战神吓倒，而是先在宋军内部找失败的原因。原因就摆在那里，每当金兵攻打一地时，别的宋将均只顾自保，对友军坐视不救,这也是宋军由来已久的通病。宋军之败,大多不是败于敌军,而是被自己打败的,在朝廷,强硬的主战派往往被巧舌如簧的投降派打败;在前线,又败于孤军奋战、互不援救上。张浚愤怒了!他虽是文臣,却有一股军人的威猛、杀伐之气,到任之后,旋即以铁腕"罢斥奸赃",整肃军政。非常时期,只能快刀斩乱麻。他在短时间内对关陕军政进行了一番严厉的、高效率的整治,一个以文驭武的统帅,也在短时间内树立了自己的威信:"诸将惕息听命。"

经略关陕,最重要的自是战略部署。而张浚在对敌我形势进行评估和预测之后,形成了"前控六路之师,后据两川之粟,左通荆襄之财,右出秦陇之马"的处置战略。就在张浚对西线军事进行部署时,金军在东线对宋军发起了大规模的进攻,为了一举灭掉南宋,金东路军几乎出动了全部主力,还将西路军一半主力调往东线战场,兵分数路从河北南下,连克相州、开德、济南、东平、青州,在攻占了宋军补给基地徐州后,金军缴获了大量军饷物资,士气倍增,气势骤长,兵锋直逼江淮。建炎四年(1130年),金人发起夏季攻势,江南震撼,一个两腿战战的皇帝和一个岌岌可危的王朝眼看又要陷入逃亡的命运。危急之中,张浚不得不暂且放下西线军事,率师驰援东线的韩世忠部。当他们一路急行军赶到房州(今湖北房县),从东线传来捷报,金兀术统率的大军已被韩世忠等部挫败。张浚又星夜兼程回师关陕,他一只眼盯着西线,一只眼仍紧盯着东线。此时已是农历七月,金兀术(金朝四太子完颜宗弼)在渡江之战败北后,犹在淮西一带徘徊、窥伺。这也是张浚最关注的,他预测兀术遭此挫败,必将重新调整战略部署,很可能采取声东击西的迂回战术。他的预测还真是惊人的准确,这正是此时在金兀术脑子里盘旋的念头。在军事上一直如狂飙突进的金军,在东线各战场遭受宋军重创之后,现在终于冷静下来了,在冷静的反思中,他们不得不理智地接受一个事实:南宋的军事实力和军民同仇敌忾抵抗金军的意志已非靖康年间可比,若要灭掉南宋,几乎不可能再像当年那样直下汴京、一蹴而就地灭掉北宋,只能作更长远的打算。当兀术对宋、金的军事实力有了知己知彼的理性认知,反倒平添了一个担忧，担心他们占有的河东地区会被宋军重新夺回。为解除南宋对河东地区的威胁，兀术在徘徊、窥伺之际，也在重新运筹金军的战略部署，他采纳左副元帅完颜宗翰之策，在中原扶植南宋降臣刘豫建立了一个历史上臭名昭著的伪齐政权，将淮东、淮西和京西地区交由伪齐接管，而伪齐正好在宋、金之间构成一个两军直接交战的缓冲地域。如此一来，金军就可以腾出手来，把主要的军事力量集中在陕西一线，先攻下关陕，再从秦陇攻入四川，控制长江上游，然后顺江东下，形成一个大迂回的战略包围圈，从西向东攻打南宋核心区域，最终达到灭亡南宋的目的。这也是金人在对宋作战中的一个重要转折点，将攻宋主方向由东线转到了西线。

一切都在张浚的预料之中，从战略思维看，张浚和金兀术这两位各为其主的军事统帅，堪称是棋逢敌手的旷世知音。就在金兀术对战略部署做出重新调整时，张浚正督促军民夜以继日地构筑防御工事，做好同金军大决战的准备。然而，宋高宗此时比张浚更性急。自扬州失陷，金兀术一直在"搜山检海拿赵构"，而赵构则急急如漏网之鱼，不知何时就会像他的父皇徽宗、皇兄钦宗一样被金人的天罗地网一网打尽。此时，他还不知道金军的战略部署已重新调整，生恐金军发动秋季攻势，再次攻打江南。说来这也是一个游牧民族的习性，每到秋季草旺马肥时，那些剽悍的游牧民族如同受到了一种原始自然力的激发，都会挑起战争。而曾作为人质在金营中度过了一段岁月的高宗自然知道金人的禀性，一年中最好的季节，反倒成了他灾难性的季节。高宗感到灾难已迫在眉睫，便如催命般地发出一道道诏令，命张浚趁早在西线发动攻势，把淮西一带的金兵从东线吸引到西线，以化解东线的压力，使金军主力不能南下。在这样的催逼下，张浚犯了他一生中的第一个严重的战略失误，没有采取据险固守的防御战略，而是奉高宗圣旨，主动出击，对金军发起大规模的反攻战，"遂决策合五路之师攻打永兴"。对于宋军，这也是宋金交战以来的一个转折点，从防御固守一变而为主动反攻，但张浚的攻防转换多少有些仓促了。

张浚的转守为攻，首先遭到了他麾下将领曲端的坚决反对，一场恩怨交织的历史公案也在两人之间发生了。这是一段张浚人生中、人性中最阴暗的历史，也是每一个修史者都无法绕开的历史。追溯这段历史，还得从曲端这个人说起。

曲端，字正甫，镇戎（今宁夏固原）人。此人比张浚年长七岁，其父曲涣曾任左班殿直（宋武散官名），后战死沙场。曲端三岁即以父荫入伍，授三班借职。成年后，历任秦凤路队将、泾原路通安寨兵马监押、泾原路第三将。他虽生于武士世家，却"警敏知书，善属文，长于兵略"。先是在北宋与西夏的战争中屡立战功，后又在宋金战争中多次击败了那个号称常胜将军的完颜娄室，凭枪杆子给自己打出了一片不小的天地。

建炎二年（1128年）早春二月，曲端在泾原招集流民溃卒，一方面在战争的夹缝里加紧扩建自己的军队，一方面又采取安抚人心之举，凡经过他地盘的流民，他都供吃供喝，在乱世中居然营造了一个道不拾遗的安宁局面。六月，曲端以集英殿修撰的身份知延安府。其时，王庶以龙图阁待制节制陕西六路兵马，曲端归他节制，但曲端对这位以文驭武的文臣却不买账，多次违抗王庶的命令。八公原之战，宋军大败，致使关陕五路咽喉之地延安陷入敌手。从历史事实看，宋军遭此惨败，既有王庶指挥失策的原因，亦有曲端几次抗命、坐视不救的原因，大敌当前，文武失和，让金军有隙可乘。大败之后，"庶无所归，以军付王燮，自将百骑与官属驰赴襄乐劳军"，而曲端竟命手下，自王庶每进一道军门即削去其一半随从。当王庶到达曲端的军帐时，身边只有寥寥几个随从了。曲端没有一点作为下属的礼节，更没有半点坐视不救的自我检讨，一见王庶便咄咄逼人地兴师问罪，污蔑他贪生怕死，置国家城池于不顾，只顾自己逃命。王庶愤然驳斥（大意）："我几次命你进兵你都不听命，到底谁是贪生怕死之辈？"曲端更加勃然大怒，恨不得抽出剑来将一个文臣立斩于膝下。但他绝非一介莽撞武夫，既要诛杀王庶，也要保全自身。于是，他暂且将王庶扣押，随即便跨上了他那匹号为铁象、据称一日能奔驰四百里的骏马，连夜驱驰宁州，拜见陕西抚谕使谢亮，撺掇他与自己联手，先斩后奏，诛杀王庶。但谢亮深明大义地说（大意）：

"王庶是朝廷命官，若以人臣的身份擅自将他诛杀在外，这是专横暴戾，你如果非要这样做就请自便吧。"曲端碰了一个不软不硬的钉子，兴冲冲而来，怏怏不乐而返。当他回到自己的军帐，天已黎明。王庶见到曲端，表示自己已上奏检讨，请求朝廷处置。曲端权衡再三，还是不敢将王庶诛杀，却拘留王庶的官属，夺取了他的节制使印信，王庶这才得以脱身离去。而曲端眼睁睁地看着他离去，徒有一种谋杀未遂之感。

　　曲端欲诛杀王庶，意在吞并他的部队。对此，《宋史》已是铁板钉钉的定论："端欲即军中杀庶（王庶），夺其兵。"但我对《宋史》向来充满了怀疑，也不想妄加猜测，但一个王朝历来对拥兵自重的武将充满了猜忌，也不能不提防。建炎三年（1129年）九月，在曲端擢升为康州防御使、泾原路经略安抚使的同时，宋廷对他的猜忌也在上升，怀疑他有叛变的意图和拥兵自重、割据一方的野心，诏命曲端回朝任御营司提举，但曲端对朝廷也充满了怀疑，推诿不去。这让满朝文武更加议论纷纷，曲端反叛正从猜疑演变为一个事实，而曲端扣押王庶、撺掇谢亮诛杀王庶、夺取王庶的印信又是铁板钉钉的事实，他本人已经无法洗脱自己的罪责。就在他生死攸关之际，一个人救了他，此人就是张浚。此时，恰逢张浚请行宣抚川、陕，他在入朝辞行时，以阖家老少一百口担保：曲端没有反叛。

　　张浚当时又不在现场，如何敢做出这样的保证？这又是他的政治智慧以及非凡的谋略了。据我分析，他为曲端做出担保，一是至少可让曲端不至于在绝望之际叛变投敌，或干脆起兵反叛朝廷，暂时把他给稳住了；二是曲端战功赫赫，在关陕军民中很有声望，而张浚既以收罗招揽英雄豪杰为先务，又是初入陕西挂帅，若能把曲端心悦诚服地招揽到自己麾下，可倚仗其威名声誉而赢得关陕人心，以此树立自己的威信，提前进入一个统帅的角色。事实上也是这样，张浚抵达汉中之后，一是在隆重的祭奠中拜谒武侯墓以明恢复中原之志，二是按照古代拜将的仪式，筑祭坛，拜曲端为威武大将军。这一幕，恰如当年汉王刘邦拜韩信为大将。只是，那昂然登坛接受礼拜的曲端，是否提前预料到这个拜将坛将成为他的祭坛？而一切似乎皆在张浚的预料之中，当他屈尊纡贵地对着曲端一拜再拜时，台下将士的欢呼声一轮高过一轮，这既是为曲端欢呼，更是为张浚喝彩，一位以文驭武的统帅对手下将领谦虚到了这般程度，为自己赢得了礼贤下士的盛誉，而张浚此次拜将，就像传说中的佳话一样声名远播。

然而真实的历史却总以另一种方式书写。这里，还是接着已经开头的一段历史往下说，在高宗和朝廷的催逼下，张浚已决意一战，他在选将治兵、调整战略部署的同时，又自献黄金一万两，并预借川陕地区五年民赋，集中大量粮草钱帛，以供军需，准备先分兵攻取同州、麟州、延州，然后与金军决战。当时，完颜娄室以孤军深入宋境，张浚感到这是一个绝好的战机，试欲趁各路金军赶来之前先打一个漂亮的歼灭战，集中各路大军将完颜娄室一举围歼，旗开得胜，鼓舞士气。而张浚此时最担心的不是敌军，而是那个举足轻重的曲端，生恐他在此战中又像对待王庶一样故技重演，按兵不动。于是，张浚先派他信得过的张彬去观察曲端的动静，一看就感觉不对头。据《曲壮闵本末》载，张彬带着疑问拜见了曲端，问："公常患诸路兵不合，财不足。今宣抚司兵。已合，财已足，娄室以孤军深入，我合诸路攻之不难，万一粘罕（完颜宗翰）并兵而来，何以待之？"端曰："不然，兵法先较彼己，今敌可胜，止娄室（完颜娄室）孤军。然将士轻锐，不减前日，我不过止合五路兵耳，然将士无以大异于前。兼敌之入寇，因粮于我，我常为客，彼常为主。今当反之，按兵据险，时出偏师以扰其耕。彼不得耕，必将取粮于河东，是我为主彼为客。不一二年间，必自困毙，可一举而灭也。万一轻举，后忧方大。"透过这一番话，可见曲端对张浚转守为攻的战略决策不以为然，他搬出兵法作为自己的盾牌，依然力主"按兵据险"的防御战。其理由是，哪怕消灭了完颜娄室率领的一支孤军，金军的战斗力依然不减以前，而我军将士和从前也没什么不同，而一旦主动出击，宋军就处于被动，敌军则处于主动。因此，当前应当反其道而行之，据险固守，而"敌之入寇，因粮于我"，只要我们时不时派出小股部队扰乱金军后方，让他们不能在占领区耕耘收获，金军必然就会到河东来夺取粮食，这样我就处于主动，敌人就处于被动，不到一二年时间,敌军必然就会陷入困境,而我们则可养精蓄锐,将其一举歼灭。为此,他对张彬(实是对张浚)发出了危险的警告:"万一轻举,后忧方大!"

尽管曲端自以为是、刚愎自用的性格暴露无遗,但从战术上看,真理还真是掌握在此人手里。而史上对张浚最大非议就是他没有听从曲端的警告。但看历史必须看历史大势,张浚与曲端的分歧,只因两人所站的战略高度不同,而高度决定视野。曲端两眼都一直死死地紧盯着关陕,而张浚既是西线统帅,也是知枢密院事,更着眼于国家战略,他必须解除远在东南的天子与朝廷之危,其战略的核心意图是为了把金军主力吸引过来。又不能不说,同那些一心自保、坐视不救的宋军将领相比,张浚能做出这种引火烧身之举,无疑是一位把视野放在全线的战略家,更是一位把自己推向险境、舍身报国的国士。

建炎四年(1130年)春,金军进逼环庆(宋环庆路),这是曲端的防区,但他却未率主力迎敌,而是坐镇宜禄(今陕西长武县治),只派副将吴玠等人率偏师在彭原店抵御金军,史称"彭原之战"。吴玠,字晋卿,"少沉毅有志节,知兵善骑射,读书能通大义"。作为军人世家子弟,吴玠青年时代就在泾原军为小校,在对夏战争中冲锋陷阵,以一身伤痕换取了赫赫战功。后来,从讨方腊到平河北盗,皆有吴玠的身影,论军功位居泾原第十将。彭原之战,吴玠拼死抵抗打退了金军的一次次进攻,金军败退。若此时曲端能率主力赶来乘胜追击,这一路金军必将歼灭。但无论胜败,曲端皆处于观望状态。结果是,败退的金军得以补充休整,士气复振,卷土重来,发起了更猛烈的进攻,吴玠寡不敌众,且战且退,若此时曲端能施以援手,还可以转败为胜,但曲端非但没有驰援,反而从宜禄退守至离前线更远的泾州。随着主力后撤,宋军士气大衰,金军在反败为胜后又乘胜攻克邠州(今陕西彬县),将邠州洗劫一空后又一把火烧掉了。吴玠遭此惨败,对坐视不救的主将曲端充满了怨怼,而曲端反倒恶人先告状,弹劾吴玠违背军令,指挥失当,才遭此惨败。而对自己率主力后撤,他还振振有词地辩解,那是在吴玠前军已败时,他才迫不得已后撤,以提前占据险要而防止敌军的纵深入侵,否则,后果更加不堪设想。

　　一位主将，一位副将，公说公有理，婆说婆有理，张浚对此并未作彻底的清算和追究，但在处置上，他一方面做出姿态，吴玠因败降职，而对曲端则没有问责，似乎还要以观后效。但不久，他又升吴玠为秦凤副总管。这其中的意味，对于吴玠，自是感激不尽，而对于曲端，则应该好好思量了。

　　这年秋天，也就是宋高宗惶惶不安地担心金兀术将要发动秋季攻势之际，张浚计议出兵江淮，把东线之金军主力吸引到西线来，以牵制金军向东南进攻的势头。"浚议出师，会诸将议所从，端力以为不然"，而曲端反对张浚主动出击的理由依然是理直气壮：江淮乃平原旷野之地，恰好便于以骑兵为主的金军纵横驰骋，而驻守西线的宋军又不熟悉水战，在金军凶猛的攻势下，根本就不是对手，此时应当厉兵秣马，据险固守西线边疆，若要对金军发起反攻，"须十年乃可！"从战术或兵法的角度看，曲端无疑是对的，从战略上看，张浚无疑又是对的。曲端断言宋军"须十年乃可"反攻，十年，就算张浚可以等待十年，那个宋高宗赵构能等吗？那个岌岌可危的朝廷能等吗？

　　眼看张浚决意出战，曲端情急之中，竟然拿自己的脑袋跟一个统帅赌咒发誓（大意）："张枢密，若您大军不败，曲某必伏剑自杀以谢！"曲端是个血性汉子，张浚又何尝不是，愤然道："某若不胜，当把脑袋输与将军！"这原本是赌气的话，但一位统帅和一位大将还格外较真，两人还立下了"军令状"。军中无戏言，但这样的"军令状"还真如戏言。

　　然而戏言之外又是真实的历史，在张浚决意与金人决战时，也决意罢黜曲端。

　　由于曲端被罢是一段历史公案的开端，后世对此也有深入分析。一个主要原因，是曲端与张浚"异趣"，一位大将，对统帅的战略决策如此一而再、再而三地反对和阻挠，张浚若要将自己的战略付诸实施，理所当然先必排除内部的阻力。而曲端在彭原之战对吴玠坐视不救、先行后撤，张浚虽说对他没有清算，但在心中一直记着这笔账呢，只是未到清算的时候。而此时，那个被曲端差点诛杀的王庶正在张浚的宣抚司充当高参，他既与曲端有不共戴天之仇，一有机会便在张浚面前挑唆："端有反心久矣，盍早图之！"正是这一连串的原因推向一个载入《宋史》的必然结果："端既与浚异，浚积前疑，竟以彭原事罢端兵柄，与祠"，给了曲端一个管理祠祭事务的挂名官衔。这还算是对他的从轻发落了。

如何发落一个曲端不难，却在大战之即提前动摇了军心。看张浚此时及日后的领兵，他几次统军作战，每遭受一次惨败几乎都与他未能处理好将领之间的关系有直接关系。曲端在关陕苦心经营多年，德虽不高，却善于笼络人心，又曾多次击败金军西线主帅完颜娄室，陕西军民"皆恃端为命"，而金军一望曲端的战旗，先就生出了几分胆寒。对此，张浚是提前就看到了的，他"欲仗其威声擢为大将"也是不争的历史事实，这也是张浚比他的前任王庶在政治上的更高明之处，而当曲端"及为庶瞢，无罪而贬"，一个结果又导致了另一个必然的结果："军情大不悦"。这个结果，自然也是张浚提前看到了的、反复掂量过的，实在是不得已而为之。但若说曲端是"无罪而贬"，也有偏袒曲端之嫌，且不说曲端是否有反心，他欲诛杀王庶是事实，他在彭原之战中坐视不救是事实，他三番五次"不受命令"、不服从统帅的统一指挥也是事实，设若每个将领都像他一样，这仗还怎么打？一个统帅还怎么指挥作战？

随着曲端被罢，宋金战争史上一次大规模会战拉开了序幕。

建炎四年（1130年）八月，张浚先声夺人，发布了一篇叱咤风云的讨金檄文。九月，张浚命权永兴军路经略使吴玠收复长安（今陕西西安）、环庆路经略使赵哲收复麟延（麟州、延州）。战争刚一打响，金军旋即就从主动转为被动，金兀术奉金廷急命，率两万精骑由洛阳驰援陕西，完颜娄室也奉命率数万金军由河东开赴绥德军（今陕西绥德），以阻遏宋军东进。金军两路主力被调入关陕，与其说是奉金廷之命，不如说是被张浚直接调过来的，他的核心战略意图已经达到了。一直像阴霾一样笼罩在江淮一带的金军威胁终于开始消散，而当金军主力全部压到了关陕，一场大决战已经势不可当。张浚遂以熙河路经略使刘锡为都统制，相当于前敌总指挥，率泾原路经略使刘锜、秦凤路经略使孙渥以及赵哲、吴玠等五路大军，号称四十万，实际上，步兵加骑兵统共只有十八万。古人作战，一般都有点虚张声势。这五路宋军，集结于关中平原的富平（今陕西耀县境内）。按张浚的设想，这五路宋军就像五指握拳，以集中力量、攥紧拳头痛击金军，他则亲自坐镇邠州督战。

当五路宋军在富平集结时，金军左副元帅完颜宗辅也率金军先头部队进至富平东下部县，两军相距八十余里。而富平，一个"富庶太平"之邑，也将被一场血战打造为一个载入史册的古战场。为抵御金军铁骑，宋军特地选择一片芦苇丛生的沼泽地作为屏障，排兵布阵，而那些运送辎重的支前民夫，则在宋营外围安营扎寨。部署完毕，诸将建议，此时正好趁完颜娄室大军尚未赶到、两路金军主力尚未会师之际，先将完颜宗辅这一支孤军歼灭，然后再对金军各个击破。这是毋庸置疑的正确建议，但张浚竟没有听从诸将的建议，却执意采取先礼后兵的君子之战，"夫战者必投战书，约日会战"。这也给后世留下了一个文人不能统兵打仗的笑柄，太书生意气了，只有文人才会犯这样的低级错误。从另一个角度看，也反映了张浚对金军的蔑视，换言之这是轻敌，他自恃兵众势雄，稳操胜券，那就不如把一仗打得光明正大，在历史上留下没有任何瑕疵的一笔。且不说张浚到底是怎么想的，只说那处于孤军状态的完颜宗辅，接到战书，如获至宝，既迟迟不作答复，又故意在宋军面前示弱，以此拖延时间，等待两路大军赶来。而在这样的等待中，属于宋军的一个绝好的战机就这样被张浚这个统帅白白耗掉了。

随后，金兀术和完颜娄室率两路金军飞奔而来。老病缠身的完颜娄室，步履维艰地登上山头，观察宋军阵势，他发现宋军在兵力上虽然明显占有优势，但所筑壁垒并不坚固。在一个久经沙场的老将眼里，猛一下就看出了许多破绽。但此人既像狼一样骁勇顽强，又像狐狸一样狡诈多疑，他疑心这是宋军故意露出破绽，到了张浚约定会战之日依旧坚壁不出。金军越是按兵不动，宋军越是按捺不住。张浚担心这样拖下去，将士们日久倦怠，为了诱敌出战，张浚命人将妇人的巾帼之服送与金营,以此羞辱刺激金军。但金军特别能沉住气,没有任何反应。一计不成,又生一计,张浚张榜悬赏:"有能生擒完颜娄室者,授节度使,并赏银、绢各以万计。"这次,还真有反应了,完颜娄室也张榜悬赏:"有能活捉张浚者,奖驴一头,布一匹。"这是另类的历史,大战当前,两位主帅竟玩起了黑色幽默,一场生死大决战仿佛变成了孩童的游戏。

战争绝对不是儿戏,而宋军却一再犯下致命的错误。临战之际,都统制刘锡再次召集诸将商议攻防之策,对西线作战有着丰富经验的吴玠建议,宋军虽有一片芦苇丛生的沼泽地作为屏障,但处于低洼地带,应赶紧移据高地,这样即便金军骑兵越过了沼泽地,那擅长平地作战的骑兵也被高地所遏阻。但刘锡和其他将领都像统帅张浚一样自以为稳操胜券,我众彼寡,那芦苇丛生的沼泽地又是金骑难以逾越的烂泥坑,没必要再劳师动众地在高地布防。身为前敌总指挥的刘锡,此时不去考虑如何布阵,却像张浚一样玩起了小聪明,他深知金军对曲端颇为恐惧,完颜娄室又是曲端的手下败将,便在阵前"诈张(曲)端旗以惧战"——竖起了曲端的军旗,以恫吓金军。但完颜娄室一眼看见那军旗,便抚掌大笑。他早已侦知曲端已被罢黜,宋军还想拿一面破旗子来吓唬老夫!

两军对峙到九月二十四日,刘锡再也按捺不住,不过他用兵还是相当谨慎的,先遣千余人,向金营发起试探性突袭,完颜娄室早有防备,据险设伏,前后夹击,一个上午便将千余宋军一举全歼。而战争一旦打响,金人就再也不会给宋军喘息的机会。中午,金军以骁将完颜折合率三千精骑,用早已准备好的土囊(袋装上)在沼泽苇丛中铺出一条通途,一道宋军布防的天然屏障轻而易举就被金军踏平。而金军用兵更出人意料,他们没有直接向宋军发起进攻,却对宋军外围的民夫营寨发起突袭,惊慌四窜的民夫乱哄哄地奔入宋营,宋军还不知是怎么回事,顷刻间便乱作一团,想要迎战敌军,却看不见敌人在哪里。等到他们看见金军时,金军已发起了全线进攻,以完颜宗辅(后改宗尧)为主帅,完颜宗弼(兀术)为左翼,完颜娄室为右翼。一场宋军苦苦等待的大会战就这样开始了。这是预言家张浚绝对没有料到的一个开始，而一直主动挑战的宋军，一开始就在混乱中陷入了被动挨打的局面。一开始就失去统一指挥，金军打到哪里，那一路宋军便仓促应战，五路军马各自为战，处处挨打。

据《宋史》载："娄室引兵骤至，舆柴囊土，籍淖平行，进薄诸营，（刘）锡等与之力战。刘锡身率将士，薄敌阵，杀获颇多，胜负未分。"诸将之中，又以刘锡之弟刘锜最善战，他率泾原路宋军迎击金兀术的左翼军。金兀术有多么能征善战，随便翻开历史的哪一页就知道，金辽之战、宋金之战，几乎每一页历史上都有他纵马驰驱、神勇无比的身影，金国的一大半版图就是此人打下来的。面对这样一个几乎不可战胜的敌人，刘锜却在激战中将其包围，金将赤盏晖所率精骑陷入沼泽泥泞之中，一个个如挣扎的泥菩萨，一个脑袋刚从烂泥中冒出来，宋军手起刀落，那脑袋瓜又滚落在烂泥中。如果不是一个汉儿军为兀术拼死保驾，这位金国元帅的脑袋差一点就被砍掉了。此人名韩常，字元吉，燕京（今北京）人，少随父韩庆和降金，率辽东汉儿军为金人屡立战功，精骑射，据说能挽三百石硬弓，箭矢能射穿铁石。此战，韩常被流矢射伤了一只眼睛，他一怒之下，竟然从眼中拔出了箭矢，鲜血连同瞳孔里的黑汁迸射而出，他仍拼死血战，终得与金兀术一起突围。对此，《金史》有确凿的记载："宗弼陷重围中，韩常流矢中目，怒，拔去其矢，血淋漓，以土塞创，跃马奋呼战，遂解围，与宗弼俱出。"

金右翼军主帅完颜娄室此次抱病出征，当金兀术的左翼军败退后，他没有退却，而是率军猛扑宋军赵哲部，一位身先士卒的老将，一种孤注一掷的决绝，使一度处于颓势的金军士气复振。对此，《金史》是这样记载的："宗弼（兀术）左翼军已却，娄室以右翼力战，军势复振。"由于五路宋军此时陷入了各自为战的状态，"而敌骑直击赵哲军，他将不及援。哲离所部，其将校望见尘起，遂惊遁。诸将皆溃"。细看历史，此时宋军将士仍在与金军力战，依然胜负未分。而赵哲临阵逃脱，则是富平之战的一个转折点，其部众一看主将跑路了，纷纷作鸟兽散。战线如堤防，一旦撕开了一条裂口，顷刻间如黄河决口一般。一天的血战，从清晨到黄昏，最终以"宋军大溃"收场。宋军只有逃跑的命，打扫战场的是金军，宋军在溃退中遗弃的辎重，又正好补充了金军损失的武器装备。而《金史》对这一天的战事交代得非常简短："自日中至于昏暮，凡六合战，破之。"好一个"破之"！

富平之战是宋金战史上规模最大的一次大兵团决战，历时一天，反思千年。后世几乎把失败的责任全都推到了张浚身上。从一开始，他不听曲端劝阻，一意孤行，几乎集结了西线所有的宋军主力，如同把鸡蛋全部放在一只篮子里，这是不计后果的孤注一掷。在军事上，这是典型的冒险主义。而在指挥作战上他又屡犯错误，甚至是犯令人匪夷所思的低级错误，先是恃众轻敌，错失战机，后又在金军的突袭下失去统一指挥，诸军互不协同，无法施援，以致遭此大败。他也因此而得到一个"锐于抗金而又短于用兵"的历史评价，从此便有了"志大才疏"之名。而金军在此战中能打造一个以少胜多、以弱胜强的经典战例，则是他们能及时调整部署，在战术上又出其不意，先扰乱了宋军的阵营，又趁机集中兵力一举击败了宋军。这样的分析，也是人云亦云的分析，成功的原因永远只有一个，而失败的原因则有无数个。那么，张浚在吃了败仗之后又是如何反思的呢？从历史事实看，他并未做出痛定思痛的反思，而是先以败军之罪将担任前敌总指挥的刘锡贬逐，又将临阵脱逃的赵哲及其部将张忠、乔泽斩立决。斩赵哲，也是加于张浚的一宗罪，如有史家认为，张浚斩赵哲"是为了推卸责任，掩饰罪过"，此说实在过于勉强，此时张浚哪有心思"清除有功之臣，以张大其功"，他一心所念的是严整军纪，重振军威，以利再战，但结果却适得其反，致使"军心惊惧"，各路败军唯恐遭受杀身之祸，纷纷叛逃，环庆路将领慕容洮叛投西夏，泾原路将领张中彦，随后又有曲端的心腹、泾原路将领张中彦和李彦琪等叛降金军，这让溃败的宋军加速瓦解，叛降的宋军人数甚至超过了被金军歼灭和俘虏的人数。这也是张浚处理不好与诸将部属关系的又一实例。设若他能先痛定思痛地做出反思，又能对溃败的宋军予以安抚，也许不会败得这样悲惨。可以说，富平之败，一半败于金军，一半是他自己打败了自己。

富平之败，"陕西大震"。但金军虽说取得了一场转败为胜的大捷，却也损失惨重。但他们缴获的大批粮草军资，又通过招降纳叛补充了大量兵员，在那些对关陕地形十分熟悉的降将引导下，向陕西腹地纵深挺进，历经半年多扫荡，至翌年三月，陕西五路的大部分地区已在金军铁蹄下沦陷。张浚也一直率残兵败将顽强抵抗，又幸得有他亲手擢拔的吴玠等将领浴血奋战，宋军才得以守住阶、成、岷、洮（今甘肃武都东南、成县、岷县、临潭）、凤（今陕西凤县东北）等州，尤其是保住了和尚原（今陕西宝鸡西南）、方山原（今陕西陇县西南）这几处蜀口要隘，才不致于使金军"入陕取蜀"。

若能跳出关陕一地看富平之战的胜负，又会在大历史的视野下对此战做出不是一边倒的评估。金军虽胜，但还不算完胜，按金军的战略意图，此时还只是达成一半，其意在"入陕取蜀"，而他们此时虽已入陕，且是长驱直入，却还只能望蜀兴叹；而宋军虽败，却也不是完败，按张浚的战略意图，也是宋廷的战略意图，意在把金军从东线调到西线，这一核心战略意图至少是达成了。对此，宋高宗是心知肚明的，当张浚"上书待罪"，宋高宗"手诏慰勉"，对他遭此大败没有做任何追究，只因他忠实地执行了朝廷的意图，致西线遭败，但东南安稳了。富平之战虽有急功近利之嫌，却也给金军以重创，而且几乎击败了金军主力。战后，宋军虽丢失了陕西五路的大部分地区，但还死死地扼守着和尚原、方山原等入蜀的咽喉。是故，从战略意义看，宋金决战其实并非富平之战，而是接下来展开的和尚原之战。这才是决定宋金命运的一场名副其实的历史大决战。

在我们追究张浚战术上的失误时，又不能不佩服他作为统帅的战略眼光。富平之战后，入陕金军声言回师，却暗留主力企图入川。张浚识破金人诡计，命吴玠、吴璘等将领收集数千散兵游勇，"聚残兵扼险于凤翔之和尚原（和尚塬）、大散关，以断敌来路"。这也是他在关陕处置得最正确的一件事。在蜀口要隘中，"和尚原最为要冲，自原以南，则入川路散；失此原，是无蜀也"。而把守蜀口要隘的吴玠、吴璘兄弟，都是张浚一手擢拔的将领，既愿意为他舍身赴死，也有相当清醒的战略意识。

吴玠誓言："我保此，敌决不敢越我而进，坚壁临之，彼惧吾蹑其后，是所以保蜀也！"

吴玠和曲端最大的不同，就在于他常怀感恩之心，有士为知己者死、滴水之恩当涌泉相报的侠义情怀。

走笔至此，张浚和曲端两人的一段历史纠葛还没完，还有一个残忍而悲惨的结局。曲端被罢黜兵权后，一贬再贬，从"与祠"再贬为海州团练副使、万州安置。张浚遭受富平之败后，发现原来隶属曲端的泾原军作战最勇猛，在宋军大溃后又最先集结起来，这样一支训练有素的军队，不能不归功于曲端治军有方，"叙复曲端为左武大夫"，居兴州（今陕西略阳）。其时，张浚的宣抚司在驻兴州。绍兴元年（1131年）正月，又叙复曲端为荣州刺史，提举江州太平观，迁阆州，张浚也将宣抚司从兴州移到阆州。可见，曲端一直就在张浚左右。而此时，用人在即，张浚眼看着一位能征善战的大将闲置在这里，又动了心思，准备起用曲端，让他复出带兵，结果却把曲端活活地给祸害了。先是吴玠进言，如曲端复出，必对张浚不利，他们是立过"军令状"的，若曲端重提此事，曾经拿脑袋赌输赢的张浚又如何面对？哪怕曲端不提此事，他在战前就极为倨傲，"不受命令"，而今张浚吃了败仗，曲端必定更加刚愎自用，难以制服。接着又有王庶从中离间，他一直认为曲端"有反心"，不过这次不是老生常谈，而是抓到了一个证据：曲端被罢后，曾在柱子上题了一首反诗："不向关中兴事业，却来江上泛渔舟。"这是什么意思，这不是指责当今圣上吗？张浚竟然听了这两人的意见，由此而铸成了人生的又一个大错，也可以说是他永世无法洗净的一个大污点，他下令将曲端打入恭州监狱，又命康随提点夔路刑狱。而曲端将如何发落，就全凭康随来处置了。

这个康随与吴玠一样，也曾是曲端的部属。曾因忤逆曲端，被曲端用马鞭抽打过脊背，狠狠地教训了一顿，从此康随对曲端恨之入骨。而曲端一听由他来审讯自己，仰天一声哀叹："这回我死定了！"他连呼了几声天，又连呼几声"铁象可惜"。铁象，就是他那匹日行四百里的坐骑。果然，康随有了这样一个复仇的机会，怎么会放过自己的仇人呢？他先用马鞭狠狠抽打了一阵曲端的背脊，打得皮开肉绽，连手都打软了，又命狱吏把曲端捆绑起来，堵住他的嘴，像烤鸭一样用火慢慢烧烤他，延长他的痛苦。曲端干渴难忍，哀求给口水喝，康随却命狱吏给他灌烈酒，既有外火炙烤，又有急火攻心，在比凌迟还要痛不欲生的酷刑折磨下，曲端七窍流血而亡。一个出生入死、让金军望之胆寒的宋军大将，就像一只烤鸭一样悲惨而窝囊地死掉了，年仅四十一岁，正当盛年。他的惨死，让陕西的文人士大夫无不叹惋唏嘘，更让那些惺惺相惜的将士义愤填膺，更有不少人叛投金军，还有不少人拉竿子造反，在乱世中当了绿林好汉。

　　杀曲端，是张浚一个难以洗刷的历史污点，也是他难辞其咎的一宗罪。张浚虽没有明示也没有暗示对曲端施以酷刑处死，但他的确是加害曲端的凶手之一。其实，曲端自己也是害死自己的凶手之一，曲端之死，确有其咎由自取的因素。可惜了，此人有将帅的谋略，张浚也确实想重用他，但他把自己的个性推向了极端，他的生命最终也只能以极端悲惨的方式来结束。设若他能更理性地处理好同上级的关系，他的前一个上司王庶也不至于屡次罗织罪名加害于他，而后一个上司张浚又以"搜揽豪杰为先务"，他一世英雄，原本是大有英雄用武之地的，但他把自己活活给糟蹋了；又设若他能处理好与部属的关系，吴玠、康随也不至于对他有如此刻骨的仇恨，让他死得如此悲惨。对此，《宋史》论曰："曲端刚愎自用，轻视其上，劳效未著，动违节制，张浚杀之虽冤，盖亦自取焉尔。"而曲端和张浚如同前世冤家，哪怕他死了，他的命运也与张浚联系在一起。他以戴罪之身被杀，没有任何哀荣谥号，直到张浚日后被贬，有朝臣为曲端鸣冤叫屈，朝廷才追复他为宣州观察使，谥壮愍。这样的哀荣，对于一个死者已毫无意义，却是对张浚的间接惩罚。

　　曲端之死，只是张浚鏖战陕西的一个悲惨插曲，而历史的主题则是宋金在西线的两场大战，确切地说，是三场大战，和尚原之战，经历了两次大战。

　　绍兴元年（1131年）五月，两路金军向和尚原挺进，一路由金将没立郎君率领，从凤翔出发；一路由金将乌鲁折合率领，从阶州、成州进发。而他们的主攻方向只有一个——夺取和尚原，一举打通进入汉中的门户，完成"入陕取蜀"的第一大战略目标，然后顺江而下，灭掉南宋。一个王朝的生死存亡命悬一线。

从宋、金两军的实力对比看，若不先行抢占和尚原，据险死守，宋军几无战胜金军的可能。吴玠当时收拾的残兵仅有数千人，却要对付金军数万骑，又缺乏粮草，军士们连饭都吃不饱，哪有力气打仗？此时赤日高悬，但士气低落，愁云惨淡。摆在吴玠面前的是三条路，一是在绝境中拼死一战，与阵地共存亡；二是退守汉中以避敌锋芒；还有一条路，叛宋降金。吴玠义无反顾地选择了第一条路，他没有别的方式鼓舞士气，只能"以忠义相激励"，并与诸将歃血而誓，宁为国殇，不做亡国奴。历史是这样记载的："诸将感泣""兵众感奋"。

吴玠一边"积粟缮兵"，这又得感谢当地百姓。据《宋史·吴玠传》载："玠在原上，凤翔民感其遗惠，相与夜输刍粟助之。玠偿以银帛，民益喜，输者益多。金人怒，伏兵渭河邀杀之，且令保伍连坐，民冒禁如故。"金人对给宋军输送粮食的老百姓格杀勿论，并采取"保伍连坐"的株连杀戮政策，但老百姓依然源源不断地给宋军送来了粮食；吴玠一边又"列栅筑垒"，他没有给自己留退路，其排兵布阵就是为了据险死守。当然，除了视死如归的坚强意志，他还特别善战。当时，宋军刚立好栅寨，金兵已至原下。乌鲁折合命一支精骑为先锋，如尖刀一样直插北山，吴玠利用宋军占据的险要地形，兵分两队，采用"更战迭休"的战术，他先率一队与金兵鏖战，战至中午，激烈的鏖战渐渐变成了疲劳战。吴玠一看时机已到，便命那隐蔽在山林中蓄精养锐的另一队宋军投入战斗，金军大惊，没料到还暗藏着一支宋军，而这样一支以逸待劳、精神抖擞的宋军一旦杀入敌阵，对付疲惫不堪的金军足可以一当十，杀得那些金兵丢盔弃甲，人头翻滚，从富平之战到和尚原之战，历史又一下颠覆过来了，这一次轮到"金军大溃"了。

三天后，金将没立郎君率另一路金军赶到，两路金军试图在会合之后，集中兵力同宋军再战。但要会合，必须先在箭筈关打开缺口。吴玠早有防范，趁没立郎君立脚未稳，便命一路宋军发起猛攻，没立郎君败得比乌鲁折合更惨，逃得比乌鲁折合更快。两路金军既不能会合，很快就陷入了欲战不能、欲退无路的境地。和尚原一带山险谷深，金军极具战斗力的骑兵在山地丛林中根本无法作战，只得将骑兵改为步兵，在惯于山地作战的宋军面前，其优势一下变为了劣势。宋军既熟悉当地地形，又提前抢占险要地势，对两路金军轮番攻击。金军败退到黄牛铺一带后，又遭遇了一场暴风骤雨，一个个淋得跟落汤鸡似的，士气愈加低落，只得灰溜溜地逃走了。

这是吴玠在和尚原之战中同金军第一回合的交战，此战，宋军击败了数倍于己的劲敌，而金军还有败得更惨的战役，那已是十月份的事了。

金军在和尚原遭受惨败，金廷上下更是一片哗然，金人自兴起海角，连战连捷，很少品尝失败的味道，"及与玠战则败，愤甚"，金军败于南人之手简直是奇耻大辱，"谋必取玠"，发誓非要将吴玠这颗硬钉子拔掉不可。而这次惨败，更让金兀术"震怒异常"，此时他已接替完颜宗辅担任西线金军统帅，和尚原之败，让他这位统帅丢了大脸。尽管金人对南宋充满了蔑视，但在战术上却很少犯恃强轻敌的错误，而"震怒异常"的兀术，也没有一怒之下立马发兵讨伐吴玠，他做了近半年的准备，把一场战争从春夏之交一直推延到了深秋。"十月，金兀术自熙河移兵窥蜀，引兵众十万人，从宝鸡造浮桥渡渭来犯。"金军架设浮桥，跨过渭水，又从宝鸡"结连珠营，垒石为城"，与吴玠所部夹涧对峙，剑拔弩张，一场决战的阵势已在和尚原一线摆开。

十万金军压境，吴玠感到从未有过的压力。金军投入此战的兵力，甚至超过了富平之战。而吴玠此时率领的宋军不过数千人，又怎敢与当时总兵力达十八万的五路宋军相比。面对如此险恶的军情，宋军虽说有五月以少胜多大败金兵的战果，但还是有些惶惶不安。吴玠一边紧盯着金军的一举一动，一边调兵遣将，严阵以待。为了稳定军心，鼓舞士气，他又一次与诸将"歃血而誓"。中华民族这一古老的仪式可能真有神奇的效果，当将士们痛饮鲜血染赤的烈酒，一双双眼睛也迸射出血光，一个个同仇敌忾，齐声高呼："愿效死力！"

金军部署已定，兀术走马巡视一番，自觉万无一失，随即命令对扼守和尚原的宋军发起攻击，试欲毕其功于一役，一举攻下和尚原，打开"入陕取蜀"的大门。吴玠命吴璘、雷仲等将领"选硬弓强弩与战，分番迭射"，号称"驻队矢"。顷刻间，"弩如雨注"，天地变色。在宋军连发如暴风骤雨般的箭矢下，金军的第一轮进攻被打退，纷纷丢盔弃甲往后撤。但金兀术绝非没立郎君和乌鲁折合那样的败军之将可比，他是金国不可一世的战神，决不会轻易罢兵。经过短暂休整，金军再次发起猛攻。双方共交锋三十多次，在宋军一寸山河一寸血的顽强抵抗下，金军每往前推进一寸都要以惨重的伤亡为代价。

在正面交锋的同时，吴玠又派别将从山中小道神不知鬼不觉地绕到敌后，截断了金军的粮道，金军一下陷入了弹尽粮绝的境地。兀术在宋军的阻击下既无法向前推进，又担心大本营被劫，这才命金军后撤。而他后撤的路线，也被吴玠早已预料到了，他提前派吴璘率三千骑兵在和尚原北面的神岔（神坌）沟埋伏，只等着金兀术往口袋里钻了。如果说张浚是一个预言家，吴玠在战术上更是料事如神。这神岔沟果然就是兀术的一条退路，金军一下钻进了那只早已布设好的口袋里了。吴璘率三千精骑突入敌阵，金军阵脚大乱，四散奔逃。待到金兵好不容易集结起来，回到营寨，吴璘又发动夜袭，连破十余座金营，连兀术的大本营也遭到了袭击，兀术在慌乱中被流矢击中，这位金国的统帅，在此战中真是比没立郎君和乌鲁折合那样的败军之将更悲惨、更狼狈，老天保佑，让他侥幸留下了一条性命。但他逃跑时可真是狼狈不堪，"乘梯亟剔其须髯遁归"，为了不被宋军认出，他连胡须都剃掉了。

这是金兀术从军以来最惨重的失败，也是金军灭辽破宋以来遭到的第一次大惨败，史称："金人自入中原，其败衄未尝如此也。"金军十万将士死伤大半，宋军俘获金军将士万余人，其中头目三百余人、甲士八百余人，缴获器甲数以万计。如果说金军在富平之战中创造了一个以少胜多的经典战例，和尚原之战则是宋军打造的一个以少胜多的辉煌战例。它在宋金战争史上具有重要意义，一举扭转了富平战败的局势。其后，金军在进攻饶凤关、仙人关等地时，由于吴玠、吴璘兄弟所率部队顽强抵抗以及当地人民的支持，金军又接连遭到惨败，被迫退回凤翔，暂时放弃了攻入四川的企图。此战对金军的打击是非常重大的，甚至是金军由盛转衰的一个转折点，史称"兀术之众，自是不振"。

和尚原大捷，论功行赏，张浚升检校少保、定国军节度使。对于以知枢密院事兼川、陕宣抚处置使的张浚，这其实不是升官，而是额外加官，对于他，这已是多余的职务，但也是受之无愧的荣誉。有人说他这是窃据了吴玠的功劳，贪天之功为己有，这又是怎么回事呢？张浚也许不是将才，但是帅才，他虽不是和尚原大捷的直接指挥者，但他既是指挥吴玠的统帅，也是战略决策者，若不是他"擢吴玠为大将守凤翔"，又哪有什么和尚原大捷呢？若一个统帅，吃了败仗要承担所有的责任，打了胜仗又是贪天之功为己有，那这个统帅也当得太冤了，成冤大头了。

历史上，对张浚还真是充满了偏见。张浚鏖战陕西三年，富平之战吃了一次大败仗，和尚原之战打了一次大胜仗，但很多人都只记得他打了败仗，却不记得他打了一次大胜仗。战争的结果是，关陕丢失，但全蜀安全，且以此形势牵制东南，江、淮亦赖以安，应该说他的战略目标达到了；张浚杀了大将曲端，擢吴玠为大将，但很多人只记得他杀了曲端，却不记得他擢拔了吴玠、吴璘等众多的抗金名将和贤臣，让西线关隘一直牢牢掌控在南宋手中。这也是杨万里所谓的张浚一生的第四大功绩："用吴玠以保全蜀，四也。"在这方面，张浚堪称是一位发现人才、擢拔人才、选贤任能、知人善任的千古伯乐，这也是载入了史册的："所荐虞允文、汪应辰、王十朋、刘珙等为名臣；拔吴玠、吴璘于行间，谓韩世忠忠勇，可倚以大事，一见刘锜奇之，付以事任，卒皆为名将，有成功，一时称浚为知人。"不说日后，只说眼前，张浚自入陕之后，以"搜揽豪杰为先务"，奉刘子羽为上宾，任赵开为都转运使，刘子羽善理财，赵开则"专总四川财赋"。这位赵开简直成为川陕宋军的财神爷，"悉智虑于食货，算无遗策，虽支赏不可计，而资财常有余"。也正因张浚知人善任，在他的治理下，"西北遗民，归附日众"。

又说到张浚到底能否统兵打仗，《宋史·张浚传》记载了这样一桩逸事：粘罕病笃，语诸将曰："自吾入中国，未尝有敢撄吾锋者，独张枢密与我抗。我在，犹不能取蜀；我死，尔曹宜绝意，但务自保而已。"兀术怒曰："是谓我不能邪！"粘罕死，竟入攻，果败。但粘罕死于金天会十四年（1136年），即南宋绍兴六年，和尚原大战时他尚在。这段话虽说载入了正史，却是明显的错讹，它从一个角度印证了张浚不可磨灭的历史功绩和崇高威望。

张浚告别关陕之后，接下来是一段与他有关又无关的后话，和尚原大捷后，吴玠因功超升为四川宣抚使，实为宋军西路统帅，"与敌对垒且十年"，率秦陇、泾原、阶、成诸州和家乡德顺军子弟兵，一直到死都率军把守着由关陕入汉中的各个重要据点，连续打了和尚原、饶凤关、仙人关三次大战，最终使川蜀之地不失，保全了南宋偏安东南，尚能维持大半壁河山。对吴玠的军事才能，《宋史》评论："玠善读史，凡往事可师者，录置座右，积久，墙牖皆格言也。用兵本孙、吴，务远略，不求小近利，故能保必胜。御下严而有恩，虚心询受，虽身为大将，卒伍至下者得以情达，故士乐为之死。选用将佐，视劳能为高下先后，不以亲故、权贵挠之。"在治政上，他尽力减轻老百姓的负担，"常苦远饷劳民，屡汰冗员，节浮费，益治屯田，岁收至十万斛"。这些都是他的美德，但他也有人生的败笔，曲端之死，他也是陷害者之一。而且，他还是一个酒色之徒，"晚节颇多嗜饮，使人渔色于成都，喜饵药石，故得咯血疾以死"，竟因滥吃春药，于绍兴九年（1139年）暴死，时年仅四十七岁。后世为尊者讳，则称其因长期鞍马之劳，积劳成疾而逝。谥武安，号思烈。淳熙中，追封涪王。

尽管吴玠生前死后都享有盛誉与尊荣，仍有后世人为其抱不平，有人甚至认为吴玠为南宋武功第一，至少要超过南宋中兴四将中的张俊、刘光世，堪与岳飞、韩世忠比肩，但却未跻身于中兴四将之列，认为这是历史的偏见。

三、从淮西之战到淮西兵变

接下来的一段短暂的历史出人意料，不知张浚本人是否预料到了。

在西线战场一次次奏捷的张浚奉诏入朝,却不是凯旋,而是铩羽而归。

说来,这又与张浚没有处理好人事关系有关了。那已是绍兴三年(1133年),一面是张浚在西线席卷犯境之敌,统帅有方,将士用命,那些陷入敌手的失地正被宋军奋不顾身地夺回,关陕百姓感到了再生般的欢畅,一个儒士的豪情壮志得以尽情施展和抒发;一面是高宗和朝廷眼看着张浚的威望越来越高,军事实力越来越大,旋即便做出了一项任命:特遣王似赴西线充当张浚副手。

王似还在路上,金将完颜撒离后与"大齐皇帝"刘豫军组成联军,向南宋西线发起大规模反扑,一举攻破北依秦岭、南靠巴山的金州(今安康),这样一道北控关陕、南控巴蜀的战略要地,宋军必须死守。张浚命刘子羽为元帅,与大将吴玠同守三泉(今陕西宁强西北)。他们预料到敌军必由金牛道南下,预先设伏。果不其然,"金人至金牛,宋师掩击大胜之,斩馘(首级)及堕溪谷死者,以数千计"。此役虽不能与和尚原大捷同日而语,却也是西路宋军打出的又一次漂亮的伏击战。作为统帅的张浚,难免有几分豪迈自得。偏偏在这时,宋高宗派了一个王似来当副帅,这让张浚有想法了。王似在史上是一个名不见经传的人物,身无寸功,却被擢拔为副帅,岂不让人大跌眼镜?就是要钦命一位副帅,也该轮到刘子羽和吴玠了。但对于朝廷做出这样的人事安排,张浚至少是懂的,但此时他确实有些被胜利冲昏了头脑,他竟然不买宋高宗和朝廷的账,以王似不胜任为由奏请罢免王似的副帅一职。这还了得!朝廷特遣王似为副帅是什么意思?张浚不买朝廷的账又是什么意思?双方其实心知肚明。时任宰相吕颐浩,在苗刘兵变时曾与张浚结成"统一战线",一起"创议勤王",而这些在高宗危难之际的勤王将臣,后来都被高宗视为忠臣,安排在重要岗位上。但这个吕颐浩却是一个"颛肆自用"、力排李纲、李光等南宋中兴名臣的"奸臣",至少不是善良之辈。对张浚,他也颇为嫉恨,张浚功劳越大,他的嫉恨越盛。这次,他一下抓住张浚"抗旨不遵"的把柄,自然不会轻易放过,于是在高宗面前告了张浚的刁状。而张浚得罪的人还不少,尚书右丞朱胜非、御史中丞辛炳等皆与张浚有宿怨,于是同列弹劾他。高宗一看张浚既敢"抗旨不遵",又如此不得人心,立马"诏浚赴见"。陕西路途迢远,张浚去一趟不容易,回来一趟也不容易,等到他回临安时已是绍兴四年(1134年),高宗已经有些迫不及待了,立马将他罢黜,谪居福州。历史上,张浚曾两度谪居福州,明里的原因只有一个,遭奸臣陷害;暗里还有一个原因,一个皇帝既巴望你建功立业,又生怕你功高震主。这是那个"将相兼荣谁敢比"的寇老西儿(寇准)的命运,现在又轮到张浚了。

这也是张浚入仕以来第一次遭受贬逐,但还只是他人生中一段短暂的插叙。

转眼便是绍兴五年(1135年),外患未平,内乱又起,所谓乱世,莫过如此。钟相杨幺起义堪称是赵宋历史上规模最大的一次农民起义,其声势之浩大绝非宋江、方腊可比。对于宋高宗,这是比金人更可怕的心腹之患,绍兴二年(1132年)底,他不得不重新起用被罢黜多年的南宋第一宰相李纲,率四路宋军围剿荆楚湖湘一带的起义军。老大钟相被俘杀后,老二杨幺又被数十万义军推为统帅,号称"大圣天王"。这个杨幺比钟相更能笼络人心,也更能征善战,眼看着义军越剿越多,势头越来越旺,高宗又想到在西线统兵有方的张浚。随着皇帝脑子里的念头一转,一位贬官又再次奉诏还朝,三十八岁的张浚,从人生低谷中一步登天,拜为右相,位极人臣。但他这个宰相,却有历史的错位之感,宋高宗并未让他主宰朝政,而是命他为诸路兵马都督,辟督府于建康(南京),都督岳飞等诸路大军镇压杨幺起义。

张浚并未坐镇督府,他统率二十万大军(号称二十万)开赴潭州(今长沙),在前线排兵布阵:先命各路大将分兵封锁湘阴、桥门(今湖南湘阴西南湘江西岸)、益阳、公安(今湖北公安西北)、南阳渡等湖区要津,又命岳飞率军进军鼎州(今湖南常德)、澧州(今湖南澧县),自洞庭湖上游袭取杨幺、夏诚等义军头领的大本营。从历史看,这也是岳飞第一次受张浚直接指挥,一位统帅的战略部署,一位大将的骁勇善战,在此战中如同天作之合!数年来,一直难以镇压下去的义军,在短短的几个月里(实际上投入战斗的时间不过一个月),义军大部便土崩瓦解。六月初,岳飞挥师向起义军的大本营杨幺寨发起总攻,杨幺左冲右突，在混乱与疯狂中率众突围，与他老大钟相的命运如出一辙，也不幸被俘杀。另一位义军头领夏诚，死守其寨，但也是死路一条。至此，从靖康二年（1127年）初一直蔓延到绍兴五年（1135年）夏的钟相、杨幺起义，历时八年，最终被张浚统率的官军彻底镇压下去，史称其"降贼众二十余万"。张浚、岳飞这些历史上的爱国民族英雄，在对付那些反叛朝廷的农民起义军时绝不心慈手软，数十万义军被斩杀殆尽。用现在的历史观看，这也是他们在历史上的大污点，而对大宋帝国而言，他们是匡扶朝廷的大忠臣。或许这是杨万里没有将其列举为张浚的又一社稷之功的原因。至于张浚到底是不是统御千军万马的帅才，岳飞又如何能征善战，这个就不用多说了，彼此可以验证属于他们的一段辉煌历史。

在接下来的一段岁月里，张浚还将续写他的辉煌。他的个人命运和南宋的国运是紧密地联系在一起的，甚至可以说，是张浚直接改变了南宋的国运。张浚鏖战陕西的三年里，先遭惨败而后连战皆捷，为川陕局势赢得了长时间的稳定，极大减轻了两淮、京湖战场的压力；随着钟相、杨幺起义这一朝廷的心腹之患又被全部肃清，为南宋内部赢得了长时间稳定，在南宋一百五十年的历史上，再也没有爆发大规模的农民起义。无论攘外还是安内，张浚皆居首功。是时，那些被调往西线的金军主力既无法实现其"入陕取蜀"的战略意图，反而陷入了被动挨打的局势，于是他们又回军两淮，试图在东线找到南下攻宋的软肋，又被韩世忠等大将击退，两淮防线也日益稳固。自靖康以来一蹶不振的赵宋王朝，在捷报频传中一步一步走出低谷，国运正在冉冉上升。而此时，南宋面对的一个大患，就是那个被金人扶植起来的伪齐政权了。刘豫这个"大齐皇帝"是假的，但他的野心却不是假的，他的军事实力、战斗力也货真价实。绍兴二年（1132年），刘豫迁都汴京，将大宋帝国的首都变成了自己的首都，这是对赵宋王朝的极大羞辱。而南宋历史上一直没有建都，临安只是南宋的"行在"（天子巡行的临时驻跸之地），沦陷的汴京，依然是一个帝国法统意义的首都。刘豫迁都汴京后，并不甘于占据中原之地，多次配合金军侵宋，一度攻占了南宋战略地位极为重要的襄阳六郡。绍兴四年（1134年），岳飞重新夺回襄阳六郡，一举拔掉了金、齐拦腰插入宋朝沿边防线的钉子，南宋川陕、京湖、两淮防线才能重新连成一体。

但刘豫绝不会善罢甘休，绍兴六年（1136年）十月，伪齐又征发中原民兵大举南侵，号称三十万兵力，以刘豫之子刘麟为统帅，分三路进攻淮西。其时右相张浚正誓师淮上，部署北伐，试欲进取中原。张浚深知，若不拔掉伪齐这颗被金人扎在南宋软肋上的钉子，休说恢复中原故疆，南宋偏安的局势也将一次次动摇。就在张浚进行军事部署时，在朝中辅佐天子的左丞（左相）赵鼎，力劝驻跸建康的高宗回陛临安，并奏请高宗手诏张浚放弃淮西退保长江。当高宗下令两淮守军南撤，张浚已侦知伪齐军队此次大举南侵并无金军后援，力主不能轻易回跸，以免军心动摇。在张浚的劝说下，高宗也渐渐镇定下来。而此时，刘光世的淮西军已开始南撤，为保长江天险，张浚从建康星夜飞驰采石矶，制止淮西军向江南撤退。

采石矶，自古以来便是长江下游的江防要塞，北通南京，南达芜湖，有"宁芜要塞"之称，为南京西南第一屏障。宋高宗也深知采石矶的战略地位，绍兴五年（1135年）正月，金军与伪齐联军在风雪弥漫中兵临江北，北风扫过长江，风中胡马的嘶鸣，宋高宗心中灌满了凛冽的寒意，却也不得不御驾亲征。他这个皇帝虽说当得也有几分窝囊，但至少比陈后主（陈叔宝）还要清醒几分。在敌军北撤后，高宗再次调整江防部署，擢升刘光世为少保，扼守采石矶一线的江防。十二月，南宋改军制，刘光世所部随即改为行营左护军。绍兴六年（1136年）五月，刘光世命部将王师成击败南犯江淮的伪齐军，加领保静军节度使，这也是继韩世忠之后第二个领三镇节度的大将军。六月，随着敌军再次后撤，刘光世移屯庐州（今合肥一带）。十月，伪齐皇帝刘豫之子刘麟再次渡淮攻宋，打了刘光世一个猝不及防。刘光世一看这一次伪齐军兵强马壮，攻势猛烈，竟弃城南逃。

说来，刘光世也是南宋中兴四大名将之一，但四将中有两位是被打入了历史另册的，一是张俊，就是那个很容易与张浚混同于一人的张俊，再就是他了。既已被打入历史另册,对他也就大多是负面评价了。据史载,由于他治军不严,不少流寇、叛军都乐于投奔他,这让他的军队成了当时人数最多的军队之一。为了多占军费,他又虚报军额,这让他的军队人数又有虚夸的成分。作战时,他又畏敌如虎,每逢奉诏移驻前线,他大多不奉诏而设法退避。尽管他的部队也打了不少胜仗,但他很少亲临前线指挥,而是坐守后方观望,一旦见势不妙,随即逃之夭夭。对这样一位"名将",朝臣们早已多次弹劾,但当时南宋还立足未稳,刘光世所部仍是宋高宗不得不依靠的军事力量之一,而且是南宋军队的五大主力之一(一般指南宋西线部队和南宋中兴四将所部),是故,高宗只得设法满足刘光世的要钱要粮的要求,对刘光世加官晋爵进行拉拢,以防止其部属溃散后复为流寇或投奔金、齐。

刘光世此次"弃城南逃",实在怪不得他那些军队,细看历史,他麾下还是有好几位敢打仗、能打仗的将领的,但主将一逃,数万大军一下没了主心骨,也就望风而逃。危急时刻,张浚连夜驱驰数百里,将逃军阻止在采石矶。宋廷满朝文武,能够劝阻刘光世的兴许也只有张浚一人了。刘光世被迫回军,在张浚的指挥下开始反击,而在这次反击战中立下了大功的则是王德、郦琼两位悍将。王德号称淮西军刘光世部下的第一悍将,作战勇猛,杀人如麻,人称"王夜叉";郦琼原本是宗泽的部将,宗泽死后,一度叛附伪齐,据说是被张浚用离间计策反,成为淮西军刘光世军中的一员骁将。当张浚劝阻了宋军南逃,王德、郦琼等随之便开始冲锋陷阵,伪齐军未料到那些被自己乘勇追击的"穷寇"忽然掉过头来发起了大反攻,几个回合,便招架不住了。而杨沂中又取得了藕塘大捷,加之有岳家军驰援,伪齐军大溃败,这下轮到他们逃跑了。历史就这样掉转了方向,伪齐军在江淮之间被打得落花流水,伤亡惨重,其主力基本上被干掉了。此役,史称"淮西之战"。

这一仗不只是打败了伪齐军,而是将一个伪齐国给打掉了。伪齐遭此惨败,"国"内民怨沸腾,那些投附刘豫的亦大多为流寇和叛降宋军的将卒,纷纷作鸟兽散。而更为恼火的还是金人,一怒之下便将伪齐国给废了,又将刘豫这个"大齐皇帝"废为蜀王,实为一个没有一兵一卒一寸版图的空头王。史上又有一说，伪齐被废，据说是金人中了张浚的离间计："先是，浚遣人持手榜入伪地间刘豫，及郦琼叛去，复遣间持蜡书遗琼，金人果疑豫，寻废之。"而看史载，伪齐及刘豫被废已是此次败北后的第二年，从建炎四年（1130年）被金人扶植起来，到绍兴七年（1137年）被废，这个傀儡政权在中原延续了七年，一颗插入南宋软肋的钉子，终于被张浚硬生生地拔掉了。这是杨万里所列举的张浚的第五大社稷之功："却刘麟以定江左，五也。"

张浚在拔掉了伪齐这颗眼中钉后，又决意拔掉刘光世这颗钉子。

绍兴六年（1136年）底，他奏请高宗："刘光世'骄惰不战，不可为大将，请罢之。'"但左相赵鼎则力保刘光世：刘光世乃"将家子，将率士卒多出其门下，若无故罢之，恐人心不可"。两位宰相意见相左，高宗踌躇未决。翌年二月，张浚又再次上奏：刘光世"沉酣酒色，不恤国事，语以恢复，意气拂然，乞赐罢斥，以儆将帅！"三月（一说为四月），刘光世以"骄惰怯敌"被罢为少师、万寿观使，被剥夺了军权。对于一位武将来说，他的历史使命至此已提前终结，即便活着也是一个历史的多余人物。

在刘光世倒霉透顶的时候，年届四十的张浚如日中天，这即是他生命最鼎盛的岁月，也抵达了人生仕途的巅峰状态，宋高宗"以浚却敌功，制除特进"，未久，又加金紫光禄大夫。在一连串光环闪耀的尊荣之下，更实在的还是张浚集军政首辅大臣于一身、"总揽中外之政"的权力，这也是宋高宗和张浚在政治上的一段蜜月期，高宗事无巨细必先征求张浚意见，诏书也多由张浚起草。宋高宗尝言："有才而能办事者固不少，若孜孜为国，无如浚。"这是在政治上对张浚的高度信任。后来，他又对张浚之子张栻说："朕与卿父，义则君臣，情同骨肉。"我深信赵构并非矫情，至少在此时，一个皇帝与一个大臣达到了"义则君臣，情同骨肉"的完美之境，这在历史上几乎是绝无仅有的绝唱。

一个人臣到了这样的境界，离历史的另一种绝唱也就近在咫尺了。事实上，随着刘光世被罢黜兵权，又一段历史公案便已开始：刘光世的军队将如何处置？

军队，从来就是极度敏感的政治。宋高宗此时对岳飞还非常信任，而在诸路大将军中，又以岳飞最年轻，资历最浅。年轻，资历浅，有时候也是一种优势和被信任的原因，想必也比那些老谋深算、树大根深的大将更容易对付。又据说，绍兴七年（1137年）三月，宋高宗和岳飞之间还有一个"寝阁之议"，那自然是绝密状态下的君臣密商，密商的结果是，宋高宗拟将全国五分之三的野战军交给岳飞指挥，这其中就包括刘光世的淮西军。然而，当高宗向张浚、赵鼎两位宰相和时任枢密使的秦桧说出他的想法时，没想到张浚、赵鼎和秦桧一齐唱起了反调。这也是以张浚为领袖的主战派和以秦桧为首的投降派（主和派）在同一件事情上极少有地达成高度一致。对秦桧的竭力反对，世人可以理解，他这样一个被打入了历史另册的投降派奸臣，与岳飞这样一个抗金英雄原本就势不两立。但张浚、赵鼎这两位主战派宰相，还有那位已被罢黜多年的南宋第一宰相李纲，都反对将刘光世的淮西军划归给岳飞指挥，这就让后世难以理喻了。有人甚至悲叹，没想到这些爱国民族英雄竟然在另一位爱国民族英雄的背后捅一刀！

　　一部宋史，必须从头看到尾，一切的不可理喻，方可迎刃而解。只须看看宋太祖的祖训"强干弱支"、赵宋一朝奉行以文驭武的基本国策，立马就理解了。这三公虽然和岳飞同仇敌忾，志同道合，对岳飞寄予了重望，却不想让他握有全国五分之三的重兵。若说他们这是为自己考量，担心一个武将在朝堂上压倒文官，或是因为妒忌在背后捅岳飞一刀，这未免又是以小人之心度君子之腹了。张浚、赵鼎、李纲等都是大宋帝国的绝对忠臣，也是大宋体制的忠实捍卫者，而此时岳飞已统率全国五分之二的兵力（野战军），若再把刘光世的淮西军划归他节制，这个帝国已没有任何力量可以制衡这样一位武将，除非你也相信他会绝对效忠于这个王朝。可是，谁又能相信一个绝对有实力改朝换代的人又绝对没有这样一个念头呢？

　　宋高宗果如醍醐灌顶，当即便打消了原来的念头，但他既与岳飞有"寝阁之议"，又怎么去跟岳飞交代呢？这个倒不难，既然你张浚反对，解铃还须系铃人，那就有劳你这个大宰相去跟岳飞商议了，实际上是向岳飞摊牌，当然，还得做好岳飞的"思想工作"。张浚与岳飞的关系非同一般，他不仅是岳飞的上司，也是岳飞的伯乐，曾多次向高宗力荐：只有岳飞和韩世忠"可倚大事"。而此次，岳飞还在心里盘算，张浚这位宰相伯乐，兴许又在天子面前为自己保举、美言，让他拥有了更大的兵权。结果他这次打错了如意算盘，而张浚对岳飞只做了一个交代：他拟以刘光世部将王德任左护军都统制、郦琼为副都统制，以兵部尚书、都督府参谋军事吕祉节制（监军）。而谁都知道，吕祉是张浚的心腹亲信。这就让人不能不猜测了，张浚之所以不想把刘光世的军队划归给岳飞，就是为了直接掌控在自己手中。不知道岳飞是否这样猜测，至少另一个宰相赵鼎是这样猜测的。然而，这也只是对历史的一种猜测而已，至少我在追溯这一段历史公案时是颇为怀疑的，一个"总揽中外之政"、集军政大权于一身的宰相和大都督，天下兵马他都可以指挥，他有必要去直接掌控一支部队吗？

但有一个历史事实是毋庸猜测的，岳飞听了张浚的打算，立马就大吃一惊，随即便对张浚发出警告：淮西军大部分原来是盗贼，匪气十足，郦琼又朝秦暮楚，贼性难改，一身反骨，说翻脸就翻脸，王德原本跟郦琼平级，谁也不服谁，如今擢升王德为都统制，命他为副将，郦琼又岂能甘居王德之下？而吕祉虽说是个上知天文、下知地理的百事通，但毕竟是书生，不是帅才，只适合做个参议官，根本就镇不住淮西军。因此，必须另选大将为统帅，否则恐怕将引起兵变。对岳飞发出的警告，张浚也并非没有考虑，那么，又该另选哪位大将为统帅呢？张浚试探着问岳飞，张俊可否？这位张俊也曾是岳飞的上司，但岳飞不以为然。张浚又问杨沂中可否，岳飞仍不以为然。张浚心里明白了，岳飞心中那位可为统帅的大将，便是岳飞自己了，这又怎么可能呢？岳飞越有这样的想法，越是让张浚怀疑他有野心。结果是，他没有做通岳飞的"思想工作"，岳飞也不能让他改变主意，两人不欢而散，岳飞一气之下撂了挑子，上庐山为母亲守孝去了。

对于张浚，这是后世数落他的一宗罪——忌岳飞。

对于岳飞来说，这是他一生所犯的一个严重的错误，最终他在宋高宗的再三催促下才返回军营，却让一个皇帝感到了一个手握重兵的大将军有多么难以节制。

不过，岳飞在犯错的同时，自己也成了一个料事如神的预言家。由于郦琼不愿意屈居王德之下，多次向朝廷申述，但朝廷却置之不理。不理也罢了，时至八月，朝廷忽然又发布张俊为淮西宣抚使，杨沂中为淮西制置使，刘锜为副使，全面接管淮西军政事务，命郦琼等人赴"行在"另有任用。郦琼对朝廷的警觉和提防，比朝廷对他的警觉和提防更甚，他认为这是朝廷向他下手了，偏偏吕祉的一封密奏又被他拿到了手里。八月八日，他召集众将，拿出吕祉密奏，两眼直瞪着吕祉怒问："诸官兵何罪？"吕祉一看大事不妙，"欲走不及"，被郦琼拿下。但郦琼当场并未宰杀这位监军，只是当场斩杀了朝廷派来的中军统制张璟等将领，然后率全军北渡淮河，投奔刘豫（此时刘豫和伪齐还未废）。在离淮河三十里的地方，吕祉从马上滚下来，痛呼："死则死此，终不作叛贼！"他又对叛逃的淮西军大喊："刘豫乃朝廷逆臣，军中岂无英雄，而随郦琼降贼乎？"他这猛地一喊，还真是喊醒了不少人，"众颇感动，几千余人环立不行"，郦琼大惊，喝令亲兵一顿乱刀，将吕祉砍死于马下，最终裹胁淮西军四万余人叛降，作为宋军五大主力之一的淮西军，只剩下了王德那八千多人。当时，全国宋军统共只有四十来万人，这等于全国五大军区之一、约十分之一的野战军眨眼之间就变成了南宋的敌军。事实上也是这样，郦琼裹挟而去的宋军旋即就成了金兀术（完颜宗弼）统率的一支劲旅，兀术对他信任有加，还与他结为知己。他也因此而成了一位载入《金史》的金军大将，加升金紫光禄大夫。特别值得一提的是，这位南宋叛将在为金国镇守亳州的六年中，还深受当地人民爱戴。

从淮西之战到淮西兵变，一战让张浚抵达巅峰状态，而这一变又让张浚一下鼻青脸肿地摔下了人生的低谷。人生与历史，一起演绎着风云变幻莫测。对淮西兵变造成的惨重损失，必须有人负责，宋高宗自然不必负责，而张浚倒也非常自觉。九月，"浚引咎求去位"。这次，高宗就是想要挽留他，朝野上下也不会答应。事实上高宗也没有做任何慰留,但还是对这位即将离去的宰相充满了信赖,还再三征询他的意见。

史载:"张浚求去位,上问可代者,浚不对。"

张浚说:"近与共事,方知其暗。"

高宗提出了心中的第一个人选:"秦桧何如?"

既然秦桧不可用,高宗就决意起用心中的第二人选了。上曰:"然则用赵鼎,遂令浚拟批召鼎。"这是张浚在任右相时代天子拟定的最后一份诏书,在淮西之战后被罢左相的赵鼎重掌相印。而为了张浚那一句话,秦桧从此恨死了张浚,当然也恨死了占据了他相位的赵鼎,穷其一生,欲置张浚、赵鼎于死地。

说到张浚、赵鼎和秦桧的关系,绝非像黑白分明那样简单,在政治上一度是一种十分诡异的"三角关系"。据《宋史·秦桧传》载:"始,浚、鼎相得甚,浚先达,力引鼎。尝共论人才,浚剧谈桧善。鼎曰:此人得志,吾人无所措足矣。浚不以为然,故引桧。共政方知其暗,不复再荐也。"赵鼎比张浚大了整整一轮(十二岁),两人同朝为官,皆力主抗金,可谓是志同道合的挚友。张浚发达在先,于是力荐赵鼎为左相,在左丞右相的合作期间,两人配合高度默契,"皆一时之望",南宋朝政一度出现了如司马光执政的"元祐更化"时期的兴旺气象,人号"小元祐"。赵鼎对比自己小了一轮的张浚推崇备至,曾对高宗说:"浚有补天浴日之功,陛下(宋高宗)有砺山带河之誓,君臣相信,古今无二。"话是这么说,但两人未久便有了分歧,第一个分歧便是关于秦桧的。前文提及,张浚是一个千古伯乐,史称他"擢贤良,塞幸门以隆国势",他与赵鼎在谈论人才时,对"柔佞易制"的秦桧极为欣赏,但赵鼎却把秦桧提前看穿了,并对张浚发出警告(大意):若此人得志,我们的命运不知被他整成什么样了。但张浚还是极力荐举朝廷重用秦桧。这也是张浚的一宗罪,后世把张浚荐秦桧、斥赵鼎是放在一起来看的,如明人马贯把张浚说得一无是处:"游谈惑世似王衍;自以为是,执拗不回似王安石;不知兵而妄谈兵似李元平;擅封拜,专杀生似王俊;掩败为功似鲜于仲通;厚结幕客,抗胁朝廷似王敦;创设小吏,输情于敌似王黼；报恩私门，不惜公家，始终庇黄潜善似张全议；妒贤忌能，党同伐异，巧谮李纲、岳飞又似元载、李逢吉诸人。"对此说在下自不敢苟同，细看历史细节，又不能不说张浚在推荐秦桧上确有失察的一面，而"机阱深险，外和而中异"的秦桧也极具欺骗性，如以圣人为目标的一代大儒胡安国也曾"力言桧贤于张浚诸人"，可见秦桧当时的名声有多好，名望有多高。

说到张浚与赵鼎的过节，淮西之战，由于左相赵鼎在决策上大失其分，战后张浚大得人望，而赵鼎也备感张浚权势日重，由此提出"都督府军马拨隶三衙"的建议，试图削弱张浚的权势，这是两人出现裂隙的原因之一。张浚为"总中外之政"，又于绍兴七年（1137年）正月再次引荐秦桧为枢密使，此举还真有排挤赵鼎之嫌，却也只是人们对历史的猜测，毕竟他并未直接举荐秦桧取赵鼎而代之，换句话说，赵鼎罢相至少从一开始与秦桧上位（知枢密院事）并无直接的因果关系，这是历史事实，而后来的结果或许是张浚没有预料的。秦桧以其"机阱深险"、狡诈多端的谋略，没用多久就将赵鼎、张浚相继排挤出局，之后两度拜相，前后执政十九年，这十九年也是南宋历史上最黑暗的岁月，一个笼罩在昏天黑地中的宋高宗，也就迈入了他最昏聩的昏君岁月。

四、最黑暗的岁月

一个影子上路了，那是一个被江南深秋的阳光拉得无比漫长的阴影。他走得很慢，背后那座临安城，逆着光，看上去已有几分皇城的肃杀和森严。每走一段路，他都会下意识地回顾一下，直到一座城堡在飘过视野的尘埃中迷失，他依然有一种难以遏制的牵挂。眼前，一条在秋风中抖动、弯曲的土路，布满了牛马践踏的蹄印和车轮碾轧的一道道沟痕，无论你朝哪个方向走，都只能踽踽前行。当湖湘之水像镜子一样映现出高远的天空，一个曾经峨冠博带的宰相，也终于认清了自己的模样，一个风尘仆仆的身影，一张蒙满了尘垢的脸。他一下变得急切了，仿佛要追赶屈子、柳宗元、寇准的身影。这条道上已有无数贬官走过,他只是其中的一个。再往前,就是永州之野了,那是贬官的宿命之地,也将成为他的宿命。

这是张浚一生中的第二次被贬,第一次谪居永州。在贬谪永州之前,他的权力虽然已被褫夺殆尽,但还挂着一个虚职,以观文殿大学士提举江州太平兴国宫。这是宋廷为曾任宰相的大臣预先安排的一条退路,"无职掌,仅出入侍从备顾问,示尊宠"。历史在这里出现了断裂,提举江州太平兴国宫的张浚怎么又被打发到了远隔江州数百里的永州来了呢?而张浚提举江州太平兴国宫和贬谪永州的时间又是重叠的:绍兴七年(1137)年九月。这里我只能存疑了。毫无疑问的是,在张浚被贬的第二年,再度拜相的赵鼎就因力主抗金被秦桧排挤出局,他的命运就比张浚悲惨多了,一下被贬到瘴气弥漫的岭南潮州。随着两位主战派宰相相继被贬,秦桧被高宗拜为右相兼枢密使,一个王朝终于轮到秦桧来"总中外之政"了。从俘虏到宰相,秦桧也许不是国史上的第一人,但却是宋史上的第一人。靖康二年(1127年),秦桧随同徽、钦二帝被掳到金国,在羁押了三个年头后于建炎四年(1130年)被金人放归。这羁押金国的三年和他回归南宋的过程,是一段只有他自己才能交代清楚的历史,但他会老实交代吗?哪怕他老实交代了世人又真的肯信吗?有确凿的史载,当金人在东线、西线攻宋全部受挫后,不得不接受一个事实,若单凭军事力量在短期内非但不能灭宋,在张浚、韩世忠、岳飞等人北伐抗金、恢复中原的坚定意志和强大攻势下,南宋极有可能恢复北宋的版图,也不无按北宋与金人签订的海上之盟划定边界的可能。金人不得不采取"以和议佐攻战,以僭逆诱叛党"的策略,从内部破坏南宋的抗金力量,而秦桧在金羁押期间便被金人收买,沦为奸细,然后放归以做内应。而当这样一个奸细打入宋廷内部,成为"总中外之政"的宰相,这个国家还有救吗?

从秦桧执掌国柄十九年的时间看,南宋还真是没救了,没人敢救了,那些想要拯救这个王朝的人,或被贬逐,或遭残杀。秦桧拜相后干的第一件载入史册的大事,就是签订了第一个宋金和约(绍兴和议)。这一和议在绍兴八年(1138年)张浚被贬后便基本达成,直接引发了南宋中兴四大名臣之一的胡铨以"冒渎天威，甘俟斧"的慷慨气节发出一篇《斩桧书》："臣窃谓秦桧、孙近亦可斩也。"从和约签订的时间看，秦桧此时还未排除全部阻力，到绍兴九年（1139年），宋金和议达成，这自是一个南宋俯首称臣、割地赔款、缴纳岁币的屈辱和约。从宋高宗开始，宋朝皇帝再也不是受命于天、承继大统的天子，而是受命于金人、由金国皇帝册封的藩王，而南宋也成了大金帝国法统上的藩属国。按这样的条款，宋高宗这位大宋帝国的皇帝不但要跪拜北方的金帝，在金国派来的使臣面前，他也必须跪拜。诚如胡铨在《斩桧书》中疾言（大意）：一个皇帝跪下了，一个国家、一个民族也跪下了。而在签订和约时，这样的仪式就要举行，哪怕赵构真是一个懦弱无能又厚颜无耻的昏君，他实在也拉不下一国之君的脸面。怎么办？秦桧还真是有办法，在卑躬屈膝、磕头下跪上，他还真是"天才"。签约时，他让高宗躲进宫中装病，由自己这个宰相代行皇帝职权，跪拜在金使面前，签字画押。秦桧如此低三下四，宋高宗不觉屈辱，反而认为秦桧如此代帝受辱，是满朝文武中的一个大忠臣，由此，他几乎把与金人打交道的事情一揽子推给了秦桧，秦桧全面掌管了南宋的外交事务。而南宋的外交，就是与金人的屈辱"外交"。

在秦桧与金人媾和的过程中，张浚在贬官的日子里似乎有些优哉游哉。给他慰藉的是唐人柳宗元也曾陶醉的永州山水，还有三三两两与他唱和的知己。某日，他与永州太守许尹游朝阳岩，悠然吟出一首《朝阳岩》诗："已觉云天阔，风轻水面凉。路幽迟晚日，岩古悒流香。客舍长年静，渔舟底事忙。相逢贤太守，不同管弦张。"这是他当时心情的流露，看得出他已有闲云野鹤的隐士情趣了。古典士人大都是有隐士情结的，除了这首《朝阳岩》诗，他在一生传世不多的诗篇中也曾多次流露出对隐逸生活的憧憬，如其《过严子陵钓台》诗二首，其一："古木笼烟半锁空，高台隐隐翠微中。身安不羡三公贵，宁与渔樵卒岁同。"其二："中兴自是还明主，访旧胡为属老臣。从古风云由际会，归欤聊复养吾真。"如其知音汪应辰所解，他"既以身任天下之重，至于可以去而去，宜亦与世相忘，然而惓惓之义，其根于心者岂能已哉，此诗盖公辞相位,过严子陵钓台所作,玩味其意趣于言语之表,想象其风采于翰墨之余,庶几得公之心焉"。这种心态调整也是非常必要的,从国士一变为隐士,对于他未来漫长的放逐之路,这是一种必要的心理准备。他似乎不想走了,将老母、家眷和他那四岁的儿子张栻都接到了身边。为了安置一家老少,他筑草堂,名曰"三省堂",并作《三省堂记》:"予作堂于地(寓止客馆)之东隅,仅庇风雨,取曾子三省之目以名之。其省何谓?思吾之忠于君,孝于亲,修于己者,或恐未至也。"这是一个贬官的独白,也是一个国士对自己心境的最真实剖析,一个将"忠于君"置于"三省"之首的国士,是无论如何也变不成隐士的,越是在关键时刻才能看出他是为国还是为己,而张浚的国士形象也总是在关键时刻突显而出,对秦桧与金人的媾和,他一直没有沉默。"金遣使来,以诏谕为名,浚五上疏争之。"从绍兴七年(1137年)九月被贬永州,到绍兴九年(1139年)正月复官,在一年多时间里张浚连上《罢居永州谏和札子》《永州第二札子》《永州第三札子》《永州第四札子》《永州第五札子》,向朝廷竭力谏阻秦桧的"屈己和戎"之议,但此时的朝廷已是秦桧把持的朝廷,张浚披肝沥胆的奏疏如同一堆废纸。

秦桧在绍兴和议达成后,为笼络人心,以和议大赦天下。这让张浚有了一次机会,在绍兴九年(1139年)正月因大赦复官,提举临安府洞霄宫。所谓复官,也只是把他的闲职移得离朝廷近了。二月,"除资政殿大学士、知福州兼福建安抚大使",这已是实职了,看得出宋高宗念及张浚当年的救驾之功,对这个贬官的安排还算优待。

第二年,绍兴十年(1140年),宋高宗和秦桧的如意算盘落空,"金败盟,复取河南"。此时,完颜宗望、宗辅、宗翰等金军主帅已相继病故,金兀术(完颜宗弼)旋即诛杀金朝主和大臣完颜昌等,一手遮天,成为金国唯一的统帅(总司令),随后便撕毁和约,统率金国最精锐的部队南下讨宋。这里边有一个历史盲点,以为绍兴九年(1139年)的宋金和约不利于金人。看历史事实,这位大金帝国的鹰派首领撕毁和约,实是其欺软怕硬的惯用伎俩,眼看宋廷主和派占了上风,一心一意屈膝乞和,那就再给南宋一点厉害看看,以战逼和,为金国攫取更大利益。但他的如意算盘很快落空，陈规、刘锜以少胜多，先在开封正南（偏东）的顺昌大败金兀术亲率的主力，取得了顺昌大捷。随后，金国女真精锐部队中最骁勇的骑兵，在开封西南的郾城和颍昌被岳家军击败。岳飞连战皆捷，接连收复郑州、洛阳等中原重镇，而金军只在开封东南面的淮西亳州、宿州一带与宋军中最弱的张俊一军作战时取得了小胜，金军损失惨重，已经被压缩到开封东部和北部一隅之地，以岳家军强大而迅猛的攻势，从洛阳、郑州进取开封已是眼皮底下的事。看此时的军事大势，金军主力已被宋军打败，大势已去，宋军在战场上已占有绝对的优势，兵强势壮，士气高昂。从南宋的整个战略大局看，西有吴氏兄弟（吴玠、吴璘）镇守川陕，中线和东线有韩世忠、岳飞、陈规、刘锜等部捷报频传，并已将大部分中原失地收复。而在此前，张浚早已主动请缨："浚奏愿因权制变，则大勋可集，因大治海舟千艘，为直指山东之计。"一旦张浚的上千艘海舟直指山东，势必形成宋军从东、西、南、北围歼金军的大好局面。从宋金交战的历史看，这是南宋一百五十余年离恢复北宋版图最近的一次历史机遇，岳飞直捣黄龙府（金人首府）的壮志已指日可待。且不说北上灭金，至少可以像寇准当年统御澶渊之战一样再造一个澶渊之盟，为赵宋王朝赢得了一段长时间的和平局面。然而，接下来的历史如同宿命注定，金人在战场上得不到的一切，很快在纸上唾手而得了，而南宋在战场上已经得到的（中原失地已大部分收复）和即将得到的一切，很快就在纸上丢掉了。

有一个疑问：从北宋到南宋，这个王朝帝国到底是毁于"和"，还是毁于战？

这其实从来就不是什么问题，但在今天，很多原本不是问题的问题都变成了众说纷纭、莫衷一是的问题，如今为秦桧鸣冤叫屈、评功摆好者大有人在，甚至成了一股历史潮流。在下是一位坚定的和平主义者，但和平只能在平等、公正的前提下达成，而以宋、金此时的形势，南宋在有利的形势和综合实力处于强势的情境下，反倒向遭受惨败、节节败退、明显处于弱势的金人俯首称臣割地求和，那就不是妥协而是彻头彻尾的汉奸卖国贼了。

这里，还是尽可能还原历史真相，用历史事实说话。当时，在岳家军的攻势下，金兀术眼看开封不保，正打算撤至河北，宋高宗和秦桧竟连发军令，命诸路宋军主力"班师"，而他们最担心的就是岳家军，一天内连下十二道金牌，逼令岳飞退兵。岳飞仰天长叹："十年之力，毁于一旦！"随着岳飞等各路宋军奉命后撤，将已收复的中原失地又拱手让给了金军。为了向金国表示议和的"诚意"，宋高宗和秦桧又相继解除了岳飞、韩世忠、张俊等三大宋军主帅的兵权，撤销了对金作战的专门机构。随后，高宗又派使者赴金求和，在使者的叩头哀求下，金人提出"必杀岳飞"为议和的先决条件。尽管后世找出了岳飞被杀的种种原因，还有数不胜数的猜测，但最靠谱的还是这一原因，至少是直接原因。当金人获知岳飞已死，连连摆酒庆贺，个个弹冠相庆。

绍兴十一年（1141年），宋金再次达成和约（绍兴和议），这里删繁就简，摘要如下：（1）重划宋、金两国的边界，东以淮水中流、西以大散关为界，宋割唐州、邓州（在今河南省），又重定陕西地界，宋将商州（在今陕西省）、秦州（在今甘肃省）两州约一半土地割让金国；（2）宋奉表向金称臣，金册宋主为皇帝。每逢金主生日及元旦，宋均须遣使称贺；（3）宋每年向金国缴纳贡银二十五万两、绢二十五万匹。从金皇统二年、南宋绍兴十二年（1142年）开始，每年春季送至泗州（今江苏省盱眙县境内）交纳。

这是南宋历史的又一个屈辱的开端，而宋高宗赵构正式成为被金国册封的第一位宋朝皇帝，南宋皇帝再也不是受命于天、承继大统的天子，而是由金国皇帝册封的皇帝（实为附属国藩土）。

走笔至此，那些为秦桧鸣冤叫屈者也许会援引另一类历史事实，绍兴和议为南宋赢得了来之不易的"和平"局面，而在秦桧执政的功劳簿上，大致有以下几点：一是养练士卒，形成一支可与金人抗衡的军事力量。这是颠倒是非了，在和议之前，南宋的军事实力已经超过了金人，只因高宗与秦桧为乞求一纸合约而自断臂膀，罢黜张浚、赵鼎等主战派大臣和韩世忠等抗金主帅，冤杀岳飞，从而极大地削弱了自己的武装力量。二是秦桧当政时立足于休养生息、以利再战的主和政策，安集流民，恢复生产，涵养支撑政权的财力。这个看来还有一点道理，但反过来一想，若宋军在极有利的局势下以战逼和，与金人达成一个更平等的和约，不更有利于休养生息、恢复生产、以利再战吗？况乎，看秦桧从枢密使到两摄相印的作为，哪有一丝对金作战的念头？即便在口里说说，也是为了上欺天子下诳天下罢了。三是苟安局面形成后，有利于统一内部、平定靖康以后群雄割据的混乱局面（包括镇压农民起义），形成一个比较稳固的后方，而事实上此前南宋境内群雄割据的混乱局面就已为张浚、岳飞等人所平定，翻检历史，也并未发现比钟相、杨幺起义更大的混乱局面。四是秦桧当政时建立各种典章制度，使遭受战争破坏的社会秩序得到一定程度的恢复。这明显也是为秦桧评功摆好了，李纲、张浚、赵鼎等历任宰相，无不在建立和完善各种典章制度、恢复社会秩序，而南宋的典章制度基本上是北宋的延续，而李纲这位南宋第一任宰相，堪称是南宋帝国的总设计师，很多典章制度在他手里就已完善，还轮得到秦桧吗？若要论功，秦桧一辈子所建的"大功"就是与金人达成了绍兴和议。这是大功还是大罪？千秋功罪其实早已定论，秦桧至今还跪在岳飞的坟前，如果哪一天他突然站了起来，这个国家，这个民族，又将跪下了。

绍兴十一年（1141年）冬月，宋金重订绍兴和议，宋高宗或念张浚当年的救驾之功，或是为了拉拢这位主战派领袖，在罢黜、贬逐、残杀了大批主战派人士之时，张浚不但没有受到打压，反而获得了优待，"除检校少傅、崇信军节度使，充万寿观使，免奉朝请。十二年，封和国公"。然而一个国士又怎么会如此被轻易拉拢，他依然屡屡上奏备战抗金。绍兴十六年（1146年），"彗星出西方，浚将极论时事"，所谓时事，自是备战抗金之事。他已经准备豁出去了，但他是个大孝子，唯恐母亲为自己担忧，又不敢对母亲启齿，身体日益消瘦。母亲看着儿子越来越瘦，吃惊地问他是怎么回事。张浚才如实相告。母亲端详着他，背诵起他父亲当年参加制科试时在策论上的"对策之语"："臣宁言而死于斧钺，不能忍不言以负陛下。"这样一位母亲，也和岳飞的母亲一样，深明大义，浩气凛然，只要儿子精忠报国，哪怕儿子"死于斧钺"，她也甘愿。"浚意乃决"，于是他上疏："当今事势，譬如养成大疽于头目心腹之间，不决不止。唯陛下谋之于心，谨察情伪，使在我有不可犯之势，庶几社稷安全；不然，后将噬脐。"

张浚如此"极论时事"，这一次高宗没有再念救驾之恩，也没有什么"义则君臣，情同骨肉"之念了，随即便将张浚的上书批给了三省（即中书省、门下省和尚书省，分别负责起草诏书、审核诏书和执行政令），而掌控三省的就是秦桧，实际上也就是批给了秦桧。秦桧对张浚早已痛恨不已，只因张浚颇受高宗恩宠，才未对他痛下狠手。而今，高宗把张浚的上书批给他，也就是让他处置了。史载，"事下三省，秦桧大怒，令台谏论浚，以特进提举江州太平兴国宫，居连州"。秦桧这一次下手果然很重，虽说给了张浚一个"特进"的虚衔，却一竿子把他打到了连州。

连州也就是如今的广东清远连州市，是岭南一个崇山峻岭的大山区，如今依然闭塞，而当年更是一个音信隔绝的蛮荒之地。秦桧这一招还真是绝杀，张浚若再妄议朝政，他的上书没半年时间也到不了朝廷。哪怕高宗回心转意，召张浚回朝，没有半年时间张浚也回不去。而在这半年里，秦桧足以应对了。张浚在这与世隔绝的大山里挨过了四个年头，幸得有他儿子张栻陪伴在身边，父子俩都潜心于理学，以此慰藉孤寂的山中岁月。

秦桧不会让一个贬官在某一地待得太久，他深知这些贬官的能量，更知道他们深得人心，为了不让他们在某一地纠结成势力，便将他们一贬再贬。"绍兴二十年，徙永州。"这是张浚第二次贬谪永州。据《退朝录》载，是年，"浚复上书言边事"，这当是他"徙永州"的直接原因。对此事，宋高宗是知道的，他还对秦桧的死党汤思退说过这样一番话："张浚用兵，不独朕知之，天下皆知之，如富平之败，淮西之师，其效可见矣。今复用兵，极为生事。"尽管《退朝录》只是宋人笔记，但我相信这是赵构此时对张浚的真实看法：这个张浚又在谈什么用兵打仗，可他会打仗吗？富平之败，淮西兵变，岂止是朕知道？天下人都知道！

又有一则不载于正史的逸事：张浚"徙永州"时，随身带了几箱子旧物。当时，秦桧在各地都安插了党羽，有党羽随即向秦桧举报，那箱子里装着张浚和川陕旧部密谋反叛的信函。秦桧闻报大喜，随之奏报高宗，将张浚的那几只箱子查扣之后押解宋廷。宋高宗命人在朝堂上打开，如果张浚真有谋叛的罪证，也让那些为张浚鸣冤叫屈的人眼睁睁地看看。结果是，几只箱子翻了个底朝天，也只有一些《诗》《礼》《春秋》《中庸》之类的书籍，再就是一些补了又补的旧衣服，还有一些张浚的手稿。张浚父子皆精于道学（理学），而张浚"学邃于《易》"，著有《易解》及《杂说》十卷，对《书》《诗》《礼》《春秋》《中庸》亦各有其解，大多是他遭受贬谪期间的著述。除了这些，倒也真是翻出了一些书信，但信中之言，皆是张浚忠君报国的心中之言。高宗看得眼眶一阵阵发热，念及张浚的种种好处，又看见一个数年来身居高位的枢密、宰相，生活竟然如此清贫，于是特派了一位朝臣给张浚送去黄金三百两。狡诈多端的秦桧见一计不成，又生一计，朝臣尚在路上，谣言已经四起，皇上已派人前去赐张浚死。按秦桧预料，以张浚那样刚烈的性格，必定会做出强烈的反应，或自杀，或反叛。当谣言传到永州，张浚的家人和随从还真信以为真，莫不悲恸大哭。张浚对一切后果早已做好了坦然面对的准备，他安慰家人说（大意）："我罪固然当死，若真如外面传闻的那样，以死谢罪也无所谓，你们为何要哭呢？"停顿了一下，他又冷静地问朝廷派了谁来？一打听，原来是殿帅杨沂中（后改存中）之子。张浚抚掌大笑道（大笑）："存中是我故部，若朝廷赐死，必另派他人。我不须死了！"待到杨沂中之子赶到，张浚接旨，高宗把张浚轻飘飘地夸奖了一番，而张浚得到了沉甸甸的三百两黄金。

　　逸事毕竟是逸事，自然不可当真，可以当真的是民心。"浚去国几二十载，天下士无贤不肖，莫不倾心慕之。武夫健将，言浚者必咨嗟太息，至儿童妇女，亦知有张都督也。"而金人在岳飞被杀后，最不放心的便是张浚，生怕他又被重新起用，如果有金使入宋，都要打听，张浚还在吗？在哪里？"金人惮浚，每使至，必问浚安在，惟恐其复用。"和金人一样担心的还有秦桧，"当是时，秦桧怙宠固位，惧浚为正论以害己，令台臣有所弹劾，论必及浚，反谓浚为国贼，必欲杀之"。为了加害张浚，秦桧"以张柄知潭州，汪召锡使湖南，使图浚。张常先使江西，治张宗元狱，株连及浚，捕赵鼎子汾下大理，令自诬与浚谋大逆，会桧死乃免"。这些源于正史的记载，绝非传说，秦桧对张浚"必欲杀之"也从来不是一个传说，幸运的是，张浚命大，秦桧还来不及下手，就比张浚先走了一步，绍兴二十五年（1155年）十月，"秦桧死"。秦桧执掌国柄十九年，如朱熹所谓"挟虏势以要君"，仰仗金人的势力，掌控着南宋王朝，而一个南宋王朝也假他之手成了金人的附庸，比金人扶植起来的那个短命的伪齐政权也强不到哪去。而秦桧"晚年残忍尤甚，数兴大狱"，被他加害、残杀的忠良数不胜数，这样一个万恶不赦的大奸，能活到六十五岁而寿终正寝，也是他的"福气"了。千年之后，居然还有人来为他评功摆好，更是他的"福气"了。

秦桧一死，那些遭秦桧陷害的忠良在苦苦地煎熬中终于等来了命运的转机。秦桧死于十月，张浚于十二月"复观文殿大学士、判洪州"，但他实际上并未赴任。此前，一直随他一起颠沛流离的母亲客死异乡，由于处于监禁的状态，他一直未能扶柩入川归葬母亲，眼下第一件大事，就是让母亲落叶归根，入土为安。那时候，由湖湘入川最便捷的一条路，便是下湘江，过洞庭，溯长江而上。这一路上，都曾是张浚征战的战场。滚滚长江东逝水，让张浚心潮起伏，"念天下事二十年为桧所坏，边备荡驰；又闻金亮（完颜亮）篡立，必将举兵，自以大臣，义同休戚，不敢以居丧为嫌，具奏论之"。事实上，这又是他一次料事如神的预测，但宋廷此时依然被沈该、万俟禼、汤思退等秦桧党羽所掌控，宋高宗和这些秦桧党羽以为有了一纸绍兴合约，金人就不会再起兵戈，对张浚的忠言备感逆耳，只有日食月食扫帚星之类的"星变"才能引起他们的惶恐。恰好此时发生了"星变"，宋高宗"会星变求直言"，这又给了张浚一个"上疏极言"的机会，他再次慨然上书，"金人数年间，势决求衅用兵，而国家溺于宴安，荡然无备"，奏请高宗加紧整饬军备，"沈该、万俟禼、汤思退等见之，谓敌初无衅，笑浚为狂"。他们既觉得张浚好笑，却也不是一笑了之，西川既是张浚的故乡，川陕又是张浚的苦心经营之地，镇守川陕的将领大多是张浚旧部，如果任其不归，恐怕生出事端，所谓事端无非是担心张浚与那些将领抱团，对朝廷构成威胁。于是，在秦桧党羽的谋划和撺掇下，"台谏汤鹏举、凌哲论浚归蜀，恐摇动远方，诏复居永州"。结果是，张浚"服除落职，以本官奉祠"，又被一棍子打回了永州，这一次对他的监禁更严了。

一贬又是五六年，绍兴三十一年（1161年）正月，张浚的预言又是一语成谶，那个弑君篡位的金国第四代皇帝完颜亮（史称海陵王）在迁都燕京、开辟了燕京新纪元后，试欲开辟大金帝国的一个新时代，率大军南征灭宋，打造一个大一统的大金帝国。此时，那些"笑浚为狂"的朝臣，那些口诛笔伐弹劾张浚的朝臣，又一个个两股战战、面如死灰了，竟没有一个人请缨率师出征，他们唯一能拿出的主张就是撺掇高宗逃亡海上。宋高宗不想战，每次都被金军逼到不得不战的境地。哪怕他真是昏君，也不可能不知道，如若没有人抵挡金军，哪怕他逃到天涯海角，也将被搜山检海的金人拿到。既不得不战，他也不得不对一位主战派领袖做出宽容的政治姿态，于是，"有旨自便"，张浚终于又获得了一个自由身。

张浚告别了永州，他留下了一座故居，恍如老蝉褪去的一层空壳，笼罩在庞大树冠的阴影之中。虽说他是归心似箭，却也有一种离别的惆怅。在他辗转奔波的一生中，这当是最长久的一个住处，前后近十年，足以让一个人把异乡住成故乡。如今，故居前的那条老街还在，为了纪念他，后人将这条街命名为"文星街"。其实，他一生更重要的意义不属于文，而属于武，对于一个过于文弱的王朝，一个文人必须以文驭武才能承担起他的时代使命。"夫文，止戈为武"，这是春秋五霸之一的楚庄王对武的诠释，而所谓和平的本质也是"止戈为武"。年届六十四岁的张浚，又将奔赴他宿命的战场，而他留在永州的故居也将在无尽岁月中风化为无形的尘埃。

五、最后的辉煌与败笔

就在张浚告别永州的同年十月，宋、金战争又一次打响了，而在对待张浚的态度上，宋高宗是很势利地走一步看一步，张浚的命运是与一个皇帝、一个王朝的危机程度紧紧联系在一起的。此时，张浚又"复浚观文殿大学士、判潭州（长沙）"。而潭州是荆楚与湖湘的核心，以张浚坐镇潭州，可保南宋中线的安稳。张浚抵达潭州（长沙）时，噩耗传来，那个被金人掳去的宋钦宗赵桓在被囚三十年后，惨死于金国。据《大宋宣和遗事》载，绍兴二十六年（1156年）六月，金国皇帝完颜亮命五十七岁的赵桓和八十一岁的辽天祚帝去比赛马球，以此羞辱取笑两个亡国之君，天祚帝善骑术，企图纵马冲出重围逃命，被金军乱箭射死。宋钦宗身体孱弱，患有严重的风疾，又不善马术，从马上摔下，被马乱践而死。赵桓的死讯传到南宋，已是第二年七月，传到张浚耳中，就更晚了。张浚"闻钦宗崩，号恸不食"，他不是为一个懦弱无能的皇帝而恸哭，而是为一个屈辱的王朝而不食。当一个王朝又到了生死攸关的时刻，他也只能化悲痛为力量。这位老将挥拳拭泪，"上疏请早定守战之策"。

十一月，金军铁骑穿过北国的风雪渡淮南下，兵临江北，"时金骑充斥，王权兵溃，刘锜退归镇江"，那走一步看一步的宋高宗"遂改命浚判建康府兼行宫留守"，一个被贬多年的老臣，在一个皇帝的支使下，又一步一步地走近朝廷。张浚赶到岳州，江风浩荡，大雪铺天盖地。他"买舟冒风雪而行"，在江上遇到从东而来的人，好心提醒他："敌兵方焚采石（矶），烟炎涨天，慎无轻进！"张浚心急如焚，"吾赴君父之急，知直前求乘舆所在而已"。所谓"乘舆所在"，也就是天子的巡幸驻跸之地。他必须赶赴建康勤王保驾。此时，金军已攻占江北沿线，"长江无一舟敢行北岸者。浚乘小舟径进"，想象一下那风雪迷茫中的一叶孤舟，一位在大风大浪中颠簸的老将，一个眼看就要覆没的王朝，谁主沉浮？当舟过池阳（今安徽省池州市境内），忽从前线传来捷报，在文臣虞允文的指挥下，宋军再次创造了一个以少胜多的奇迹，金军在采石矶之战遭遇惨败，随后，完颜亮又被叛乱的金军杀死。这个喜讯让张浚为之一振，也备感欣慰。他没看走眼，虞允文也是他荐引擢拔的一位帝国栋梁之材。欲下建康，必经采石矶。舟过采石矶，一个浴血奋战的战场已被白皑皑的大雪覆盖了，凛冽的寒风中，依然弥漫着经久不散的血腥味。但此时，金军还没有完全北撤，尚有两万余部盘踞在离采石矶很近的和州（今马鞍山市和县），宋军李显忠部则驻守在沙上。张浚特意上岸，去犒劳宋军，"一军见浚，以为从天而下"。

张浚日夜兼程赶到建康，已是腊月下旬。建康，久违的建康，一座与一个王朝的命运生死攸关地联系在一起的城池，一个与一个王朝的命运生死攸关地联系在一起的老将，在睽违二十年后再度重逢。而张浚要干的第一件事，就是为宋高宗巡幸建康做准备，"办行宫仪物，请乘舆亟临幸"。采石矶之战，宋高宗在名义上也算是御驾亲征了，好不容易打了这样一个大胜仗，又把那个捉拿他的金国皇帝给打死了，宋高宗自然要巡幸一番。当"车驾幸建康，浚迎拜道左"，却出现了让高宗扫兴的一幕，"卫士见浚，无不以手加额"，一个被贬二十多年的老将，竟然还没有被遗忘，依然享有这样高的声望，把他这个天子的风头都给抢了，"时浚起废复用，风采隐然，军民皆倚以为重"。不过，转而一想，有张浚这样一位老将替他镇守在江防前线，他也终于可以睡个安稳觉了。当高宗的车驾将要返回临安时，他又意味深长地勉励张浚："卿在此，朕无北顾忧矣。"

宋高宗嘴里这么说，心里其实又开始打另一种算盘。采石矶之战虽是再次挽救了南宋命运的一战，却难以改变宋高宗"终归于和"的思维。但现在他应该愈加清醒了，哪怕"终归于和"，单凭那一纸丧权辱国的和约维系的"和平"从来就不是真正的和平，和平永远是需要以强大的军事实力、综合实力做后盾的。

翌年，绍兴三十二年（1162年），这是南宋历史的一个转折点，宋高宗赵构以"倦勤"为由禅位养子赵昚，是为宋孝宗，高宗则从南宋的第一位皇帝变为南宋的第一位太上皇。无论历史怎样评说这个皇帝，他都是再造南宋的第一帝。这是历史的选择，在靖康之难中，赵构是唯一幸免于难的正宗皇子，成为南宋无可替代的开国皇帝。宋高宗于六月禅位，在五月诏令张浚专一措置两淮事务兼两淮及沿江军马，全面负责江淮防务。这也许是赵构以皇帝的名义做出的最后一项重要任命。对于张浚，这是一项来得太迟的任命，对于高宗，则是一次意味深长的安排。

就在张浚奉命总揽江防的五月，一场大战又迫在眉睫。那个被誉为"小尧舜"的金国第五位皇帝金世宗（完颜雍），命金军兵分两路南征，以东路军攻取两淮，西路军攻取陕西。对于金军，这是一场复仇雪耻之战。金东路军以太师乌珍（又名五斤）为统帅，率二十万大军围攻海州（今江苏连云港海州镇）。海州为东海名郡，是阻止金人南侵的一座重镇。早在绍兴十一年（1141年），南宋按绍兴和约"割海、泗二州于金"，其时正"大治海舟千艘，为直指山东之计"的张浚，为防止这座重镇落入金人之手，在悲愤中纵火烧掉了海州城，迁其民于镇江。这也是历史上最早的"焦土抗战"之一了。而今，金人再次攻打海州，张浚作为总揽江淮军事的统帅，自是高度重视。金军以数倍于宋军的兵力布设铁桶阵，"围城数重"。海州守将魏胜早年曾为弓箭手，是一位靠自己拉队伍在乱世中打造出来的抗金义军头领。去年，当完颜亮举兵南侵时，他率军三百收复海州。此役，在力量对比极为悬殊的情势下，他与统制官郭蔚分兵依险拒守，运用灵活机动的战术，尽可能回避与大敌正面争锋，"乘夜派兵劫其营，焚其攻城器械，使金兵夜不安枕"。但金军毕竟在兵力上占有绝对优势，在金军集中兵力的猛烈攻势下，魏胜告急。张浚调兵遣将，命镇江都统张子盖火速驰援，金军以万余精锐阻击宋援军，张子盖率数千精骑大呼着突入敌阵，双方正鏖战得不可开交、难分胜负时，魏胜率军从城中突出，杀开一条血路，与张子盖两面夹击，金军阵脚大乱，在败退中慌不择路，近一半溺死于石湫河，宋军乘势追击数十里，金军从大乱又变为大溃……

这也是宋军继采石矶之战后打造的又一个以少胜多的战例，史称"海州之战"。若论头功，自当归功于魏胜，但张浚这个统帅也功不可没，若不是他在关键时刻调兵遣将，此战必将又是另一种结果。若从战术上分析，海州之战，宋军最终能以少数兵力战胜了数倍于己的金军，除了对战术的灵活运用，尤为重要的是将士用命，无论是义军出身的魏胜，还是统制官郭蔚和火速率师驰援的镇江都统张子盖，无不同心同德、同仇敌忾，若是出现不受命令、坐视不救的情况，此战也必将是另一种结果。而让张浚喜出望外的是，此役中有一系列新式武器发挥了巨大的作用，那是魏胜创制的"如意战车"、炮车和安有床子弩的弩车。据史载：每辆如意战车可装载五十多名士兵，只需两人推动便可回旋自如，车前装有厚实的木制兽面盾牌，牌上布设数十支大枪，大枪外面蒙以毡幕，那盾牌既是抵御箭镞的挡箭牌，而那些大枪又是极具攻击力的武器。在战车两厢，有可分可合的挂钩，行军时，各车脱钩分开行驶，运载辎重器甲；驻营时，又将各车钩连，形成一道坚固的壁垒。列阵时，如意战车在外，以旗蔽障；炮车居中，发射火炮，射程可达二百步之外。又以弩车分列阵门左右，上面安装床子弩，"矢大如凿，一矢能射穿数人，发三矢可达数百步外"。两军交锋时，三种战车协同作战，大显神威，远则发射弓弩炮石，近则以刀斧枪戟展开白刃战。交阵则出骑兵，与步兵"两相掩击"，得胜拔阵追击，稍有不利则可入阵稍事休整。如此一来，进退俱利，也不至于因疲劳作战而降低战斗力。

说来，在宋金交战史上，南宋不少将领都有充满智慧、独具匠心的发明创造，战争虽说残酷而血腥，却也能激活一个民族的创造力。如陈规在城邑防御战中研制出了类似于火箭筒的"火枪"，那是世界军事史上最早的管形火器，被誉为"现代管形火器的鼻祖"，魏胜创制的三种战车，则更具杀伤力和摧毁力，后世也因此把他的军队称为史上第一支炮兵，它不仅是中国最早的一支炮兵部队，很有可能也是世界上最早的炮兵部队。其实，这还是历史上第一支装甲部队。魏胜把这种战车的样式和构造毫无保留地绘图上报。史载，"浚招集忠义，及募淮楚壮勇，以陈敏为统制。且谓敌长于骑，我长于步，卫步莫如弩，卫弩莫如车，命敏专制弩治车。"宋廷也诏令各军仿照制造。设若宋军将士能有陈规、魏胜这种"工欲善其事，必先利其器"的精神和创造力，又像张浚一样随时能对不断产生的战略要素做出连续反应，宋军必将立于不败之地。

海州之战，也是张浚复出后指挥的第一战，在两位皇帝的更替之际，一位老将交出了他重掌兵权后的第一份答卷。这也是他一生最后的辉煌，但此时的张浚虽是烈士暮年，依然壮心不已。作为一位战略家，他的眼光从来就不会停留在一场战争的胜败得失上，而是北伐中原，重新打造一个大一统的大宋帝国版图。他的历史机遇仿佛降临了。

宋孝宗赵昚即位，"召浚入见"，一见张浚他就动容了，"久闻公名，今朝廷所恃唯公"。

这当是孝宗的真心话，张浚当年以"万死两发储嗣之议"，有建储的社稷之功，而赵昚从小就对张浚非常仰慕，如今要恢复中原，主持大局的最佳人选非张浚莫属。不说张浚是南宋王朝的唯一倚靠，至少他是宋孝宗此时最倚重的一根栋梁。天子赐座后，张浚从容地道出了自己的心里话："人主之学，以心为本，一心合天，何事不济？所谓天者，天下之公理而已。必兢业自持，使清明在躬，则赏罚举措，无有不当，人心自归，敌仇自服。"

孝宗悚然曰："当不忘公言。"

若要理解宋孝宗对张浚非同一般的倚重，先还得从这个皇帝非同一般的身世说起。

赵昚，原名伯琮，是太祖赵匡胤的七世孙。宋代自太宗在"烛光斧影"的历史谜团中登基之后，皇位一直在太宗一系的血脉中传承，但也出现了两次插曲。一次是传到宋仁宗赵祯时，由于仁宗无嗣突然断代了，只得由养子赵曙继位，是为宋英宗。英宗虽非仁宗直系的皇家血脉，却也是太宗一系的正统血脉。到高宗时，又与仁宗如出一辙，由于高宗在扬州被金人追剿时受到惊吓，从此失去了生育能力，其独子赵旉又在"苗刘兵变"之后夭亡，眼看又要断代了。而太宗系的后人在靖康之变后基本被金人一网打尽，难以找到一个皇位继承人。另有一说：据出使金国的使臣回来说，金太宗的长相酷似宋太祖，这倒是给金人入侵找到了一个借口，他们不是入侵，而是太祖要重新夺回被老弟夺去的皇位。这些传说自然是不能当真的，而高宗自己的说法倒是名正言顺，甚至是高风亮节："当年太祖大公无私，为了赵宋天下砥定、江山稳固，有子不传，却将大统传给弟弟，其后人式微，朕准备将皇位传给太祖的后人。"

随后，他便在太祖一脉的后人中反复遴选皇位继承人，最后只剩下一胖一瘦两个小孩。高宗开始比较中意那个一脸福相的胖小孩赵琢，尚未定夺时出了一点小意外——忽然来了一只猫，那瘦小孩依然站着没动，小小年纪，就显得从容而笃定，胖小孩却一脚向猫踢去。这让高宗对胖孩子立马就没了好感，更中意那个瘦小孩了。此子便是六岁的赵伯琮。但选皇储毕竟是一件关乎社稷的头等大事，高宗也没有因一个小插曲而立刻就做决定。他将一胖一瘦两个孩子育于宫中，先看看他们的秉性造化再说，谁当皇帝还不一定呢。其实，除了这两难选择，高宗和仁宗当年一样，还是想自己再生个儿子出来。但他的想法命定只能是幻想，当他年过天命之后，不得不面对现实了，但立储之事还是迟迟未决。他虽然中意伯琮，但他生母韦太后和宰相秦桧都不看好赵昚，更中意赵琢。蹉跎岁月中，韦太后和秦桧相继死去，一切全凭高宗做主了。高宗终于使出了最后一招，他给两位养子每人送去十位美女，过了一阵又把她们召回。经检查，发现给赵琢的那十个皆已破瓜，而给伯琮的那十个美女则是"完璧归赵"。而伯琮之所以对十个美女秋毫未犯，他倒也不是什么柳下惠，只因有尚书右仆射（右相）史浩这样一个老谋深算的高参密授机宜，暗示他这是高宗对两位皇子的试探，伯琮对他言听计从，由此而获得了高宗的好感。

绍兴三十一年（1161年），当金主完颜亮率大军南侵时，那些主和派朝臣又撺掇高宗下海逃亡，而伯琮在一片慌乱中慷慨上书，请求率师御敌。他自以为这是忠君报国之举，却不知犯了大忌。这让事先不知情的史浩大惊，劝他赶紧上书谢罪，请求高宗御驾亲征，他随驾护卫。如此一来，一桩坏事旋即又变成了好事。在宋金采石矶之战中，金军大败，这一次逃亡的不是南宋皇帝，而是金国皇帝，完颜亮逃到扬州、瓜洲一带后为部下所杀，南宋再度转危为安。此战实际上是由文臣虞允文直接指挥，却也给御驾亲征的高宗和随驾护卫的伯琮挣够了面子。伯琮在他三十六岁的本命年终于迈过了他一生中最关键的一道大坎，被立为太子，改名昚。昚，同慎。这是它唯一的意义，甚至就是高宗对继承人唯一的指望：谨慎，慎重。

从君权神授、帝位传子的合法性看，赵昚既非赵构亲生皇子，其继承大统的合法性是比较尴尬和虚弱的，他还真是要谨慎，慎重。当年宋英宗也是以养子的身份继仁宗之位，只因底气不足、内心虚弱，后来竟然发了疯。而赵昚比英宗更多了一重威压，他是以高宗内禅的方式继位。这样一来，他成了南宋的第二位皇帝，而高宗则是宋史上继父皇宋徽宗赵佶之后在生前退位的第二位太上皇。而高宗主动禅位又与徽宗有所不同，徽宗是在李纲等主战派大臣的逼迫下被迫禅位，而高宗则是自己主动禅位的。此时他已在位三十五年，但他比胡铨还年轻几岁，还只有五十五岁，正当春秋鼎盛之年，而在退位之后，他还活了二十五年之久，直到八十一岁才寿终正寝。而赵昚三十六岁继位，在位二十七年，这就是说，宋孝宗在位年间，他这个天子头上一直凌驾着一位太上皇。人道是天无二日，而在这二十五年中，南宋历史的天空还真是出现了天有二日、天上有天的诡异政治格局，而宋孝宗独立做主的时间也仅有两个年头。可想而知，若不谨慎从事，这样一个尴尬的皇帝随时都有被罢黜的危险，但若过于谨慎谦卑，他又很容易沦为一个唯唯诺诺、碌碌无为的儿皇帝。

可以说，赵昚是历史上处境最尴尬也最艰难的皇帝之一，他在两难的选择中登基，又在两难选择中行事，这让他的一生都是一个悖论。南宋每一个皇帝，都要面对金国这个当前大敌，做出战与和的两难选择。高宗是一个顽固的主和派，往坏里说，就是所谓投降派，而孝宗则是南宋历代皇帝中最坚决的主战派，这也是他在位期间最大的一个矛盾。在这方面，赵昚还真是显示出了非凡的政治智慧，他表面上从来没有对高宗的妥协求和政策表示反对，但却巧妙地利用了高宗对秦桧及其党羽自恃有金人撑腰而擅政的不满，先后为岳飞冤案平反昭雪，并褫夺秦桧的王爵，改谥缪丑。而他即位不久，便罢黜了宰相汤思退等秦桧党羽，重新起用张浚等一批遭秦桧贬黜的主战派大臣，积极联络北方抗金义军，着手北伐抗金、恢复故疆的战略部署。一时间，曾经弥漫朝野的妥协媾和气氛为之一扫而空，主战派力量随即占据了上风。在内政上，他则是继宋神宗之后又一个锐意变革的皇帝，并通过整顿吏治、裁汰冗官、惩治贪污、加强集权等一系列举措,让靖康以来一蹶不振的南宋国势得以真正的中兴,史称"乾淳之治"。他也因此成为史上公认的南宋最有作为的天子,不是之一,而是唯一。

宋孝宗既锐意北伐,张浚也愈加得以重用,隆兴元年(1163年),这是属于宋孝宗的第一个纪元(年号),张浚"除枢密使,都督建康、镇江府、江州、池州、江阴军军马,进封魏国公"。张浚以六十六岁的老迈之年重新回到了二府大臣的高位,执掌帝国最高军事机构,这也让孝宗皇帝备感忧虑,他每天都向上天祈祷,唯愿张浚能够高寿,"朕忧魏公,旦旦吁天,期公寿隆"。然而此时谁又能知晓,张浚的生命仅仅还剩下一年多的时间。

就在张浚厉兵秣马之际,金军也在江淮一线加紧备战,"时金将蒲察徒穆及知泗州大周仁屯虹县,都统萧琦,屯灵璧,积粮修城,将为南攻计。"此时,拥戴孝宗有功的宰相史浩力主在瓜州、采石矶等长江干流重点布防,"议欲城瓜州、采石(矶)",但此时,金军在采石矶之战、海州之战连遭惨败后北撤,宋军已夺回两淮大部分地区,江防已不是宋军的第一道防线,而退居于第二道防线,史浩的建议显然是退守之策。对此,张浚予以痛斥,"浚谓不守两淮而守江干,是示敌以削弱,怠战守之气",他奏请"先城泗州",泗州南瞰淮水,北控汴流,沿泗州一线重点设防,实际上也就是把淮河一线作为南宋的第一道防线。这是毋庸置疑的正确决策。但张浚却因此而得罪了史浩,等到史浩拜为参知政事,就处处与张浚唱起了反调,"浚所规画,浩必沮之"。就在史浩等大臣上蹿下跳力主退守时,金人以十万众屯河南,摆出一副咄咄逼人的态势。"声言规两淮,移文索海、泗、唐、邓、商州及岁币",这也是金人在绍兴年间的惯用伎俩,他们连遭惨败,南宋没有逼迫他们割地赔款、缴纳岁币,他们反倒逼迫南宋割让海、泗、唐、邓、商五州,并向南宋索要岁币,真是欺人太甚。张浚一眼就识破了金人的伎俩,"浚言北敌诡诈,不当为之动,以大兵屯盱眙、濠、庐备之,卒以无事"。

在进行军事部署时,张浚荐引陈俊卿为宣抚判官,"除礼部侍郎参赞军事"。这也是张浚作为伯乐的贡献之一。陈俊卿为绍兴八年（1138年）榜眼，日后也将官拜尚书右仆射同中书门下平章事（宰相）并枢密院使。"张浚初谋大举北伐，俊卿以为未可。会谍报敌聚粮边地，诸将以为秋必至，宜先其未动举兵，浚乃请于朝出师。"从这段史载看，张浚北伐，也并非如后世所谓的轻敌冒险之举，他已得到了金人将要发动秋季攻势的准确情报，这才做出了"欲及其未发攻之"的战略决策，这也是他由来已久的战略——与其被动防守，不如先发制人，以主动作战扭转靖康以来宋朝一直被动挨打、穷于应付的局面。雄心勃勃的宋孝宗对张浚的战略深以为然，他把张浚看作寇准，当年宋辽澶渊之战，很多朝臣哭劝真宗皇帝逃往四川或江南，"惟冠莱公（寇准）决断"，敦请真宗御驾亲征，以战逼和，为宋辽之间赢得了一百二十余年的和平局面，也因此而验证了和平从来不是乞求得来的，张浚对楚庄王那句名言是心领神会，和平的真谛就是"以武止戈"。

但宋廷主和派朝臣又掀起了反战的声浪，在"战"与"和"之间就看皇上如何抉择了。历史记载了这样一个细节，宋孝宗"召俊卿及浚子栻赴行在"，而陈俊卿和张栻带来了张浚的"附奏"，"请上临幸建康，以动中原之心"，这其实也是张浚一直以来的想法，他是力主南宋迁都建康的，"每论定都大计，以为东南形势，莫如建康，人主居之，可以北望中原，常怀愤惕。至如钱塘，僻在一隅，易于安肆，不足以号召北方"。若能迁都建康，既可稳定南宋内部的军心、民心，又可以动摇盘踞中原的敌军之心。而他也向孝宗明确提出了自己的战略部署："用师淮壖，进舟山东，以为吴璘声援。"他要以两淮为主战场，以"进舟山东"，从海上迂回攻击山东以牵制敌军，又以他的旧部吴璘率领的西路军声援东线。这是一个基于南宋全局的战略部署，而作为统帅的张浚，最重要的就是他的战略眼光和战略部署。对张浚的战略决策，宋孝宗无疑是认同的。他最关心的还是张浚的身体状况，"问浚动静饮食颜貌"，当他得知张浚精神矍铄、壮心不已时，他说了这样一句话："朕倚魏公如长城，不容浮言摇夺！"

隆兴元年（1163年）四月，宋孝宗为防止史浩等朝廷主和派干预而采取非常之举，径自绕过三省与枢密院，直接向张浚和诸将下达了北伐的诏令，对金国不宣而战，史称"隆兴北伐"。史浩一听张浚已奉命出征，勃然大怒道（大意）："我是宰相，出兵不和我商量，还当什么宰相！"他一边上书攻击张浚、陈康伯，一边以辞相要挟宋孝宗，这一次孝宗当机立断，将史浩罢相。

随着天子诏令下达，张浚率八万宋军（号称二十万）誓师北伐，兵分两路，一路由李显忠部进攻灵璧县（今属安徽），一路由邵宏渊部进取虹县（今安徽泗县）。李显忠出身将门，十七岁时便随其父李永奇冲锋陷阵。绍兴年间（1131—1162年），金人攻陷延安，为笼络宋军民心，特授李显忠父子官职，但这父子俩却密派心腹奉蜡书赴临安，告以南归之念。金人侦知后，施以疯狂的报复，血洗了李家，将他们全家老幼二百余口斩尽杀绝。李显忠侥幸逃过一劫，遵父训辗转南归投奔宋朝，在与金军的一场场血战中打造成一位既武艺超群又骁勇善战的抗金名将。就在绍兴三十一年（1161年）金主完颜亮进犯淮西时，李显忠率军渡江北上，将淮西州郡悉数收复，南宋不但转危为安，还收复了大片失地。李显忠名声大振，高宗诏赐他五子金带，授淮西制置使、宁国军节度使，擢升为太尉，跻身于三公之列。在重文抑武的赵宋一世，一位武将到了这样的地步，也是登峰造极了。此次"隆兴北伐"，李显忠率宋军大败灵璧金军，初战告捷，而邵宏渊率领的另一路宋军在攻打虹县时却久围不下。就在邵宏渊苦思无策时，李显忠却心生一计，他派灵璧降者潜入虹县，成功地劝降虹县的金朝贵戚，结果是兵不血刃，虹县便举城而降。这实在是帮了邵宏渊一个大忙，但邵宏渊心胸狭窄，他觉得李显忠的手伸得太长了，一下就夺走了自己的胜利果实，还给了他一个大难堪，让他羞愤无比。这也为下一场战事埋下了危险的伏笔。

五月，李显忠建议乘初战告捷、士气振奋之际，趁热打铁，两路宋军合击被金军盘踞已久的军事重镇宿州（今安徽宿县）。但战斗打响后，邵宏渊却迟迟按兵不动，李显忠只得独自率部猛攻宿州，在城破之后，邵宏渊部才投入战斗。收复宿州，是隆兴北伐的一场大捷，这是一座襟连沿海、背倚中原、承东启西的淮北重镇，一旦拿下宿州，金军扼守的一道大门就打开了，中原就在宋军眼皮底下了，恢复中原已指日可待。这次大捷，让盘踞中原的金军上下震动，更让锐意北伐的宋孝宗喜不自禁，亲书御诏嘉奖将士："近日边报，中外鼓舞，十年来无此克捷！"并授封李显忠开府仪同三司、殿前都指挥使。眼看李显忠又一次扮演了胜利者的主角，让邵宏渊更加嫉恨不已。而此时，两路宋军的主将又发生了一场直接冲突，邵宏渊在攻克宿州后打算开仓犒赏将士，但李显忠坚决不同意，只以现钞奖励士兵，并力主移军出城而屯。应该说，李显忠此举完全是仁义之师之举，把绥靖安民摆在第一位。但此举却让士卒不满，也让他与邵宏渊的矛盾更深了。就在两位主将失和、军心不稳时，作为统帅的张浚却未及时调和，也可能是想要调和还没来得及，金帅纥石烈志宁便率大军赶来，开始了反扑。李显忠率军在符离（今宿州市符离镇）与金军激战，史称"符离之战"。在李显忠与金军鏖战时，邵宏渊坐视不战。李显忠打退了金军的第一次进攻，翌日，金军又有大规模的援军赶来，李显忠急催邵宏渊出兵，两路夹击金军，但邵宏渊在此危急关头依然按兵不动，在金军进攻他的部队时，其子又率先逃窜。李显忠陷入了孤军奋战的境地，而作为统帅的张浚既没有在第一时间调和两路主将的矛盾，在李显忠孤军力战时也没有来得及调兵遣将，派援军来驰援，结果是宋军在付出惨重的伤亡代价后，一座宿州城得而复失，李显忠终因寡不敌众而沦为一个失败的英雄。

当然，最失败的还是张浚，他没有续写最后的辉煌，却给历史留下了最后一个大败笔。随着符离之败，又一个尘封的历史预言被翻拣出来。据《挥麈录》载：当年淮西军叛后，满朝文武对张浚口诛笔伐，但朝臣冯楫却理智地认为，不能以一战成败论英雄，应该让张浚继续统兵，以观后效，他奏请高宗："如张浚者，当再以戎机付之，庶收后效。"高宗正色曰："朕至覆国，不用此人矣！"后来，孝宗复用张浚，德寿（德寿宫，高宗为上皇时所居）谓寿皇（孝宗，尊号至尊寿皇圣帝）曰："毋信张浚虚名，将来必误大计。他专把国家名器财物做人情耳。"后果有符离之败。《挥麈录》只是宋人笔记而已，可以参考，但书中有许多明显的错讹，如所谓张浚"遂终高宗朝，不复再用"，这是明显违背历史事实的记载，高宗在退位之前不但重新起用了张浚，而且还予以重用。不过，后世对张浚有中兴之志而无中兴之才，志大才疏又刚愎自用，在处理部属关系时屡犯致命的错误，则是很普遍的看法，而在下唯一认可的，只有一点，在处理部属关系时张浚确实屡犯致命的错误，以致功败垂成。

从历史大势看，宋军虽说是兵败符离，但还不能就此宣告"隆兴北伐"就此失败。然而，一役之败，却让宋廷主和派势力随即抬头，以秦桧党羽汤思退为首的主和派朝臣自恃有太上皇在背后撑腰，力主议和。若要与金人媾和，就必须扳倒张浚，"宿师之还，士大夫主和者皆议浚之非"，对"和与不和"，张浚一向是非常清醒的："金强则来，弱则止，不在和与不和。"此时，宋孝宗一边遣使议和，一面也叮嘱张浚备战："今日边事倚卿为重，卿不可畏人言而怀犹豫。前日举事之初，朕与卿任之，今日亦须与卿终之。"张浚"乃以魏胜守海州，陈敏守泗州，戚方守濠州，郭振守六合。治高邮、巢县两城为大势，修滁州关山以扼敌冲，聚水军淮阴、马军寿春，大饬两淮守备"。

但此时，在主和派掌控的朝廷里，张浚已经被孤立，动辄受到主和派朝臣的掣肘。当"孝宗复召栻奏事"时，张浚又让儿子附奏："自古有为之君，腹心之臣相与协谋同志，以成治功。今臣以孤踪，动辄掣肘，陛下将安用之？"因乞骸骨，也就是请求致仕，告老还乡。孝宗览奏，又一次表示了对张浚的支持，谓栻曰："朕待魏公有加，不为浮议所惑。"宋孝宗对张浚依然是相当尊重的，"对近臣言，必曰魏公，未尝斥其名。每遣使来，必令视浚饮食多寡，肥瘠何如"。未久，又诏复张浚因兵败而罢的都督之号。

"隆兴"是宋孝宗的第一个年号，隆兴元年（1163年）也是他最难挨的一年，挨到这年十二月，一年将走到尽头，宋孝宗依然是左右为难，左右摇摆，这从他的人事布局上可一看分明。他一手复起汤思退为左仆射（左相）兼枢密使，与金人议和；另一手却也并未因兵败符离而降罪于张浚，反而擢升张浚为右仆射（右相）兼枢密使，仍兼江淮东西路。张浚在政治与军事处境都非常艰难的情况下，依然坚决反对割地求和。在江南三月的风雨泥泞中，他以烈士暮年、壮心不已的情怀，拖着老迈沉重的步履巡视江淮防线，"遍行两淮，筑治城垒"，又招揽山东、淮北壮士（义军）一万多人组成"万弩营"，以加强镇江、建康两军的战斗力。从他的战略部署看，一方面随时准备渡淮北伐，一方面又做好了长期战争的准备，并几次突袭，打击金兵供给线。金军眼看在战场上捞不到什么便宜，只得怏怏退走。但汤思退等投降派朝臣却趁张浚出朝视师的机会，在太上皇的支持下，进一步把持朝政，大宋江山又开始向割地议和的一方倾斜。

翌年四月间，张浚奉诏还朝，随后江淮都督府也遭罢撤。在太上皇高宗干预下，左相汤思退加紧降金乞和活动，一度被孝宗皇帝"倚之为长城"的张浚不忍看朝廷再次自毁长城，在老病交加中备感北伐无望，"即求致仕，遂被罢相，授少师、保信军节度使、出判福州。张浚辞新命，恳求致仕，改授醴泉观使闲差"。随着张浚的又一次出局，这也是他最终的历史性出局，主战派大势已去，在宋廷一片凋零。宋孝宗也终于做出了他最艰难也最痛苦的一个决定，"命思退作书，许金四郡"。这是一个令人憾恨不已的结局，只因一次兵败符离的"小衄"，一场大张旗鼓的"隆兴北伐"转而就变成了偃旗息鼓的"隆兴和议"。至此，"隆兴北伐"才最终宣告失败，宋孝宗的中兴大业不得不付之东流。而北伐之败，说穿了并非军事上的失败，而是主战派在与主和派的较量中失败了。南宋最大的敌人其实并非金人，而在自己内部，甚至就在一个皇帝自身的矛盾心理上。

张浚或许已经预感到，这一去将是永远的归去，"犹上疏论尹穑奸邪，必误国事，且劝上务学亲贤"。孝宗慰勉张浚"勿复以时事为言"，浚曰："君臣之义，无所逃于天地之间。吾荷两朝厚恩，久尸重任，今虽去国，犹日望上心感悟，苟有所见，安忍弗言。上如欲复用浚，浚当即日就道，不敢以老病为辞。如若等言，是诚何心哉！"闻者耸然。但他永远也听不到天子的召唤了。"行次余干（今江西余干县境内），得疾，手书付二子曰：吾尝相国，不能恢复中原，雪祖宗之耻，即死，不当葬我先人墓左，葬我衡山下足矣。"隆兴二年（1164年）八月，张浚病逝。一代抗金名将，最终死于贬逐途中。反思此人一生，作为一位以文驭武的统帅，他在战略、战术上都充满了智慧，两次失败都只是因为没有处理好部属之间的关系，这也许是他的历史宿命吧！

当张浚的死讯传到宋廷，"孝宗震悼，辍视朝"。史上对这一类的记载很多，一般都是描述大臣死后，天子的震惊和哀悼，如当年司马光死后，便有"二圣（皇帝和太后）皆临其丧，哭之哀甚，辍视朝"的记载。"辍视朝"，也就是暂停临朝议政，这是皇帝对大臣致哀的一种礼遇。史载，宋孝宗为张浚举行国葬，辍视朝两日，赠太保，后加赠太师。乾道五年（1169年），又谥忠献。在谥号中这也是非常崇高的哀荣了。他的哀荣还将延续。宋理宗时，又以张浚、赵鼎为宰相典范，并将张浚列为宋朝昭勋阁二十四人之一，图功臣神像于昭勋阁。

在一个王朝赐予张浚崇高的哀荣时，朝野上下的许多名士大儒也给予极高的推崇。杨万里对张浚的评价就不用说了，这里只说当时那些堪称国士的士人如何评价他。南宋宰相、被后世誉为"庐陵五忠一节"之一的周必大称他为"忠贯日月，孝通神明。勋在王室，恩在生民。忠震四夷，功垂万世，遗像巍峨，千古是企"；南宋大儒、状元陈亮赞其是"重惟魏国先忠献以至公血诚对越天地，以崇勋茂德镇动华夷，为中兴社稷之宗臣，平生慕望"；岳飞之孙岳珂评价他"出入将相，垂四十年，忠义勋名，为中兴第一"。

张浚能享有如此崇高的哀荣，又与他们父子俩在理学上的造诣有直接关系。张浚一生留下了文集十卷，奏议二十卷，也有一些传世诗词，但其最为后世称道的还是学术成就。其"学邃于《易》"，著有《易解》，另对《书》《诗》《礼》《春秋》《中庸》等经典亦各有其解。而学术界对他的评价，最具代表性的无疑是朱熹为他所作的《少师保信军节度使魏国公致仕赠太保张公行状》："公自幼即有济时之志，在京城中，亲见二帝北狩，皇族系虏，生民涂炭，誓不与虏俱存。委质艰难之际，事有危疑，它人畏避退缩，公则慨然以身任之。不以死生动其心。南渡以来，士大夫往往唱为和说，其贤者则不过为保守江南之计。夷狄制命，率兽逼人，莫知其为大变。公独毅然以虏未灭为己责。必欲正人心，雪仇耻，复守宇，振遗黎，颠沛百罹，志逾金石。晚复际遇，主义益坚，虽天啬其功，使公困于谗慝之口，不得卒就其志，然而表著人心，扶持人纪，使天下之人，晓然复知，中国之所以异于夷狄，人类之所以异于禽兽者，而得其秉彝之正。则其功烈之盛，亦岂可胜言哉？"又作诗赞曰："忠贯日月，孝通神明，盛德源于生，奥学妙于心通。勋存王室，泽被生民，威镇四夷，名垂永世。"

然而，在一片赞不绝口的褒扬声中，也不乏对张浚的负面评价。愈到后来，对张浚的贬低愈是厉害，如明人马贯尝谓"宋之不能中兴者，秦桧为之首，而张浚为之从也"；清人王鸣盛则称其"一生无功可言，而罪不胜书"；今世史家则也有人（以杨德泉为代表）对张浚历史作用乃至人格进行了全盘、彻底否定，痛斥张浚"党附奸邪，诬陷忠良"，"颠倒黑白，掩败为功"，"遇有功处，则附会迁就以分其美"，"遇有过处，则隐约其辞以避其罪"，结论是，张浚是"一个根本不值得称道的历史人物"。这些贬张之声从南宋开始便与褒秦（桧）紧密相连，了无新意，一个个只看谁比谁说得更狠。对此，南宋鸿儒王应麟（宋理宗时的重臣，相传《三字经》为其所著）早已一针见血地指出："清议废，风俗坏，则有毁宗泽而誉张邦昌者，有贬张浚而褒秦桧者，观民风设教，尽贤德善俗，可不谨哉！"

对张浚的历史评价，元人脱脱在《宋史》中已基本论定："浚幼有大志，及为熙河幕官，遍行边垒，览观山川形势，时时与旧戍守将握手饮酒，问祖宗以来守边旧法，及军陈方略之宜。故一旦起自疏远，当枢筦之任，悉能通知边事本末。在京城中，亲见二帝北行，皇族系虏，生民涂炭，誓不与敌俱存，故终身不主和议。"对于张浚一生的意义，《宋史》是这样评价的："儒者之于国家，能养其正直之气，则足以正君心，一众志，攘凶逆，处忧患，盖无往而不自得焉。若张浚者，可谓善养其气者矣。观其初逃张邦昌之议，平苗、刘之乱，其才识固有非偷懦之所敢望。及其攘却京力敌，招降剧盗，能使将帅用命，所向如志。远人伺其用舍为进退，天下占其出处为安危，岂非卓然所谓人豪者欤！群言沸腾，屡奋屡踬，而辞气慨然。尝曰：'上如欲复用浚，当即日就道，不敢以老病辞。'其言如是，则其爱君忧国之心，为何如哉！"

尽管我对元人脱脱的《宋史》颇不以为然，但他对张浚做出的评价还是比较公正的。

张浚做过一首诗，未知作于何时，我觉得这是他一生处境与心境的最好写照："三相当年镇庙堂，江山草木亦增光。一时主宰权衡重，千古人间姓字香。群凶用事人心去，大义重新天意回。解使中原无左衽，斯文千古未尘埃。"

最后，还是以文天祥的评说来结束吧："卓哉魏公，相国惟忠，名标青史，垂裕无穷。"这其实不是评说，而是一个民族英雄对另一个民族英雄的精神呼应。

虞允文
伟哉虞公，千古一人

  他是那个被一代伟人毛泽东赞叹不已的"伟哉虞公，千古一人"。若要了解这个人，采石矶便是你无法绕开的一个古战场。在中国历史上，采石矶与南京燕子矶、岳阳城陵矶并称长江三大名矶。相传三国东吴时，这里出产五彩石，又因其状如蜗牛，在蒸腾弥漫的水雾中如金牛出渚，又在民间演绎出一段金牛出渚的传说，采石矶因而又名牛渚矶。长江在这里拐了一个大弯，时空的方向一下错位了，对于我这个早已习惯以江北江南辨识方位的人，必须重新调整视角，这里不再是江南江北，而是江西江东。世称的采石矶位于安徽省马鞍山市西南五公里处的长江南岸，但从正确的视角看，南岸实为东岸。

  我来这里时，已是水落石出的初冬，一座三面环水、西南麓突入江中的石矶凸显出沉默的骨骼。我惊愕地盯着它高傲而诡异的样子，哪怕被滚滚长江东逝水冲刷荡涤了亿万斯年，它依然以一种不可磨灭的尖锐而又坚忍的性格示人，那是岩石的天性。采石矶以千古一秀的风光和绝壁临空的山势被推为三矶之首，它的绝美名不虚传。若把视野放得更宽广一些，往南便是天下粮仓之一的米乡芜湖，往东则是六朝古都南京，南宋时代的建康。一个兵家必争之地，人类以命相争的从来不是风景，而是养命的粮食、安身的城池。而在这江南东吴之地，无论你为何而争，谁都绕不开一座采石矶。

采石矶虽不是长江中下游的分水岭,却是中下游之间的一道命门,它扼守着大江东去的一道咽喉。扼守它的不只是冥顽不化的岩石,还有人类滚烫的血肉。一个叫虞允文的南宋文臣,一介书生,就是在这里把自己打造成了一位叱咤风云的抗金名将,而他一生中最非凡的历史意义就是扼守住了一个王朝的命门。

一、人生的三个角色

在非凡而传奇的历史一幕揭开之前,这个人先要走过属于他的一段并不平坦的人生路。

虞允文,字彬父,一作彬甫,生于宋徽宗大观庚寅年(1110年),此时离北宋覆没只剩下十七个年头了。和很多跨时代的士人一样,他生于北宋,他的历史却属于南宋。他是南宋隆州仁寿人,也就是如今的四川省眉山市仁寿县。据《宋史·虞允文传》载:"父祺,登政和进士第,仕至太常博士、潼川路转运判官。"宋徽宗政和年间(1111—1117年),北宋已步入日暮途穷的黄昏,而潼川府路转运判官,俗称"运判",大致是担当催征钱粮以及押运、转运之责,品秩在七品左右。北宋覆没后,为避战乱,其父虞祺举家迁居崇仁二都(今江西省崇仁县石庄乡),虞允文实际上是在江西长大的,那个远在西蜀的故乡,只是他遥远的牵挂。

关于他的孩提时代,很简单,也很不简单,史称"允文六岁诵《九经》,七岁能属文",这是他扮演的第一个人生角色,一个早慧的神童,但却并不神奇,赵宋一世有太多的神童,这话一听就是耳熟能详的历史套话。神奇的是这个人长大后的相貌,一般正史都极少描述一个古人的长相,但《宋史》却对虞允文的长相和气质风度有一番神奇的描述:"允文姿雄伟,长六尺四寸,慷慨磊落有大志,而言动有则度,人望而知为任重之器。"宋代的六尺四寸,大约两米。想象那样一个身高两米、英姿雄伟、慷慨磊落的古典士人,一个模糊的历史形象一下就变得清晰了。这样一个栋梁之材、"任重之器"几乎是天生的。然而,在很长一段时间,这位"任重之器"却一直处于荒废的状态,同寇准、张浚等三十来岁就出将入相的大宋国士相比，虞允文是典型的大器晚成，属于他的机遇一直迟迟没有降临。

作为官宦世家子弟，他先"以父任入官"，这也是皇恩浩荡的赵宋一朝给予世家子弟特有的恩荫，但若要在仕途上有出息，科举入仕才是正途或大道。大约在他以恩荫入仕前后，他的母亲去世了。这让虞允文开始扮演他的第二个人生角色——一个大孝子。按《宋史》的描述，他是一个神奇的大孝子："丁母忧，哀毁骨立。既葬，朝夕哭墓侧，墓有枯桑，两乌来巢。"一个孝子为死去的母亲而"哀毁骨立"，在坟头上朝夕悲泣，虽没有感天动地，却把两只乌鸦招来了，还特意在他母亲墓旁的一棵枯死的桑树上筑巢。服满之后，他该外出赶考了吧，却又"念父之鳏且疾，七年不调，跬步不忍离左右"，就这样，一个孝子寸步不离地守望在母亲的坟头、父亲的身边。直到父亲去世，他又服丧三载，才告别桑梓，以异常迟缓而沉重的脚步走向那条通往临安的官道，步入科举入仕的正途。宋高宗绍兴二十三年（1153年），虞允文迈过了科举入仕的门槛，一切都很顺利，只是老大不小了，是年他已四十三岁，一生的少壮岁月在坟墓边已过了一大半。但为了尽孝，那逝去的岁月又绝对不是虚度的，这让他完成了人生意义的一半，接下来，他将扮演人生的第三个角色——一个为国尽忠的国士。

凡新科进士入仕，一般都是从县主簿之类的起步官干起，但虞允文非同一般，由于他此前已入官多年，中进士对他来说只是一种迟到的加冕，他也就不必从最低等的官职做起，随即就被授以六品实职，通判彭州（今成都彭州），随后又权知黎州（今四川雅安市汉源县）、渠州（今四川达州市渠县）。这已是五品实职，换一种说法就是一方太守了。就在他的仕途一路顺遂时，南宋历史进入了最黑暗的一段岁月，秦桧将张浚、赵鼎等主战派宰相排挤出局后，把持了朝政。"秦桧当国，蜀士多屏（摒）弃"。一个疑问，秦桧为何要摒弃四川士人呢？翻检历史，也未寻索到可信的记载，个中缘由也只能暗自猜测了。按历史逻辑推测，这大约与秦桧的死对头张浚有关。张浚既是蜀人，又在川陕苦心经略数年，川陕将领大多是张浚的旧部，又加之张浚是个伯乐，且是个家乡情结很重的伯乐，很多川陕士人也都得到他的引荐和擢拔。这也让张浚在川陕文士武将的心中德高望重，而秦桧既与张浚势不两立，自然就恨屋及乌了。从政治上考虑，张浚虽说被扳倒了，但毕竟树大根深，在朝野上下都有盘根错节的势力，只要张浚一天不死，就是秦桧的心腹之患。唯此，他自然要剪其羽翼，斩草除根。虞允文虽是在江西长大的蜀士，却在故乡四川为官，理所当然被秦桧纳入摒弃的蜀士之列，一直得不到重用。

直到秦桧死后，虞允文总算有了出头之日，"中书舍人赵逵首荐允文"。赵逵，《宋史》有传，此公于绍兴二十年（1150年）以对策擢第一，钦点状元。这里提醒一下，很多后世将赵逵误为赵达（達），或因"逵"与"達"字体相似之误。这个赵逵堪称是虞允文命运转折点上的一个大贵人，虞允文因他的引荐才得以被高宗"召对"，对于每一个朝臣这都是绝好的机会，但若把握不好，很可能又是极坏的结局。虞允文此时已到了"奔五"的年岁，他必须把握住这个机会。看得出，他也做了精心准备，这样才有了一次载入史册的君前奏对，他"谓人君必畏天，必安民，必法祖宗。又论士风之弊，以文章进必抑其轻浮，以言语进必黜其巧伪，以政事进必去其苛刻，庶可任重致远。且极论四川财赋科纳之弊"——这是一个国士向朝廷最高领导人进献的国策，他奉劝君主必须敬畏上天、安抚百姓、效法祖宗。论士风之弊，他则再三提醒宋高宗，对那些靠文章提拔者一定要抑制那些轻佻浮滑之辈；对那些靠进谏得以提拔的，则要罢黜那些巧言欺诈的投机之徒；对那些靠政务提拔的则要去掉那些狠虐、刻薄的酷吏，如此，方可"任重致远"。他在四川为官多年，对四川的财赋科纳之弊更是直言极谏。总之，他这一番君前奏对，高宗听了挺满意，"上嘉纳之"。这让他从地方调进了中央，"除秘书丞，累迁礼部郎官"。尔后，又"除中书舍人、直学士院"。论品秩，虞允文所担任的朝官仍不过是五六品，但中书舍人在中书省（相当于如今的中央书记处）掌制诰，起草诏令，参与机密，位虽不高，但权力日重。

虞允文命运的第二个转折点出现在绍兴三十年（1160年），年届天命的虞允文奉命使金。弱国无外交,这在当时并非美差,既要委曲求全,又要不辱使命,搞不好就会里外不是人,对金人太强硬则很可能被扣押,这是金人故技;对金人太软弱又会遭朝臣弹劾,这也是宋廷故技。虞允文此次被宋高宗赵构任命为大金奉表通问史,他要觐见的是金国第四代皇帝完颜亮(史称海陵王)。此人以弑君篡位登基,随后便迁都燕京,又营建南京(今开封)宫室,征调各路军兵,试图一举灭掉南宋。据说他常读柳永的《望海潮》一词,对那"东南形胜,三吴都会,钱塘自古繁华……有三秋桂子,十里荷花"的繁华江南憧憬不已,又加之宠臣梁珫"极言宋刘贵妃绝色倾国",这让他更加心花怒放,"遂起投鞭渡江、立马吴山之志",还豪情万丈地题诗一首:"万里车书一混同,江南岂有别疆封?提兵百万西湖上,立马吴山第一峰。"这首载于《鹤林玉露》卷一的七绝,就刻在金国帝宫的屏风上,虞允文一眼就看见了,心里顿时一紧,一个南宋使臣的心被一个金国皇帝的勃勃野心使劲地攥住了,完颜亮之心,恰如司马昭之心也。当他不动声色地完成了自己的使命后,又在回归的路途上,眼睁睁地看见金人运粮的车辆滚滚而过,被金人占据的淮河码头上正在夜以继日地打造战船。虞允文日夜兼程,归心似箭,恨不得纵马一跃飞抵宋廷,向高宗皇帝告急,大宋已危在旦夕,务必加紧备战,严防死守!

宋廷既有虞允文这种报忧的"乌鸦",还有更多报喜的"喜鹊"。此前,王纶使金归来,眉飞色舞地向朝廷报喜,满口都是金人如何"恭顺和好"。此时主宰朝政的是秦桧党羽汤思退,听了王纶的报喜声,他也喜不自禁地向高宗拜贺,高宗自是乐不可支,谢天谢地。想来,自宋金缔结绍兴和约,宋金无战事,至少是无大规模战事,南宋在俯首称臣后,每年向金国输纳岁币,竭尽臣国之礼,换得了二十年偏安,这让宋高宗更加深信自己当初罢黜极力主战的宰相张浚、赵鼎,选择秦桧议和是多么英明的决策。如今金人依然"恭顺和好",从宋高宗到宰辅汤思退都感到高枕无忧,于是"置边备不问"。这次虞允文归来,谁都想听到"喜鹊"的叫声,虞允文却是只倒霉的"乌鸦",一张嘴说的就是皇帝和宰相最不想听见的话。如果说那个"宁鸣而死,不默而生"

的范仲淹是北宋的一只"乌鸦",那么虞允文就是南宋的一只"乌鸦",这两只乌鸦在性格上又何其相似,都是那种特别倔强、固执、不识相的乌鸦,你越是不想听,他非要让你听,还生怕你听不见。虞允文一再上疏进言:"金必败盟,兵出有五道,愿诏大臣豫思备御。"但无论他怎么发出灾难性的警示,都无法动摇高宗和汤思退等主和派朝臣对金人的信任,他们既不相信也觉得金人没有理由撕毁和约、重启兵戈。这样的心理,也可以说是一种侥幸心理。

然而,虞允文这只乌鸦对灾难的预报却是那样准确,有感必有应,报应说来就来了。

二、一个王朝的命门

就在虞允文使金还朝的翌年,绍兴三十一年(1161年),完颜亮于早春二月便从冰天雪地的燕京起驾南巡,于六月抵达北宋的汴京(或称东京)、金朝的南京(开封)。这个行进的过程显得十分缓慢,完颜亮似乎要走遍他帝国的每一个角落。一个念头正在付诸实施,但对软弱可欺的南宋,他用不着宣战,只是微笑着扬言:"我将看花洛阳!"洛阳牡丹自然值得一看,但他更想看临安西湖的睡莲。而在西湖睡莲正在酣睡的季节,金军南征的战略部署已经完成。九月,完颜亮命李通(汉人)为大都督,造浮梁于淮水之上,又命工部尚书苏保衡(汉人)率水师由海道直趋临安,他则御驾亲征,督大军渡淮河,出庐州(今合肥),这是两路夹击的战术,"兵号百万,毡帐相望,钲鼓之声不绝"。

此时宋军已无张浚、韩世忠、岳飞等力挽狂澜的将帅,又加之高宗与汤思退把持的朝廷"置边备不问",当他们在高枕无忧的沉睡中惊醒,酣梦变成了噩梦,而那些在钲鼓之声中发抖的宋军只能仓促应战了。看宋军的部署,"先是,刘锜措置淮东,王权措置淮西。至是,权首弃庐州,锜亦回扬州,中外震恐"。宋高宗最不想听到乌鸦的啼叫,却不能不接受那些从前线传来的急报,而他最关注的是建康和镇江这两个镇守临安的桥头堡。其时,建康府都统制王权"自和州遁归",而江、淮、浙西制置使刘锜也从淮东退回了镇江,"尽失两淮矣"。两淮是宋军防守御敌的第一道防线,在金军的进攻下几乎是一触即溃,金军铁骑在江淮平原上如风卷残云,纵横驰骋。十一月壬申,完颜亮统率的数十万大军便黑压压地扑向了与采石矶隔江相望的长江北岸,只要拿下采石矶,就可以拿下建康直捣临安。高宗一看大事不妙,又想故技重演,逃亡海上,但遭到了主战派宰相陈康伯(字长卿,一字安侯)的劝阻。史载:"上欲航海,陈康伯力赞亲征。是月戊午,枢臣叶义问督江、淮军,允文参谋军事",宋高宗被逼上马,两股战战地摆出了一副御驾亲征的姿态。

两淮一旦失守,原本作为第二道防线的长江便成了抵御金军南下的第一道防线,而采石矶则成了一个王朝生死攸关的一道命门。自古以来,北通南京、南达芜湖的采石矶便是长江下游的江防要塞,有"宁芜要塞"之称,为建康西南第一屏障。北军南征,欲取建康,必先取采石矶。东汉末年东吴名将孙策袭夺牛渚营后,便于此设重兵驻守。隋将韩擒虎率军夜渡,袭占采石矶,直陷建康,将偏安江南的陈王朝一锅端了。可想而知,这样一处战略要地一旦丧失,偏安江南的南宋,其命运必将和陈王朝一样。

当胡马的嘶鸣隔江传来,驻守采石矶的一路宋军在初冬的江风中瑟缩成一团。这支军队就是一路败退的王权所部。一场大战迫在眉睫,主将王权已因兵败罢职,那奉命督军的主帅李显忠犹未赶到,宋军的仓促应战可见一斑。而就在这危在旦夕的一刻,一个原本无关紧要的人物赶来了。"允文至采石(矶),权已去,显忠未来,敌骑充斥。我师三五星散,解鞍束甲坐道旁,皆权败兵也。"眼看着这样一支"解鞍束甲"的败兵,谁来指挥作战呢?虞允文既不是主将,连个偏将也算不上,他只是一个奉命督视江淮军马府的参军(参谋军事),此前连一仗也未打过,没有任何实战经验。他被派往采石矶,不是来统兵打仗,而是来犒师。眼看三军无主,军心涣散,若等主帅李显忠赶到,采石矶恐怕早已沦入敌手。虞允文深知,"坐待显忠则误国事,遂立招诸将,勉以忠义",一个两米多高的汉子,走到了这一步,也只能挺身而出了。

他一面劝阻那些想要逃跑的将士（大意）："若金军渡江而来，整个江南都将沦入敌手，你们又能逃往哪里？"一面又为将士鼓气："现在我军仍控制着大江，若据险死守，则能死里求生。况且，朝廷养兵三十年，诸位当与敌血战以报效国家！"这样的话语对于当时的危机形势实在有些苍白无力，虞允文显然也感觉到了，眼看众将士依然踌躇，心神涣散，他忽如惊雷般大吼一声："金帛、告命皆在此，待有功！"

这一声呐喊，加上他手中的金帛、告命，还真是让士气为之一振，众曰："今既有主，请死战！"

但还是有人不认他这个主，或曰："公受命犒师，不受命督战，他人坏之，公任其咎乎？"

允文叱之曰："危及社稷，吾将安避？！"

接下来的奇迹，只能用时势造英雄来解释，只能说是历史选择了虞允文。这个叫虞允文的书生，就这样被历史推到了主将的位置。那么，一介书生虞允文又是怎样指挥作战的呢？这里，援引《宋史》的记载，虞允文督师至江滨前沿阵地时，清楚地看到对岸金军渡江攻宋的仪式正大张旗鼓地进行，"江北已筑高台，对植绛旗二、绣旗二，中建黄屋，亮踞坐其下。"又据谍者的情报，完颜亮已在前一天杀了一匹白马和一匹黑马祭天，并与军士盟誓，第二天凌晨横渡长江，赶到江东玉麟堂吃早饭，谁先过江，赏黄金一两（谍者言，前一日刑白黑马祭天，与众盟，以明日济江，晨炊玉麟堂，先济者予黄金一两）。这个赏金实在太轻，可以看出完颜亮对宋军不屑一顾的轻蔑。虞允文又将如何以一万八千宋军来抵挡四十万兵强马壮的金军主力呢？"允文乃命诸将列大阵不动，分戈船为五，其二并东西岸而行，其一驻中流，藏精兵待战，其二藏小港，备不测。"他先命诸将率兵马排列为一个大阵，按兵不动，又把战船分为五队，两队沿着东西江岸运行，一队驻在江中主航道上，里面暗藏精兵，以待交战，还有两队则隐藏在小港里，作为战略预备队，以备不测。刚刚部署完毕，江中便响起了一阵阵尖厉可怕的呼啸声，顷刻间，金军百余艘战舰便呼啸而来，掀起了一浪高过一浪的惊涛骇浪，金国皇帝完颜亮站在为他特意打造的龙凤车（龙凤舟）上，挥舞着红色令旗，指挥数百艘战船劈波斩浪，很快就撕开了虞允文在江中布设的防线，七十多艘金军战舰抵达南岸，向水中、岸上的宋军发起猛攻，在强大的攻势下，宋军且战且退，"军小却"。虽有小却，却未大溃，对于宋军，这已是奇迹了。

为了不让"小却"变为大溃，虞允文急奔入阵，拍着统制时俊的背脊给他打气："汝胆略闻四方，立阵后则儿女子尔！"啥意思？一个战将，此时不是率军向前冲锋杀敌，却站在战阵后面，这简直是女人和小孩了！——这是一种有着羞辱意味的激将法，时俊乃是宋军中赫赫有名的双刀将，也是一条血性汉子，哪里受得了一个文臣这样的羞辱，他如怒狮般地嗷叫一声，挥起双刀杀入敌阵，而当一位战将身先士卒，他麾下的将士也深受激励和感奋，纷纷转身，一个个奋勇与金军殊死搏击，其势犹如逆转的河流，金军登陆的凶猛攻势终于被压住了。而此时，两军在水上也陷入了激战。金兵战船速度虽快，但船小，在风浪中颠簸得厉害，又加之北兵素不习水战，又不谙江道，宋军布设在中流的水师瞅准金军的弱势，近则以海鳅战船猛撞敌舰，远则以装有火药、硫黄、石灰的霹雳炮轰击敌船。战至黄昏，一天的激战已化为血战，金军战船大部分已被摧毁，有的在江中覆没，有的还半浮在江面上，江中漂浮着许多落水的金兵和船板的碎片。一条长江，一片血红，浸透江水的除了残阳，还有鲜血。尽管金军损失惨重，但完颜亮仍然睁着一双血红的豹眼，顽强地指挥金军同宋军厮杀，"敌半死半战，日暮未退"。

恰在此时，有一批从光州方向败退的宋军途经采石矶，虞允文赶紧把他们拦住，迅速组织起来，"授以旗鼓"，命其从山后转出，对金军侧翼发起突袭，金军以为是宋援兵赶到了，阵势大乱，无论完颜亮如何顽强督阵，再也阻挡不住金军的溃退。虞允文又命宋军弓弩手以劲弩追射，又射杀金兵无数，那些侥幸逃回北岸的金兵，很多背上都插着箭矢。据《宋史》载，这一天的血战，宋军大败金军，"殭尸凡四千余，杀万户二人，俘千户五人及生女真五百余人"。而完颜亮生性残暴，"敌兵不死于江者，亮悉敲杀之，怒其不出江也"。这些被完颜亮"敲杀"

的金兵有多少，就无法统计了。

虞允文第一次统兵作战，便打了一个漂亮的大胜仗，但他并未被胜利冲昏头脑，收兵回营后，他一面犒赏将士，一面严整军纪，将蔡甲、韩乙这两个惧敌不战的将领各打了一百鞭。一个统帅如此赏罚分明，将士愈加用命。虞允文举杯对将士们说："敌今败，明必复来。"他命诸将抓紧时间休息，夜半出击，"分海舟缒上流，别遣兵截杨林口"，即分派兵把海船（战船）拉往上游，命盛新率水师突袭江北的杨林渡口，烧毁金兵渡江的船只。果不其然，翌日凌晨金军又来攻袭宋军，而虞允文的军事部署早已完成，宋军对金军两面夹击，在正面展开激战的同时，盛新率水师在江北的杨林渡口焚毁了敌船三百艘。

完颜亮一看火光冲天、黑烟弥漫的杨林渡，眼里一黑，若不赶紧撤退，他连退路都没有了。但他并未善罢甘休，眼见在战场上无法取胜，他又采取"不战而屈人之兵"的攻心战术，伪造了一封宋高宗给王权的诏谕。"既而敌遣伪诏来谕王权，似有宿约"。所谓"宿约"，也就是宋金之间曾有什么暗中约定（密约）。他这一招还真是阴毒，一直以来，由于高宗苟安乞和，南宋民间一直在流传高宗和金人之间除了公开的和约，还有什么更不可见人的密约，完颜亮恰好利用了宋人的这一心态，意在让宋军误以为他炮制的伪诏真是高宗诏谕，然后不战而退。此时，王权已被罢夺兵权，若此时他仍是主将，或许还真是信以为真，就算明知是假，也正可为自己不战而退找到一个借口。然而，虞允文不是王权，他一眼就识破了金人的诡计，"此反间也！"他将计就计，假托李显忠之名复信完颜亮："（王）权已置典宪，新将李世辅（即李显忠）也，愿一战以决雌雄！"意思是，王权已因违法遭受罢黜，新任主将李世辅愿与完颜亮一决雌雄！完颜亮得到这样一纸回复，在绝望之中，他也只能以怒火和杀戮来泄愤了，"遂焚龙凤车（舟），斩梁汉臣及造舟者二人，乃趋瓜洲"。那位被斩杀的梁汉臣，就是为他督造战船、教习金军水战的总工程师和总教头，实为汉人。和他一起被斩的"造舟者二人"，估计也是汉人吧。从金到元，乃至清朝，在所谓异族入侵中，汉人在灭亡汉族政权的战争中从来都是不可或缺的角色，很多人扮演的甚至是主角。

完颜亮率军奔赴瓜洲，意欲在扬州与镇江之间的瓜洲渡江攻宋。虞允文早就料到了这一招，此时李显忠已从芜湖赶来，虞允文对他说："敌入扬州，必与瓜洲兵合，京口无备，我当往，公能分兵相助乎？"李显忠当即分派李捧所部的宋军一万六千人赶往京口，另一路宋军主将叶义问也命其部下杨存中率部与开赴京口的宋军会合。虞允文又赶回建康，奏禀此时巡幸建康的高宗皇帝："敌败于采石（矶），将徼幸于瓜洲。今我精兵聚京口，持重待之，可一战而胜。乞少缓六飞之发。"此时"御驾亲征"的宋高宗想要早点回到临安的安乐窝，虞允文请求他稍为推迟一下，一个天子留在江防一线，对稳定军心很有作用。高宗在他的苦劝之下，又见他有必胜的把握，也就硬着头皮答应了。

当虞允文赶到京口时，"敌屯重兵滁河，造三闸储水，深数尺，塞瓜洲口。"京口是长江下游军事重镇，北临大江，南据峻岭，为江南运河的北口，过长江与江淮运河相连。滁河则为长江下游左岸的一级支流，古称"涂水"。当时，杨存中、成闵、邵宏渊等诸路大军都已赶到京口，总兵力不下二十万，但用于水上作战的海鳅船还不到百艘，戈船就更少了，只有海鳅船的一半。这两种船都是古代战船，一种较小，即称"战船"，一种较大，又称"战舰"。"允文谓遇风则使战船，无风则使战舰，数少恐不足用，遂聚材冶铁，改修马船为战舰，且借之平江（今苏州），命张深守滁河口，扼大江之冲，以苗定驻下蜀为援。"就在虞允文调兵遣将、进行军事部署时，完颜亮率军赶到了瓜洲，虞允文和杨存中命战士驾着战船在长江中间来回行驶，环绕金山三圈，那战船速度快得骇人，回环往复像飞一样。金军拉满弓弦瞄准目标，刚刚瞄准那战船又转瞬即逝，金军一个个惊得瞪直了眼睛，完颜亮轻蔑地一笑："纸船耳。"

一将跪奏："南军有备，未可轻，愿驻扬州，徐图进取。"

完颜亮大怒，欲斩之，这位将领哀求了很久，完颜亮才饶他不死。但死罪可免，活罪难逃，完颜亮命手下将他打了五十大板。完颜亮既是金朝最有作为的皇帝之一，也是一个以残暴的杀伐而令人闻风丧胆的暴君，越是遭遇惨败越是残暴。此时他已是一个输红了眼的赌徒，动不动就鞭笞、杖责、杀戮将士，这让士气低迷的金营人人自危，惶惶不可终日。"亮在瓜洲，闻李宝由海道入胶西，成闵诸军方顺流而下，亮愈怒。还扬州，召诸将约三日济江，否则尽杀之"。从《宋史》简短的记载可知，完颜亮此时已陷入了进退无路的绝境，他决然孤注一掷，要么全军覆没，要么绝处逢生。为此，他下了一道死命令，三天内全部渡江，凡畏缩不前者，尽杀之！当一个暴君把所有人都逼到了极其危险、恐惧的境地，他本人的命运也被推向了危险的极端。而离他最近的危险，就是离他最近的、他最信任的人——兵部尚书耶律元宜。此人原为契丹（辽）贵族，他父亲后来降金，被赐姓完颜氏，在史上也被称作完颜元宜。完颜亮登基后，又命凡赐姓者皆复本姓，他又改回耶律氏。此人的心思也一如他的姓氏一样变幻多端。一方面他在追随完颜亮征战时赤胆忠诚、屡立战功，深得完颜亮的倚重和信赖；一方面他又对完颜亮早已心怀叵测。但完颜亮防范森严，"亮有紫茸细军，不临阵，恒以自卫，众患之"，这支名为"紫茸细军"的贴身卫队，让谋叛者难以下手。而这时，有个叫萧遮巴的人出现了，"有萧遮巴者绐之曰：'淮东子女玉帛皆聚海陵。'且嗾使往，细军去而亮死。"这个萧遮巴采取调虎离山计，而最大的诱惑就是美女和钱财，萧遮巴告诉他们，淮东的美女和钱财都集中在海陵（今江苏泰州市海陵区），唆使他们趁机去捞一把。这些"紫茸细军"果然中计，撇下完颜亮直奔美女钱财而去。而这个名字古怪的萧遮巴，还真不是一个一笔可以带过的人物，他到底是什么人呢？翻检历史，史无详载，但透过一些间接的零星记载可知，此人并非金军内部的谋叛者，而是南宋枢密院的一位官员。据此推测，宋廷当时已派人打入了金军内部，而且打入得比较深，对金军内部的谋叛情况已有了深入了解。一个毋庸猜测的结果是，"紫茸细军"刚一离去，耶律元宜就率兵包围了完颜亮的行辕大帐。踞坐在大帐里苦思良策的完颜亮感觉异动，站起来，刚张嘴想问问发生了什么事，耶律元宜嗖地放出一箭，完颜亮挨了一箭，还没有彻底清醒过来，哗地又拥上一群乱兵，最终的结果很简单，"乙未，亮为其下所杀"。一代枭雄、金国的第四代皇帝完颜亮在一场金军哗变中被乱兵所杀，他也成了金朝历史上最短命的皇帝之一。

历史上还有一件大事，完颜亮一直至死都蒙在鼓里，就在他遭遇这次致命的瓜洲兵变的前一个月，辽东留守完颜雍趁他南征之机，发生了一场政变，被拥立为帝，是为金世宗。这位金朝的第五位皇帝在位近三十年，基本上停止侵宋战争，把主要精力倾注在国内励精图治，致天下于太平，为金朝营造了一个国库充盈、天下小康的太平盛世，他也因此而被誉为"小尧舜"。

看当时宋、金两国的历史大势，金世宗之所以主动息兵戈，其直接原因，还是因完颜亮发动的侵略战争遭致惨败，除了东南战线的惨败，南宋西线统帅吴玠也连战皆捷，相继收复了失陷已久的秦凤、熙河、永兴三路，东路宋军趁金军全线后撤之机，一举收复两淮地区。宋高宗在位三十五载，开创了两大盛世，一是从张浚经略关陕、平定钟相杨幺之乱到淮西大捷、总中外之政期间，这是南宋北伐、恢复故疆的一个绝好机遇，却被一味乞和的宋高宗和权相秦桧给断送了；再就是此次虞允文指挥的采石矶大捷后，金军主力大部分已被南宋歼灭，而完颜亮举一国之力灭宋的意图，结果是让金国的军力、国力大伤元气，一蹶不振。金世宗并非不想灭掉南宋，实在是再也无力组织大规模的南侵军事行动了。若此时南宋趁着金朝内忧外患之机，"宜将剩勇追穷寇"，无疑又是一个北伐中原、恢复故疆的绝好机遇。当虞允文以枢密使充川陕宣谕使，向高宗辞行时，力请高宗趁机北伐："金亮既诛，新主初立，彼国方乱，天相我恢复也。和则海内气沮，战则海内气伸。"对他的奏请，史载"上以为然"，而历史的事实却是，当金世宗派使节主动到宋廷来议和，宋高宗旋即又变成了一个彻头彻尾的主和派。而此时，宋廷依然被秦桧党羽和主和派朝臣把持，从皇帝到宰执大臣，都是一团和气，以"和为贵"。采石矶大捷原本可以扩展为南宋历史上更辉煌的大捷，但一个绝好的历史机遇又被断送了。

采石矶之战，堪称世界军事史上最罕见、最不可思议的奇迹之一，宋军以一万八千多兵力，而且是从淮河一线败退到长江一线的败兵，在一位从未统兵打仗的文臣指挥下，竟然同金帝国皇帝统率的四十万金军主力展开了一场生死大决战。对金军到底有多少兵力，《宋史》有确凿的记载："时敌兵实四十万，马倍之，宋军才一万八千。"后世有人认为金军投入采石矶之战的兵力只有十五万，哪怕十五万也多于宋军近十倍了，更何况这是一支兵强马壮、所向披靡的金军主力，众寡、强弱如此悬殊，如果不看历史的结果，谁又敢相信宋军能大败金军呢？那个大金帝国的皇帝完颜亮，又怎能相信，那个曾经拜见他的南宋使臣，将要成为他致命的死敌！采石矶之战的历史意义，让南宋王朝又一次摆脱了覆灭的危机，一个叫虞允文的文臣，在危急关头扮演了"挽狂澜于既倒，扶大厦之将倾"的历史主角。战后，宋高宗在时任宰相陈俊卿面前对虞允文发出由衷赞叹："虞允文公忠出天性，朕之裴度也！"

三、文有苏东坡，武有虞允文

采石矶之战后，对虞允文的军事才能，也可谓是军事天赋，无论当世还是后世都给予了无与伦比的评价，有人曾如是评说："宋代书生文人掌军，除虞允文成功外，其余如文天祥等都是失败的典范。"还有人把虞允文的军事才能与苏东坡的盖世文采相提并论，"文有苏东坡，武有虞允文"。

在人们极力推崇虞允文的军事才能时，对另一位以文驭武的主战派领袖张浚则有更多的菲薄和贬低，这两位以文驭武、出将入相的士人，一个被推崇为文武双全的军事天才，一个被贬为志大才疏的军事庸才。窃以为，若要对这两人做出比较公正的历史评价，还得把张浚和虞允文两人的历史放在一起看。张浚比虞允文年长十三岁，但两人并没有太多的人生交集。张浚在而立之年便已开始扮演南宋的历史主角，而大器晚成的虞允文扮演主角的时间来得太晚。两人的人生仕途并没有太多的交集，却有相似的命运。这里且不论张浚别的功绩，只说他平定"苗刘之变"的首功，就是再造南宋之功，否则早就没有了宋高宗，也无所谓南宋王朝了。相比之下，虞允文打造的采石矶之战，只是对南宋王朝的一次挽救，严格而言还不能说是再造之功。又看两人接下来的命运，张浚在平定"苗刘之变"后知枢密院事，然后把战略眼光转向了帝国西部，开始了他经略川陕、鏖战陕西的戎马岁月。虞允文在采石矶之战后也进为枢密使，随后也和张浚一样，慷慨请缨赴任川陕宣谕使，成为总揽川陕军政的封疆大吏、军事统帅。

　　虞允文第一次宣抚川陕的时间很短。"允文至蜀，与大将吴璘议经略中原，璘进取凤翔，复巩州。"吴璘与兄长吴玠都是张浚经略川陕时一手擢拔的将领，兄弟俩一起成为南宋西线最著名的抗金大将。吴玠壮年辞世后，吴璘"代兄为将，守蜀余二十年"，宋高宗曾问其胜敌之术，吴璘的秘诀是八个字："弱者出战，强者继之。"高宗一听就明白了："此孙膑三驷之法，一败而二胜也。"吴璘就凭借着孙膑的战术，在逗强之前先故意示弱，以小败博大胜，屡试不爽。在这方面，虞允文堪称是他的知音，他在采石矶之战中也是先示弱后逗强，以小却而博得了一场无与伦比的大捷。一位主帅，一位大将，既有如此高度的默契，在用兵上也就连战连捷。当完颜亮南征伐宋时，吴璘出川北伐，接连收复了沦陷已久的秦凤、熙河、永兴三路。金人自不甘心，气势汹汹地摆出了反扑的态势，试欲夺回被宋军收复的失地，但其国力、军力在采石矶、瓜洲连遭大败后已陷入了既不甘心又力不从心的窘境。虞允文、吴璘还不只是盯着关陕之地，志在恢复北宋丢失的全部疆土，他们最担心的不是金人，而是南宋内部，每次宋师大捷想要扩大战果时，南宋内部就有人出来唱衰了。对老将吴璘好不容易收复来的失地，乃至整个陕西，有人当作烫手的山芋，有人视之为鸡肋。先是有"蜀士欲弃之"，虞允文对蜀士之论自是不以为然，如果只是几个聒噪的蜀士，倒也坏不了大事，关键是，每到南宋的某个历史节点上，总有左右朝政的大臣坏事。

　　看采石矶之战后的一段历史背景，高宗已从一线退居二线，从南宋的第一位皇帝变成了南宋的第一位太上皇，宋孝宗赵昚受禅即位。赵昚是史上公认的南宋最有作为的皇帝之一，还在继位之前便有志于北伐抗金、恢复大宋故疆。在他的第一个纪元——隆兴元年（1163年）初，他便开始驱逐朝中的秦桧党羽，起用那些被秦桧贬逐二十余年的主战派罪臣，将张浚进为枢密使，辛次膺同知枢密院事，那个以一篇《斩桧书》而名震天下的胡铨也奉诏入朝。而作为摄政宰相之一的陈康伯（字长卿）也是力主抗金的主战派大臣，在完颜亮大军压境的危难之际，众朝臣都撺掇高宗赶紧离开临安，逃亡海上，陈康伯却将一家老少接到了人心惶惶的临安，既力主高宗御驾亲征，又力荐虞允文参谋军事，从而得以在采石矶大败金兵。如今孝宗即位，一朝天子一朝臣，随着孝宗重新组阁，被秦桧及其党羽把持了二十多年的宋廷，主战派已明显占了上风。而此时，宋廷中妥协派的代表则是从参知政事擢升为右相的史浩。

这个史浩倒也并非秦桧死党，在投降派和主战派的尖锐对立中，他属于那种夹在中间的妥协派，但其倾向还是力主与金人媾和。此人既与孝宗志不同道不合，却又让孝宗言听计从，这看似矛盾，却是有历史原因的。在孝宗赵昚即位之前，史浩就是为他出谋划策的军师，几番密授机宜，几番化险为夷，赵昚才终得以登上大位。由于这一层特殊关系，在孝宗执政之初，他依然深受孝宗信赖和倚重，一个朝臣控制了一个皇帝，也就可以左右朝政了。也就是这位一言九鼎的史浩屡次向孝宗进言，陕西不可守，"欲尽弃陕西"。又据《宋史》载："史浩既素主弃地，及拜相，亟行之，且亲为诏，有曰：'弃鸡肋之无多，免银心之未已。'"这话说得再明白不过了，在他看来，陕西就是鸡肋，不如割舍这根鸡肋，以消除金人的贪婪之心。若史浩不是秦桧一类的内奸，真是为国着想，未免也太天真了，对于欲壑难填的金人，一根鸡肋能换来和平？又有一帮追随史浩的朝臣为关陕用兵画出了一条边界，"朝臣有言西事者，谓官军进讨，东不可过宝鸡，北不可过德顺，且欲用忠义人守新复州郡，官军退守蜀口"。虞允文前后共上了十五道奏疏，据理力争："恢复莫先于陕西，陕西五路新复州县又系于德顺之存亡，一旦弃之，则窥蜀之路愈多，西和、阶、成，利害至重。"——大意是，若要恢复中原故疆，没有比陕西更首要的，陕西五路新收复的州县又取决于德顺（治今甘肃静宁）的存亡，一旦放弃，金人入陕取蜀的道路更多了,西和(今甘肃西和县)、阶州(今甘肃陇南市武都区)、成州(今甘肃南部的成县),在控制金人南下取蜀上都是决不能放弃的战略要地,利弊非常重大。但此时宋孝宗的脑子仿佛被魔鬼控制了,最终还是采纳了史浩先弃德顺、"欲尽弃陕西"的建议。一经天子首肯,史浩随即草诏,勒令吴璘退兵,"允文争之不得,吴璘遂归河池(今陕西凤县)"。

虞允文既无法说服孝宗,也曾给左相陈康伯致信,但陈康伯因受到同僚牵制,"康伯牵于同列,不能回也"。宋孝宗在发出勒令吴璘退兵的诏书后,似乎又感到有些不对头,召虞允文来询问,但"执政忌其来"。这个执政所指自是史浩了。史浩唯恐虞允文打乱了自己以土地换和平的策略,既设法阻止虞允文面见皇帝,又命虞允文"以显谟阁直学士知夔州",实际上是降职使用。但没过多久,孝宗又命虞允文来奏事,于是便有了虞允文"隆兴元年入对",虞允文也终于有了一次当面向孝宗陈说陕西利害的机会,他列举了此时正是北伐抗金、恢复故疆的八大有利形势,"今日有八可战",又"以筯画地,陈其利害",宋孝宗看到他用朝筯在地上描画出的一幅宋金形势图,才恍然大悟,喟叹一声:"此史浩误朕!"于是,再发诏令,命吴璘自行决定进止,实际上是授予了吴璘在军事上便宜行事的大权。然而,从临安到关陕路途遥远,吴璘在接到前一个诏书后,不敢违抗天子诏令,已下令撤退。也曾有左右劝他:"将在外,君命有所不受,此举所系甚重,奈何退师?"吴璘悲叹:"璘岂不知此?顾主上初政,璘握重兵在外,有诏,璘何敢违!"一位镇守西线的老将,再次捅穿了赵宋王朝的一张窗户纸,每一个"握重兵在外"的大将,最担心的就是朝廷怀疑他们拥兵自重、有不轨之心。既如此,明知撤不得,你也只能撤。就在宋师撤退时,金兵趁机追击,那些原本就对不战而退有抵触情绪的宋军将士心灰意冷,又失去了城池要塞的掩护,在金兵的追击下大溃,伤亡三万余人,将领数十人,而他们以一寸山河一寸血收回来的失地,又让金兵唾手而得。这样的历史悲剧,在南宋一次次极其沉痛地上演着,一直演绎到南宋覆没。

尽管孝宗有"史浩误朕"之叹,但那位留着仁丹胡髭、长相酷似倭人的右相史浩,并未受到任何处分;又尽管虞允文有拨云见日之功,却也并未受到重用,以敷文阁待制身份知太平州(今安徽马鞍山市当涂县),未久又授兵部尚书(宋代兵部尚书实为虚衔)、湖北京西宣抚使,后改制置使。

隆兴二年(1164年),张浚北伐失利,朝廷派遣卢仲贤出使金国议和,此时秦桧党羽汤思退又卷土重来,被起用为左相,主持与金议和。他打算以割让唐州(今河南南阳市唐河县)、邓州(今河南南阳市邓州市)、海州(今江苏连云港市海州区)、泗州(今安徽泗县)等四州来换取一纸和约,虞允文五次上疏力争。汤思退恼羞成怒,上奏指斥虞允文等反对割地议和只因利害不切近自己,说大话害国家,以此博得一个好名声。宗庙社稷的大事,难道跟演戏一样?宋孝宗一听,觉得还真是挺有道理,决定采纳汤思退的意见。汤思退还不想就此罢手,又奏请孝宗召见虞允文,其用心十分险恶,就是想除掉虞允文。当时,张浚已遭罢黜,宋廷最有威望的主战派领袖就是虞允文了。若能除掉虞允文,宋廷又将被汤思退等秦桧党羽把持。结果是,虞允文交上官印,乞求致仕,但哪怕不要这个乌纱帽了,提前退休了,他还是再三请求孝宗不要放弃唐、邓、海、泗四州。但他的要求孝宗没有答应,诏"以显谟阁学士官职知平江府"(今江苏苏州)。随着虞允文被贬出朝廷,汤思退排除了宋廷中最大的一个阻力,将唐、邓二州拱手割让给在国力、军力上都不占优势的金人,但金人却没有慷慨地恩赐给南宋梦寐以求的一纸和约。

此时,金人在任何方面都不占优势,他们唯一占有的优势就是咄咄逼人的气势。随着张浚、虞允文等敢于一战的主战派大臣相继出局,金人感觉属于他们的战略机遇又来了,这年十月,金军又渡淮南侵,这是张浚早已预言的,也是虞允文早已预料的。而此时,宋廷竟然无人统兵作战,汤思退更是成了缩头乌龟。宋孝宗此时后悔得肠子发青,后悔不听张浚的忠言,张浚已死在贬逐途中,悔之晚矣。他也后悔没有采纳虞允文的直言极谏,幸运的是,虞允文还健在。于是,汤思退再遭贬斥,虞允文又被委以重任,授任端明殿学士、同签书枢密院事。翌年,乾道元年(1165年),又拜虞允文为参知政事兼知枢密院事。是年秋天，金使完颜仲来临安议事，从头到尾摆出一副宗主国的气势，对大宋天子颐指气使，虞允文看得火起，当即奏请孝宗，将这家伙推出去斩了！这是情急之言，两国交战不斩来使，泱泱大宋，礼仪之邦，又怎能干出这种事呢？孝宗既未斩来使，也未处分虞允文。但一事之后，又生一事。当时，随着张浚、史浩、陈康伯、汤思退等宰相相继被罢后，宋廷一度出现了宰相空缺，由参知政事钱端礼主政，也可称为"首参"，相当于主持国务院工作的第一副总理。钱端礼一心想当上名副其实的宰相，却因接受李宏所送的玉带为吏部侍郎章服弹劾，并诬称这条玉带是经虞允文转送的。关于李宏，未见详细史载，通过间接史料查证，应该是当时的一名武将。他的角色也并不重要，重要的是，一员武将向主持朝政的参知政事送礼，已经相当敏感了，而一条玉带牵扯到两位参知政事，那就高度敏感了。这不是一般的行贿，而是极度敏感的中央高层腐败，虞允文再次遭受贬逐，"奉祠西归"，当是发配四川老家赋闲了。

这是虞允文在人生仕途上大起大落的一段岁月，但他的仕途还远远没有走到尽头。

乾道三年（1167年）二月，虞允文又奉诏还朝，"除知枢密院事兼参知政事"。此时老将吴璘病逝，谁去接替他呢？宋孝宗和朝臣不约而同地想到了虞允文。孝宗皇帝还特意诏谕他："吴璘既卒，汪应辰恐不习军事，无以易卿。凡事不宜效张浚迂阔，军前事，卿一一亲临之。"宋孝宗提到的汪应辰，堪称是南宋第一神童，"幼为神童，五岁知书，属对应声语惊人，多识奇字。家贫无灯油，拾柴点火读书。从人借书，有过目不忘之能。十岁能诗。宋高宗见他的对词，以为老成之士，直至见才知是刚少年，赐以御诗，并更名为应辰"。绍兴五年（1135年），汪应辰年方十八中状元，也是史上最年轻的状元之一。这位状元也是一位主战派，在秦桧擅政时因"力言因循无备、上下相蒙之可畏"而遭秦桧打压，直到秦桧死后，才得以重用，尔后"出为四川制置使，知成都府"。但诚如孝宗所谓，这位"多识奇字"的神童状元却"不习军事"，在孝宗看来，唯有虞允文可接替吴璘，却没有人能替代虞允文。

虞允文也就成了一个无可替代的历史角色，孝宗又反复告诫他遇事不要像张浚那样迂阔，对军事、前线上的事，要一件一件亲自去做。孝宗随即下诏，拜虞允文为资政殿大学士、四川宣抚使，仍知枢密院事。这是虞允文第二次总督川陕军务。

虞允文"归蜀一月，召至阙，不数月复使蜀。太上赐御书《圣主得贤臣颂》，上又为之制跋，陛辞，复以所御双履及甲胄赐焉"。从这些细节可知两朝天子对他有多么倚重，太上皇（宋高宗）赐他御笔亲书的《圣主得贤臣颂》，孝宗又为他作跋语，他上朝辞行时，孝宗皇帝还把自己穿的一双御靴和一副盔甲赐给了他。

虞允文穿着天子所赐的御靴上路了，他走过的路也是张浚当年奔赴关陕时走过的。一路上，他也和张浚当年一样，只要发现了问题随即便会上奏，"过郢（今湖北省钟祥市），奏筑黄鹰山城。过襄阳，奏修府城。八月至汉中，又往沔阳（今陕西勉县）。九月，至益昌（今四川广元）"。一个士人马不停蹄的身影，从东到西，由北向南，而他揣在胸口的是天子的手诏，叮嘱了他九件必办之事，当他抵达四川时，这一路上已全部遵命办理。诸事之中，自以军政为急务。虞允文又上奏检阅核实川陕各路部队，按强弱次序分为三等，上等准备作战，好钢用在刀刃上；中下等则作为后勤部队，备办军用物资；对老少病残者则予以淘汰，共淘汰一万人，一下减掉军费四百万，也挤干了军队中的水分。对那些淘汰的士兵，虞允文也做了人性化的安排，凡有功劳的，另设空缺职位来安排他们。还有一个历史遗留问题，宋高宗绍兴初年，兴州（今陕西略阳县）、洋州（今陕西洋县）等地有七万多义士（抗金义军或青壮民兵）参与作战。大散关之战，将官不发给他们盔甲，把他们驱赶在官军前面作战，这是历史上最惨无人道的一幕，实际是把这些义士的血肉之躯作为正规军的挡箭牌，结果导致这些抗金义士战死散亡，几乎殆尽。为了重新招募义士，虞允文命利州路军帅晁公武核实，得到二万三千九百多人。"又得陕西弓箭手法，参绍兴制为一书，俾将吏守之。"虞允文对这本"陕西弓箭手法"非常重视，参照绍兴年间（1131—1162年）的制度编成一本册子，让将士官吏参照遵守。

他"以马政付张松,奏依旧制分茶马为川、秦司"。马政为国家重务,尤其是在同北方游牧民族交战的战争年代。宋代又在各路设有茶马司,在靠近边境少数民族聚居区的交通要道上设立关卡,"以茶易马",这也是历代王朝长期推行的一种政策。而在虞允文此次总揽川陕军政之时,川陕未分设茶马司,也就出现了管理不善、效益低下等诸多问题。虞允文上奏,按旧制把茶马司分为川司和秦司,许多问题便迎刃而解了。

走笔至此,那个叫萧遮巴的人在历史中又一次出现了。据《宋史》载:"初在枢府,萧遮巴以刷军中人为言,允文尝奏谕三衙抚存之。至是,金、洋、兴元归正人二万,遮道诉系缧之苦,允文分给官田,俾咸振业。欲结敌将姜挺、白沂,遵御札募巩人王嗣祖结外蕃以图金人,又得蕃僧六彪者偕往,竟无成说。时邛、蜀十四郡告饥,荒政凡六十五事,剑倅献羡钱五万,却之。"大意是说,萧遮巴在枢密院提到了虞允文在清理、淘汰军队时的一些问题,譬如那些被淘汰的老弱病残军人如何安置的问题,虞允文也曾奏请并告知三衙,对这些人做好安抚和安置。这时候,又冒出一个问题,金州(今陕西安康)、洋州(今陕西西乡)、兴元(今陕西汉中市)约有两万"归正人",也就是从沦陷区投奔南宋的北方流民,其中绝大多数是不愿接受金朝统治的汉人。他们拦路诉说"系缧之苦",也就是被监禁的苦楚,却未知是金人监禁他们,还是南宋对他们不放心而监禁他们。这些都不重要,重要的是虞允文如何安置他们。他下令分给他们公田,让这些流民都有了生计。

虞允文此次从乾道三年(1167年)夏入主川陕,至乾道五年(1169年)八月出川,历时三个午头,在军政上卓有建树,他的人生仕途也抵达了巅峰,拜右仆射(右相)、同中书门下平章事兼枢密使。至此,他已和张浚一样成为位极人臣、总揽帝国军政的首辅大臣。不同的是,张浚抵达巅峰状态时只有三十多岁,虞允文则已年届花甲。他和张浚一样,以"搜揽豪杰为先务",大力举荐贤良之士,凡是发现或听说某个人才,他就在本子上记下来,题为《材馆录》。他将所录人才分为三等,如胡铨、周必大、王十朋、赵汝愚、晁公武、李焘等都是一等栋梁之材。

说来,虞允文被拜为右仆射,还得到了左仆射陈俊卿力荐。陈俊卿是宋高宗绍兴八年（1138年）榜眼，史称"俊卿天资忠孝，清严好礼。在朝正色立言，无所顾避。凡所奏请，均关治乱安危之大者"。这是两个很有性格的宰相，好在两人同朝辅政，也算志同道合。当时，宋孝宗正为"兵士冗滥、财物匮乏"伤透了脑筋，虞允文和陈俊卿经过商议，达成共识。他们认为，若要解决"兵士冗滥、财物匮乏"的积弊，就必须裁汰冗官、冗兵、冗费等"三冗"，但这是一个关乎很多人、很多部门切身利益的问题，从哪里下手呢？虞允文和陈俊卿决定先从三衙入手。三衙是朝廷掌管禁军的机构，殿前司、侍卫亲军马军司、侍卫亲军步军司，合称三衙，实为三军统帅部。通过对三衙里那些冗滥的差役进行清理淘汰，既可以一扫人浮于事的顽症，大大提高运转效率；又可将节省下来的宝贵军费用于前线军队，如此一来，"三军无怨言"。这也是两人合作书写的大手笔，实际上是北宋时代范仲淹的庆历新政、王安石的熙宁变法在南宋的延续。

但两人既有共识也有分歧，矛盾又主要集中在对金关系上。虞允文和张浚一样，是宋廷中强硬的抵抗派人物，他力主修改隆兴和议中的一些屈辱条款，建议遣使赴金，要求金国归还北宋诸帝陵寝所在的河南地区，更改屈辱性的交往礼仪。虞允文的意图非常明显，也充满了正义，那就是终结南宋向金国俯首称臣的屈辱历史，要求金人让出中原的部分故疆。陈俊卿也是主战派，但是比较温和和理性，他认为虞允文此举纯属徒劳，既无助于改变宋廷对金的屈辱地位，反而会让金人找到挑衅的借口，从而打乱恢复中原的计划。而两相失和的一个直接原因，则是由虞允文力保举张说执掌枢密而引起。张说既是武将，又是外戚，是太上皇高宗的连襟。赵宋王朝对武将从政是高度警觉的，对外戚从政也是极为忌惮的，无论武将还是外戚，一般都难以跻身于执政大臣行列。若让张说入主枢密院，可谓是犯了帝国的双重禁律。张说开始想打通陈俊卿这个关节，却碰了一个硬钉子，陈俊卿斩钉截铁地一口回绝了。随后，他又找虞允文，虞允文受其请托，向孝宗保举张说签枢密院事。细看历史，虞允文保举张说，其实也并非出于私心，只因为张说力主抗金、恢复故疆，与他志同道合，而若要北伐，又必须依靠张说这样的武将。但陈俊卿等朝臣都认为张说才识浅薄，品德低下，不堪重用。而张浚之子、左司员外郎兼侍讲张栻更是厉声指斥虞允文："宦官执政，自（蔡）京、（王）黼始；近习（外戚）执政，自相公（虞允文）始。"这种事搞得虞允文非常被动，没过多久，张说也被罢免了。

在张说罢除枢密使之前，陈俊卿便已罢相。一说是他因虞允文保举张说之事愤而辞职。又有史载，乾道六年（1170年），陈俊卿"以奏留龚茂良忤上意，上震怒甚，俊卿待命浙江亭，两日不报"。这也是他罢相的原因，这倒不怪虞允文，只因他的奏请惹怒了孝宗，在浙江亭待命两天，孝宗都不给他一个答复。虞允文实在看不下去了，请求觐见皇上，他要为陈俊卿说话，不是说情，而是说理。"允文请对，极论体貌之道，叠拜榻前"，他奉劝皇上要顾及朝臣的体面和尊严。孝宗不答应，他就在孝宗的榻前再三跪拜。孝宗这才给了一个答复，"遂命（陈俊卿）判福州"。

自陈俊卿罢相后的两年多时间，朝中只有虞允文一个宰相，有宋一朝，对高层权力采取种种掣肘，像这样的独相摄政是极少有的。不过，在他主政的这段时间，倒也没有太多的非议，还留下了不少佳话，其载入史册的美德之一，就是对朝臣的悉心爱护和保护。他为陈俊卿仗义执言，也算是这方面的佳话之一。尔后，又有胡铨因台官讥评遭受罢免，虞允文上奏"留之经筵"，经筵乃御前讲席。胡铨因祸得福，也算是跻身于帝师之列。胡铨又推荐朱熹来为孝宗讲经，"上问允文识熹否？允文谓熹不在程颐下，遂召熹"。谁知那个迂阔的朱夫子竟诏征不出，愣是把一个担当帝师的机会不当回事儿。说到这里还有一段要提前交代的后话，可以看出朱熹对宋孝宗很不看好。那已是淳熙十五年（1188年）十一月的事，朱熹应召奏上一篇万言书——《戊申封事》，他运用儒家理学观点，把当时南宋国势积弱、危机深重的责任几乎推给了宋孝宗一人，指责孝宗皇帝"心不正"，存有"私心"，差不多把宋孝宗二十多年的励精图治全部否定了。换了任何一个王朝、任何一个皇帝，还不得把这家伙往死里整，但宋孝宗竟然将这篇万言书连夜读完，非但没有震怒，反而从第二天起接连超升朱熹的官职，一个最高统治者能有这样的度量与修养，还真是世所罕见。话说回来，虞允文在开放言路、鼓励上书上也是功不可没的。当时，"检鼓院以六条抑上书人，允文力言不可"。检鼓院是南宋建政之初由第一任宰相李纲就奏请设立的机构，隶属谏院。谏院掌规谏朝政缺失，原本就该广开言路，如果以六条禁律上纲上线来抑制上书谏言者，那还能听到什么真话诤言？幸运的是，此时的一个皇帝和一个宰相虞允文都是明白人，宰相虞允文极力进言绝不能这样做，宋孝宗也深知绝不能这样做。宋孝宗在位二十七年，多次颁诏向天下人征询意见，鼓励朝野人士议论朝野的得失，如此，才有朱熹应召奏上那一篇直言极谏的万言书。

虞允文主政期间，对金人一直保持强硬而且相当自信的态度。历史记下了这样两个细节：一是孝宗"为陵寝故"，诏以范成大为祈请使，与金人协商，从金占区奉迁先帝陵寝。这是合情合理的要求，但"金不从，且谍报欲以三十万骑奉迁陵寝来归"，一时间，中外汹汹，朝论纷然，镇守荆、襄的将领纷纷发来急报，请求朝廷增兵。但虞允文一眼就看穿了金人虚张声势的伎俩，他坦然说："金方惩亮，决不轻动，不过以虚声撼我耳。"大意是，金人刚接受了完颜亮惨败的教训，绝不会轻易动兵，不过是虚张声势撼动我军心、民心罢了，其用心当然还是想捞到什么便宜。无论朝廷怎么议论纷纷、人心惶惶，他都屹然不动。果如其所料，金军光打雷不下雨，最终也没采取什么行动。第二件事，是孝宗生日（庆节）那天，"会庆节，金使乌林答天锡入见，金主婿也，骄倨甚，固请上降榻问金主起居，上不许，天锡跪不起，侍臣错愕失措"。大意是，金国派遣驸马乌林答天锡为使臣来到临安，入朝进见，他跪在孝宗榻前，要宋孝宗下榻，按藩属国对宗主国的君臣之礼，向大金国皇上请安，实际上是要宋孝宗跪拜金世宗。宋孝宗是一个很有骨气的皇帝，自不答应，乌林答天锡就跪着不起来，虽是跪着，但态度强横，孝宗的左右侍臣们皆张皇失措，一时不知怎么办才好。虞允文当机立断，请皇上先回内宫，又当着乌林答天锡的面大声道："大驾既兴，难再御殿，使人来且随班上寿。"这句话就是说给乌林答天锡听的，我们的皇上起驾回宫，今天就不会再到殿上来了，你们明天一早就跟随朝班祝寿吧！

于是,"金使惭而退"。

四、伟哉虞公,千古一人

自左相陈俊卿被罢,虞允文独相两年,总揽帝国军政大权。

每一个抵达权力巅峰状态的人,都有高处不胜寒之感,尤其是作为独相,在赵宋一世是高度危险的。一方面极易造成专权、擅政,另一方面也极易遭受朝臣,尤其是御史、台谏弹劾,而更可怕的是来自皇帝的猜忌。那个谙于权谋的北宋第一名相赵普一生三次拜相,独相十年,在这方面也曾吃过大亏。虞允文也不能不考虑潜在的危险,他如履薄冰,谨小慎微,并屡次推举晚辈梁克家替代自己。这是政治智慧,也可谓是一种权谋吧,他越是这样,宋孝宗越是不同意,对他也越是信任有加。这让他与宋孝宗勠力同心,达到了君臣合作的蜜月期,期间先后举行了三次大规模的阅兵,意在北伐中原,恢复故疆。这也是宋孝宗一生未竟的夙愿。

乾道八年(1172年)二月,宋孝宗"以仆射名不正,改为左、右丞相",虞允文改任左丞相兼枢密使,授特进,作为人臣,已至极顶,而极顶很容易变成绝顶,虞允文在惶恐之中"以病乞解机政,又荐克家靖重有宰相器,至是始同相"。这一次孝宗终于答应了,拜梁克家为相。梁克家比虞允文年轻十八岁,为宋高宗绍兴三十年(1160年)的状元,他能与前辈虞允文同朝共相,既是虞允文鼎力推荐,自然也是同心同德,共辅国政。随着虞允文两年独相时代的结束,左丞右相甫定,唯枢密人选一直争论不休,尚未定夺。孝宗以手诏付允文曰:"朕方欲武臣为枢密,曹勋如何?"这还真是让虞允文不知如何回答才好。宋朝自太祖开国后即定下以文驭武的基本国策,除狄青等极少的武将曾执掌枢密,几乎是清一色的文臣执掌这一最高军事机关,而兵部尚书在赵宋一朝只是有名无实的虚职。虞允文没有明确反对孝宗以武将为枢密的旨意,但他认为曹勋"人品卑凡,不可用"。既而,孝宗又"以张说签书枢密院事",张说既是武将,还是外戚,这就更不能入主枢密了。为这事,陈俊卿等多位大臣都因坚决反对而遭受贬逐，却依然有人站出来反对，右正言王希吕与台官对张说更是交相弹劾。宋孝宗勃然大怒，一个皇帝任命一个枢密，竟然遭到这个反对、那个弹劾，他把一股怒火发泄到了王希吕身上，又给虞允文下了一道手诏："与远恶监当！"就是要把王希吕这厮贬逐到最远的、最坏的地方去当个弼马温（马监官）。眼下，这个烫手的山芋已经递到了虞允文手上，他既不能违背大宋祖制，又不能违拗当今皇上，不知如何是好。

按宋朝的制度设计，一个皇帝的手诏若要变成一个正式诏令，还得经过执政大臣之手，这是程序，也是对皇权的一种掣肘。虞允文和梁克家对张说签署枢密院事私下里是赞成的，对此，《宋史》有明确记载："是时外戚张说用事，宰相虞允文、梁克家皆阴附之。"但作为首辅大臣的虞允文，决不赞同皇上在盛怒之下做出的决定，每到这种时刻，他都会站出来为朝臣说话。于是，他将孝宗怒贬王希吕的手诏缴回，也是劝孝宗收回成命，这下孝宗更加激怒了，他又把所有的愤怒都发泄在虞允文的头上，而虞允文也是个犟脑壳，在天子面前不屈不挠，据理力争，把孝宗皇帝气得浑身发抖。当一个皇帝与大臣闹得不可开交时，还真得有一个能说上话的和事佬来调解，而最适合的人就是右相梁克家。梁克家在这方面很有天赋，那一番话说得还真有水平："希吕论张说，台纲也；左相救希吕，国体也。"意思是，王希吕弹劾张说，那是台官的职权；左丞相救王希吕，那是顾及国家的大体。宋孝宗听得此言，猛一下就冷静了。他也不是一个不讲道理的皇帝，只是一时间怒从心起，当那满腔怒火压下去了一些，对王希吕的处罚也就减轻了，"上怒稍解，卒薄希吕之罚"。

这事摆平不久，虞允文又卷入一桩难以言说的是非公案。这年四月，虞允文遭御史萧之敏弹劾，指斥他"擅权不公"。虞允文最担心的就是这种"擅权"的大罪，随即便主动"上章待罪"，听候皇上处置。宋孝宗在如何处置虞允文上也很犹疑，还特意到德寿宫参见了太上皇宋高宗，自然是想听听高宗的看法。宋高宗这次没有发昏，念及虞允文的采石矶之功，慨然而问："采石（矶）之功，之敏在何许？毋听其去。"

这太上皇还真是问到了关键问题上，虞允文在采石矶抗击金军时，你萧之敏在什么地方？宋孝宗也豁然大悟，于是命虞允文复职，将萧之敏贬逐出朝，却又"书扇制诗以留之"。虞允文一眼就看出了孝宗的心事，赶紧又站出来为萧之敏说话，"允文言之敏端方，请召归以辟言路"。于是，又有了一个最圆满的结果，高宗满意，孝宗满意，萧之敏则既为自己弹劾虞允文而羞愧，又对他这种以德报怨的宽厚胸怀感激不尽，而最大的获益者则是虞允文，他非但没有因弹劾而受到任何处罚，却让孝宗对他那宽厚的襟怀、气度和美德愈是敬佩和感动，"上谓其言宽厚，命曾怀书之《时政记》"。就这样，萧之敏的一次弹劾，最终竟以多赢的结果而收场，而虞允文的美德也被记录在《时政记》上，流芳百世。若对这一段历史再三审视，人们发现虞允文除了美德，还有游刃于官场政治中的高深智慧。

接下来，又生出一段是非。孝宗命朝臣推选谏官，虞允文推荐了李彦颖、林光朝、王质三位耿直诚信，又以文才学识为时人所敬重的士人，但孝宗迟迟没有答复。以趋奉宫廷而闻名的朝臣曾觌推荐了一个没有科举功名的人，孝宗却立刻赐给其科第，擢拔为谏议大夫。这个曾觌是个辞采婉丽、风格柔媚的词人，此人和孝宗关系非同一般，"绍兴中，为建王内知客。孝宗受禅，以潜邸旧人，授权知阁门事"。宋孝宗置首辅大臣推荐的人选于不顾，却如此看重一个没有科举功名的士人，这让虞允文、梁克家两位宰相看不下去了。他们为这事与孝宗发生了争议，但孝宗也特别固执，两位宰执大臣加在一起，也无法动摇他对一个"潜邸旧人"的信任。结果是，从"允文、克家争之，不从"，演变为"允文力求去"。这是虞允文辞相的直接原因。他或许不想再干这个宰相了，他或许觉得自己这辈子还有一件更大的事要干。从接下来的历史事实看，君臣俩并未为此闹翻，反而达成了某种默契，唯一的原因是，他们在一件事上想到了一块，心心相印。

自从张浚渡淮北伐遭受符离之败后，宋孝宗虽说与金人达成了割地求和的"隆兴和约"，但其北伐之志并未打消，反而更加强烈。他曾对虞允文誓言："丙午之耻（靖康元年），当与丞相共雪之！"又曰："朕惟功业不如唐太宗，富庶不如汉文、景。"可见，他还真是一个南宋少有的雄心勃勃的皇帝。但北伐抗金，恢复故疆，光有大志不成，还得有深谋远虑的战略定位。恰在此时，"允文力求去"，孝宗准辞，对虞允文"授少保、武安军节度使、四川宣抚使，进封雍国公"。虞允文此次奔赴西线，已是他第三次总督川陕军务，也是最后一次。他上朝辞行时，宋孝宗又是一番嘱托，"上谕以进取之方，期以某日会河南"。一段历史看到这里，差不多快要看到头了，终于露出了端倪，宋孝宗的战略意图是，由虞允文统帅西路军，他御驾亲征，统率东路军，从东、西两线挥师北上，夹击金军，并约定在某一天会师河南。对孝宗的恢复之志和战略意图，虞允文自是感奋不已，但他也直言自己的担心："异时戒内外不相应。"这种"内外不相应"的事情，在南宋历史上已多次发生，虞允文不能不担心。宋孝宗则信誓旦旦："若西师出而朕迟回，即朕负卿；若朕已动而卿迟回，即卿负朕。"这是说，假如你率西线部队出征而我还在踟蹰犹疑，就是我辜负了你；假如我已率师出征而你还在徘徊犹豫，就是你辜负了我！这种君臣之间的盟誓，史上罕见。为了表示对虞允文的信任和恩宠，宋孝宗还驾临正殿，为虞允文举办了一场饯行的盛筵，又在席间为之斟酒赋诗，并御赐他家庙祭器，还破格将其子虞允亮延入直秘阁，另拨钱一百万贯以助西路军饷。

对虞允文此次宣抚川陕，又牵扯到一桩历史公案。当年张浚鏖战关陕时因冤杀西线大将曲端而留下了一段历史公案，而虞允文的前任王炎（字公明）被罢，以虞允文取而代之，也同样是一段历史公案。虞允文久历官场，胸怀再也不像以前那样慷慨磊落了，他有一个载入史册的毛病——"讳缺失"。尤其在他担任宰相、主宰朝政之后，对不同的声音，尤其是对朝政、对他本人的批评和指责者，均是他要排斥的"异己"。在虞允文主宰朝政时，王炎一度签书枢密院事。一人宰政，一人掌军，两位宰执大臣在军政上难免会有一些过节。对此，被誉为庐陵"五忠一节"的周必大在《王炎除枢密使御笔跋》有这样一段记载："初，炎与宰相虞允文不相能，屡乞罢归，允文荐权吏部侍郎王之奇为代。……暨宣炎制，宰相以下皆莫测云。"这当是一段信史，王炎与虞允文还不是一般的过节，其"不相能"由来已久，积怨很深，虞允文一直想罢黜王炎让其他大臣取而代之，但宋孝宗当时没有听从虞允文的意见，并决意重用王炎，先于乾道五年（1169年）命王炎"权参知政事，除四川宣抚使"，又于乾道七年（1171年），"拜枢密使，依前四川宣抚使任职"。尽管孝宗皇帝对王炎很是看重，委以重任，却一直得不到宰相虞允文的支持，他这宣抚使也就处于不稳定状态了。王炎在苦心经略川陕、捕捉战机之际，已经感觉到了"螳螂捕蝉，黄雀在后"的危机，而虞允文这只"黄雀"比他下手更快、更果决。随着虞允文取而代之，王炎的厄运随即降临。据《宋史·孝宗纪》载："乾道八年九月乙亥诏王炎赴都堂治事，戊寅以虞允文为四川宣抚使。"对王炎突然被召回的原因，一直让后世颇费猜测。一是他的军事实力越来越强，又加之他在招兵买马时，组建了一支由"契丹、女真、汉儿"组成的义胜军，还有一个由陆游等主战派幕僚组成的智库，这让宋廷上下对王炎充满了猜忌。猜忌他的既有朝廷的主和派，生恐王炎打断他们的和平梦，也有宋孝宗和虞允文这些主战派，这也表明，南宋主战派之间也有激烈的权争。王炎后来的下场很悲惨，越是悲惨就越是让人想起虞允文在这一段历史公案中扮演的角色，他虽说未像张浚那样直接诛杀曲端，在排斥异己上却也扮演了一个不光彩的角色。

又无论如何，总之是虞允文又一次踏上了漫漫西行之路，一位年过花甲的老人，那高大无比的身躯再也没有了少壮时的英姿雄伟，更没有了采石矶之战时那排山倒海的气势，却有了烈士暮年的苍凉、壮志未酬的悲壮。一路上他走得很慢，抵达四川已是第二年了。他没有急于打仗，那时的军人连养家糊口都很艰难，饿着肚子怎么打仗？他很实际，先从解决军队的实际困难入手，"大军月给米一石五斗，不足赡其家，允文捐宣司钱三十万易米，计口增给。立户马七条，括民马，奏选良家子以储战用"。当时，主力部队的军人每月发米一石五斗，还不够赡养家属，虞允文拿出宣抚司拨来的三十万贯钱买米，计算人口增添发给。又规定户马的七条，收揽百姓的马，允许养马的免赋税，马的数量也增加了。虞允文又上奏选拔良家子弟来备战。这一系列举措，让军士大悦，士气大振。

宋孝宗一直在等待虞允文出兵的消息，但虞允文"使蜀一岁，无进兵期"。这让孝宗急了，"上赐密诏趣之，允文言军需未备，上不乐"，此时的虞允文已是将在外君命有所不受，皇上赐密诏催促他，他都以军需物资尚未齐备为由推托，迟迟不愿出兵。这让宋孝宗很是郁闷，却也无可奈何。虞允文为什么不肯出兵呢？史上猜测主要有两种原因，一是他担心自己不在朝中，一旦发起对金战争，很可能像当年张浚发动隆兴北伐一样。胜败乃兵家常事，但南宋却是一个输不起的王朝，打了胜仗好说，一旦吃了败仗，宋廷那些主和派朝臣又会动摇孝宗的信心，又开始割地求和，到时他就会像张浚一样陷入悲惨的命运。二是他对北伐显然还没有十足的胜算，此时他扮演的已不是采石矶之战的角色，那是一次别无选择、死里求生的绝地反击，一个从未打过仗的参军，带着一支败军，哪怕打了败仗、全军覆没也是千古赞颂的慷慨悲歌。而现在，他已功成名就，手握重兵，他既要对自己的一世英名负责，更要对大宋帝国负责。总之，从乾道八年（1172年）到淳熙元年（1174年），虞允文在他一生最后宣抚川陕的两个年头里，一直没有进兵。而我的猜测是，上苍给予他的时日太短了，他还没有来得及发兵就辞世了，享年六十四岁。这也是宋孝宗最终得到的消息，虞允文一死，他北伐中原、恢复故疆的念头仿佛也死了，从此孝宗终其一朝不复再提北伐。

有一件很蹊跷的事，在虞允文这样一位当之无愧的"任重之器"与世长辞后，非但没有获得张浚那样隆重的哀荣，竟然连个谥号也没有。一个想当然的历史猜测是，宋孝宗还在为他迟迟按兵不动而生气，因而不赐予他谥号。过了四年，孝宗驾临白石检阅三军，当他看到虞允文打造的军队全是精壮剽悍之士，一时间感动不已，眼含热泪，他终于知道虞允文那两个年头都在干什么了，对身边的大臣感叹："虞允文行沙汰之效也！"未久，他便下诏追赠虞允文为太傅，谥忠肃，以表彰其"刚直不阿，正气森严，忠贞爱国"的高贵德行。按宋朝谥号等级，文臣最高者为文或文正，如王安石，谥文，这是赵宋一世对文臣的最高谥号，几乎绝无仅有，而范仲淹谥文正，也是第一等的谥号。武官最高者如狄青，谥武襄，其次如岳飞，谥武穆。还有一种是集文武于一身的通谥，以忠字开头，最高级别为忠武，极少有人得到，次则为忠献、忠肃、忠敏等，也是崇高的哀荣了。张浚谥忠献，虞允文谥忠肃，从谥号上看，虞允文在宋孝宗心中的地位还是稍逊一筹。

至此，虞允文也可以盖棺论定了。作为南宋继张浚之后的又一主战派领袖，他虽然不是一个王朝的托命之臣，却有托命之功，而且是一战而奠定了自己的历史地位。自采石矶之战后，他虽在军政上卓有建树，却再也未直接指挥过重大战役，这是他无法与张浚相比的。张浚虽有富平之败、淮西之变、符离之败，但他一生还指挥过多次大规模战役，基本上奠定了南宋大格局和历史命运，而虞允文打造的采石矶大捷只是一段非凡的历史插曲，但对南宋的命运非常关键，《宋史》将采石矶之战比之为三国赤壁之战、东晋淝水之战："昔赤壁一胜而三国势成，淮淝一胜而南北势定。允文采石矶之功，宋事转危为安，实系乎此。"看历史大势，由张浚、虞允文两代主战派领袖奠定的宋金格局是——金无法越过长江，宋亦未能渡黄河，这种南北对峙的局势一直维持到宋元联手灭金。相对于金国，南宋庶几也可谓是笑到了最后的胜利者，在灭金后它还延续了四十多个春秋……

这样一个缔造了奇迹亦如同奇迹的军事天才，自有其书生本色。他也是一个天生的读书人，杨万里在《虞公神道碑》赞其终身好学，"食必观书，为文立成，不雕而工"。虞允文曾经注释过《唐书》《五代史》，还著有诗文十卷，《经筵春秋讲义》三卷，《奏议》二十二卷，《内外志》十五卷等，还有大量奏疏类散文以及《辨鸟赋》《诛蚊赋》等，此外，他还是一流的书法家，传世墨迹有《适造帖》《钧堂帖》等，观其书，亦如其人，看似内敛含蓄，一直隐藏着、隐忍着，却于不经意间，在一撇、一捺、一个转折处，顷刻间突显出奇崛的风骨，那凌厉的笔锋就像突然把剑"嗖"地一下抽出来了。一个伟岸的书生形象，就这样在笔与剑中铸定，唯其如此，才能让一个文治时代承受巨大的挑战，也让八百年后一个由书生打造出来的统帅由衷赞叹，毛泽东在《续通鉴纪事本末》批道:"伟哉虞公,千古一人。"

  如今的采石矶早已不是一个王朝的命门,眼前是迤逦而过的长江和随心而动的风景,当一尊坚如磐石的塑像长出了青苔,若要进入八百多年前的历史是一个无比漫长的过程。我没有这样的妄想,我来这里只是为了一次仰望。那硌着脚底的尖锐的疼,不只是采石矶的岩石,还有我们祖先的骨骼与头颅。当你走过这样一座石矶,你的骨头里不知不觉就会平添一股硬气,下意识地就会挺起身躯和胸膛,去完成你生命中必不可少的一次仰望。

胡 铨

脖子最硬的人

追溯南宋国士，若从南宋第一名相李纲开始，接下来就该追溯与之并称"南宋中兴四大名臣"中的另三位：赵鼎、李光和胡铨。

赵鼎（1085—1147年），字元镇，宋徽宗崇宁五年（1106年）进士，北宋时代官至洛阳令，在南宋高宗绍兴年间（1131—1162年）几度拜相。《宋史》称"鼎为南渡名相，与李纲齐名"，由于他担当宰执时间比李纲更长，在同秦桧的抗争中表现得尤为壮烈，乃至有后世推崇他为"南宋中兴四大名臣"之首。但无论是在北宋末年对一个王朝最后的拯救，还是在南宋建政之初的奠基性作用，他扮演的历史角色显然都没有超越李纲。他的历史意义，更主要是以一个殉道者、殉国者的悲壮形象而存在的，而他的历史宿命也因此而注定，他被朝廷一贬再贬，绍兴十七年（1147年），在他贬到天涯尽头的吉阳军（今海南三亚，宋置崖州，后改吉阳军）的第三年，他预知"秦桧必欲杀己"，遂绝食而死，年六十三，死前自书铭旌："身骑箕尾归天上，气作山河壮本朝。"

李光（1078—1159年），字泰发，与赵鼎为同年进士，在北宋时代官至侍御史，南宋高宗绍兴八年（1138年）拜参知政事，与赵鼎形成了对秦桧势力的反制，也与赵鼎一样遭受秦桧的迫害。李光被贬海南的时间和赵鼎皆在绍兴十四年（1144年），先移琼州，后移昌化军，最终于耄耋之年奉诏北返，以八十二岁高龄死于凄风苦雨的归途。"山川炳灵，独生贤哲；忠肝义胆，为事屈轶；瘴海蛮烟，死生如一；肖像乡庠，过者必式。"这是《宋史》对他的传赞，他也是一位以忠肝义胆、死生如一而最终完成了自己的国士使命。

由于李纲、赵鼎与李光大致是在同一岁月中走过的，其人生命运与李纲如出一辙，追述他们的历史意义亦如对李纲一生的复写，于此对他们只做一个简约的交代。我之所以选择"南宋中兴四大名臣"中的最后一位——胡铨，不只是为了追溯他的一生，而是以他为线索，追溯他与一个南渡后的王朝共同走过的近八十年的历史。同李纲、赵鼎和李光相比，他已是下一辈了，历史需要一个薪火相传的、具有里程碑意义的人物……

一、失重的江山

走近这条河，并非一次偶然的相遇，而是一次必然的追溯。这是一条被人类反复命名的河流：泷江——孤江——潇泷江。从自然地理看，它是长江流域赣江东岸最大的一条支流。但在欧阳修写出那篇参透人世沧桑的《泷江阡表》之前，这条南方的河流仿佛一直在历史的空白中流淌，除了它哺育的儿女，外人对它几乎一无所知。欧阳修在诉说平生时也为世人揭开了一条河流的身世之谜，更重要的是为这条河重新确立了源头和流向。从此，一条河如在神灵的指引下，从欧阳修的故乡沙溪一路流经杨邦乂、胡铨、周必大、杨万里、文天祥的故乡，而在它的流域内有一个地方——吉州庐陵，哪怕再荒芜也不会被人类遗忘。

我的目光又一次下意识地盯上了大宋帝国版图上的一个地名：吉州庐陵。这不是我的重复，而是历史的反复强调。就像同在江西的抚州临川一样，这也是一个值得后世反复打量的地方。所谓人杰地灵，在中国屈指可数的一些地域里总是被反复验证。吉州庐陵便是其中之一。这一方水土，不知从何时开始便被誉为江南望郡和文章节义之邦，而宋朝不是开端，但是巅峰。在那个历代文人津津乐道的文治盛世，且不说一个庐陵出了多少进士，也不说那"隔河两宰相，五里三状元"的历史传奇，只说欧阳修、杨邦乂、胡铨、周必大、杨万里、文天祥这庐陵"五忠一节"，哪一个都是在中国历史上扮演主角的人物，他们或像河流一样以漫长的方式一点一滴地去验证人生的过程以及最终的归宿；或像云中的闪电，在某个黑暗的时空骤然爆发出惊人的、耀眼的光芒。

这里，我选择一个叫胡铨的士人，来解读一个人和一条河水乳交融的气质与血肉。这其实不是我的选择，而是历史的选择。对这个人，我几次想要放弃又难以割舍，哪怕历史性的追述，也感觉这是一块非常难啃的硬骨头。

胡铨，字邦衡，号澹庵，生于宋徽宗崇宁元年（1102年），此时离北宋覆没仅有二十五年，一个王朝已进入黄昏，但所有的历史在发生之前都是无人窥破的秘史，哪怕是像王安石这样伟大的预言家，也无从窥破他死后四十年北宋就将灭亡的真相。

在胡铨之前，"五忠一节"已经诞生了两位，第一位是天下无人不知的欧阳修，第二位则是让人多少感到有些生僻的杨邦乂。同欧阳修相比，杨邦乂对胡铨一生的影响兴许更加铭心蚀骨。

杨邦乂比胡铨年长十七岁，北宋政和五年（1115年）以舍选登进士第，他步入仕途后的十四年岁月，仿佛在历史中深深隐遁了，很少有人知道这个人，很少有人知道他这些年都干了些什么。一个默默无闻的士人，在建炎三年（1129年）如同横空出世般，他的存在让历史再也不会忽视了。是年九月，金兀术率大军横渡长江，剑指南宋的桥头堡——建康（今南京）。此时镇守建康的，就是那个曾扒开黄河大堤以水代兵的杜充。《宋史》对此人的评价是"喜功名，性残忍好杀，而短于谋略"。但他的官运非常好。远的不说，只说北宋覆没的第二年，南宋初建的建炎二年（1128年）七月，时任南京（今商丘）留守、一心想要北伐收复河北领土的宗泽，出师未捷身先死，宋廷以杜充"权东京留守"，这只是个暂时性的代理职务，却给了他一个反其（宗泽）道而行之的机会，他立马就中止了宗泽生前制订的北伐部署，切断了对河北沦陷区抗金义军的联系和支援，以致河北所有义军遭受金军镇压，南宋也从此彻底丢掉了北宋末年被金国侵占的三分之一多的大好河山。建炎三年（1129年），杜充又在丢掉了长江以北的大片河山后，南逃建康府。

建炎三年（1129年），当时岳飞的顶头上司杜充从开封溃逃过江，宋高宗却认为他保存了生力军，表扬他"持重"，超升为尚书右仆射同平章事（右相）兼江淮宣抚使，主持长江军防保卫建康（南京）。当时除张俊贴身护卫四处"行在"的宋高宗之外，全部军队包括刘光世与韩世忠所部都归他管，他几乎一把抓尽天下之兵。但没几天金军渡江，杜充一仗未打即弃城逃往真州（仪征），旋即降金，绍兴九年（1139年）还出任金人的行台右丞相（傀儡总理）。这次授权，留给宋高宗的回忆很灰暗。

这样一个败军之将，不但没有受到宋廷的任何惩罚，反而得以重用，被拜为尚书右仆射（右相），旋以江淮宣抚使镇守建康。从这个过程说来非常复杂，但结果却非常简单，"未几，金兵渡江，遂降"。

杜充降金，让高宗赵构"不食者累日"，他悲愤莫名地哀叹："朕待充自庶拜相，可谓厚矣，何故至是？"但一个南宋皇帝的哀叹也只是徒唤奈何，杜充不但在宋朝的官运非常好，在金国的官运也非常好，先任金朝燕京三司使，后又超升为燕京行台右丞相。这也难免让人心生疑惑，一个人能在两国拜相，难道仅仅只是他的官运非常好吗？他是否还有什么其他非常之本事呢？

对于南宋而言，随着杜充降金，他在南宋的历史已经终结了。而摆在南宋眼前的是，建康一旦失守，拱卫临安的江南第一座堡垒丧失了，金兀术将驱驰麾下的铁骑直捣南宋行在（临时首都）临安，一个王朝又被猛地推向了穷途末路，宋高宗再次被逼到了向海上逃亡的绝境。然而这一次，奇迹出现了。金军在杜充投降后，竟没有直捣临安，他们被另一支宋军拖住后腿了。拖住金军铁骑的，不是别人，正是那个必将成为"五忠一节"之一的杨邦乂。一个士人入仕十四年，到了四十四岁这样老大不小的年纪，此时还只是一个七品芝麻官，任建康府溧阳知县。从仕途上看，杨邦乂属于那种进步相当缓慢的士人。是战争给他创造了横空出世的历史机会，在主将叛逃、宋军不战而溃的危急关头，一个七品芝麻官旋即拉起了一支队伍，重新举起了大宋的旗帜，这样一支临时拼凑的杂牌军自然无力与强大的金军抗衡，但他们以拼死的血战让金军看到了貌不惊人的南宋人中随时都有一股突然爆发的力量。尽管金军没用太多的时间就打败了这样一支杂牌军，但正是这支杂牌军为赶来驰援的宋军大部队赢得了宝贵的时间。哪怕只是三五日时间，赢得的可以说就是一个王朝起死回生的历史机遇。而杨邦乂只是历史关头的一个短暂主角，但在关键时刻起到了关键性的作用，他的一生也因此而被赋予了非凡的历史意义。

当然，杨邦乂的历史命运也因此而注定，在兵败被俘后，无论金兀术怎么软硬兼施，都无法动摇他对赵宋王朝坚贞不屈的忠诚，他咬破手指，在衣服上凛然血书："宁作赵氏鬼，不为他邦臣。"眼见兀术还不死心，他又以头撞柱，在迸溅的鲜血中痛呼："岂有不畏死而可以利动者？幸速杀我！"兀术又派降金的宋户部尚书李棁等多次劝降，在兀术摆出的盛筵上，杨邦乂瞋目痛斥李棁等降臣："天子以若捍城，敌至不能抗，更与其宴乐，尚有面目见我乎？"又据《忠襄公杨邦乂剖心》记载，杨邦乂犹血脉偾张地怒视着兀术痛斥："若女真图中原，天宁久假汝？行磔汝万段，安得汙我！"意思是，你们女真人侵占中原，难道上天会长久保佑你们吗？总有一天我们会抓住你，将你碎尸万段，不要再来污辱我！兀术这下彻底死心了，喝令刽子手将杨邦乂以最残酷的方式处死，割其舌，剖其胸，剜其心脏。那把刀，像屠夫的刀刃一样血腥、油腻而残缺。

当杨邦乂惨烈的死讯传到宋廷，连一心乞和的宋高宗赵构也唏嘘不已，敕旨褒奖杨邦乂"舍生取义""死有重于泰山"，谥忠襄。在金兵退走后，宋廷又由户部尚书叶梦德率文武百官为杨邦乂举行国葬，并在他就义的聚宝山（今雨花台）下土门岗建杨忠襄公墓和祠。历代后世多次为其维修祠庙，并立"宋忠臣庐陵杨忠襄公剖心处"石碑。而当一个生命化为了石头，那鲜血发出的热气也渐渐冷却、干涸，仿佛成为紧贴着大地的一片发黑的苔藓。

对于本文的主人公胡铨，杨邦乂只是一个离他最近的历史背景。他们虽为庐陵同乡，但在人生之路上并无交集，所有的交集都是精神上的。在胡铨成为庐陵"五忠一节"的第三人之前，还将穿越一段漫长的时空，将近南宋一半的历史。

胡铨出生于一个耕读世家，客家人。他家乡庐陵芗城是一马平川的河谷地，一条源远流长的泷江年复一年地流过黝黑的土地，散发出泥土和风的气息。若是没有灾难，这里将是最适合人类栖居之地。但这地方几乎每年都要在水里淹没一次。每当洪水席卷而来，一切都看不见了，一个村庄仿佛从这个世界上抹掉了，还有多少父老乡亲连同他们的牲口和庄稼不知被洪水冲到哪儿去了。当洪水退走后，每一个活着的人都恍如经历了九死一生的幸存者，而对于他们，一切都只能重新开始。当童年时代的胡铨眼睁睁地看着父老乡亲伸出他们凝结着烂泥的胳膊，一边为死去的亲人埋坟，一边为活着的家人盖房，一个孩子在小小的年岁或许就有历尽沧桑之感，只有这种生死轮回的体验，才能让一个未来的国士滋长出非同一般的血肉和气质。

如果说胡铨也是一个神童，他的神话从一开始就与水有关。他打小就听父亲讲大禹治水的传说，这也让他与一般的神童不同，在他身上发生的不是五岁能诗、七岁能文之类的轻佻童话，而是一些犹如神谕般的启示。一次，父老乡亲正在修堤，胡铨走在那低矮的、弯弯曲曲的堤坝上，充满孩子气地问，这堤怎么就不长高点儿，再高点儿……就在他兀自这样念叨着时，他走过的那段河堤眼看着竟慢慢长高了。神啦！这样的神话还不止一个。又有一次，他沿着江堤去泷江上游的吉水富滩做客，恰好与一位去富滩龙王庙取经的和尚同行。那和尚见踩着一道低矮的河堤随意吟道："抬脚在庐陵，落地是吉水。"没想到这个小小的孩子竟然接着脱口而出："去时跨长堤，返期攀天梁。"更神奇的还不是他脱口而出的两句诗，而是这天晚上他做了一个神奇的梦，两路天兵天将为争夺天空直打得乌云翻滚、电闪雷鸣，把天宫的一根栋梁给掀了下来，呼呼直向大地坠落。他在地动山摇般的震撼中蓦地惊醒，推开大门一看,那低矮的、弯弯曲曲的江堤已化作了一道逶迤绵亘的苍山。这座山,后来被庐陵人称作天梁山,它不但可以在汛期抵挡洪水,还能在寒冬腊月阻隔呼啸南下的老北风,一个水深火热的地方,从此变成了一个冬暖夏凉的风水宝地。

当然,谁也不会相信这是真实的历史。很多事都未必能当真,但又肯定事出有因。这也是我追溯历史人物的一点心得,这样的传说也让我这个历史的追述者难以割舍,上苍竟然慷慨地以一座山作为一个孩子梦中的馈赠,这样的神话在别的神童身上还从来没有发生过。

但胡铨的一生却并未按传说预定的一个方向演绎,一个孩子与水的神话,随着一道天梁山在他的梦中诞生之后,从此就被撇开了。

十年后,胡铨乡试中举,那个曾与他一路同行的和尚又再次预言,此子绝非凡人!那么,胡铨又将以怎样的方式来验证他的非凡呢?

宋高宗建炎二年(1128年),也就是杨邦乂如横空出世又慷慨就义的前一年,宋高宗策士淮海(扬州),应该说,这才是胡铨人生的真正开端。这年他已二十六岁,在乡试中举后被选送到宋廷临时驻跸的扬州,参加进士科考。那是一次令人感动的殿试,一个在金兵追剿下南逃的王朝,居然还按部就班地举行了一次进士科考,又居然还有那么多士子从四面八方前来应试,就凭这一点,也表明了这个王朝对自己还有信心,天下士子对这个王朝也充满了信心。

这次科考由宋高宗赵构亲自策士,他以"治道本天,天道本民"为主题策问士子,但他提出的数十条策问却不是问民,而是问天。胡铨在对策中从民本出发,指责高宗一味"政听于天",听天由命,而不去倾听老百姓的声音,不从民众的愿望出发,"恃天命而不修人",由此才致使祸乱叠起,"汤武听民而兴,桀纣听天而亡。今陛下起干戈锋镝间,外乱内讧,而策臣数十条,皆质之天,不听于民!"一个来自乡野的士子,简直是指着天子责骂,难道他不想要这条小命了?令人吃惊的是,宋高宗这个几乎被打入历史另册的皇帝,对胡铨的这篇策论居然不露丝毫愠怒之色,似乎还特别欣赏,这是载入了《宋史》的一个史实:"高宗见而异之,将冠之多士。"意思是,高宗皇帝看了这篇策论,不但没有怪罪，反而是喜出望外，欲将他钦点为状元。但他这个状元没有到手，因考官中"有忌其直者，移置第五"。这就是胡铨在科举功名上的最终结果，中建炎二年（1128年）第五名进士。

随后，胡铨被授以抚州军事判官，这是他获得的第一个官职，但他尚未赴任，就听到了父亲的死讯，他只能回家丁忧守制。就在他服丧期间，那些被胡铨斥之为金虏、胡虏的北方游牧民族，像狂猛暴躁的洪水一样席卷而来，如撵鸭子般把宋高宗和他的朝廷从江淮之间的扬州向江南驱赶。一个逃亡的天子，一个逃亡的朝廷，自建康经镇江、常州、湖州，一路狂奔到杭州，在惊魂甫定的短暂空隙，升杭州为临安府。听听这个名字，也能想象一个王朝和一个天子当时有多么仓皇，临安，哪怕临时的、须臾的安宁，对于他们也是一种奢望。而金兵也不想给南宋以片刻喘息的机会，在渡江之后，随着镇守建康的杜充不战而降，宋高宗只得又从临安逃到绍兴、宁波，再从宁波乘船逃到温州。此时，除了那一支疲惫不堪地追随着天子逃奔的随扈亲军，还有谁能保护一个王朝？而宋高宗只能悲哀而绝望地从一封封急报上看到，百余年来无战事的江南州县，在金军面前几乎不堪一击，无论文官还是武将，或临阵倒戈，或不战自溃。此时的宋高宗，几乎不敢回望他背后的江山，只能把身子扭向一边，望着大海。一个王朝已经走到了穷途末路，再逃，就只能在海上流亡了。

回溯我此前描述过的那一段关于杨邦义的历史，如果不是有这样一个国士横空出世，以令人难以想象的顽强拖住了金军那日夜驱驰的铁蹄，这个王朝可能连逃亡的机会也没有。当杨邦义以身殉职的消息传到庐陵，此时正在父亲灵前守着一盏长明灯的胡铨，是否又在笼罩江南的巨大黑暗中感悟到了如神谕般的启示？一个孩子，曾经梦得了一座天梁山，从此阻挡了决荡的洪水。而此时胡铨早已不是一个孩子了，也不可能在梦中异想天开。他唯一的选择就是挺身而出，召唤父老乡亲拿起武器来，先把自己的家乡和祖坟守住。而他神奇的号召力，或许是因为他那一身重孝，当一个士人的身影与死亡联系在一起，便会平添一种悲壮。一支数千人组成的义军，就在这种悲壮的气氛下形成了。他们大多是握惯了锄头镰刀的农人，如今一双双粗粝的大手都握紧了笨拙的武器，而一个握惯了笔杆子的士人也握紧了剑柄。这样一个投笔从戎、以文驭武的士人形象，在一个文治时代已反复出现，也让他们的人生呈现出了与时代对应的力量。

一支刚刚拉起来的队伍，随即便投入了战斗。出征时刻是比黑夜更黑的拂晓，他们从泷江逆流而上，去保卫离他们最近的一座州府——吉州。其时，金军已占领了洪州（今南昌），又来攻打吉州。金军攻打吉州不只是为了夺取一座城池，还有一个很具体的目标，就是追捕南逃的孟太后（孟婵）。

说来，那是一个命运多舛的女人，她是宋哲宗的皇后，但在当了四年皇后后，因与一个婕妤的倾轧而被废，降居瑶华宫。哲宗驾崩，徽宗即位，孟氏又被尊为元祐太后。但两年后，宋徽宗赵佶又迫于宦官和蔡京的压力，再废孟氏，她又重回瑶华宫。没承想，这让她因祸得福，靖康二年（1127年）早春，金兵在攻陷汴京后，将徽、钦二圣以及六宫中凡有号位的后妃一网打尽，尽掳北上，这些后妃很多都沦为了金虏蹂躏的军妓和性奴，而孟氏因被废而幸免于难。北宋覆没后，并未直接进入南宋，其间还插入了一个短命的王朝，国号"大楚"。大楚国的皇帝是一直力主议和、曾与康王赵构一同作为人质前往金国的太宰兼门下侍郎张邦昌，他因屡请割地赔款而被金人看好，被扶植为傀儡皇帝。但张邦昌虽是一个投降派的代表，却也不情愿做这个傀儡皇帝，一直不肯登基。金人杀气腾腾地警告他，到了三月初七，若他再不登基就纵兵血洗汴京。为保全一城生民，张邦昌在金军刀剑的逼迫下登基，做了三十二天皇帝，史称"靖康之变"。就在这一个来月的历史插曲里，那个被废的孟太后被张邦昌迎入延福宫，尊称为太后，并请她垂帘听政。从此举看，张邦昌虽说是一个打入历史另册的奸臣，却也并非贰臣，且极具政治智慧和历史智慧，此举既可洗刷他的叛国或汉奸之名，又可以利用孟氏的声望起到稳定危局、凝聚京城以至全国军民人心的作用。而被废多年的孟后，也因此而扮演了她一生中最重要的、无可替代的角色，正是她派尚书左丞为奉迎使，以摄政太后的懿旨命康王赵构继位。而赵构能名正言顺地继承大统，从康王一变而成为日后的宋高宗，在北宋灭亡后将赵宋王朝又延续了一百五十余年，南宋可以说就是这位孟太后一手缔造的。

在赵构登基的同日，元祐太后随即便在汴京宣布撤帘还政，并于同年八月十三日被宋高宗赵构尊奉为隆祐太后（为避其祖父孟元之讳，后改元祐为隆祐）。但她的历史使命并未终结，历史还将以宿命的方式赋予她一次垂帘听政的机遇。那是建炎三年（1129年）三月，护卫统制苗傅、刘正彦发动兵变，拥立三岁的皇太子赵旉为帝，史称"苗刘之变"。为安抚人心，孟太后再次被叛臣请出来"垂帘听政"。每到这样的历史关头，孟氏就能显示出她超人的智慧。她一面与苗傅、刘正彦虚与委蛇地周旋，一面密召那位"赤手擒野马、擂鼓战金山"的大将军韩世忠速来勤王。待到叛乱平定，高宗复位，她又再度撤帘还政。

从靖康之变到苗刘之变，一直到绍兴十二年（1142年）高宗生母韦太后自金国放归之前，在长达十五年的时间里，孟太后一直是赵宋王朝母仪天下的代表，几番扶大厦之将倾，挽狂澜于既倒，让这个王朝起死回生。就在建炎三年（1129年）高宗一路南逃时，孟太后也在金人的追击下向江西逃亡，此举是否是为了引开金军对宋廷的追击，就只能猜测了。但有一点是毋庸猜测的，在孟太后两次垂帘听政后，足以让金人后悔不迭，当年他们将北宋皇室一网打尽时竟然漏掉了这样一条深藏不露的大鱼。金人显然再也不会低估这位太后的能量，如此才会将孟太后作为他们追捕的一个重要目标，非要将她追杀或生擒不可。当金兵占领洪州后便侦知孟太后逃到了吉州，于是立刻来攻打吉州，而吉州太守也找到了一个理直气壮的逃跑理由，那就是为了掩护孟太后向赣州逃亡。当太守弃城而逃，吉州几乎成了一座不设防的空城，但城中还有数万百姓。胡铨深知金人的德行，他们没有抓到隆祐太后，但绝不会空手而返，而将对一座城池施以疯狂的报复，杀人、放火、抢劫、强奸，从来是征服者在烈火中纵情的宣泄与狂欢。

然而这一次，金军再次遭遇了一个猝不及防的对手，就像当年金兀术在建康遇到了一个叫杨邦乂的对手，而胡铨如同杨邦乂的化身一样。

一个文人率领的一群农人,姑且称之为"乡勇"吧,以突袭打了金军一个措手不及。当金军回过神来,旋即便向义军反扑。胡铨虽是一介书生,却也读了不少兵书,如今全都变成了战术,这仗打得既灵活又敏捷。他们先在敌人面前佯攻一阵,一看敌军压上来了,他们又一阵风似的不见了踪影。而金军在搜寻的过程中,又时常遭到义军的偷袭。胡铨就用这种声东击西、且战且退的游击战,把金军引入了离他家乡越来越近的青原山、天梁山一带。一进山,金军骑兵就再也发挥不了优势了,那从马背上呼啦一下甩出去的套马索都挂在了树杈上,而脚下则是义军早就拉紧了的绊马索。那些被绊得人仰马翻的金兵,在挣扎着爬起来的那一刻,脑袋就被砍掉了,哪怕拼死站起来,也只剩下了一个"咕嘟咕嘟"直冒鲜血的脖子……

一介书生在书本之外的力量,以强悍的方式突然呈现出来了。在那一场又一场难以真正再现的战斗中,他率领的义军在我远隔千年的想象中出生入死,呐喊与厮杀。事实上,随着金军退却,胡铨也服丧期满,他人生的第一阶段至此也已告一段落。他向父亲的坟墓告别,然后转身,眼前是倾斜的天空、失重的江山,一个帝国从无边的荒芜中探出了残破的面孔。

二、南朝有人,中国不可轻

接下来又是一次必然的长途跋涉,而胡铨的人生仕途还一片黯淡。

几年前朝廷封给他的那个抚州军事判官,在时过境迁之后自然是过期了。一切又将重新开始。据《宋史》胡铨本传的记载:"绍兴五年(1135年),张浚开督府,辟湖北仓属,不赴。"这与一些想当然的历史记述显然不同,胡铨并未因其抗金守城之功而擢拔到朝廷为官,他的义举压根就没有被宋廷看重过,给他的官职仅仅是被派往湖北(荆湖北路)去做一个管理仓库的小小属官(仓吏),而胡铨对这一职务显然很是失望,因此以"不赴"拒不服从"组织安排"。那么胡铨在"不赴"之后又是怎样安排的呢?史上说法不一,一说是改荆湖南路提点刑狱司干办公事，这个官名说起来很长，其品位也就跟仓属差不多，只是从仓库转到了刑狱；一说是"除枢密院编修官"。胡铨"除枢密院编修官"是不争的事实，但到底是何时担任此职？是绍兴五年（1135年），还是绍兴七年（1137年）？翻检诸史，我更倾向于他在"除枢密院编修官"之前还干过一段荆湖南路提点刑狱司干办公事。胡铨被后世认为是张浚的弟子，他们的第一次交集应该就在这段时间。张浚，字德远，是南宋力主抗金的主战派领袖，也是后世公认的民族英雄。绍兴五年（1135年）二月，张浚任尚书右仆射（右相）兼枢密院事、都督诸路军马，几乎将南宋军政大权集于一身，这也是主战派在宋廷占上风的时期。张浚开都督府于建康，既要守住长江防线，还要都督岳飞在长江和洞庭湖交汇处一代镇压杨幺起义。而胡铨此时还是一个些小衙门吏，他是否真的与张浚主宰天下的第一大臣有过交集，也没有确凿的史实佐证。这一段时间，当是胡铨的一段平庸的人生过渡。

  如此，一段比较纠结的历史大致理顺了。直到绍兴七年（1137年），"有诏赴都堂审察，兵部尚书吕祉以贤良方正荐，赐对，除枢密院编修官"。举贤良方正，早在汉文帝时代便有了。按董仲舒天人感应之说，每当灾异降临，表明帝王有过，必须下诏求贤，征求谏言，以匡正过失，因此被举荐的贤良方正要求是"直言极谏者"，而胡铨的"直言极谏"在他参加殿试、回答天子策问时就以极端的方式表现出来了。这一次，他则以更直接的方式走进了高宗皇帝的眼皮底下。一番君前奏对后，胡铨得到了他入仕以来的一个最重要的官职——枢密院编修官。又据《宋史·职官志二》载："编修官，随事置，无定员，以本院官兼者，不入衔。"而我在通读《宋史》时发现，此官约为正八品，但官小衙门大，做过这种官的南宋名臣还不少，譬如在胡铨之前的张浚，之后的陆游，都做过枢密院编修官。只是，从单纯的仕途看，这年胡铨已经三十三岁，中进士已经七年，还只是做到一个八品官，他在仕途上的进步是相当缓慢的。

  胡铨入枢密院时，主掌枢密院的枢密使正是他一生宿命的大敌秦桧。作为宋廷的最高军事长官，秦桧下达的一道道命令几乎都是班师、班师、班师，说穿了就是撤退、撤退、撤退，打败了退，打胜了也退。就在这年，由于刘光世部将郦琼叛降伪齐，张浚被朝廷追责，因而罢相，从此谪居二十余年。刘光世也是"南宋中兴四将"之一，但多次畏敌逃跑。在事发的前一年，绍兴六年（1136年）十二月，右相兼都督张浚便奏请高宗："刘光世骄惰不战，不可为大将，请罢之。"但时任左相的赵鼎则认为，刘光世乃"将家子，将率士卒多出其门下，若无故罢之，恐人心不可"。张浚又再次上奏：刘光世"沉酣酒色，不恤国事，语以恢复，意气拂然，乞赐罢斥，以儆将帅"。绍兴七年（1137年）四月，刘光世罢为少师，宋高宗原已答应将刘光世所部划归岳飞，但遭到枢密使秦桧的反对，张浚也不同意，遂收归自己的都督府直接管辖。因此，有史家认为，张浚罢黜刘光世的真实意图就是为了直接控制左护军，扩张自己的军事实力。因由或可探究，但结果已经注定，刘光世被罢立竿见影就印证了赵鼎的预言，在郦琼等部将的煽动裹胁下，原刘光世所部及胁从宋军共四万余人于绍兴七年（1137年）八月叛归伪齐。这让以秦桧为首的投降派、主和派朝臣一下抓住了张浚的罪状，也让高宗极为震怒，随即便将集军政大权于一身的张浚罢黜，一罢就是二十余年。绍兴八年（1138年），高宗又起用秦桧为相，主和派在宋廷又占据上风，是年八月，秦桧派王伦为计议使出使金国乞和。也就在这样的背景下，一个比芝麻官还小的八品官，却弄出一桩震惊朝野的大事。

王伦，字正道。这已是他第三次出使金国。此人虽然奉命向金人屈辱求和，但细说起来，也不是什么卖国贼，在关键时刻他也敢于挺身而出。靖康元年（1126年），金兵围攻汴京，京师上下一片慌乱，王伦在危急中面见惊慌失措的宋钦宗，自荐维持城内秩序，勉力支撑社稷倾覆的危局。当徽、钦二帝被金兵掳去、高宗即位后，王伦以朝奉郎代刑部侍郎的身份第一次出使金国，随即被金人扣留。但王伦依然凭着三寸不烂之舌，从宋、金两国订立联合攻辽的"海上之盟"说起，苦劝金主和力主灭宋的金大将完颜宗翰从长远考虑，把徽、钦二帝和后妃放回，归还宋朝疆土，使宋金百姓都免受战争之苦。这自然是与虎谋皮，却也说得完颜宗翰无言以对。绍兴二年（1132年），被金人羁留了六年的王伦才被完颜宗翰放回。绍兴七年（1137年），被金人掳走的宋徽宗在囚禁了九年后，受尽了身心的折磨，死于遥远蛮荒的边地五国城（今黑龙江省依兰县）。秦桧等投降派又以迎回徽宗梓宫为由，命王伦为迎奉梓宫使，再次出使金国。王伦按宋廷的旨意，与金人达成了割地议和的初步意向。绍兴八年（1138年），王伦第三次出使金国，这次已是实质性的谈判，有道是"弱国无外交"，在极不对等的谈判中，王伦只能遵高宗和宰相秦桧之命，以宋朝俯首称臣的屈辱条件与金人媾和。八月，金国派遣张通古、萧哲二人为江南诏谕使，携带金国书，"以诏谕江南为名"在王伦的陪同下来到临安，公然要求宋高宗到他们下榻的馆驿，以藩臣之礼接受金国皇帝的诏书。金使虽说是傲慢无礼，却也是理直气壮，既然你宋朝已经自愿俯首称臣，金国的使臣自然就可以金国皇帝的名义来"诏谕江南"。此举激起了宋廷主战派朝臣与全国军民的义愤，一时间"中外汹汹"，身在枢密院的胡铨更是血脉偾张，随即便上书高宗，这就是那篇让人读得热血沸腾、肝胆俱裂的《戊午上高宗封事》。所谓"封事"，也就是密奏、密呈，为防止泄露，须用黑色口袋贴上双重封条呈进。这其实也是胡铨这个贤良方正的职责，"直言极谏"。

胡铨首先痛斥："王伦本一狎邪小人，市井无赖，顷缘宰相无识，遂举以使虏。专务诈诞，欺罔天听，骤得美官，天下之人切齿唾骂，今者无故诱致虏使，以诏谕江南为名，是欲臣妾我也，是欲刘豫我也！"严格地说，胡铨对王伦的指斥是有些偏颇的，王伦陪金使来宋廷谈判，虽说屈辱，但绝非无缘无故，而是在金人大军压境的情况下发生的。诚如他所说，金使确实傲慢无礼，也确是把大宋当作臣妾，看作被金人扶植的伪齐皇帝刘豫，但王伦却并非一"狎邪小人，市井无赖"，且看王伦的最终命运如何。在宋金媾和的次年，王伦又赴东京（开封），按和约与金兀术交割地界。谁知金国发生内讧，又将王伦拘禁了六年。金人三番五次逼迫王伦投降事金，但王伦誓死不从。金主见劝降无果，又使出绝招，要勒死王伦。王伦面朝南方故国与天子拜泣，又挣扎着向空中呼喊:"臣有辱朝廷使命,又不能屈身事敌,唯有一死以表寸心!"说毕,被金人勒死。这是一段提前交代了的后话,而所谓历史若仅仅只是看了一个开头或一些片段就妄下结论,只能是虚妄的。作为一个弱国使臣,王伦有太多不得已而为之的悲凉与无奈,但他用自己最后的生命验证了他绝非一个丧权辱国的卖国贼,而是一个像杨邦乂一样当之无愧的国士与义士。然而我翻遍了胡铨后来传世的诗文,却没有找到他一句对王伦的歉意。而由于胡铨这个光芒四射的历史正面形象,一直将王伦遮蔽在阴暗中,致使后世只知其一不知其二,迄今很多人仍把王伦当作一个"天下之人切齿唾骂"的狎邪小人、市井无赖、汉奸卖国贼。悲乎,王伦!

胡铨对王伦的痛斥,分明又是对高宗的警告:"夫天下者,祖宗之天下也,陛下所居之位,祖宗之位也。奈何以祖宗之天下为金虏之天下,以祖宗之位为金虏藩臣之位!陛下一屈膝,则祖宗庙社之灵尽污夷狄,祖宗数百年之赤子尽为左衽,朝廷宰执尽为陪臣,天下之士大夫皆当裂冠毁冕,变为胡服,异时豺狼无厌之求,安知不加我以无礼如刘豫也哉!夫三尺童子,至无识也,指犬豕而使之拜,则怫然怒;今丑虏则犬豕也,堂堂大国,相率而拜犬豕,曾童孺之所羞,而陛下忍为之邪?"这一段悲愤、痛斥、怒骂交集的慷慨陈词,披肝沥血,字字锥心:天下是祖宗之天下,帝位是祖宗传下的帝位,怎么能把祖宗的天下变为金人的天下,把祖宗的帝位变成金虏的藩臣之位!而陛下一屈膝,宗庙社稷的神灵都将被金人玷污,天下士大夫和老百姓都要换上金虏的衣服,而金虏像豺狼一样是欲壑难填的,谁知道他们不会像对待刘豫那样对待我们呢!三尺儿童是最不懂事的,如果指着猪狗要他跪拜,那他也会怫然大怒,而丑虏(金人)就是猪狗,我堂堂大宋,若一个接一个地拜倒在猪狗跟前,连小孩儿都感到羞耻,难道陛下能忍心这样做吗?

胡铨把一篇檄文推到了自己的第一个结论:如今天下人都想吃王伦的肉,如果不斩王伦,"国之存亡未可知也"。话又说回来,王伦也不是胡铨攻击的主要对象,"伦不足道也",他要砍掉的是秦桧的脑袋:"秦桧,大国之相也,反驱衣冠之俗,而为左衽之乡。则桧也不唯陛下之罪人,实管仲之罪人矣。孙近附会桧议,遂得参知政事。天下望治有如饥渴,而近伴食中书,漫不敢可否事。桧曰敌可讲和,近亦曰可和;桧曰天子当拜,近亦曰当拜。……呜呼!参赞大政徒取容充位如此,有如虏骑长驱,尚能折冲御侮耶?臣窃谓秦桧、孙近亦可斩也。"这篇檄文之所以被称为"斩桧书",只因胡铨的核心意图就是要斩秦桧,王伦只是一个引子,而参政知事孙近则是一个帮凶。而胡铨这样一个八品官,以"义不与桧等共戴天"的气节,又以位卑未敢忘忧国的"区区之心",力劝高宗皇帝"愿断三人头,竿之藁街"——将这三人的头颅砍下后高挂在街头的竹竿上示众,然后"羁留虏使,责以无礼,徐兴问罪之师,则三军之士不战而气自倍"。

如果高宗不答应呢,他为自己选好了两条路,两条都是死路:一是"冒渎天威,甘俟斧",被高宗和秦桧杀掉;二是自杀,"不然,臣有赴东海而死尔,宁能处小朝廷求活邪!"

从历史事实看,胡铨既非第一个向秦桧发起挑战的人,也不是最后一个,但还没有谁能像他这样以拼死一搏把事情推向极端。这也是他非凡的成功之处,他把一个事件变成了标志性事件,他也因此而成了一个最坚决地站在了秦桧对立面的代表性人物,朝野上下都为他的硬骨头感到震惊。但细看历史,却又有蹊跷之处。这样一篇给高宗皇帝的密奏,竟然很快就被秦桧读到了,竟然很快就被天下人都知道了,难道是高宗皇帝泄露了天机,出卖了他?非也。这从胡铨的罪状里一看就明白了,"狂妄上书,语出凶悖,仍多散副本,意在鼓动、劫持朝廷",其中一条便是"多散副本",这句话还真是让我大吃一惊,出卖了胡铨的原来就是胡铨自己!显然,胡铨一边在给皇帝上书密奏的同时,一边已将他这篇密奏暗中散发出去了,这也正是胡铨既敢于铤而走险又充满智慧之处,而他的副本一经传出,便在朝野上下产生了轰动效应,"宜兴进士吴师古锓木传之",一时间,洛阳纸贵,一书难求,连金人听说后,也急忙派人用千金求购此书。据史称,金国君臣读了此文,连称"南朝有人""中国不可轻"!

胡铨"狂妄凶悖,鼓动劫持"的罪名,史家一致公认这是秦桧及其党人对胡铨的"诬称",我倒要斗胆说,这是一个实事求是的结论。且不说一个八品官如何杀气腾腾地要斩秦桧等宰执大臣,单凭他对当今圣上的大不敬,他把当时还占有大半壁江山的堂堂大宋帝国朝廷贬为"小朝廷",而"小朝廷"也由此不胫而走,几乎成了当世及后世对南宋王朝的通称和蔑称。换了任何一个王朝帝国,任何一个皇帝或手操生杀予夺之权的宰相,先就要把他给宰了。又不能不说,赵宋一朝对于士人还真是非常宽宥,秦桧日后虽以莫须有的罪名在风波亭里冤杀了武将岳飞,却没有将这个八品文官给杀掉,只是将他革除官职,流放昭州(今广西平乐)编管。所谓"编管",也就是对被贬谪的罪臣编入贬谪地户籍,并由当地官府严加管束。不能不说,胡铨没有被杀已经非常幸运,这对胡铨已是"皇恩浩荡"的从轻发落了。

但胡铨此时的角色已经发生了变化,由于他以"多散副本"制造出的轰动效应,他不再只是一个谁都不会放在眼里的八品官,而在一夜之间就成了一个天下为之瞩目的主战派代表。从金使"诏谕江南"给南宋带来的"中外汹汹",到胡铨的一篇"斩桧书"给南宋带来的又一轮更大的"中外汹汹",一个小小的八品官,此时已是一个名声播于天下的人物,上到朝臣,下至匹夫,远至夷狄,都知道了一个叫胡铨的义士、国士,哪怕高宗和宰相秦桧对他从轻发落,朝野上下还是为他鸣冤叫屈,那些御史台官和谏官们更是对高宗"直言极谏",劝皇上放过这样一个赤胆忠心之士。在"中外汹汹"的舆论压力下,胡铨已不是一只用指头轻轻一捻就能杀死的小蚂蚁,而是一个人心所向、众望所归的公众人物,一个正义与良知的化身。以秦桧的老奸巨猾,他也绝不会以简单而草率的方式来处死胡铨,而是再次减轻对胡铨的处罚,将他从"编管"改为"监广州盐仓"。对于胡铨,这如同一个命运的玩笑,几年前他曾拒绝"辟湖北仓属",如今却要"监广州盐仓"。

无论如何,胡铨一生漫长的贬逐生涯从此开始了。

三、脖子最硬的人

就在胡铨远赴岭南之际,秦桧的报复已经开始,尤其是那些自己跳出来的人,没有一个能逃脱秦桧的手掌心。朝士陈刚中对胡铨贬谪岭南"以启事为贺":"屈膝请和,知庙堂御侮之无策;张胆论事,喜枢庭经远之有人。身为南海之行,名若泰山之重!"结果可想而知,"刚中谪知虔州安远县,遂死焉"。而那个宜兴进士吴师古也因"为人所讦",流放袁州(今江西宜春),从此在历史上难觅踪迹,据说没过多久便郁悒而终。

在株连别人时,胡铨"监广州盐仓"还不是太厉害的贬谪,只能算是平级调动,异地为官。第二年,他便改判威武军。唐置威武军,是福建大郡,领福、泉、汀、建、漳五州,宋亦置威武军节度,后升为福安府。胡铨改任威武军判官,也是八品官,虽说没有提拔,至少没有遭受秦桧继续打压。未知他是否赴任。而他真正遭贬,已是被逐出枢密院的四年之后,而在这四年里,宋金已签订了"绍兴和议",宋向金俯首称臣,"世世子孙,谨守臣节",绍兴十二年(1142年)三月,赵构按和约接受了金主册封的宋帝之位。这就意味着,在法统上他不再是继承赵宋大统的皇帝,而是金主册封的儿皇帝,南宋在法统上已并入大金帝国版图,属金国的一个藩国或附属国。已经隐忍了四年的胡铨在沉默中爆发了,又一次上书高宗"直言极谏",对秦桧声讨谴责,旋即以"饰非横议"的罪名发配新州(今广东新会县)编管。又有人受到株连,"其谪新州也,同郡乡党王廷珪以诗赠行。又为人所讦,廷珪流辰州"。从历史事实看,每一个受到株连的人,也怨不得胡铨,他们和胡铨一样,都是遭受秦桧打压的结果。

胡铨贬谪新州时,正当不惑之年,他似已不惑,作《如梦令》:"谁念新州人老。几度斜阳芳草。眼雨欲晴时,梅雨故来相恼。休恼。休恼。今岁荔枝能好。"从词中透露出的,颇有岁月沧桑、人生苍茫之感。如果他能这样豁达,既有岭南荔枝大快朵颐,又有闲词聊寄平生,也就罢了,但他偏偏又时常流露出激愤之语。在贬谪新州的第六个年头,绍兴十八年（1148年），胡铨填了一首《好事近》："富贵本无心，何事故乡轻别。空使猿惊鹤怨，误薜萝风月。囊锥刚要出头来，不道甚时节。欲驾巾车归去，有豺狼当辙。"这首词上阕自怨自艾，抒写自己忧虑国事、难以安心隐居山林的心情。而下阕则借用毛遂自荐的典故，而胡铨早已被一个无名高僧预言"绝非凡人"，他自然有自己非凡的想法。从"囊锥刚要出头来，不道甚时节"两句看，他剖白了当时写的那篇《戊午上高宗封事》的真实心机，除了对秦桧等人的屈辱媾和忍无可忍，另一方面，他也想脱颖而出，显露自己为国效力的才能。但他当时却不了解奸臣控制下的国家局势，因而是不合时宜的。这表明，他至少在策略选择上是有所悔意了。而如今，他"欲驾巾车归去"，却又报国无门，而最厉害的就是最末那一句"有豺狼当辙"，挡着他道的不用说就是"义不与桧等共戴天"的秦桧等人。

此词一出，胡铨将自己一下推向了绝境。他原本就是一个"编管"人员，而时任新州郡守张棣便是秦桧的私党，正愁抓不到胡铨的把柄向主子邀功呢，这下好了，他缴获此词，随即向朝廷检举胡铨的"谤讪怨望"之罪。据南宋王明清《挥麈录·后录》卷十载："邦衡（胡铨）在新兴尝赋词，郡守张棣缴上之，以谓讪谤。秦（桧）愈怒，移送吉阳军编管。"

宋朝的吉阳军，也就是如今海南三亚的崖县，宋置崖州，又改吉阳军。一个罪臣被贬谪这遥远天涯的尽头，如同贬逐到了世界的极限。如果天涯之外还有寸土可贬，胡铨必将贬谪到更远的地方。一个人被贬逐至此，也是流罪中最重的一等，仅次于死刑了。

追溯起来，"南宋四大中兴名臣"都有贬逐海南的经历。李纲被贬万安军（今海南万宁市），还不算是最远的蛮荒之地，幸运的他未抵贬所就遇赦了。李光被贬海南的时间和他的同年进士赵鼎被贬皆在绍兴十四年（1144年）同一年，但在当时，李光的贬谪地要比赵鼎优越一些，先移琼州（今海口一带），后移昌化军（今海南儋州、昌江一带）。而赵鼎和胡铨则被贬到天涯尽头的吉阳军，更确凿的贬谪地，则是今三亚市崖城镇水南二村，迄今还有一处荒废已久、近年来修缮复原的老宅——盛德堂。这座老宅原为唐代宰相裴度第十五代孙裴闻义宅。四年之后，胡铨也被贬至此，这四大中兴名臣中的两位，同是天涯沦落人，却于生死中失之交臂，在胡铨被贬至此的一年前，赵鼎因预知"秦桧必欲杀己"，便已在水南村裴闻义宅绝食而亡。而胡铨住进了赵鼎住过的屋子，日夜与赵鼎的灵魂相伴。

据称，秦桧在临安相府的一道阁壁上记下了李光、赵鼎、胡铨三人的姓名，并令三人贬谪地的官府随时报告三人的言行。胡铨在新州吃了大亏，自然知道自己一直处于秦桧的严密监控之下，但他依然我行我素，全无避讳。吉阳知军张某，强制胡铨每十天必须到军署去禀报每一天的言行，连思想动态也要如实报告。胡铨被衙役押来时，光脚散发如囚犯状。无论衙役怎么强摁他的脖子，让他屈膝跪拜，他都直梗着脖子，两眼直瞪张某，让张某胆寒。胡铨连权倾朝野的秦桧都不怕，更何况一个五品军守。胡铨被后世誉为"脖子最硬的人"，一是他决不向权贵低头，二是他敢于"冒渎天威，甘俟斧"的大无畏精神。这样一个强硬的脖子连利斧都不怕，还有什么可怕的呢？但在迫害之中，他也有"身陷九渊，日与死迫"之感，同绝望自杀的赵鼎相比，胡铨则表现出了更坚毅的性格，无论你怎样百般凌辱，他也没有自寻短见，他不想死，还想活，盼着有朝一日能被朝廷征召，去实现他驱胡虏、除奸佞的青云之志。

据崖州志载，胡铨在谪居裴闻义宅的数年里，终日潜心研读《周易》《春秋》《周礼》诸经，"日以训传经书为事"。崖州是黎族聚居之地，"黎酋纷纷遣子入学"，对这位博学多才、一身正气的贬官充满敬仰。某日，胡铨应邀到一位黎族头人家里做客，看见西厢房廊下囚禁着一个披枷戴锁、披头散发的人，定睛一看，竟是知军张某。胡铨惊问是怎么回事，头人说，这家伙既贪婪又残暴，欺负我们黎人，胡先生，你说我该不该杀掉他？胡铨瞟了张某一眼，说，此人罪大恶极，你若杀了他，可解一方民愤。但你既然问我，我有个想法请你考虑。令郎为何要跟着我读书？"当先知君臣上下之名分"，这个人虽然十恶不赦，死有余辜，但他毕竟是主管吉阳军的朝廷命官，若要处罚他，先应上告到海南安抚司,再到广西经略司(南宋时海南归广西经略司管),若还不能解决,再控告到朝廷。从这番话可以看出,无论胡铨遭受了怎样的命运,依然是一个体制的忠诚捍卫者,而他难道不知道,在秦桧主宰的朝廷里,又怎么可能为黎民主持公道、伸张正义呢?他之所以落到今日这悲惨的命运,只因天子和朝廷都不听他的劝告,而他却说服这个黎族头人,将张某当即释放了。这个张某还不是那种全无心肝之辈,第二天胡铨回到裴闻义宅时,张某马上登门谢罪,一见面就跪在他跟前,纳头便拜,感激他的救命之恩。

此后,官府对他的监管明显放松了,胡铨在吉阳度过了一段悠闲自在的岁月。崖城西南有数亩池塘,如同一个小西湖。胡铨与当地文人士子泛舟于碧波之中,行吟于绿荫之下,一个罪臣的流放地、受难地,换一种视角,便是诗意的呈现,胡铨也仿佛换了一种活法,真如一个飘逸的隐士了。然而,报国之志却依然从每一个细节体现出来了。池塘中建了个亭子,胡铨取杜甫诗句"净洗甲兵长不用"之义,题名"洗兵亭"。此亭东去不远,有一片竹林,胡铨又借用"溪边六逸"和"竹林七贤"的典故,名之为"逸贤峒"。胡铨和历代报国无门、怀才不遇的士人一样,一半是儒士,一半是道士。而填补人生与岁月空白的,是诗词,只能是诗词。他的不少传世名篇,大多在这一段岁月里,一首《鹧鸪天》更是成为千古绝唱:"梦绕松江属玉飞。秋风莼美更鲈肥。不因入海求诗句,万里投荒亦岂宜。青箬笠,绿荷衣。斜风细雨也须归。崖州险似风波海,海里风波有定时。"无论此地多么美好,他做梦都想回到江南去,大海的波涛还有平静的时候,但他的流放生涯何时才是尽头,才是归期?

从绍兴十八年(1148年)流放海南,到绍兴二十五年(1155年)奉诏北归,胡铨在天涯尽头度过了七个年头。此时他已五十三岁,他终于熬到了秦桧死去的那一天。但临别之时,他又怅惘不已,对自己客居了七载的裴闻义宅依依不舍。他为这一不是故居胜似故居的老宅题匾"盛德堂",并作铭文赞颂裴度宰相后人裴闻义之德泽长存,缅怀宰相赵鼎之丹心浩气功德无量。七年来,他与赵鼎的灵魂日夜厮守,他的《哭赵鼎》一诗，亦是他在海南留下的一首千古绝唱："以身去国故求死，抗议犯颜公独难。阁下大书三姓在，海南惟见两翁还。一丘孤冢留穷岛，千古高名屹泰山。天地只因悭一老，中原何日复三关。"

"海南惟见两翁还"，一翁是李光，一翁是胡铨自己。但老病缠身的李光命定已经无法走完他路漫漫其修远兮的北归路，走到江州就提前到了生命的尽头，终年八十二岁。至此，南宋中兴四大名臣，只有胡铨硕果仅存。当江南的阳光慢吞吞地落在他身上时，苍茫的大地上只有一个孑然一身的影子。那别梦依稀的故乡越来越近了。经历漫长的流放生涯，他几乎都忘记了故乡是什么模样，但故乡却没有忘怀他，天人感应在他与故乡之间有了神奇的应验。据说他每遭受一次贬谪，那座在他梦中出现的天梁山的草木就要枯萎一片。在他遭流放的二十三年里，天梁山中的草木从未茂盛过。直到胡铨奉旨北归，那山中的草木才又变得郁郁葱葱。人非草木，孰能无情，而当草木如此深情时，人何以堪？

四、要使奸雄怯胆寒

胡铨虽已奉诏北归，但并未被宋廷重新起用。此时秦桧已死，但宋高宗还活着，秦桧的死党汤思退等人依然把持着朝政，一个朝廷，如同被秦桧的阴魂掌控着。胡铨也依然是戴罪之身，只是酌情减轻处罚，"铨量移衡州"。

衡州是湖湘文化的源头之一，宋太宗赐名的石鼓书院也曾与睢阳书院（应天书院）、白鹿洞书院、岳麓书院并称宋代四大书院。胡铨寓居的西湖寺，位于衡州城湘江之西的凤凰山麓，一座晨钟暮鼓的古寺不知毁于何时，但西湖犹在，是全国三十六个西湖之一，"湖广数十百顷，遍生野莲"。这些野莲都是冰清玉洁的白莲。说到莲花情不自禁地就会想到周敦颐，西湖白莲还真是与他有关。北宋乾兴元年（1022年），周敦颐五岁丧父，来衡州投奔舅父郑向，郑家就居于西湖畔，郑向在湖中广植白莲（俗称祁阳白），又建一方"爱莲亭"。周敦颐"爱池之白莲"，后来"著《爱莲说》以见志"。而"西湖夜放白莲花"也成为衡州最美的风景。想来，胡铨能在"香远益清"的西湖寺栖居，又与理学宗师周敦颐魂兮相守，也算是诗意栖居了。他在寓居衡州西湖的几年里，如同在海南一样"日以训传经书为事"，又结交了不少衡州士人，设坛讲学。胡铨在经学上的造诣也让他跻身于当世大儒之列。后世在南岳集贤书院内供奉胡铨的神主牌位，与李泌、韩愈、赵抃、陈瑾、周敦颐、胡安国、朱熹、张栻等合祀一堂。而此时，张浚正谪居永州（零陵），衡州与永州相邻，但由于两人都是戴罪之身，朝廷对张浚的监控更严，两人唯以尺牍往返，相濡以沫，互为慰藉，他们在信中"无一语不相勉以天人之学，无一念不相忧以国家之患"。

直到绍兴三十一年（1161年）正月，金主完颜亮（金朝第四位皇帝，史称海陵王）率大军南侵，是战？是和？宋廷又陷入了主战派和主和派的纷争，而这样的纷争在南宋一百五十年的历史上如同无限循环小数，只要这个王朝还存在一天，这样的纷争就会延续一天。

就在宋高宗举棋不定时，年届花甲的胡铨才得以"自便"。这还不是平反，用现在的话说，只是将他"解放"了，还了他一个自由身。此时，宋廷对张浚的监控与限制也放宽了一些。胡铨终于有了去永州拜访张浚的机会。而此前，胡铨的吉州庐陵同乡、日后也将位列"庐陵五忠一节"之一的杨万里此前已调任永州零陵县塞（县丞），恰好也来拜访张浚。三人行，则必有我师，而作为晚辈的杨万里一下就认了张浚和胡铨两位老师。这也是杨万里"始得师事胡铨"。在胡铨和杨万里谈诗论文时，张浚若有所思地说了一句话："秦太师颛柄二十年，成就邦衡（胡铨字）一人耳。"

诚哉斯言，胡铨遭受了秦桧二十年打压，也成就了他高贵的人格与一世英名。

十月，宋高宗被金军逼到不得不战的境地，朝廷也不得不重新起用被罢黜了二十余年的张浚。随着一个主战派领袖的命运开始改变，其追随者也出现了命运的转机。而南宋的一个历史转折点，则发生在绍兴三十二年（1162年），宋高宗禅位赵昚，是为宋孝宗。

一个士人的命运和一个王朝的命运是互为因果的。也正因为赵昚重新起用主战派人士，才让年届花甲、已步入黄昏岁月的胡铨得以"复奉议郎、知饶州"（今江西波阳）。对此，正史只是一笔掠过，未知胡铨是否赴饶州履职，即便有，也是相当短暂的。为历史所津津乐道的，是宋孝宗对胡铨的一次"召对"。赵昚久闻胡铨敢于"直言极谏"，而对于一个有为的皇帝，最愿意听到的就是真话。这次"召对"发生在一个非常确凿的时日，隆兴元年（1163年）五月三日晚，孝宗在临安内殿密阁"召对"胡铨，这也让胡铨有了一次非常难得的君前奏对的机会，他说出了自己深思熟虑的"八字方针"："修德、结民、练兵、观衅。"前面六字很好理解，而"观衅"一词，语出《左传·宣公十二年》："会闻用师，观衅而动。"言下之意是不要轻举妄动，而是窥伺敌人的间隙以采取行动。于此可见，胡铨虽然是一个态度坚决的主战派，却也并非一个狂热好战的盲动主义者，他对抗金战争的态度是相当理性而冷峻的，既要有战略智慧，还要有足够的战略耐心，利用敌国的内部纷争以捕捉战机。

君臣交谈中，张浚是一个主要话题。此时，张浚已复为枢密使，进封魏国公。此次君前奏对，张浚也是君臣交谈的一个主题。孝宗把张浚比作北宋寇准，"惟冠莱公（寇准）决断"，胡铨对张浚自是连声称道："今张魏公，陛下之莱公也！"可惜的是，无论是张浚还是胡铨，这些被荒废数十年的主战派朝臣此时都已垂垂老矣。胡铨仅比张浚小五岁，看他晚年的一幅画像，一张脸如瘦削的岩石，看上去有几分狰狞。或者说，这是一股子狠劲。在那个年代，年过花甲就是十足的老人了。从仕途上看，胡铨一生的鼎盛岁月都被白白荒废了，而他重返仕途的这个年岁，对于很多官员已是告老还乡的年岁，而对于他，此时才是仕途的真正开始。又哪怕此时天子对他予以重用，也实在是太迟了。但胡铨好像忘了自己的年岁，又回到了当年血气方刚的岁月，对朝中的一切政事，无不直言极谏。这一番君前奏对，让孝宗十分赏识，他把胡铨比作汉之汲黯，唐之魏征。上曰："卿真忠臣也，汉之汲黯，唐之魏征，亦不过是。"但胡铨又真的获得了如汉之汲黯、唐之魏征一样的重用吗？据正史载，胡铨旋以"直谏"之臣"除吏部郎官"。但这实在说不上是重用，郎官只是品秩不高、随时备帝王顾问差遣的散官。

关于这次天子"召对"，还有另一个版本，按笔记体的《澹庵老人玉音问答》记载，这次"召对"如同一段未载入正史的秘闻，却也比一本正经的正史有更多细节性的描述，也更有人情味。时间还是那个时间，"隆兴元年五月三日晚，胡铨侍上于内殿之秘阁"。孝宗皇帝在临安内殿秘阁亲自接见了胡铨，赏赐金凤笺、玉管笔、龙脑墨、花藤席，然后又设宴款待胡铨，并命潘妃唱《贺新郎》，宫女兰香执玉荷杯，而孝宗亲自给胡铨斟酒，赐铨曰："贺新郎者，朕自贺得卿也。酌以玉荷杯者，示朕饮食与卿同器也。"一个流放了二十多年的罪臣，能够得到当今圣上如此之高的礼遇，让胡铨一拜再拜。孝宗又提起胡铨的流放生涯："卿流落海岛二十余年，得不为屈原之葬鱼腹者，皆天地祖宗之灵，留卿以辅朕也。"这让胡铨悲欣交集，泪流满面，"上亦黯然"。孝宗又用沙哑的声音为胡铨亲唱一曲《喜迁莺》，且谓铨曰："朕每在宫中，不忘作歌，祇俟太上宴时有旨令唱，始作之。今夕舆卿相会，朕意甚欢，故作此乐卿耳。"对自己的声音为何这般沙哑，孝宗还特意解释说："昨朕苦嗽，故声音稍涩，卿勿嫌。"铨奏曰："太上退闲，陛下御宇，正当勉力恢复，然此孝养，亦宜时有。"这只是胡铨接着皇上的话说出的一句劝皇上养息身体的话，却引出了孝宗皇帝对胡铨的一个历史性评价，上曰："卿真忠臣也，汉之汲黯，唐之魏征，亦不过是。"

这两个版本除了一句相同的话（上曰："卿真忠臣也，汉之汲黯，唐之魏征，亦不过是。"）所载事实不是大同小异，而是相距甚远，前者主要谈国事、军事，而后者则是君臣兴会、诗酒吟唱和人生感叹。未知孝宗在同一时期对胡铨是否有两次"召对"，但都是为了表明孝宗对胡铨有多么看重，皇恩浩荡，恩重如山，而胡铨更是感恩戴德。为表忠心，也为了明志，他曾慷慨赋诗，这就是他的传世之作《乾道三年九月宴罢》二首，其一："晚年种德听和銮，露冷林深绽锦团。金凤花残秋欲半，木犀香远晚初寒。拟将艾制候朝绂，愧把芦芽易钓竿。早与君王乞归去，仕途方险战于鞍。"如果说这首诗还有"仕途方险"之感和"早与君王乞归去"之念，其二则充满了年轻时的壮怀："万古云霄一凤鸾，归来蓬岛月光团。久将忠义私心许，要使奸雄怯胆寒。漏尽玉龙随彩杖，赦衔金凤下长竿。天家催赐黄花酒，笑指是翁能据鞍。"若要用最精准的话语来评价他一生的"忠节浩然之气"，就是他自己的两句言志诗："久将忠义私心许，要使奸雄怯胆寒。"

胡铨"除吏部郎官"后不久，迁秘书少监，擢起居郎。起居郎的主要职责是记载皇帝言行，"御殿则侍立，行幸则从"，虽非高官，却是追随在天子身边的近臣，堪称是历史现场的记录者。胡铨是个典型的意见人士，很快又对史官失职提出了四点意见："一谓记注不必进呈，庶人主有不观史之美；二谓唐制二史立螭头之下，今在殿东南隅，言动未尝得闻；三谓二史立后殿，而前殿不立，乞于前后殿皆分日侍立；四谓史官欲其直前，而阁门以未尝预牒，以今日无班次为辞。乞自今直前言事，不必预牒阁门，及以有无班次为拘。"对他的意见，孝宗也都听进去了，"诏从之"。而胡铨也因自己的这一番意见又获得了擢升，"兼侍讲、国史院编修官"。从胡铨来得太迟的升迁看，他在军事战略上很重视捕捉战机（观衅），在官场仕途上也是很善于窥伺机遇、捕捉机遇的，甚至很善于创造机会。而他创造机会的方式，已从年轻气盛时的冒险一变而为举一反三的睿智。

侍讲虽是胡铨的兼职之一，却也算是扮演了国师的角色，他为孝宗皇帝讲《礼记》："君以礼为重，礼以分为重，分以名为重，愿陛下无以名器轻假人。"这是一个士大夫信仰的真理，却也是在危急关头又难以直接派上用场的真理。但他趁着在天子身边的机会，说出了他的一个大胆的建议：迁都，将宋廷从偏安一隅的临安迁往建康，这意味着把南宋朝廷直接推到了抗金桥头堡的位置。对自己的意图，他也毫不讳言："汉高入关中，光武守信都。大抵与人斗，不搤其亢，拊其背，不能全胜。今日大势，自淮以北，天下之亢与背也，建康则搤之拊之之地也。若进据建康，下临中原，此高、光兴王之计也。"

胡铨关于迁都的进言，未知是否与张浚沟通过，张浚也曾进言迁都建康（南京），以图进兵。从张浚的战略思维看，与胡铨是高度一致的，他建议孝宗迁都建康或亲赴建康，以招揽中原百姓之心；又力主陈兵两淮，进军山东，声援西线川陕军队。但关于迁都的建议，却以"诏议行幸，言者请纾其期"而推迟了，实际上是中止了，但宋孝宗北伐的念头却从未中止，反而更加强烈。这也是当时的情势所迫，绝非军事上的盲动。此前，金人便以大军压境，威逼南宋割让海、泗、唐、邓、商五州（分别为今江苏连云港、盱眙，河南唐河、邓县、商丘），又变本加厉地索要岁币。金人的要求被宋廷拒绝后，于是摆出一副马上要进攻南宋的架势，南北局势骤然紧张。

一切都在胡铨的预料之中，金人惯用的伎俩就是"胡萝卜加大棒"，而议和就是他们诱惑南朝（南宋）的胡萝卜，也让他们得到了比使出大棒得到了更大的利益。

隆兴北伐，兵败符离，就在主战派和投降派处于尖锐交锋、孝宗处于矛盾和摇摆状态时，胡铨又一次挺身而出，上书孝宗，指斥汤思退："臣窃以为思退又一秦桧也！思退不去，国体弱矣！"此时面对情绪有些失控的孝宗，胡铨也及时上疏"愿毋以小衄自沮"，劝慰孝宗皇帝不要因一次小小的挫折而悲观沮丧。透过这一细节，也能看出胡铨高远的战略眼光，如若单纯看符离之败，确是宋军的惨败，但若以更高远的战略眼光看，"隆兴北伐"并未就此失败，完全可以汲取失败的教训，重新部署兵力后继续北伐。但宋孝宗显然不具备这种战略眼光。另外，在主和派的包围和太上皇的干预下，他也开始在战与和之间摇摆。

当张浚重新构筑江淮防线时，金人果然望而却步。但此时，宋廷主和派又开始撺掇孝宗议和，而金人一见宋廷乞和，心中窃喜，知道又能捞到战场上捞不到的便宜了，于是以更加骄横的态度逼迫南宋割让海、泗、唐、邓四州之地。胡铨向孝宗慷慨陈词："海、泗今日之藩篱咽喉也，彼得海、泗，且决吾藩篱以瞰吾室，扼吾咽喉以制吾命，则两淮决不可保。两淮不保，则大江决不可守，大江不守，则江、浙决不可安。"处于摇摆中的宋孝宗，也深知海、泗等是扼守江淮的战略要地，此时他又偏向了主战派一边，于是"准奏，并传谕制止议和"。然而，汤思退又上疏力辩，那个太上皇宋高宗在关键时刻似乎又总能让朝政向着主和派倾斜,宋孝宗又摇摆到了主和派的一边。

灾难有时候也是一个改变历史的机会,"时旱蝗、星变,(孝宗)诏问政事阙失,铨应诏上书数千言",他"以《春秋》书灾异之法",引经据典,论述朝政的得失,坚决反对议和。这年十一月,孝宗"诏以和戎遣使,大询于庭,侍从、台谏预议者凡十有四人。主和者半,可否者半,言不可和者铨一人而已,乃独上一议曰:京师失守,自耿南仲主和;二圣播迁自何?主和;维扬失守自汪伯彦、黄潜善主和,完颜亮之变自秦桧主和……"他列举了一系列惨痛的历史教训,"自靖康迄今凡四十年,三遭大变,皆在和议,则丑虏之不可与和,彰彰然矣。肉食鄙夫,万口一谈,牢不可破。非不知和议之害,而争言为和者,是有三说焉:曰偷懦,曰苟安,曰附会。偷懦则不知立国,苟安则不戒鸩毒,附会则觊得美官,小人之情状具于此矣。"然而,无论他怎么奉劝,宋孝宗还是难以断然打消议和之念,也未罢黜汤思退,一方面是孝宗对议和还心存幻想,另一方面他也必须面对太上皇的处处牵制和主和派的包围,让这个南宋最有作为的天子深感力不从心、身不由己。

四月间,张浚奉诏还朝,但被晾在一边,随后江淮都督府也遭罢撤。老病交加的张浚不忍看宋朝廷自断臂膀,即求致仕,遂被罢相。一代抗金名将,最终死于贬逐途中。

张浚生前曾说过,他一辈子始终不渝的知己仅有两人:"平生相知,邦衡子韶,始末不移。"胡铨(邦衡)就不用说了,子韶是绍兴二年(1132年)状元张九成(字子韶),和胡铨一样也是一个直言极谏的忠臣、国士,赵鼎为在绍兴年间(1131—1162年)担任宰相时力荐九成,遂以太常博士被召入京,任著作佐郎,迁著作郎,上疏请施仁政,被嘉许,又授浙东提刑,在秦桧擅政后被诬为赵鼎一党而遭贬逐。秦桧死后,又被起用,知温州,因上书痛陈户部催督军粮之弊而罢官,数月后病卒,后封崇国公,谥文忠。此人也是南宋著名学者,创立了"横浦学派"。三位知己,如今又只剩胡铨孑然一身,胡铨作《祭张魏公文》,长歌以当哭:"铨独在此,怀禄不去……矫首望云。涕泗沾裾。"

又无论南宋怎么从身上割肉,欲壑难填的金人都是喂不饱的,他们一心想要吞并的是整个宋朝。"十月,金人得唐、邓、海、泗四州后,又欲得商、秦地,邀岁币",再次挑起战事,这让宋孝宗大为后悔,命汤思退督江淮军抵抗金军,但一看见金人就两股战战的汤思退怎敢与金人交战?他宁可违抗圣旨也不敢得罪金人。结果是,金兵自清河口渡过黄河,驻守淮河一线的宋军或不战自溃,或节节败退。

隆兴二年(1164年)是南宋社稷倾斜的一年,但胡铨在仕途上倒是一路上升,先"除宗正少卿",宗正少卿为宗正寺卿或宗正卿的副职,协助正卿掌管皇族事务,管理皇族、宗族、外戚的谱牒、守护皇族陵庙等,从四品上。但胡铨此时显然对朝廷有些失望,他不愿再当朝臣了,"乞补外",去当地方官,但未获批准。不过此举,又一次产生了以退为进的效果,随后胡铨"兼国子祭酒,寻除权兵部侍郎",一说还兼中书舍人。国子祭酒为国子监的主管官,也就是帝国最高学府的校长,兵部侍郎为国防部副部长,中书舍人起草诏令,参与机密。看胡铨这些本兼各职,皆在三四品之列,应该说这已是孝宗对他重用了。但关于他担任兵部侍郎这一要职,一说是"权兵部侍郎",也就是代理的。

当金人突破淮河防线、直逼长江防线时,宋朝西线、中线、东线都在告急,金军兵分三路,一路向西线的商、秦之地进发,而中线的楚荆、东线的昭关、滁州等地先后失守。据《宋史》胡铨本传载:"时金使仆散忠义、纥石烈志宁之兵号八十万,刘宝弃楚州,王彦弃昭关,濠、滁皆陷。惟高邮守臣陈敏拒敌射阳湖,而大将李宝预求密诏为自安计,拥兵不救。"胡铨一面上表弹劾坐视不救的大将李宝,敦促他迅速出师救援,一方胡铨奉诏出征,亲自率兵上前线抗金。胡铨亲自率兵打仗,一辈子也就两次,一次是他入仕之初在丁父忧期间率义军保卫家乡的吉州,虽是小试牛刀,却也体现了他的军事才华;而这一次征战,时值河水冰冻的严寒季节,为了让兵马渡河,胡铨身先士卒,手持铁锤,在刺骨的寒风中击打冰块。这是一个寒意深及骨髓的细节,连堂堂《宋史》也郑重其事地载上了一笔。这样一个让历史铭记的细节,也让他麾下的将士们感动不已,一时间,士气大振。对战争的过程没有留下历史性的叙述,只有结果,凭着他战略和战术上的足智多谋,击退了金兵的一次次进攻。

胡铨在抗金战争中并未像张浚那样扮演统帅的角色，他不是主角，他取得的也只是局部胜利，但至少验证了，也让那些主和派朝臣们看到了，金兵并非是不可战胜的。这在一定程度上，也让宋廷中日渐式微的主战派力量有所抬升。当胡铨在前线征战，一次次击退金军的消息传到京师，朝野上下既深受鼓舞，更对汤思退等投降派拱手割让大片河山充满了义愤。十一月，太学生张观等七十二贤士像当年的胡铨一样，愤然上书，"论思退等奸邪误国，招致敌人，请斩之"。砍下汤思退等投降派的头颅血祭河山、以谢天下，并敦请朝廷召用陈康伯、胡铨"以济大计"。但孝宗却放了汤思退一条生路，只是将他再次罢黜。而这位继秦桧之后的又一个投降派宰相和那位主战派领袖张浚的命运如出一辙，最终在贬往永州途中"忧悸而死"。

但从接下来的历史事实看，六十三岁的胡铨并没有被孝宗放到一个"以济大计"的高位上。细看历史，在他班师还朝的归途上，他那兵部侍郎很可能就已经提前被解除了，但正史中对此没有记载，每到关键时刻，修史者便时常闪烁其词。而我是从胡铨作于隆兴二年（1164 年）的一首诗《过三衢呈刘共父》中发现了这一问题，又在衢州旧志中查找到有一句"胡铨自兵侍罢归经衢州"的记载。刘共父，即刘珙（字共父），也是一位力主抗金、遭受秦桧打压的爱国志士，隆兴二年知衢州。胡铨在给刘珙的诗中写道："别离如许每引领，邂逅几何还着鞭。微服过宋我何敢，大国赐秦公不然。衰鬓雕零已子后，高名崒崒方丁年。即看手握天下砥，山中宰相从云眠。"这首诗并非胡铨的名篇，写得也相当古奥、艰涩，却是胡铨晚境以及晚年心境的真实写照。透过此诗，可以看出胡铨此时的心态已有了变化，既有"衰鬓雕零"自况，又有"邂逅几何"的怅然，他是真的感觉自己老了，但还不服老。他的怅叹，与曹孟德的"人生几何"是同样的心境，他"邂逅几何还着鞭"的壮心、"即看手握天下砥"的抱负，亦与曹孟德的"烈士暮年，壮心不已"是一样的。遗憾的是，孝宗皇帝对一个老臣的壮心、抱负并不那么看重，而是决意将他外放。

翌年，乾道元年（1165年），这是孝宗改用的第二个年号，也是他改弦易辙的一个历史转折点，从即位之初的锐意北伐一变而为以"和"为贵。而在这个转折点上，胡铨的命运也发生了转折，以集英殿修撰知漳州。

胡铨在州郡的仕履基本上被正史一笔带过了，这也成为他人生的一段空白。我只能翻检他为官之地的旧志，找寻他在地方官任上的一些事迹。据漳州旧志载，胡铨带着家室赴任时，他和家人都穿着一身粗布衣裳，乘坐马车、轻装简从地进入漳州城，既无衙役鸣锣开道，又无官员长亭相迎。但对这样一个非常低调、不讲任何排场的新任太守，在老百姓的街谈巷议反而成了一件并不看好的事，他们也曾见识过一些貌似清廉的官员，表面上是一套，暗地里又是一套。漳州是当时的富饶之乡，人道是"为官不贪财，不到漳州来"。胡铨在微服私访中听到了百姓的议论，先从整治吏治着手，对那些贪赃枉法的官吏和称霸一方的劣绅以铁腕惩处，对自己和家人、随从亲信的要求也极为严格，他在漳州留下了两副自警的对联，一副是衙署的大门联："所判案皆非允也！贪一毫枉法赃，唯恐子孙有报；不爱钱敢曰廉乎？有半点徇私念，定知鬼神难欺。"还有一副是大堂联："欺人如欺天毋自欺也；负民即负国何忍负之。"胡铨在漳州的细节我不敢面壁虚构，但这两副对联迄今犹与胡铨的美名一起在漳州流传。

尔后，他又改知泉州。在担任了两任知府（太守）后，他去朝廷奏事，孝宗皇帝看他年岁太大了，便将他"留为工部侍郎"，工部掌天下工程营造事务，其下设水部掌天下川渎、陂池之政令，以导达沟洫，堰决河渠等一切水利工程。胡铨在地方官任上，对荒废失修的水利充满了忧患，"四方多水旱，左右不以告，谋国者之过也，宜令有司速为先备"。他向皇上进言，这也是他很少的与战争无关的直言极谏，"少康以一旅复禹绩，今陛下富有四海，非特一旅，而即位九年，复禹之效尚未赫然"。走笔至此，我忽然回想起胡铨童年时代关于水的神话，那些被他的人生仕途撇开了太久的故事，终于在此时有了首尾呼应。但到了这样的迟暮岁月，他这个工部侍郎（副部长）就是想效法大禹治水也是有心无力了。这也是他重返仕途、衰年从政的心态所发生的又一变化，他老了，也服老了。他唯一的请求是"乞致仕"。

乾道七年（1171年），年届古稀的胡铨获准辞官，与皇上临别之际，他"犹以归陵寝、复故疆为言"，念念不忘的依然是恢复故疆。孝宗叹息，这也是朕的愿望啊。又问胡铨想回到哪里。胡铨曰："归庐陵，臣向在岭海尝训传诸经，欲成此书。"此生，他还有一件未竟的事要干，那就是他从海南到衡州一直在干的一件事，为《春秋》《易传》等诸经作注，他想在生命的最后一段岁月把这事完成。在殷殷惜别之际，天子特赐一条通天犀带给他。

胡铨回归故乡庐陵，也终于回归了书生本色。他在离故乡不远的青原山南麓筑庐定居，青灯黄卷，皓首穷经，数年后，他已须发如雪，《易》《春秋》《周礼》《礼记解》等数十卷经注终于大功告成。他回到朝廷，向天子进呈诸经新注，孝宗"诏藏秘书省"，又恩赐了这位耄耋老臣一连串的礼遇性职位："升龙图阁学士、提举太平兴国宫，转提举玉隆万寿宫，进端明殿学士。"

淳熙六年（1179年），孝宗又召胡铨来御前讲经（"召归经筵"），胡铨以老病缠身，"引疾力辞"。翌年，又"除宝文阁待制，留经筵。求去，以敷文阁直学士与外祠"。这也是胡铨与天子和朝廷最后的告别。在辞别皇上时，他已是一个走路颤巍巍的、袖筒无力地飘垂在地上的老者了。当天子目送着一个老臣离去的背影时，心里也是颤巍巍的。他也许预感到了什么。

五、为厉鬼以杀贼，死亦不忘

淳熙七年（1180年）五月，胡铨病危，在弥留之际他忽然变得异常清醒，一双老眼在深陷的眼窝里发光。他一字一顿地口授遗表，那并不是像陆游一样留给子孙的遗言，而是给一个天子的遗嘱，期望孝宗皇帝能"舍己为人，安民和众"，牢记家仇国恨，恢复故疆。而他死后，愿效法唐代安史之乱时以身殉国的张巡："为厉鬼以杀贼，死亦不忘！"

回溯胡铨的一生，对于人生来说是最坎坷的存在，对于历史来说是奇迹般的存在。而他一生的黄金岁月，是从隆兴元年（1163年）重返仕途到乾道七年（1171年）致仕，也就是从花甲之年走向古稀之年的短短八年里，他在政治上、军事上施展了他一生的抱负，也留下了太多未能如愿以偿的遗憾。而他的大半辈子，都是在受难中度过的。这样一个大义凛然、出生入死、虽九死而无悔的士人，最终能以落叶归根的方式回到生命的原点，在年近八旬的高龄死在自己家里，是幸运的，也是一个奇迹了。

我来胡铨故地庐陵，其实也没有比这里的泷江水更深的意味，只是想来寻找一个宋朝士人真实地活过的可信证据，譬如说他在故乡芗城的祖居，但没有，就是有，也早已在千百年来的洪水冲腾中荡然无存。而他晚年在青原山潜心注经的澹庵居也遍寻不着，茫然四顾，忽见一座青原山门上突然呈现了佛家的四字箴言：盘若，解脱。

仰望之间，我已在顿悟中豁然解脱，默念一声"盘若"，转而又去寻找一个人的最终归宿。

一个人在辗转人生中兴许有无数个故居，但最终的归宿永远只有一个。传说中的胡铨墓竟然有十八处之多，这样一个盖棺即已论定的国士又不是一代枭雄曹操，未必也要设疑冢数处？揣着疑团，我在一本被白蚁蛀蚀得千疮百孔的当地旧志中，寻觅到一条比较可信的线索，步履匆匆地走进了吉安市青原区值夏镇。人道是，这座千年古镇便是宋朝的芗城，却也看不到什么古迹了，唯一的古迹不是人类的建筑，而是永远的江山。从青原山到天梁山，一路都是沿着河流逶迤延伸的山脉。走到这里，感觉一下子被舒缓、温润的水声包围了。这是一个山环水绕之地，远远不止一条泷江，它位于赣江东岸，泷江以南，富水河以东，还有一条名不见经传的萧昌河。在苍茫岁月中没有什么比河流更能清楚地判断真伪了，而一座破败不堪的坟墓，就保存在天梁山西北坡的陂松山脚下，值夏中学的体育场边。穿过那些成群地追逐嬉闹的半大不小的孩子们中间，一个远道而来的拜谒者，勉强才能在无忧无虑的笑闹声中保持一点上坟的心情。我向那座低矮的、像山土一样颜色的赭红色墓坊鞠躬，又向那些残存的石马、石人默哀。而一尊黄铜色的雕像，就是一个大宋国士千年之后的化身。

一千年的时差所带来的认知逆差，哪怕近在咫尺，也让人不敢相认。一个大宋国士，在时空中经历了短暂的呐喊和漫长的折腾，然后是隐忍千年的伫立，他的形象已被后世反复塑造和涂改，却依然是一个士人儒雅的姿势，充满了书卷气。如果这尊雕像真的是他，他被长久地搁置在这里，如同被岁月幽闭，身上已长出了斑驳的铜锈与霉斑。我下意识地看了看他的脖子，在斑驳的时光中，透出的是隐含的骨头。

我在此伫望了许久。我在等待，仿佛在等待一个国士复活的灵魂。

而能让一个历史人物复活的时空，只能是历史。历史对这个人的评价是：南宋政治家、文学家、爱国名臣。很利索，没有加上定语。

从政治上看，他实际上从政的时间来得太迟了。他并不是一个改写历史的政治家，历史也从未给他提供过一个可以改写历史的政治平台。他的历史形象，诚如孝宗所谓，是"汉之汲黯，唐之魏征"一类的角色，在"直言极谏"上他甚至超越了汲黯、魏征，但起到的历史作用却还不如他们。

从文学上看，他的诗文与政治高度统一。他的文学主张是韩愈、欧阳修"以文传道"的精神延伸，而最能传道、载道的文体便是政论、策论，胡铨堪称是南宋政论体散文的第一人，其传世之作如让他一夜闻名天下知的《戊午上高宗封事》，还有《应诏言事状》《应诏集议状》《上孝宗封事》《与王中丞相书》等，杨万里在为他的文集作序时称道："先生之文，肖其为人。其议论闳以挺，其叙记古以则，其代言典而严，其书事约而悉。"读着他这些驰骋古今、慷慨激昂的长篇大论，哪怕远隔千载，也能感受到一个大宋国士以生命与热血而燃烧的温度。胡铨的诗词一如其文，充满了血性与激情，在宋代诗人、词人中突显出了其特有的气质风骨，而对于他在流放岁月中所经历的残酷得令人绝望的人生命运，诗意也许是唯一能照亮、抚慰一个受难者灵魂的存在，从而在灰冷和逼仄中唤醒了爱与温情，又在爱与受难中获得了张力，这让他的诗词表现出了不同于其文的旷达襟怀、丰富而多维的内部空间。

这也让我觉得，他在诗词上的地位被文学史低估了。

胡铨也是一代鸿儒。宋代士人大多是集官吏、文人、学者于一身，胡铨是南北宋之际学术转型期的一位学者，他在学术上的成就，就是穷其一生为《春秋》《易传》《周礼》等诸经作注。从青年时代起，胡铨便从本乡大儒萧楚习《春秋》之学，晚年又与被誉为庐陵"五忠一节"第四人的晚辈周必大交游数十年，这两人都被誉为当世大儒，在治学上也相互影响。在治学上，胡铨的学术思想亦与南宋内忧外患的政局、时局密切相关，对内，他突出强调"尊王"，对外，他以激烈的主战派姿态表达了他对"攘夷"的矢志不渝的立场。又或是同政治与时局太直接了，这也让他的学术更多地表现在经世致用上。

若从深远的历史意义看，胡铨扮演的最重要的历史角色还是一个爱国名臣、民族英雄，他是"南宋四大中兴名臣"中的最后一位，庐陵"五忠一节"中的第三位。而接下来的周必大、杨万里、文天祥，都将从这位离他们最近的前辈身上真切地感受到"忠节浩然之气"。

一个生命已走到了尽头，但一条河依然滔滔不绝、源远流长。

当流逝之声清晰地传来时，忽然之间，树林变得昏暗阴冷，而黄昏降临。一只白鹭似乎忘记了时辰，依然在河流之上的天梁山麓独自盘旋。

陆 游

一树梅花一放翁

梅花是陆游一生反复吟咏的主题。他以梅花自喻，一般都认为这是他借梅花来抒写自己孤芳自赏、不同流俗的高贵品格，但我感觉这多少是被误解了，至少是被比较浅薄地理解了。我觉得他咏梅的诗词中还有更深的意味，如他在沈园最早写出的一首《卜算子·咏梅》，"零落成泥碾作尘"，又何尝不是写一种毁灭，"只有香如故"，又何尝不是在毁灭中升华。一生历尽坎坷的陆游，在漫长的一生中承载了太多的苦难，经历了无数的坎坷、挫折和失落，但最终也没有绝望，这又何尝不是在毁灭中的一次次重生？在他七十八岁时所作的《梅花绝句》中，他把自己的爱与受难的一生升华到了人生意味的顶点，那已是出神入化之境："何方可化身千亿，一树梅花一放翁。"

一、沈园，或前定的宿命

年过天命，已经很少有什么还能强烈地吸引我，但有一个地方却始终在我脑海里盘旋不去，那是一座被古往今来的文人反复书写、吟咏不绝的"沈园"。古往今来共一时。说到底，那并非人生中一个绕不开的地方，却又鬼使神差般让你特别想走进去。

沈园的主人是一位姓沈的富商，对那位园主的追溯已没有太多的意义。一旦陆游和唐琬在这园林里出现，这一座私家园林从此就只属于他们。若没有那两个远隔千年依然在此间徘徊的灵魂，这地方还真是可来可不来。

走进沈园你会发现，这里并无什么独特的风景，无非是小桥流水、亭台楼阁，还有一些奇形怪状的石头山，一看就是假的。这其实是江南园林中最庸常的风景，也是人类给自己制造的幻境。梅花是必然会出现的，扑面而来的梅花，不是开在驿外断桥边，更不是寂寞开无主的一株孤梅，却是满园的、满世界的梅花，热烈地簇拥在一起，更有热闹的游人纷至沓来，每一个都像梅花的主人，或做俯身深嗅状，或做拈花微笑状，或在喧哗的笑声中朗诵一个伟人对梅花的礼赞。一座沈园，满园梅花，哪怕开到了如火似血的程度，也只是徒供人类留影的一个背景。而那一株寂寞开无主的傲雪寒梅，在万花丛中已遍寻不见，那个一个叫陆游的士人和一个叫唐琬的仕女，在如潮水翻涌的人海中亦无处寻觅。早知如此，倒不如在夜色的掩护下，让脑子里那盘旋不去的一切留驻在一个千年长梦中。

千年往事，似乎就是从一个莫名其妙的梦开始的。这又该从一个古人的名字说起了。对陆游的命名，南宋中叶江湖派诗人叶绍翁在《四朝闻见录》卷乙中给出了两种解释：一是"盖母氏梦秦少游而生公，故以秦名为字，而字其名"；二是"公慕少游者也"。陆游，字务观；秦观，字少游。陆游的名字实际上是对秦观名字的一种颠倒，以秦观之字为名，以秦观之名为字。但后世对叶绍翁的第一说提出了质疑：陆游之父陆宰比秦观小四十岁，而陆母当与丈夫年岁相仿，因此跟秦少游不可能有什么交往，也就不大可能做过"梦少游而生公"的那个梦。这样的质疑未免太书呆子气了，今人梦见古人是很常见的事，我也不止一次地梦见过陆游和唐琬呢。而后一说"公慕少游"则能找到更靠谱的依据，在陆游八十二岁时所作《题陈伯予主簿所藏秦少游像》一诗中云："晚生常恨不从公，忽拜英姿绘画中。妄欲步趋端有意，我名公字正相同。"但仔细一想，这诗中"正相同"三字，恰恰透露出陆游的名字并非"慕少游"而取,而是一种巧合。除了这两说,素有考证癖的清人还找到了第三种解释,按查慎行《得树楼杂钞》考证:"陆放翁名游,字务观,其义出于《列子·仲尼篇》:务外游不知务内观。外游者求备于物,内观者取足于身。"在三说中,我觉得,这查慎行为我们找到了一个更接近真相的依据。

宋徽宗宣和七年(1125年),陆游降生于越州山阴(今浙江绍兴),刚好赶上了北宋王朝的尾声,这也让他成了一个跨两宋的士人,但北宋王朝已不可能在他的记忆中留下任何印象,此时离北宋覆没已不到两年了。

陆家是一个由"贫居苦学"而仕进的官宦之家,上溯三代,陆游的高祖陆轸,字齐卿,为真宗朝进士、仁宗朝太傅,是位列三公的正一品大臣;祖父陆佃,字农师,神宗熙宁三年(1070年)进士,也是当时的名士。提及熙宁年间(1068—1077年),自然绕不开王安石熙宁变法。有确凿的史载,王安石曾问过陆佃对新政的意见,陆佃诚恳直言:"法非不善,但恐推行不能如本意。"这是对新法极诚实也极清醒的认识,但他的忠言却让王安石感到分外逆耳,"安石以佃不附己,专付之经术,不复咨以政",由此把陆佃作为一个"异己"而晾到一边去。直到宋徽宗朝,才起用陆佃为尚书右丞、中大夫,知亳州。陆佃精于礼家名数之说,一生著述甚丰,但在仕途上也就官至四品上下,远不及其父。陆游出生时,陆佃已去世二十多年,他不可能受到祖父的直接影响。其父陆宰,历任淮西提举常平、淮南东路转运判官、京西路转运副使、淮南路计度转运副使等,也算是官至副省级了。一个士子,能降生于这样一个诗礼簪缨之家是幸运的,但陆游却生逢于一个不幸的时代。

陆游还不到两岁,便遭逢了靖康之难。由于其父陆宰力主抗金,被投降派把持的宋廷罢去京西转运副使。随着一个中原帝国在烈火与狼烟中化作瓦砾,一个王朝在胡马长嘶中向江南逃奔,陆宰也在兵荒马乱中拖家带口开始逃亡。陆游晚年曾在《戏遣老怀》(其三)中追忆儿时的逃亡经历,依然怀着一种幸存者的心理:"儿时万死避胡兵,敢料时清毕此生。"那乱世中的每一个人,能够活下来都是备感侥幸。同样侥幸的是，越州山阴给一个逃亡的王朝还带来了一段好运。宋廷南渡之初的建炎年间（1127—1130年），驻跸越州的宋高宗，取"绍奕世之宏休，兴百年之丕绪"之意，从建炎五年（1131年）正月起改元绍兴，并升越州为绍兴府。这年，陆游六岁了。当一个王朝的偏安局势渐定，一个颠沛流离之家也能偏安一隅了。陆宰一边渺茫地等待朝廷的召唤，一边归居乡里专心于藏书和读书，并建有藏书楼——双清堂，藏书数万卷，居越州三大藏书之首，他也是南宋著名藏书家之一。但他显然不想把自己埋没在故纸堆里，还想着能蒙朝廷征召再次出山。然而直到生命尽头，他也没有等来重返仕途的机会，只把那一腔忧患郁结的报国之志寄托在儿子身上。陆游从咿呀学语时，父亲便开始教他诗书。日后，陆游在《解嘲》一诗中曾描述他儿时的苦读："我生学语即耽书，万卷纵横眼欲枯。"这孩子不仅是一个天生的读书人，也有一股天生的文气，十二岁便能诗善文。但同寇准、晏殊、王安石等更加神奇的先贤相比，他还不敢妄称神童，只能算是个才子。他也命定将要经历一次"才子佳人空自悲"的爱情与婚姻。

模糊岁月中，有一个年头是确凿无疑的，宋高宗绍兴十四年（1144年），十九岁的陆游迎娶了唐琬，一说为唐婉，字蕙仙。古代女子，大多处于有氏无名的状态，如唐琬，嫁入夫家就该称之为陆唐氏了。但唐琬不但有名，还有字，这就不是一般的小家碧玉了，绝对是大家闺秀。关于唐琬的身世也是一个谜团。一种最普遍的说法见于南宋末季周密的《齐东野语》："陆务观初娶唐氏，闳之女也，于其母为姑侄。"这就是说，唐琬之父唐闳是陆游的舅父，陆母则是唐琬的亲姑妈。若果真如此，这是一桩在古代很普遍的亲上加亲的姻缘，唐琬也就是陆游青梅竹马的表妹了。又据说，唐琬自幼便生得温婉文静，长大后越发楚楚动人。关于她的长相，大多是后世对其芳名望文生义的想象，她被描述为一个温婉如玉、如兰蕙般芳香四溢的仙子般的仕女形象。这样一个小美女，还是当地小有名气、琴棋书画无一不精的小才女。还在她"养在深闺人未识"时，陆家便"近水楼台先得月"，以一支祖传的、精美无比的凤钗作为信物，早早便缔结了这门儿女亲事，可见陆家对这门亲事、对这个未来的儿媳妇有多么珍重,而陆唐这种才子佳人式的结合也确乎是天作之合的因缘。

然而,一个命定的结果已无法改变,他们命定是有缘无分,婚后仅一年,唐琬便被陆家逐出了家门。对这样一桩扑朔迷离的婚姻谜案,正史一般是殊少记载的,而后世的说三道四,民间传说与演义的成分太多。由于缺少历史依据,一切只能根据情理逻辑来推测。哪怕在一个绝对的男权社会,休妻也是一件非同一般的家事,你要把一个明媒正娶的儿媳休掉,总得有名正言顺的缘由吧,何况这两亲家还是血缘无法割舍的至亲。

按历代后世的猜测,又大致可归纳出三种说法。

一说是唐琬与陆母性格不合。据说,陆游那知书达礼的母亲还待字闺中时,就与娘家嫂子(也就是唐琬的母亲)闹得很不愉快,亲情之下早已埋下了危机,这也让陆唐的爱情婚姻有了前定的宿命,陆母既不喜欢娘家的嫂子,自然也就不喜欢嫂子生的女儿。但此说又实在不合情理,陆母既然早知今日又何必当初呢?等到唐琬过门后,陆母便对这个儿媳妇横挑鼻子竖挑眼,处处看不惯了。唐琬又有哪些方面"不当母夫人意"呢?这里只能继续依情理演绎:唐琬在闺中是一个温婉文静的淑女,但嫁入陆家后,一桩美满婚姻给她带来了难以掩饰的快乐,她的性格变得越来越活泼开朗了,有些无拘无束了,这就让婆母看不惯了。又加之,她原本是一个充满才情的女子,举手投足间未免又显出一个儿媳妇不该有的高傲,这就越发让婆婆看不惯了。据后世考证,《齐东野语》所谓的唐琬之父唐闳,为北宋宣和年间鸿胪少卿唐翊之子,他与陆母唐氏只是同姓而已,并非兄妹或姊弟的血亲关系。如此,陆母因姑嫂失和而迁怒于儿媳唐琬一说也就子虚乌有了。另有一说,唐琬之父并非唐闳,而是唐诚,史上难觅唐诚的踪影,就是有,也只是从陆唐的爱情故事中旁逸斜出的附会,不可太当真。

再看第二说,我觉得这是比较可信的一说:"放翁少时,二亲教督甚严。初婚某氏,伉俪相得。二亲恐其惰于学也,数谴妇。放翁不敢逆尊者,与妇诀。"这是比陆游稍晚的南宋诗人刘克庄在其《后村诗话续集》

卷二所载，说的是那小两口如何伉俪相得，琴瑟相谐，但那做父母的眼看着儿子终日沉醉于儿女情长之中，就不能不忧心忡忡了，毕竟学业才是决定儿子一生前程的正事。此前，陆游已因祖辈的官勋荫补登仕郎，这也是宋代官宦世家子弟享有的特权，可以不经科举进士而入仕，但这毕竟不是科举正途，既为那些进士出身的士大夫瞧不起，也绝少为朝廷所器重。陆家上溯三代都是金榜题名的进士，自然不想在陆游这一代手里断送了，何况陆游既有这样的天赋，在结婚之前读书也十分下功夫，没想到一结婚，就把学业白白荒废了，一个儿媳妇也就成了耽误儿子学业的"扫帚星"。身为父亲的陆宰也许不便出面，一切便由陆母出面，一个母亲也就变成了一个"数谴妇"的恶姑形象。但无论陆母是规劝、数落还是恶语相向的叱责，那小两口依然恩爱缠绵，"无以复顾"。眼看着小两口到了这种执迷不悟的程度，陆母只得去求神仙帮忙了，她去山阴郊外无量庵去找尼姑妙因为儿子媳妇的命运占卜，这位妙因法师的卦象一向是非常灵验的。结果是，陆游与唐琬八字不合，命中相克，若不尽早拆散，莫说儿子还有什么功名前程，连性命也难保。一出棒打鸳鸯散的悲剧，终于找到了宿命的依据，还有什么比这更理直气壮的理由呢？陆母一回家，就把儿子叫来了，命他立马就写休书。如若陆游不从，她就死给儿子看！一纸休书，既是命运占卜的结果，又有母亲以死相逼，在天命与母命的双重逼迫下，他写下了一纸休书。至于他如何心如刀绞，唐琬又如何悲切饮泣，那已是后世想象的空间。许多年后，陆游写了一首《夜闻姑恶》，多少透露了一些对当时无奈选择的追悔与憾恨："学道当于万事轻，可怜力浅未忘情。孤愁忽起不可耐，风雨溪头姑恶声。"他自然不敢大逆不道地诅咒自己的母亲为"恶姑"，但此诗又确有暗示其母逼他休妻之嫌。然而，憾也好，恨也好，一切皆已追悔莫及，一切皆是前定的宿命，此恨绵绵无绝期。

还有第三说，这是陆游自己在晚年诗作《剑南诗稿》卷十四中透露出来的，"夏夜，舟中闻水鸟，声甚哀，若曰姑恶，感而作诗"，作者假以一个被休弃的女子之口自怨自艾，其中最关键的几句是："所冀妾生男，庶几姑弄孙。此志竟蹉跎，薄命来谗言。放弃不敢怨，所悲孤大恩。古路傍陂泽，微雨鬼火昏。君听姑恶声，无乃谴妇魂。"其中的"恶姑"，自然又涉嫌暗示陆母了，而这自怨自艾的女子便是唐琬。正是在这种暗示下，让后世以为有了惊奇的历史发现：唐琬被休，只因婚后不孕。乍一看这还真是一个理直气壮的理由，不孝有三，无后为大。但仔细一想，却又难以自圆其说，小两口结婚不过一年，唐琬就被逐出了家门，而唐琬"不当母夫人意"的事在小两口结婚不久就发生了，若没有一段时间的积累，也不可能出现"数谴妇"的情况，直演绎到唐琬被休这样严重的程度。而即便那个时代，在婚后一年内不孕也是常事，如果数年未育，一般也不会休妻，而是纳妾生子。如此看来，唐琬在婚后一年间没有生育，又怎么会成为被休弃的理由呢？更何况，陆游也从未明说那诗中的女子就是唐琬，所谓暗示，很可能只是后世的妄自猜测。

但无论是何缘故，只有一个结果，唐琬是真的被休了，一桩几近完美的爱情与婚姻活生生地演绎为《孔雀东南飞》的南宋版。但陆游并非焦仲卿，唐琬也不是刘兰芝，他们没有决绝地选择一起殉情而死，而是另筑别院，重续鸳梦。这种几如偷情般的别院幽会，维持了一段比他们的婚姻更长的时间，最终不幸又被陆母察觉，而陆母一旦察觉，就比小两口决断得多，随即便为陆游另娶了一位王氏女，而陆游也又一次遵从了母命。王夫人性情温驯，既本分又孝顺，在最难处的婆媳关系上，她以逆来顺受化解了一切矛盾。这并非她独特的个性，而是那个时代所有女子的共性。这样一个媳妇，自然能讨得婆婆的欢心，且在婚后一年就为陆游生了孩子。而一旦有了孩子，夫妻关系也就被牢牢地绑架在一起了。事实上，这位王夫人才是陆游一生婚姻的正果，她与陆游结合虽不是理想的爱情摹本，却是中国人理想中的美满婚姻摹本——执子之手，与子偕老。王夫人一直陪伴到陆游七十三岁那年才寿终正寝，既是生命的圆寂，也是婚姻的圆满。

如果说婚姻是爱情的坟墓，被直接埋葬的则是唐琬。唐家原本就是与陆家门当户对的体面人家，对女儿被休一直愤愤不平。如果陆游尚未再婚，他们多少还抱有一丝让女儿与陆游破镜重圆的念想，这其实也是唐琬对陆游藕断丝连的最后幻想。随着结婚生子，陆游似乎也把唐琬忘了，而唐家很快也另觅夫婿将女儿嫁出去。唐琬虽是梅开二度，但嫁得挺不错，她的第二位丈夫赵士程，乃赵宋皇室后裔，远比陆家门庭显赫。而赵士程是个儒雅敦厚的读书人，也是当地的一位名士，至少在当时的名气一点也不亚于陆游。而他的美德，他的重情，他对唐琬的悉心呵护，也让经历了一段短暂而不幸婚史的唐琬，在心如死灰后又渐渐复苏，但再也不可能恢复到与陆游在一起时的那种鲜活的状态了。

　　随着两人的婚姻都已尘埃落定，陆游也步入了他人生的正途，埋头攻读科举课业。只是没有预料到，他这条正途竟然一辈子也没有走通。一个"万卷纵横"、才华横溢的大才子，在科场上竟然屡试不第，这也太不合情理了。对此，史上也有多种说法，每一种说法都是为一个不合理的事实找到合理的解释，而历史的纷争又主要集中在绍兴二十三年（1153年）那次在临安举行的"锁厅试"上。所谓"锁厅试"，亦作"镇厅试"，这并非一种让天下士子公平竞争的科举考试，而是一种特殊的科考，特殊的是士子的身份，只有享有恩荫特权的"宗子"（官宦世家子弟和宗室后裔）才能应试。据《宋史·选举志三》载："熙宁十年（1077年），始立《宗子试法》。凡祖宗袒免亲已受命者，附锁厅试，自袒免以外，得试于国子监。"很多后世把陆游参加的此次锁厅试误以为是礼部进士试，非也，其等级类似明清科举流程中的乡试，录取者为举人。这就是说，哪怕陆游得以高中，也只是举人而非进士。这次考试的主考官陈之茂，一向正直，对秦桧擅政很看不惯。开考前，秦桧特地把陈之茂请到宰相府，暗示孙子秦埙参加考试，希望取为第一。但陈之茂顶住了秦桧的压力，最终以文章的优劣来分高低，将陆游取为第一。但他对秦桧也做了妥协，把秦埙排在第二。但他的妥协还是让秦桧勃然大怒，一怒之下竟将陆游除名，还大骂主考官陈之茂该杀。这也是载入了正史的说法。又有一说是，陆游在策论中力主抗金，恢复故疆，而秦桧最痛恨士子"喜论恢复"，因而将陆游罢黜。此外还有一说，当时的考试要加试诗赋，而陆游因"诗题"语焉不详而落榜。在众说纷纭中，我比较倾向陆游以"喜论恢复"而遭秦桧罢黜的说法,这也的确是秦桧擅政时期的一个大忌,用现在话说就是谁也不能触碰的"高压线",一个士子若想登科入仕,就必须保持安全的距离。陆游显然还没具备这样的政治策略,落榜也就是必然的事实。

就在陆游落榜的第二年,绍兴二十四年(1154年)春天,陆游独自来沈园踏春。想象一个落寞士子的身影,在春风与阳光的暗处闪烁,在屡试不第后,可以想见他此时心境的灰暗,他已经无颜面对故人。而身在暗处的不经意一瞥,却让他看见了一个恍若梦里依稀走来的身影——唐琬。这已是唐琬被休的第十年了,这也是他们相见不如相忘的十年,至少,这绝不是陆游早就预见的一次见面。然而阴差阳错,两人竟然在沈园邂逅了。对于人生,十年已是一段相当漫长的岁月,他们身上已散发出岁月沧桑的气味,那相顾无言的一瞥,两人都有点不敢相认了。更何况,两人中间还夹着一个赵士程,一见之后,两人也只是像熟人相见似的淡淡地寒暄了几句,又各自转身离去,心中的滋味也只由两人去各自品味了。

陆游退回了更深的阴影中,他已了无游兴,只在阴影中,看着从前和自己耳鬓厮磨的娇妻如今依偎着别人,他心中又有多少难以言说的滋味,那是一种除了诗词没有别的文字可以描述的心境。当他倚栏独坐、兀自低吟时,此时他最需要的早已不是爱情,而是一壶花雕,几碟小菜,借酒浇愁。他的心情仿佛只有唐琬知道,她很快就让仆人给他送来一壶花雕和他最爱吃的四碟小菜。陆游抬眼去望唐琬,唐琬已随丈夫离去。风从一个身影消逝的方向吹来,他嗅到了一阵随春风徐徐散开的香味,那是梅花开败了的气味。此时,一个借酒浇愁愁更愁的词人,一口饮尽了杯中的残酒,趁着酒兴,趁着泪水还没婆娑双眼,在一道墙壁上写下了一首必将成为千古绝唱的《钗头凤》:"红酥手,黄縢酒,满城春色宫墙柳。东风恶,欢情薄。一怀愁绪,几年离索。错、错、错。 春如旧,人空瘦,泪痕红浥鲛绡透。桃花落,闲池阁。山盟虽在,锦书难托。莫、莫、莫!"

那个最该看到这首词的人,一别经年,直到第二年春天才来。依旧是春风，依旧是阳光，茫然四顾的唐琬，再也没有看见那个倚栏独坐、借酒浇愁的词人，却一眼瞥见陆游去年题写的《钗头凤》。但她眼里却是空的，心里也是空的。除了词，还有什么能填补她空落的内心呢？她在陆游的《钗头凤》下，和了一阕《钗头凤》："世情薄，人情恶，雨送黄昏花易落。晓风干，泪痕残。欲笺心事，独语斜阑。难、难、难！ 人成各，今非昨，病魂常似秋千索。角声寒，夜阑珊。怕人寻问，咽泪装欢。瞒、瞒、瞒！"这是她一生留下来的唯一的一首词，想象一个欲说还休梦已阑的女子，在空茫的风中挥舞不止的衣袖，一双秋水微漾的泪眼，不是李清照，胜似李清照，将自己一生的才情连同那一阕凄艳的爱情悲歌化为肝肠寸断的吟哦……

这是属于《钗头凤》的两个春天，一曲爱情的千古绝唱在两个春天的呼应中已经完成。而唐琬已经没有第三个春天了，就在这年秋天，一个"病魂常似秋千索"的女子，便在一声声叹息和一片片落叶中溘然长逝。但世间还有一种无形的东西却不会随风而逝，那是比生命更长久的爱。陆游与唐琬的爱情，不只是一段人生插曲，而是他生命中最重要的主题之一。在陆游一生创作的数以万计的诗词中，几乎从未出现过那位陪伴了他一生的王夫人的身影，除了唐琬，再也没有别的女子在他的诗词中出现，再也没有爱情在他的诗词中发生。

或许只有时间，才能验证爱情不老的力量，越是到了老年，那逝去的爱越是铭心蚀骨。陆游六十三岁时，"偶复采菊缝枕囊，凄然有感"，他回想起四十三年前的那个秋天，与唐琬一起踏秋赏菊，心灵手巧的唐琬还用采来的菊花给他缝制了一只清香四溢的菊花枕。这是陆游一辈子忘不了的枕头。当他从一个年方弱冠的后生变成了一个年过花甲的老人，在灯下给自己缝制枕囊时，情不自禁地想起了唐琬在灯下穿针走线缝制菊枕的情形，往事恍若暗香浮动的气味，从芬芳四溢到香远益清，又慢慢向他涌来，化为泪水缓慢地涌出："采得黄花作枕囊，曲屏深幌闷幽香。唤回四十三年梦，灯暗无人说断肠。少日曾题菊枕诗，囊编残稿锁蛛丝。人间万事消磨尽，只有清香似旧时。"或许，只有当人生变得一眼就可以看穿的透彻，才能觉悟，爱其实是一种气味，一种在岁月中经久不散的清香。

  一座沈园，更让陆游魂牵梦绕，"每入城，必登寺眺望，不能胜情"。他的魂好像丢在那里了，与另一个丢在那里的魂灵形影不离。他六十七岁那年秋天，在荒凉的沈园里转悠，此时的沈园已如被世人遗忘的角落，他当年题写《钗头凤》的那道墙壁只剩下了半边残壁。他茫然地看着，两串老泪悄然坠落，那逝去的爱又一次涌上心头："枫叶初丹槲叶黄，河阳愁鬓怯新霜。林亭感旧空回首，泉路凭谁说断肠。坏壁醉题尘漠漠，断云幽梦事茫茫。年来妄念消除尽，回向蒲龛一炷香。"他七十五岁时，唐琬已逝去整整四十年，他拄着拐杖，在沈园往复踟蹰，满头白发如被风吹乱了的苇絮，如同一个在荒芜废墟中游弋的孤魂，而脚下的路已不再有延伸的记忆，只有苍凉的回忆。他一气呵成《沈园》二首，其一："城上斜阳画角哀，沈园非复旧池台。伤心桥下春波绿，曾是惊鸿照影来。"其二："梦断香消四十年，沈园柳老不飞绵。此身行作稽山土，犹吊遗踪一泫然。"八十一岁时，他又回想起当年题写《钗头凤》的往事："禹迹寺南有沈氏小园，四十年前，尝题小阕于石，读之怅然。"又作梦游沈氏园亭诗两首，其一："路近城南已怕行，沈家园里更伤情。香穿客袖梅花在，绿蘸寺桥春水生。"其二："城南小陌又逢春，只见梅花不见人。玉骨久成泉下土，墨痕犹锁壁间尘。"

  陆游最后一次走进沈园，是宋宁宗嘉定元年（1208年）春天，一说为嘉定二年，他原想去郊野采药，路过沈园时，一双拖沓的老腿就再也迈不动了，便到园里歇息。一座沈园，在岁月中越来越破败，此时已经罕有游人，但残壁断垣间的花卉从不管人间的是非，依旧兀自绽放。"沈家园里花如锦，半是当年识放翁；也信美人终作土，不堪幽梦太匆匆。"这是陆游为爱、为沈园而写的最后一首诗，是年他已八十四岁，离他逝世只剩下一个年头了。他预感自己将不久于人世，心里或有一阵莫名的惆怅，但接踵而来的却是一阵如释重负的宁静，"也信美人终作土"，他也终将要化为三尺黄土了。

  诗词是陆游的生命年谱，而爱，在岁月中一次次被他深情的书写唤醒。他的每一次书写，或许都是为了给自己疗伤，却将尖锐的疼痛化作更漫长的隐痛。一颗鲜活的心，与另一颗鲜活的心，那种心心相印的感觉，被陆游抒写了一生，一个红颜薄命的女子也在他心里活了一生，直至永生。

又或许只有毁灭，才能让爱得以永恒。假定陆游与唐琬从爱情到婚姻都是完美的，他们能一路相伴走到人生的尽头，中国古典诗词中可能就少了很多绝唱。爱只因残缺而唯美，而诗只因悲绝而成为绝唱。诗词文章，其实是一种很不幸的、很残忍的存在，它的真谛，其实就是悲怆与绝望。

当一个人沉浸在绝望的情绪之中，特别想要看到一种充满了活力的东西，感觉自己还是活着的。几乎是下意识的，我凝视眼前的梅花，这小巧、内敛的花朵，在缓慢地开放中充满了定力，而一旦开放就是激情似血的绽放，花瓣上那殷红的露珠，像被早春的蜜蜂扎出来的血滴。当晚风吹来，一朵开败了的梅花，在风中紧紧抓着枝头不让自己坠落。我麻木已久的感觉，在一瞥之间忽然被激活，为之怦然心动。一座沈园没有在荒芜中化为废墟，没有在千百年的岁月中消失，或许就是让每一个茫然的、失落的灵魂找到一个着落，在花瓣的悄然坠落中谛听灵魂的声音。瞬间，我忽然理解了陆游，当他陷入绝望之中，只有梅花才能拯救。梅花也是他一生反复吟咏的主题。他以梅花自喻，一般都认为这是他借梅花来抒写自己孤芳自赏、不同流俗的高贵品格，但我感觉这多少是被误解了，至少是被比较浅薄地理解了，我觉得他咏梅的诗词中还有更深的意味，如他在沈园最早写出的一首《卜算子·咏梅》，"零落成泥碾作尘"，又何尝不是写一种毁灭，"只有香如故"，又何尝不是在毁灭中升华。一生历尽坎坷的陆游，在漫长的一生中承载了太多的苦难，经历了无数的坎坷、挫折和失落，但最终也没有绝望，这又何尝不是在毁灭中的一次次重生。在他七十八岁时所作的《梅花绝句》中，他把自己的爱与受难的一生升华到了人生意味的顶点，那已是出神入化之境："何方可化身千亿，一树梅花一放翁。"

沈园其实很小，却仿佛永远走不到尽头。时光在花开花谢中流逝，往日的一切皆烟消云散。我在盘桓中，细细分辨何处是孤鹤亭、半壁亭、双桂堂、八咏楼、宋井、射圃、问梅槛、琴台、广耜斋……这些江南园林中大同小异的景物,小心翼翼地蜷缩在属于自己的角落,而在它们身体的内部,只有水泥与钢筋交错。天地间有许多景象是要闭着眼睛才能看见的。这是钱钟书先生的名言。南宋那座沈园已经留在了一个遥远的背景里,我唯一能看见的真相只是半边残壁被阳光不断拉长的影子。

二、坎坷而低迷的仕途

从仕途上看,陆游虽以爱情作为了悲绝的献祭,但最终也没把那条登科入仕的正途走通,他也就只能沾祖宗的光以"荫补登仕郎"入仕。宋代登仕郎为正九品的文散官,大多为闲职。但陆游决不甘心做一个坐享其成的闲官,他一门心思想着的是坐而起行,去干一番建功立业、彪炳千秋的大事,从他日后的一句诗可知他对功名有多么强烈的渴望和追求:"千年史册耻无名。"

陆游真正步入仕途,是从三十三岁时开始的。绍兴二十八年(1158年),他被任命为福州宁德县主簿,宁德也就成了他仕途的第一站。绍兴自古出师爷,陆游算得上绍兴师爷的祖师爷了,县主簿也是师爷一类的些小衙门吏,或无品,或在八品下。对陆游这个日后必将大名鼎鼎的些小衙门吏,在宁德县志上也载上一笔:(陆游)"绍兴二十八年(1158年)任邑簿,有善政,百姓爱戴。"后世关注的也不是陆游在宁德干了什么,而是在闲置了多年后他为何能获得这一官职。历史原因就是当时的时代背景,陆游获任时,秦桧已死三年,后世根据历史逻辑推论,正是秦桧之死,才让陆游终于熬出了头。我却觉得,毕竟秦桧是权倾朝野的大人物,而陆游这样一个卑微的小人物,料想两者之间也不可能形成那么直接对应的关系。但秦桧死后,确乎给南宋带来了历史性转机,随着秦桧一手遮天的政治阴影开始消散,宋廷主战派在被秦桧打压多年后渐渐有抬头之势。绍兴三十二年(1162年)六月,做了三十六年皇帝的宋高宗以"倦勤"为由退居太上皇,将帝位内禅给养子赵眘（宋孝宗）。孝宗是史上公认的南宋最有作为的皇帝，即位后便起用被秦桧打压贬逐的主战派人士，对北伐抗金、恢复故疆踌躇满志。作为一个历史大势中的小人物，陆游虽然官卑职小，但一直"位卑未敢忘忧国"，尤其是诗名渐隆。隆兴二年（1164年），一直没有科举功名的陆游承蒙天子召见，在年届不惑之年"以善词章"、熟悉典故赐同进士出身。随后，陆游便被授以枢密院编修官兼编类圣政所检讨官等职。枢密院编修官，是他敬仰的前辈张浚和胡铨都干过的职位，官小衙门大，前途不可限量，就看陆游如何去把握了。

然则，一个士人的命运却不是自己就能把握的。陆游入枢密院时，适逢南宋主战派领袖张浚复为枢密使，都督江淮军马渡淮北伐（隆兴北伐），在初战告捷、收复宿州等被金人盘踞已久的失地后，一个极有可能扭转南宋历史的机遇呼之欲出，但南宋偏安的命数也仿佛是前定的宿命，一个大好局势却因北伐两路主将的内讧和倾轧而兵败符离（今宿州市境内），这也是宋军自己打败自己的又一惨痛案例。胜败乃兵家常事，符离之败虽是惨败，但只是一场在战争意义上并没有决定性意义的败仗，却让以汤思退为首的秦桧党羽紧紧地抓在手里，以此作为罪证与把柄向主战派发起反扑，而在他们背后撑腰的则是太上皇高宗。南宋的历史大势又一次被扭转过来。随着主和派重新占据宋廷上风，深感抗金无望的张浚无奈地以老病交加之身自请去职。此时，陆游已通判隆兴（今南昌），随着张浚被罢去右相兼枢密使，远离宋廷的陆游也未能幸免，以"交结台谏，鼓唱是非，力说张浚用兵"之罪，于乾道二年（1166年）罢官归里。

这就是陆游仕途的第一阶段，从他三十三岁获任宁德主簿到四十一岁罢免隆兴通判，为时八载，官至六品。

这一罢就是三四年，正当盛年陆游只能闲居在故乡山阴三山别业，犹如生活在被人遗忘的一角。他这些年的心境与当年罢官归里的父亲一样，只能将报国无门、壮志难酬的郁闷与悲愤寄托在诗书之中。而他忧虑的不只是国事，还有家事，此时他已儿女成群，又尚未成年，既要吃饭穿衣还有上学念书，一家人的生活到了吃了上顿愁下顿的窘境。好在陆游天性中还有豁达、乐观的一面，既能忍受命运给他的磨难，也能享受命运带给他的有限的欢乐。豁达也好，乐观也好，其实也是对命运的顺从。在他笔下，哪怕穷愁也不潦倒，时常还会呈现活在尘世中的另一番景致。他这段岁月最有代表性的一首诗，便是他在罢归翌年所作的《游山西村》："莫笑农家腊酒浑，丰年留客足鸡豚。山重水复疑无路，柳暗花明又一村。箫鼓追随春社近，衣冠简朴古风存。从今若许闲乘月，拄杖无时夜叩门。"他在诗中勾画了一幅乡村风俗图。这其实是他热爱的一种生活，他对淳朴乡土生活的欣赏和快乐，自然而然地从他心中化为诗意流淌出来。当然，那最妙、最关键的一句还是"山重水复疑无路，柳暗花明又一村"，这是他在穷途中对命运出现转机的不灭的希冀。然而他期待的那个转机却迟迟没有出现，他也渐渐有些扛不住了。在罢归两年后，乾道四年（1168年），一个风雨骤来的秋夜，他的心情从柳暗花明的春天一下变得特别的晦暗、沉重、悲愤、惆怅、肃杀，却又是那样心有不甘，一首《秋夜闻雨》，成为他此时心境最逼真、最复杂、最难排遣的抒写："慷慨心犹壮，蹉跎鬓已秋。百年殊鼎鼎，万事只悠悠。不悟鱼千里，终归貉一丘。夜阑闻急雨，起坐涕交流。"想象那一个"慷慨心犹壮"的士人，在秋雨敲窗声中凄怆地呆坐着，眼睁睁地看着自己在光阴虚度中"蹉跎鬓已秋"，在缓慢得难以忍受的等待中，那所谓的期待越来越极其渺茫可虑，生命的年轮如同空转，不觉间已涕泪交流……

　　一个士人在渺茫等待着挨过一生是极有可能的，如他的父亲，在春秋鼎盛的岁月罢官后，直到生命的尽头，再也没有等来朝廷的一声召唤。又不能不说，陆游还真是比他父亲幸运，历经三年多的等待，他终于在乾道五年（1169年）十二月等来了朝廷的诏命，通判夔州（今重庆奉节）。陆游此时正缠绵病榻，一场大病虽说没有夺走他的性命，却反反复复，久治不愈。在这寒冬腊月，一个病人又怎能扶病走到那如同鬼门关一样的夔门呢？他只能继续耐心等待，等待自己的病慢慢好起来，等待一个冷酷的季节过去。就这样，一直挨到第二年春夏之交，他才携家带口，赴夔州上任。在那个年代，这是一趟莫测的长旅，远在长江三峡中的夔州如同一个险恶的传说。他先从绍兴乘船,走运河至镇江转入长江,然后逆江而上。由于南宋朝廷不给赴任官员发派遣费、差旅费,陆游只能自带盘缠,自费租船。又好在沿途的地方官府和驿站均有接待过路官员的义务,要不陆游还没抵达夔州就变成叫花子了。这一次历时近半年旅途,一路经过了如今的江苏、安徽、江西、湖北、湖南、重庆等沿江省区,陆游终于在乾道六年(1170年)十月抵达了夔州。而这一路上他都在不停地写,将他从江南到夔州的沿途的风土人情、山川风貌、人文景观、江河航运、军事政治、诗文掌故、文史考辨、旅行生活、官场交际以及不同阶层的生活状态等,写成了一部长达六卷的日记体游记《入蜀记》。他不但是一个诗人、词人,还写得一手好文章。这是中国第一部长篇游记,也是比那些官修历史更真实的历史。

夔州,是从长江进入四川的西大门,"夔门天下雄",当陆游一脚跨入此门,他的第二段仕途才算真正开始了。对于士人陆游,在奔天命的年岁依然还在六品官位上辗转,这在那个时代实在没什么大出息。但对于诗人陆游,这却是一个非常重要的分界线。从他一生的诗歌创作看,入蜀以前,是他诗歌创作的第一阶段,这一时期虽然超过他人生的一大半时间,但其诗作仅存两百首左右。陆游早年在父亲的课教下博览群书,尤爱读诗,十余岁,便熟读了陶潜、王维、岑参、李白等人的诗篇,这对他未来的诗词都产生了潜移默化的影响,既有陶、王的淡远飘逸,更有岑、李的豪迈放达。除了这样的精神源头,他还有一个直接师传,早年他一度学诗于曾几。曾几是被列入江西诗派的诗人,曾称道陆游诗像东莱先生吕本中,吕本中诗也属江西诗派,由此可见陆游早期诗歌创作与江西诗派有着不可割舍的因缘。追溯其精神源头为"一祖三宗",以杜甫为祖,黄庭坚、陈师道、陈与义为宗。江西诗派亦可谓"宗派",当时禅宗流行,黄、陈等三宗皆习禅甚深。既是宗派,便特别强调师承,或师承前人之辞,或师承前人之意,追求字字有出处,在师承的同时也强调"以故为新""夺胎换骨""点铁成金"。其另一个特点是重炼字,对诗歌语言有着精细而考究的追求,这既是优点也是缺点,由于过于考究,又崇尚瘦硬奇拗的诗风,时不时就会写出些生新瘦硬、雕琢藻饰的诗句。江西诗派是中国文学史上第一个有正式名称的诗文流派，也是宋代最有影响的诗歌流派，其影响从北宋黄、陈以降一直波及近代的同光体诗人，而影响最深的无疑是南宋诗坛。陆游的第一阶段诗歌创作中也深深地打下了江西诗派的烙印，也是一直笼罩着他的走不出的阴影。

陆游的一生，可以说就是在多重的阴影中寻求突围。在爱情上，唐琬和那逝去的爱是他一生走不出的阴影；在政治上，宋廷偏安派、主和派和投降派的阴影也一直笼罩着他，让他难以突围；在诗歌上，江西诗派亦是他难以摆脱的阴影，若他走不出这阴影，他至多也只是一位被纳入江西诗派的因袭者或传承者，不可能开一代诗风，从而成为南宋诗坛独特的"这一个"，应该说，他是南宋诗人中成功突围的一个，如此方有可能成为南宋诗坛独树一帜的大家和领袖。而他的突围，就是以入蜀为标志，当他一脚跨入夔门，他的诗歌创作也跨入了第二阶段，并由此而开创宋诗的另一种血统和气质。

但陆游决不甘于做一个诗人、词人，他还有更伟大的抱负想要施展。他最想做的是一个王朝帝国的栋梁。但这个帝国却不像他想象的那么看重他，一个处于峡谷中的六品通判又能干些什么呢？他通判夔州说是三年，但实际上也就一年多时间，从乾道六年（1170年）十月抵达，到乾道八年（1172年）正月离任，他主管夔州官学，担任当地科举主考官，并兼管农事。由于岁月短暂，不可能有太突出的政绩，他在夔州留下的依然只是一些传世诗篇。夔州境内有杜甫当年流寓的东屯故居，还有诸葛亮当年布设的八阵图遗迹，陆游凭吊在安史之乱中颠沛流离的杜甫，追怀那个羽扇纶巾、用兵如神的诸葛孔明，他的忧患，他的壮怀，却在这峡谷里难以施展，也就只能如困兽一般，以诗来发出他的长吁或短叹，唯一的意义就是可以减轻一点心中的痛苦。透过他于乾道七年（1171年）所作的《初冬野兴》，可知他此时正在经受的折磨和煎熬："关北关南霜露寒，瀼东瀼西山谷盘。簟纹细细吹残水，鼍背时时出小滩。衰发病来无复绿，寸心老去尚如丹。逆胡未灭时多事，却为无才得少安。"从诗中看，此时他年届天命，老病缠身，念兹在兹的依然是"逆胡未灭",耿耿于怀的依然是报国无门,但"寸心老去尚如丹",他对这个帝国的赤诚之心,依然如火焰般地燃烧着。

乾道八年(1172年)三月,一个奔赴前线的机会终于来临,陆游应四川宣抚使王炎之辟,从夔州赴南郑(今陕西汉中),以四十八岁的年轮"壮岁从戎"。这是他人生的第四个本命年,他又迈过了一道大坎,平生第一次走上前线。胡马的嘶鸣,如凄厉的狼嚎穿过黄土高原无边的苍凉,却让一个舍身报国的士人热血沸腾。在长久的压抑后,他终于抵达他一生中激情燃烧的岁月。这又不能不感谢他的主公王炎。王炎,字公明,是南宋力主抗金的大臣与大将。此公与陆游一样,也是"赐同进士出身",但他在仕途上的显赫却让陆游一生也不敢望其项背。据《宋史·宰辅表》载,乾道四年(1168年)二月,王炎以"试兵部尚书赐同进士出身,除端明殿学士,签书枢密院事";五年(1169年)二月,"除参知政事,兼同知枢密院事";三月,以左中大夫为四川宣抚使,依旧参知政事。这就是说,王炎是以枢密使和参知政事(副相)的高位宣抚四川,可见孝宗皇帝对他有多么倚重,也足见他镇守的地盘有多么重要。

看当时的大背景,根据高宗朝与金国缔结的绍兴和议、孝宗朝与金缔结的隆兴和议,宋金西段边界以大散关为界。大散关为关中四关之一,自古为川陕咽喉。据史载,大散关在历史上曾发生七十余次战役,著名战役如楚汉相争时,韩信"明修栈道,暗度陈仓"就从这里经过;三国时曹操西征张鲁亦经由此地;诸葛亮出散关围陈仓,也是从这里闯关。而离陆游最近的大散关之战,则发生在南宋建炎四年(1130年),其时,宋军在富平之战遭受惨败,宋将吴玠收拾残兵,在大散关与金军交锋三十多次,击败了金兀术(完颜宗弼)率领的金军主力,兀术在中箭后败退,宋军大胜。这一场大捷,激励了陆游一生,却也让他遗憾终生。从青年时代"上马击狂胡,下马草军书"的壮志,到壮年时便开始嗟叹"二十抱此志,五十犹臞儒",而最终的结果也就只能是"志大浩无期,醉胆空满躯"。他作为南宋中兴四大诗人之一的基调,实际上就在"上马击狂胡,下马草军书"这千古绝唱上得以确立,但从接下来的历史事实看，这纯粹是一种精神意义上的确立。

由于南郑处于宋金对峙的西部前线，陆游因此把四川宣抚使驻扎在南郑的幕府称之为征西大幕，也可谓是征西前敌司令部。陆游的职务是干办公事兼检法官，说穿了就是一名幕僚，但他很被王炎看重，曾数次奉命奔走于前线视察军情。想象一个士人，一身戎装，一骑骏马，意气风发地驰骋于千里疆场的风沙之中，这其实就是陆游一生最想扮演的历史角色："上马击狂胡，下马草军书。"这段时间，虽没有他亲手杀敌的史载，却有他在野外雪地射虎的传奇。射虎算什么，他在《和高子长参议道中二绝》中表达了他雄心勃勃的想法："莫作世间儿女态，明年万里驻安西。"他想的是收复西北失地，将征西大幕驻扎到河西走廊西端的安西要塞。

一个诗人，在诗中充满了激情，但从陆游视察军情后提出的战略思维看，他还真不只是一个诗人，而是一个相当冷峻和理性的军事高参。陆游军事才华无疑与他对兵书的钻研有关，这也不只是一个文人的纸上谈兵，他在军事战略方面确有真知灼见。如隆兴北伐时，时任枢密院编修官的陆游就明确提出反对孤军深入，主张先必巩固两淮，然后稳扎稳打地进取。他还上奏过《乞分兵取山东札子》《贺张都督启》等，都是非常务实的用兵策略。这表明，他既力挺北伐抗金，恢复中原故疆，但又反对轻率用兵的盲动和冒险。从历史事实看，张浚兵败符离的主因是麾下两路主将的严重失和一直见死不救所致，但也与张浚的冒进不无关系。如今，他作为王炎的高参，在对敌我形势反复考察后，又提出了自己的军事主张："经略中原，必自长安始；取长安，必自陇右（汉中）始。当积粟练兵，有衅则攻，无则守。"事实上，他的战略思维与前辈胡铨如出一辙，更重于战备或捕捉战机，这和宋孝宗也是高度一致的。这从他为王炎所作的《静镇堂记》中看得更分明。静镇，语出孝宗亲诏四川宣抚使中所云"静镇坤维"一语。"坤"为易经中的西南之卦，"静镇坤维"，强调的是镇静，防御。王炎既以"静镇"为堂名，也是这样进行军事部署的，一边冷静地捕捉战机，一边厉兵秣马做好随时进取的准备。值得一提的是，陆游这篇《静镇堂记》在文学史上也是一篇不可忽略的文章，他一生中的许多感悟大多在诗词中抒发，而该文是他一生中所写的唯一一篇军旅散文。

然而，好景不长，陆游一生在军政两途的运气也实在欠佳了，他还未及大显身手，宋孝宗对王炎的态度急转直下。王炎被罢，是南宋又一次自毁长城的悲惨历史。对王炎经略川陕、镇守南宋西部边关，对江淮之敌的牵制作用，南宋四大中兴诗人范成大曾赋诗称道："四年西略可万世，孤撑独立扛千钧。"随着王炎被罢，宋孝宗一度主战、锐意收复中原的进取政策从此画上了句号，在虞允文取而代之的同时，宋廷也代之以维持现状的苟安政策。随着王炎罢去，征西的幕府也随之被虞允文解散，而被王炎倚重的陆游也被视为王炎的人，一个"壮岁从戎"的士人，才刚刚施展他的军事才华，就提前沦为了虞、王的"门户"之争的牺牲品。他在征西大幕中仅仅做了大半年（七八个月）的幕僚，却是他一生中最辉煌的岁月，一篇八百余言的《宋史·陆游传》，关于他与王炎交往的文字就占了七分之一，可见王炎以及汉中的大半年时间在陆游一生中占据了多么重要的分量。

那也是让陆游一辈子回味不已的短暂岁月，他以南郑从军为主题或为背景的诗词，远远超过了对唐琬、对那逝去的爱的回味与怀念。但盘点陆游在南郑期间的诗作并不多，绝大多数都是后来的追忆。究其原因，或是戎马倥偬，他已没有太多的闲工夫花在诗词创作上。但据陆游自述，他这一时期创作了一百多首诗，结集为《山南杂诗》，但在归途中，舟过望云滩时，诗稿不幸坠入水中。陆游南郑所作之诗现仅存十二首，而且没有一篇是直接抒写他最得意的军旅生活的。对此后世一直备感蹊跷，很多探秘文章都做出了大致一致的推测：由于《山南杂诗》中不可避免地涉及王炎，而王炎被贬在当时是一个高度敏感的政治事件，陆游或是出于政治上的谨慎将《山南杂诗》中的大部分自毁了，只将一些无关紧要的篇什保留下来。这虽是后世的猜测，却也能从王炎晚年的命运找到一些历史佐证。如果说《山南杂诗》坠落望云滩是一个谜，王炎自汉中罢归后的命运更是一个谜，这样一个官至参政知事和枢密使的宰执大臣，在元人脱脱编修的煌煌《宋史》中居然没有立传，这是极不正常的，王炎晚年可能遭逢了非常之命运。在诸史中反复翻检王炎罢归后的事迹，只有《宋宰辅编年录》和周必大所著之《玉堂类稿》有零星记述，据此可知，王炎晚年竟罹祸罪该万死的"欺君"之罪，在连遭罢黜、贬逐后，他于淳熙五年（1178年）在凄凉、冷落中病逝，终年六十五岁。死后，不见任何悼念文字，也未见朝廷对他追赠的谥号。而陆游既与王炎的关系非同一般，自然也会全身避祸，唯恐留下文字证据，遭受更大的株连，于是才假称《山南杂诗》坠落水中。果真如此，就表明陆游并非一个天真的文人或书呆子，他是深谙官场的丛林法则和生存策略的。

陆游删掉的只是与王炎直接有关的内容，南郑那段短暂岁月却被他抒写了一生，这些诗篇都小心翼翼地回避了王炎，单纯回忆个人的那一段经历，充满了憾恨和嗟叹。如其《谢池春·壮岁从戎》一词："壮岁从戎，曾是气吞残虏。阵云高、狼烟夜举。朱颜青鬓，拥雕戈西戍。笑儒冠、自来多误。 功名梦断，却泛扁舟吴楚。漫悲歌、伤怀吊古。烟波无际，望秦关何处？叹流年、又成虚度。"一个士人，那吞杀敌虏的满腔热血豪气转眼"又成虚度"。这种巨大的失落感，在《金错刀行》中被抒发得更加慷慨而悲愤："黄金错刀白玉装，夜穿窗扉出光芒。丈夫五十功未立，提刀独立顾八荒。京华结交尽奇士，意气相期共生死。千年史册耻无名，一片丹心报天子。尔来从军天汉滨，南山晓雪玉嶙峋。呜呼！楚虽三户能亡秦，岂有堂堂中国空无人。"

别了南郑，这也是陆游对军旅生涯的永远告别，此生他再无从军的机缘了。但他并未离开西蜀，应四川制置使范成大之邀，陆游又入其幕为参议。

范成大既是王炎的友人，也是陆游的诗友，范、陆两人又与尤袤、杨万里并称为南宋中兴四大诗人。在排名上，陆游是垫底的，但从文学史的意义看，陆游和杨万里的地位更高，对当时、后世的影响更大，范成大当比陆游稍逊风骚，略输一筹。但在仕途上范成大却是非凡了得，他一生四度担任封疆大吏，日后也将官拜参知政事，跻身于宰执大臣之列，而陆游终其一生也是一个不过五品的中层官员。不说日后，只说眼前,比陆游还小一岁的范成大已官居四川制置使,实为镇守四川、统领文武官员的封疆大吏,而陆游只是其幕府中的一个幕僚而已。如果说陆游在王炎幕府还显得比较中规中矩,到了范成大幕府,他才高气盛的性情则暴露无遗了。这可能与范成大也是诗人有关,两个声名相当的诗人,官场地位却如此悬殊,在这种身份的落差下,心理是很容易失衡的。对陆游表现出来的狂放,范成大倒是可以容忍,但其左右官吏对陆游很是看不惯,指责他粗野狂放、不守礼义、不知高下。陆游笑道(大意):"你们说我狂放,那好,我就干脆当个放翁,总比明哲保身的庸人强!"于是,他在《和范待制秋兴》一诗中便以放翁自居了:"策策桐飘已半空,啼螀渐觉近房栊。一生不作牛衣泣,万事从渠马耳风。名姓已甘黄纸外,光阴全付绿樽中。门前剥啄谁相觅,贺我今年号放翁。"诗中用了一个典故,西汉王章(字仲卿)家境贫穷,有一次,他生病时,穷得没有被子盖,只得盖上用乱麻和草编织的像蓑衣一类的东西,这是当时给牛御寒用的"牛衣"。王章蜷缩在牛衣里,冷得浑身发抖,哭着对妻子说:"我的病很重,就要死去,我们就此诀别吧!"妻子听了斥责他:"仲卿,你说京师朝廷中的那些贵人,谁的学问赶得上你?你现在贫病交加,不振作精神发奋努力,反倒哭哭凄凄的,多没出息呀!"王章听了这话,惭愧不已,从此发奋进取,后来官拜京兆尹。陆游借用此典,自然是提醒范成大,他陆游日后也有这一天。但从历史事实看,陆游在仕途上注定是一辈子也无法超越范成大,也无法企及王章,还差得远呢。当心高气傲的追求无法达成现实,也就只是可怜的精神胜利法了,而对一个踌躇满志又不得志的士人,还必须有这样一种精神的支撑。总之是,他因"贺我今年号放翁"之句,从此以"放翁"自号,这也是他独有的精神徽号。

虽说仕途低迷,但陆游诗名日盛,朝野上下都传诵着他的诗词,自然也引起了天子的注目。淳熙五年(1178年),也就是王炎病逝的那年,他的运气来了,受到了宋孝宗的召唤。五十三岁的陆游,顶着一头如霜的白发,在入蜀的第八个年头走出夔门,赴京觐见天颜。对于天下士人来说,这都是一次天赐良机,陆游原本以为自己终于有了出头之日,但结果却让他失望,宋孝宗并未对他委以重任,只派他到福州、江西去做了两任提举常平茶盐公事,具体职责是主管一路的钱粮仓库和茶盐专卖等公事。此官实权不小,但品位不高,大约就是个略高于通判的五品官吧。失落归失落,无论朝廷把他安放在什么位置上,陆游都干得兢兢业业。在为政上,他和先贤欧阳修有着类似的政见,认为治国理政应采取与民休息的政策,不生事扰民,就是善政。若百姓能安居乐业,天下自然就太平了。但这也并非无为而治,而是积极有为,譬如说,为减轻老百姓的赋税,他一直不遗余力地疾呼:"赋之事宜先富室,征税事宜覆大商。"在两任常平茶盐公事,尤其是在江南西路常平茶盐公事任上,干了不少实事。当时,由于茶盐是国家专卖物资,致使许多私营茶盐户倾家荡产,有的公开反抗官府的专卖政策,有的则走私贩卖茶盐。陆游既要倾注大量精力来维持国家的相关法令,保障国家利益;另一方面,他对私营茶盐户也颇为理解和同情,并上书朝廷,主张严惩不法官吏向茶盐户收纳高额茶盐税,趁机大量搜刮民脂民膏的行为。

这些建议一旦变为政策,对激励农桑茶业和墟市交易都产生了显著的效益,也让我等后世感知了陆游的政治才能,又为他不为当时所重用而感到深深的遗憾和惋惜。陆游在仕途上的一次非凡的表现,还是他提举江南西路常平茶盐公事任上。江南西路的官署设在抚州,相当于当时的省城。陆游于淳熙六年(1179年)十一月到任,第二年春夏之交,江西各地均发生了大旱,赤地千里,田地龟裂,禾稻枯焦。农历七月末,苦旱中终于盼来了一场喜雨。陆游虽不是一路主官,对老百姓的命运却是那么息息相关、感情深重,他在《秋旱方甚,七月二十八日夜雨喜而有作》一诗中记下了灾难的惨状和忽闻夜雨的惊喜:"嘉禾如焚稗草青,沉忧耿耿欲忘生。钧天九奏箫韶乐,未抵虚檐泻雨声。"然而,随之而来的却是旱涝急转,连日大雨,致使山洪暴发,淹没大片庄稼和村庄,洪水一直冲到抚州城门口。陆游在《大雨逾旬既止复作江遂大涨》诗中又描绘了水灾的悲惨情景,其一:"一春少雨忧旱暵,熟睡湫潭坐龙懒。以勤赎懒护其短,水浸城门渠不管。传闻霖潦千里远,榜舟发粟敢不勉。空村避水无鸡犬,茆舍夜深萤火满。"其二:"墙角蚊雷喧甲夜,湿星昏昏出云罅。临堂仰占久叹咤,悬知龙君未税驾。行人困苦泥没胯,居人悲啼江入舍。便晴犹可望秋稼,努力共祷城南社。"眼看着众生在水深火热中挣扎,陆游紧急上奏"拨义仓赈济,檄诸郡发粟以予民"。但要等到朝廷的恩准,那些粮食被荡涤一空的灾民恐怕早就饿死了。他又"檄诸郡发粟以予民",敦请附近州县拨粮救济抚州、临川等重灾区的饥民,但均无回音。别的官员可以见死不救,他决不会袖手旁观。这就是陆游!一个士人,在危急时刻变成了孤胆英雄,在未征得朝廷恩准之前,他决定利用自己提举常平的权力,开仓放粮,先拨义仓粮至灾区赈济灾民。为防经办的官吏克扣这救命粮,他自己撑一小船,亲自督促吏卒们把一船一船的粮食、衣物连夜送到被洪水围困在山岗上的灾民手中。陆游《大雨逾旬既止复作江遂大涨》诗自注:"民家避水,多依丘阜,以小舟载米赈之。"

陆游开仓放粮,在历史中留下了悲壮而感人的一幕,更是极其冒险的举动,但为了拯救万千苍生的性命,他必须做出超越自己权力极限的行动,这甚至是一种本能。事实上,这何尝又不是对一个王朝的赤胆忠诚,若是官府见死不救,极有可能酿成饥民暴动。但不是每个当官的都具有陆游这样的政治智慧,结果可想而知,这年十一月,灾荒尚未过去,报应就已降临,陆游被以"擅权"之罪革职还乡。单纯从国法王法来看,他确实是"擅权",诚如弹劾者所谓:"不自检饬,所为多越于规矩。"这个结果他应该预料到了,他也并非不懂官场的生存策略,但为了一场生死攸关的拯救,他也只能把自己的身家性命推到生死攸关的境地,头上那顶乌纱帽早已被他抛之脑后了。朝廷没有给他更重的惩罚,已经是皇恩浩荡了。我觉得,这次开仓放粮才是他人生仕途的巅峰状态,在他打开仓门的那一刻,他已抵达一个士人的最高境界。

五十六岁的陆游,又一次告别仕途。这是一次无怨无悔的告别。在他一生的仕途上,他在抚州留下了一个最深刻的脚印。行前,灾区疫病流行,他将宦游四方搜集到的一百个药方编为《陆氏续集验方》,留给了灾区百姓，以便取方治疫。读陆游的《早行》，可以还原他离去时的悲凉情景："江路迢迢马首东，临川一梦又成空。日高未泫晨霜白，风劲先消卯酒红。山市人经饥馑后，孤生身老道途中。著身稳处君知否，射的峰前卧钓篷。"

他原本以为一生的仕途就此终结了，然而，在乡居六年之后，淳熙十三年（1186年）春，朝廷忽然又想起了这位老臣，命他以朝请大夫知严州（今浙江建德一带）。对于年逾花甲的陆游，这样的仕途，也只是黄昏岁月的一段尾声。两年后，陆游在严州任满，卸职还乡。但这依然不是他仕途的终结，未久，他又奉诏赴临安任军器少监。翌年，在位二十七年的宋孝宗赵昚禅位于第三子赵惇，即宋光宗。一朝天子一朝臣，陆游又改朝议大夫、礼部郎中。朝议大夫和礼部郎中均为五品官，这也是陆游最后的仕途，他一辈子做官，做到五品也就到头了。从仕途功名上看，陆游同他的高祖、祖父和父亲相比，算是最没有出息的一个，但他在每一个位置上都兢兢业业地做得有出息。朝议大夫实为谏官，有了谏言的机会，他便连上奏章，谏劝朝廷减轻赋税。在进谏之余，他又以诗抒发其矢志不渝的抗金主张，这让那些主和派如芒刺在背。就在陆游奋不顾身地弹劾别人时，结果自己反遭弹劾，最终以不务正业、只知"嘲咏风月"而再度罢官。此时陆游已六十五岁，他原本可以体面地致仕，最终却落得个以罢官收场。至此，他一生坎坷而低迷的仕途才终于画上了一个句号。

从政治上看，他的一生也可提前论定了。他从宋高宗绍兴二十八年（1158年）正式步入仕途，其仕宦生涯约在宋光宗绍熙元年（1190年）终结，这三十二年的仕履，陆游历仕高宗、孝宗和光宗三朝，三起三落，其间有十年是在罢归故里度过的，他实际上的仕途也就二十年，这同他漫长的一生相比是短暂了，只是他四分之一的人生经历。而这二十年，他辗转于中低层官任上，既未当过高官，也没有在关键岗位上担当过要职，在政治上、军事上的抱负一直难以施展。无论是从他在仕途的实绩看，还是在战略思维看，如果给他一个更宽广的舞台，他极有可能成为一代名臣或名将，但南宋朝廷却一直没有给予他用武之地。他的人生意义,也就只能从文学史上去体现。

三、寻找失落的灵魂

归去来兮。陆游又一次罢归故里,这是最后一次了。归来的第一件事,他就是把自己在镜湖旁的别业题为"风月轩",以一个充满了诗意的名字来嘲讽那强加于他的"嘲咏风月"的罪名。当诗意成为嘲笑和报复的方式,他或许感到了短暂的快感,也感到了自己此生的宿命,以他这样老迈的年岁,一辈子快要走到头了,再也不可能重返仕途了。从此,他认命了,认命其实就是淡定、宽容、豁达、乐天知命。而一旦认命,人生意义反而呈现出来了,他蛰居于乡野,"身杂老农间",自然而然地,他就变成了一个日出而作、荷锄而归的田舍翁;自然而然地,他觉得这才是他想过的日子。

他不只是一个田舍翁,"放翁原本亦药翁"。陆游熟谙本草,精于医道,这得益于他宦游四万,深入民间,又乐于与那些乡野郎中打交道,从他们那里学到很多处方,其中还有不少治疑难杂症的偏方。他又博取众家之长,在《陆氏家传方》的基础上把搜集到的处方编成《陆氏续集验方》,载方一百多个。这是他在医学上的贡献。在自家的田园农地里,他种五谷杂粮,也种苦口良药,"老子不辞冲急雨,小锄杏带药畦泥";他也时常上山采药,"云开大华插遥空,我是山中采药翁"。一个诗人,把一切劳作都化入了诗意,也就如同在诗意中栖居了。一个志在"上马击狂胡,下马草军书"的国士,如今却骑着一头毛驴,颠儿颠儿的,为四方乡人送药治病,他的诗也从一个国士的忧患与痛切,变得轻快和欢畅:"驴肩每带药囊行,村巷欢欣夹道迎。共说向来曾活我,生儿多以陆为名。"这是他在官场仕途上找不到的一种感觉,不管他走到哪个村子,男女老少皆夹道相迎,你争我抢地邀请他去家中做客。更让他自豪的是,很多老乡为感谢他的救命之恩,给孩子取名时都带上了一个"陆"字。他穷其一生,未能成为良相,却在不经意间成了良医,这也是他聊以自慰的一件事。

在为乡人疗治疾病时，他也在疗治自己的身心。他一生命运坎坷，且多病，却能享年八十五岁，成为那个时代极其罕见的长寿老人，也是中国古典文学史上少有的高龄作家，这与他既懂医道又善于养生是分不开的。他在《老健》一诗里描述他晚年的身体状况："才智不足狂有余，此身老健更谁如。齿牢尚可决干肉，目了未妨观细书。不怪模棱嗤了了，但惊诊臂欢徐徐。晓看瓜垄初牵蔓，一笑呼儿勿废锄。"看看，他身子骨有多棒，一大把年岁了，他的牙齿还坚固得能啃食干肉（腊肉），一双老眼还能看清细小如蚁的东西。而在他壮年时代的诗中，反映出来的却是一个未老先衰的陆游，时不时就会出现"蹉跎鬓已秋""衰发病来无复绿"一类嗟老叹病的诗句。只怪他那时的心情很不好，病由心生，老也是一种心态。如今他真的老了，反而换了一种活法，活出了另一番人生。也正因为他的豁达、长寿，他的仕途虽已终结，但在文学史上还将有令人惊叹的延续。这是一个诗人的幸运，譬如那个同是南宋中兴四大诗人之一的范成大，从封疆大吏到朝廷重臣，那官也当得够大了，可在致仕不久便病逝了。他比陆游还小一岁，却比陆游差不多少活了二十年。而陆游从他六十五岁罢归故里后，一直活到八十五岁才辞世，这二十年既是他人生的最后一段岁月，也是他诗歌创作的第三阶段，而且奇迹般地达到了他诗歌创作的一个新的巅峰状态。

　　前文述及，陆游一生的诗歌创作大致可分为三个阶段：在他四十五岁入蜀前为第一阶段，这也是他时间最长、产量最少的阶段；从他通判夔州到六十五岁罢官归里，这二十年是陆游春秋鼎盛的时期，也是他诗词创作的第二阶段。在仕途低迷和宦途辗转中，他的诗歌创作一直处于旺盛期，他这期间的诗歌至今犹存的就有两千四百余首；自他六十五岁罢归故里后，直至辞世，这是他诗歌创作的第三阶段，而且奇迹般地成为他诗歌创作的最旺盛的时期。他一生创作了数以万计的诗歌，今存九千三百余首，其中有六千多首就是他在步入晚境后的二十年里所写。

　　他一生都在不断超越自我，不断达到比前一个自我更高的人生与艺术境界。当一个人呈现出越来越高的人生与人格境界，有高格必有高致。在他逝世前一年，他给儿子陆遹传授诗艺时做了一首论诗之诗《示子遹》："我初学诗日，但欲工藻绘。中年始少悟，渐若窥宏大。怪奇亦间出，如石漱湍濑。数仞李杜墙，常恨欠领会。元白才倚门，温李真自郐。正令笔扛鼎，亦未造三昧。诗为六艺一，岂用资狡狯？汝果欲学诗，功夫在诗外。"这是他对自己一生诗歌创作的回顾与总结，他青少年时代作诗时，把心思都用在辞藻、技巧和形式上，重炼字而不重练意；人到中年后，也就是他进入诗歌创作的第二阶段后，一是对先辈的诗歌有了更广泛涉猎，对其艺术精髓有了更深入的吸收，从屈原、陶谢、李杜、高岑、韩孟、元白乃至宋代的梅苏，他都从不同角度借鉴和继承，并渗透、化入自己的诗歌艺术创作；二是这二十年坎坷的仕途和人生经历，给他带来了属于生命的最深刻体验，他也在用生命一点一点地锻炼诗外的功夫，更加深刻地领悟"纸上得来终觉浅，绝知此事要躬行"，"法不孤生自古同，痴人乃欲镂虚空。君诗妙处吾能识，正在山程水驿中"。这就是说，诗的妙处，不可能在模拟古人或闭门造车中求得，必须要有扎扎实实的内容、深沉大气的意境，这就必须"躬行"，以身体力行的实践去捕捉和展现活生生的内容、活生生的情感。他特别强调诗人从格物致知的探索中获得对客观世界的认知能力，通过血肉交融的感应、砥砺磨淬的历练，来获得诗外之功夫；进入晚年（第三阶段）后，他的诗歌又呈现出一个更加辽阔、旷远的大境界，那绝不只是田园风味，而是一种人生境界，是从他心中呈现出的一个世界，也可谓是他憧憬的艺术境界。这境界，也就是诗歌创作的秘诀和一切艺术创造的秘密。这是陆游告别这个世界之前给后世留下的一份文学遗嘱。

陆游不仅是南宋最杰出的诗人，也是一流词人。他既善写凄艳婉约之词，如那一曲缠绵悱恻的千古绝唱《钗头凤》。但他更多的词一如其诗，或抒发深远的人生况味、高贵的人格襟怀，《卜算子·咏梅》就是这方面的代表作，这一类词与苏东坡的词有异曲同工之妙；或以气吞残房的气势抒发他抗金报国的壮烈情怀，这类词又与辛弃疾比较接近。由于陆游本人对词不太注重，其词作比诗歌少多了，现存一百三十首，但都是字字珠玑的精品力作。此外，陆游也是文章大家，如《入蜀记》《静镇堂记》《铜壶阁记》《书渭桥事》等都是妙手可得的散文。无论从其诗词文看，或是从其三个创作阶段看，陆游的作品与他的人生都是高度一致的，可以侠骨柔情来形容。他的创作只有两个贯穿始终的主题，一是爱情，一是爱国。而从他诗歌的主调来看，又有李白之风，被誉为小李白。而我觉得陆游就是陆游，李白是不可复制的，陆游也是不可复制的，他的诗词文章都是在自己特有的气质和血肉中诞生的。

宋宁宗嘉定二年十二月二十九日，公元1210年1月26日，陆游与世长辞。他以那个时代极罕见的长寿，历经北宋徽宗、钦宗，南宋高宗、孝宗、理宗、宁宗六帝，跨两宋，跨世纪，度过了大半个南宋。他没有谥号，只有自号。而历史对他的评价干脆利索：南宋诗人、词人。对于"千年史册耻无名"的陆游而言，他命定的只能以官场与疆场之外的另一种方式而名垂青史，这是一个士人的不幸，却是一个诗人的万幸。从文学史的意义看，陆游为南宋一代诗坛领袖，在中国文学史上尤其是诗歌史上享有崇高地位，这是一个足以用伟大来形容的爱国诗人。

在他逝世前，又以《示儿》一诗给后世留下了一份伟大的遗嘱："死去元知万事空，但悲不见九州同。王师北定中原日，家祭无忘告乃翁。"想象那双一直到死也没有闭上的双眼，像两道难以弥合的裂缝。但一位死不瞑目的国士，最终也没有看到"王师北定中原"的那一幕，他看不到，他的子孙也看不到，看到的只是南宋灭亡的结局。在他辞世七十年后，南宋王朝在崖山兵败后被彻底埋葬，他的孙子陆元廷闻宋军兵败崖山忧愤而死；曾孙陆传义在崖山兵败后绝食而亡；玄孙陆天骐在崖山战斗中不屈于元，投海自尽。陆氏满门忠烈，或许也源于一个国士的气质与血性。

在他辞世六百八十年后，清代国士梁启超在戊戌变法失败后逃亡东瀛，他拜读《陆放翁集》，一个南宋国士的悲怆情怀穿越千百年沧桑岁月奔涌而来，化作一股穿透肺腑、传遍身心的痛切感慨："辜负胸中十万兵，百无聊赖以诗鸣，谁怜爱国千行泪，说到胡尘意不平。"这既是对陆游命运发出的无奈叹息，也让他感受到了一个南宋国士刚健、雄直、气势夺人的血肉与气质。一介书生梁启超，在与虎谋皮式的变法失败后，此时正处于人生的低谷，而一个国士为国而战的"尚武精神"让他的精神为之一振，由此而对中国历史、对国民性有了重新地审视。"诗界千年靡靡风，兵魂销尽国魂空。集中什九从军乐，亘古男儿一放翁。"梁任公在悲叹之中，把放翁推崇为亘古诗人中的一个"亘古男儿"，他在诗末自注云："中国诗家无不言从军苦者，唯放翁则慕为国殇，至老不衰。"他力倡"诗界革命"，欲改造文学、重振民气，从而达到救国拯民的目的，实质上是为一个民族找回失落已久的魂灵，而放翁正是他苦苦寻找之诗魂、国魂、民族魂。

　　魂兮归来！

辛弃疾

谁揾英雄泪

当一个身影穿越翻卷的狼烟和边塞的烽火闯入我的视线，我感到笔下的文字骤然复活。那是一个死了近千年的人，他依然活着，依然让你感觉到一个生命胸膛里的热量、血脉偾张的悲愤与激情，那一身血性随时都将喷薄而出，却又长久地压抑着。

透过一个古人的名字，大致可以猜测到他的身世、志向和命运。辛弃疾，原字坦夫，号稼轩，宋朝时期齐之历城（今山东济南）人。日后，他缘何又将原字坦夫改为幼安呢？一说是他幼年多病，二说是志在效仿西汉大将霍去病抵抗异族入侵。看看这两位古人的名字，何其相似乃尔！霍去病，字幼安；辛弃疾，字幼安。去病，弃疾，实为同义词，而幼安，望文生义，就是祈望幼时平安，无恙无灾。辛弃疾原字坦夫，其实寄予了平坦、平安之意，若按第一说那就没必要多此一举了，看来还是第二说比较靠谱。而古人的字一般在弱冠之年行冠礼时由父辈所取。史上有一种说法，霍去病原是有名无字的，由于他是父亲跟公主的女奴私通所生，霍去病从一开始就是一个屈辱的、暧昧的、连他父亲也不敢承认的孩子。辛弃疾倒是有一个名正言顺的身世，但在他出生前的十三年，他的家乡山东一带就已从大宋版图沦为了金国的地域。这让他的身世也变得暧昧了，他到底是金朝人，还是宋朝人？而这暧昧的身世，必将给他带来屈辱的命运。

一、铁血英雄

当岁月被高度压缩，时间的刻度反而变得分外清晰。

宋高宗绍兴十年五月十一日，公元1140年5月28日，一个婴儿降生于山东济南府历城四凤闸。时值卯时，东方欲晓，日月交替，而窗外却是北方初夏骤来的风雨。风雨中的时空，从一开始就已错位，在他出生时，从华北到中原，北宋版图早已被纳入了大金帝国的版图，他的诞辰其实应该用另一种纪元——金熙宗天眷三年。

追溯他的家世，最可信的当是他日后给宋孝宗上《美芹十论》时在《奏进札子》中的自述："臣之家世，受廛济南，代膺阃寄，荷国厚恩。"从《辛氏宗图》所载的世系表上看，历城辛氏虽无高官显宦，却也是世代仕宦之家。由于父辛文郁早逝，辛弃疾在诗词文章中很少提及，但据济南辛氏世系表，可知其父曾被朝廷"赠中散大夫"，按时间推测，此职大约是辛弃疾南渡归宋后为南宋朝廷追赠。对辛弃疾一生影响最大的人，是把他抚养成人的他大父（祖父）辛赞。他在《奏进札子》中云："大父臣赞，以族众，拙于脱身，被污虏官，留京师，历宿、亳，涉沂、海，非其志也。"辛弃疾为祖父辩解，为了保护一大家子人而无法脱身，身为汉族士人的辛赞迫不得已地做了金朝的官吏，还颇为金人器重，一直做到金朝南京（开封）知府，却是身在曹营心在汉，一直希望有机会能够"投衅而起，以纾君父所不共戴天之愤"。

从儿时起辛弃疾就追随祖父宦游各地，辛赞一度知亳州谯县（今安徽亳县），辛弃疾曾师从亳州名士、田园诗人刘瞻，这一段从学经历对辛弃疾一生影响深远。在他的文学基因里，田园诗词必将给他以刚烈倔强、慷慨悲壮为主调的抒写注入一半柔软的力量。而更重要的影响还在他的政治和军事立场上。亳州地处黄淮平原南端，是金军南侵和南宋北伐的必争之地，金人如强寇入室，霸占汉人的房屋田地，强奸汉族妇女，挖汉人的祖坟，许多满腹诗书的汉族士人为了苟活，只能给金人充当马夫和差役。历史上，每一次游牧民族对中原的征伐，无不是野蛮对文明的摧残。这种历史的大倒退，也是中国王朝更迭中难以摆脱的劫数之一。当一个少年眼睁睁地看到了故国沦陷，一个被征服民族的悲惨与屈辱给他带来了锥心的刺激，也让他提前觉醒。他随祖父一起"登高望远，指画山河"，聆听祖父讲述前朝往事，远眺这沦陷于挞懒（鞑虏）铁蹄下的大好河山，从小便立志像霍去病一样苦练武功和骑射，冀望有一天，他也能"拥旄为大将，汗马出长城"。

但辛弃疾的身世有一段不太好交代的历史，他十四岁时，便由济南府保荐到燕京参加金朝进士考试，落第；三年后他再次赴考，依然落榜。没有多少人追究他落榜的原因，更多是追问他为何要参加金人的科考？你既然参加金朝科考，不也是对金朝正统地位的一种认同吗？这就难免有认贼作父之嫌。只有换一种历史眼光看，才能从正面解读这一段非常的历史：在华北和中原沦入敌手后，许多沦陷区的志士之所以参加金朝科举，是为了打入金朝军政部门，伺机以动，一旦有机会，就会率师或举城南归。辛弃疾未来的老丈人范邦彦就是"举城南归"的一个典型，辛弃疾则是率师南归的又一个代表。又据说，辛弃疾两赴燕京参加科考还有另一层心机，那就是在赶考路上有了观察沿途地形和敌情的机会，他心中早在做抗金的准备。此说让我觉得有些牵强，却也是有依据的，辛弃疾对金占区地形和敌情的观察，后来都一五一十地写进了他的《美芹十论》等军事名篇中。

绍兴三十一年（1161年），一个少年已长大成人，他大父辛赞也已逝世。而我特意选在这一年来描述辛弃疾接下来的人生，只因这是辛弃疾一生中的第一个转折点，无论是辛弃疾的个人命运史，还是对于宋、金王朝的历史，这都是极重要的一个年份。是年，金国第四代皇帝完颜亮大举南侵。在金史上，完颜亮以弑君篡位而登基，在迁都燕京之后，又以铁腕整肃吏治，在他的高压下进一步完善了大金帝国的中央集权。这样一个野心勃勃的皇帝，自然不满足做一个半壁江山的天子，对偏安江南的南宋，他觊觎已久，此次南征，他踌躇满志，试图一举吞并南宋。但这位不可一世的金帝显然低估了他背后那些汉人的力量，随着金军主力倾巢而出奔赴江淮，这给了各路抗金义士一个揭竿而起的契机。燕赵自古多豪侠，一旦有谁振臂一呼，那些忍辱负重的百姓突然挺起了腰杆，纷纷拿起锄头、扁担从田垄间奔向战场。

一个自小就练成一身武艺、又饱读诗书的汉人，一旦到了历史的关键时刻，决不会袖手旁观。二十一岁的辛弃疾很快就在济南南部山区拉起了一支两千多人的队伍，随后又加入了由耿京统率的一支声势浩大的队伍，耿京命他为掌管文书和帅印的掌书记。这是北宋第一名相赵普曾在赵匡胤幕府担任过的职位，耿京已经把辛弃疾当作自己的心腹了。但耿京却没有赵匡胤那样的帅才，辛弃疾也缺乏赵普的知人之明。其时，有个叫义端的花和尚，原本是一支小股义军的首领，被辛弃疾"招安"，拉到了耿京帐下。没想到这个义端见辛弃疾小小年纪就当上了掌书记，他却从一个可以独行其是的小头领变成了耿京麾下的一个小头目，这让他既嫉妒又不甘，竟从辛弃疾这个掌书记那里窃了帅印，连夜逃奔金营。耿京一听丢了帅印，在盛怒之下不问青红皂白，怀疑这是辛弃疾与义端串通一气，欲拿辛弃疾问斩。辛弃疾倒也不怕死，但死也要死得明明白白，他向耿京立下军令状：等他追回帅印，甘愿引颈就戮！接下来的一幕，实在令人震惊，辛弃疾带了一哨人马，竟然突破了金军的重重防守，在虎穴里一举生擒了义端。义端赶紧交出帅印，想以此换取一条狗命，辛弃疾手起刀落，一道白光像闪电般一闪，义端的脑袋已滚落到了脚下。辛弃疾的历史形象在血腥中一下变得鲜明夺目，他就是这样一个杀敌不眨眼的狠角色。

一方夺回的帅印，连同一颗血淋淋的人头，让耿京震惊不已，也让辛弃疾重新得到了耿京的信赖。他不但保住了自己的脑袋，并且跻身于耿京麾下的十来个核心人物中。这十来人中，又唯有辛弃疾饱读兵书，精通文墨，这也让他成了义军中的智多星。他的智，不是机智，而是深谋远虑的智慧。他既考虑如何从战术上打一场胜仗，又能以长远的战略眼光思虑如何才能彻底打败金军，光复大宋故疆。也正是这样的战略目光，让他清醒地意识到，光靠义军的力量是不行的，还必须派人去江南联络宋廷，把义军改编为由宋军节制的正规军，如此，方可与宋军里应外合，南北夹击，最终取得抗金的全面胜利。对义军的出路，他也想得很透、很实在，若义军能在山东立足，就坚持在敌后抗战；若不能立足，则率师南渡归宋。耿京听了他这一番建议，连连点头，翌年正月，即命辛弃疾等人奉表南归。此去天遥地远，一路烽火狼烟，耿京目送着那背着沉沉重负的身影渐行渐远，他是否预感到，这一别竟成永别……

  辛弃疾等人穿过一道道烽火线，于正月十八抵达建康（今南京市），当天即被巡幸建康的宋高宗赵构召见，高宗嘉其忠义，授耿京为天平节度使、知东平府，实际上是给了耿京作为一方诸侯的正统地位，对耿京麾下的主要部属也各授官职，辛弃疾被授以右承务郎，这只是个比芝麻官还小的文散官，却是他第一次被授以南宋的官职，也是朝廷命官了。就在辛弃疾南下之际，金帝完颜亮在采石矶之战中被南宋文臣虞允文击败，完颜亮败退到扬州一带，又试欲从瓜洲渡江攻宋。历史上突发戏剧性的一幕，一直处于完颜亮高压之下的金军内部矛盾爆发，弑君篡位的完颜亮遭报应了，在瓜洲为部下所弑。当金军在内讧的纷乱中向北撤退时，辛弃疾也踏上了北上的归途，没承想在金军发生内乱时，抗金义军内部也发生了叛乱，义军头领耿京被一个叫张安国的叛徒杀害了，等到辛弃疾日夜兼程赶回山东，义军大部已在群龙无首的状态下溃散。辛弃疾很快又拉起了一支五十多人的小部队，接下来的事情又让我这个历史的追击者目瞪口呆，他竟然率五十余骑对几万人的金营发起突袭，又一次创造了战争史上的奇迹，在数万金军中他竟然一举活捉了叛徒张安国，随后又在金军的围追堵截下，辗转数千里，冲过了金军的一道道防线，越过淮河与长江天险，最终把叛徒张安国带回了南宋行在（行都）建康，交给宋廷处决。

  当一个叛徒在游街示众后被当众枭首，一个铁血英雄的传奇在南宋朝野也像神话一样流传。传说中的辛弃疾貌似古怪的青兕，而青兕是一种比老虎略小、奔势如豹的猛兽。他这古怪而凶猛的形象在满朝江南秀士中从一开始就是一个异类，那些文质彬彬的江南秀士们是否闻得惯他身上散发出的那来自荒漠与旷野的浓重北方气味，还有那来自战场的杀气和血腥味？至少，那个比辛弃疾年长十七岁的朝臣洪迈对他是特别欣赏的,他在《稼轩记》中惊叹不已:"壮声英概,懦士为之兴起,圣天子一见三叹息。"

二、"归正人"的尴尬身份

辛弃疾是真英雄,但宋高宗却未必是什么"圣天子",而且是历史公认的投降派领袖。但从历史事实看,高宗对辛弃疾还是挺优待的,旋命他为江阴签判。宋代各州府选派京官充当判官,掌诸案文移事务,时称签书判官厅公事(简称签判)。这虽是个比芝麻官还小的官,对辛弃疾已经不薄了。从宋朝对进士的安排上看,状元授承事郎,职除上郡签判;榜眼授承奉郎,探花授承务郎,职除中郡或下郡签判,而一般进士仅授以县主簿一类的佐官。江阴乃是南宋富庶的上郡,宋高宗把一个没有进士功名、才二十岁出头的"归正人"命为江阴签判,已是按状元待遇破格使用。皇恩浩荡,一个从金占区南渡的"归正人",从此便开始了在南宋的仕宦生涯。

何谓"归正人"?在《朱子语类》中有解:"归正人元是中原人,后陷于蕃而复归中原,盖自邪而转于正也。"但第一位说出这词眼的并非朱熹,而是日后将拜相封公、尊为太师的史浩,此公对南渡归宋的沦陷区志士充满歧视,他曾与主战派领袖张浚辩论,直言"中原决无豪杰,若有,何不起而亡金?"也正是从他开始,南宋将北方归来者一律蔑称为"归正人"。由于史浩等人的谏议,凡"归正人"来投奔,南宋朝廷对他们皆有严格的审查和防范,怀疑他们有异心。哪怕你通过了审查,这样一种的尴尬身份却如终身胎记,只许"添差某官职,而不厘务差遣",也就是只给他们一个无实权的闲散官职做做,绝少有委以重任者。

若要解读南宋"归正人"尴尬的身份和屈辱的命运,辛弃疾是一个标本。当众多宋朝士人在国难当头投笔从戎,如张浚、虞允文等,从文臣一变而为武将时,辛弃疾的命运恰好相反,从一位"千里奔袭,杀叛徒而后南归"的武将一变而为无一兵一卒的文臣。和他同命运的还有他的老丈人、北宋末年太学生范邦彦。靖康时,范邦彦因母亲年迈而滞留北国，母亲病逝后，他应金朝进士试，最终成功求任地处宋金边境的蔡州新息（今河南息县）县令。若不看后来，只看眼下，他既参加金国的科考，又受金职，已是名副其实的"汉奸"了。然而，此公与辛弃疾的祖父辛赞一样，亦是身在曹营心在汉，就在他担任新息县令之际，宋金交战，他随即"举城南归"，结果是，他这个金国县令用一座城换得的却是湖州长兴丞，官小了一截，手中更无一兵一卒。或是同病相怜惺惺相惜，"归正人"范邦彦后将女儿嫁给了同为"归正人"的辛弃疾。而辛弃疾身份的尴尬，还不只因他是"归正人"，在以科举取士为正途的宋朝，从朝廷到地方都是通过科考、从士人晋升为士大夫的文臣，在他们眼里，没有任何科举功名的辛弃疾无论你多么有文采，也是一介武夫，这让辛弃疾遭遇的歧视是双重的。

  初来江南，辛弃疾一开始也许没有那么强烈地感到身份的尴尬。他南渡归宋不是为了来做一个太平官，而是渴望南宋让他带兵打仗、北伐抗金，又加之高宗曾多次赞赏他的抗金义举，在一个"圣天子"的激励下，辛弃疾那一身烈性的血一直在沸腾，这样的雄心足以淹没所有的尴尬。就在他签判江阴不久，宋高宗内禅，当了太上皇，宋孝宗即位，这位锐意北伐的皇帝在即位之初也是热血沸腾，一方面为岳飞平反昭雪，一方面又重用张浚等主战派大臣，这让辛弃疾愈觉如逢英主。此时张浚正为渡淮北伐运筹帷幄，辛弃疾自以为英雄有了用武之地。他不计较自己只是一个人微言轻的区区江阴签判，冒冒失失地去求见张浚，却是条分缕析地献"分兵攻金人之策"："为吾之计，莫若分几军趋关陕，他必拥兵于关陕；又分几军向西军，他必拥兵于西京；又分几军望淮北，他必拥兵于淮北，其他去处必空弱。又使海道兵捣海上，他又着拥兵捍海上。吾密拣精锐几万在此，度其势力既分，于是乘其稍弱处，一直收山东。虏人首尾相应不及，再调发来添助，彼卒未聚，而吾已据山东，中原及燕京自不消得大段用力。"可惜，张浚这位矢志不渝的主战派领袖，却是一个很难听得进别人进言的统帅，他此时正胸有成竹地决胜于千里之外，压根就没有察觉正在逼近的深渊。一个区区江阴签判的进言，又怎么能说服他呢？辛弃疾诚然精神可嘉，却也未免太天真了。他这一番"分兵攻金人之策"最终也就是纸上谈兵,后来被他的好友朱熹郑重其事地记在《朱子类语》里,让后世徒生嗟叹,又徒呼奈何。

实话实说,张浚北伐失利并非没有采纳辛弃疾的进言,还有更复杂的原因。随着北伐失利,张浚走上了一条不归路,在一位抗金老将日暮途穷的背后,宋廷主和派朝臣在太上皇赵构的支持下和孝宗的摇摆中卷土重来,一度高涨的抗金热潮旋即又化作冷火青烟,这倒也给了辛弃疾一段冷静思考的时间。隆兴二年(1164年),辛弃疾江阴签判任满去职,大约就在他待命期间,对宋、金形势进行了一番审时度势的梳理,从而更系统、更清晰地提出一系列北伐抗金、恢复故疆的大计,这就是他于乾道元年(1165年)向宋孝宗进献的《美芹十论》。史称辛弃疾"武艺高强,谋略过人",此言不虚,后世赞其"十论"无一不是精辟之论。针对张浚北伐失利后宋廷出现的畏敌、惧战的消极情绪,他奉劝孝宗和朝廷当"以光复旧物而自期,不以六朝之势而自卑","冀南宋莫随鸿雁南飞"。他深知金人欲壑难填,无论你怎样割地求和也填不满他们贪婪的胃口,金人要吞并的是整个南宋帝国,南宋若要生存,除了战争,再无生路。而战争,先必对"形势"有清醒的研判。形,是用兵作战所依恃的人力物力,包括土地、财赋、士马等,说穿了就是一国之综合实力;势,则是指对敌我双方人力物力等综合实力的正确把握,有把握才能因势利导采取行动,才有克敌制胜的先决权。基于这样的大势,他更具体地阐述了自己的战略思维。譬如说,守江还是守淮?一直是南宋朝臣争论不休的焦点,史浩力主守江,张浚力主守淮。而在辛弃疾看来,这是一个毋庸争议的伪命题,若要守江,必先守淮,一旦淮河防线失守,金人既可直入长江直捣宋王朝的心脏。而守淮又绝不能将兵力分散到沿淮一线,必须扼其咽喉,将精锐集中在山阳、濠州一带重点布防,进则可取中原,退则可保江南。对于粮草供给,辛弃疾也有深谋远虑,若江淮前线的后勤保障完全依靠后方补给,在宋金长久的对峙和争战中,必然会给江南百姓增加难以承受的负担,甚至引发百姓反叛,外患未攘,又添内乱。为此,他提出"寓兵于农"、以军民屯田于江淮之间的两全之策，如此，对军队的粮草供给既是稳定而有力的保障，又可为国家节省一大军费开支，让百姓在战争年代也能得以休养生息，而一旦有战事，无论军民，人皆能战。除了上述战略思维，他还提出了不少可以直接用于作战的战术法则，如其在《察情》一篇所论："两敌相持，无以得其情则疑，疑故易骇，骇而应之必不能详；有以得其情则定，定故不可惑，不可惑而听彼之自扰，则权常在我而敌实受其弊矣。"此论，可谓深得兵家虚实理论之妙。而"直陈此妙、直捣关键枢要之处者，辛弃疾可谓第一人。"值得一提的是，辛弃疾在忧患中进献的《美芹十论》，还为汉语贡献了一个独特的词语，从此人们便把"美芹"作为忧国忧民的代名词，这大概是辛弃疾意想不到的吧！对辛弃疾的这些建议，宋孝宗没有照单全纳，但也部分采纳了，如他诏令在淮西、湖北等地的帅臣措置屯田，就是历史事实。

从仕途看，他还算顺遂，随后又迁广德军通判，这是按部就班的升迁，官升六品。在此职上一干就是三四年，又迁建康通判。建康为六朝古都，也是扼守江南的桥头堡，在军事地位上为南宋江南第一重镇，而在政治地位上也仅次于南宋行在临安。对于辛弃疾这样一个身份敏感的"归正人"，这不是提拔也算重用了。期间，他与建康行宫留守史正志、军马钱粮总领叶衡等人意气相投，那也是宋金暂时休战的一段岁月，这些士人把酒临风，吟诗填词，辛弃疾作为词人的身份与天赋在战争的空隙里日渐得以彰显。他日后在长短句的写作方向，也是他人生的一个方向，就是在通判建康时确定的。与此同时，一个南渡的"归正人"，也渐渐有了一些人脉，这其中就有他日后的大贵人叶衡。叶衡字梦锡，婺州金华人，绍兴十八年（1148年）进士，比辛弃疾年长二十六岁，力主抗金，这也是他与辛弃疾互相欣赏的主要原因。而北伐抗金，是辛弃疾喝醉了也不会忘记的一件大事，他在建康任上又论奏"阻江为险，须藉（借）两淮"，并上疏请练民兵，但宋廷对此反应冷淡，似乎刻意不想让他染指军事。这对于一心想要带兵打仗、北伐抗金的辛弃疾，虽心有不甘，却又徒呼奈何，也就只能"忍将万字平戎策，换作东家种树书"。

乾道六年（1170年），是辛弃疾人生中的又一个重要年份，他年届不惑，建康任满，赴临安待命，在延和殿受孝宗皇帝召见。这对于他，无疑是受宠若惊的惊喜，有了这样一个君前奏对的机会，他终于可以向皇帝面陈他北伐抗金的一揽子建议，并当面进奏《阻江为险须藉两淮》及《议练民兵守淮》两疏。那么，孝宗皇帝对他这些建议能听进去多少呢？又能采纳多少呢？翻检诸史，难得其详，但在《宋史·辛弃疾列传》中一开始就冒出了这样没头没脑的一段话："时虞允文当国，帝锐意恢复，弃疾因论南北形势及三国、晋、汉人才，持论劲直，不为迎合。……以讲和方定，议不行。"虞允文是继张浚之后又一位主战派领袖，以采石矶一战而建奇功，在孝宗即位后愈受重用，先拜参知政事兼知枢密院事，又于乾道五年（1169年）八月拜右仆射、同中书门下平章事兼枢密使，如同昔年的张浚，总揽军政大权于一身。但此公在战与和的态度上比张浚要冷静得多，而此时宋、金已达成"和议"，"天下欣然，幸得苏息"。而辛弃疾那一番君奏对，也就只能落得"以讲和方定，议不行"的一个结果。不过，宋孝宗对辛弃疾还是挺看重的，随即就命他为掌管朝廷的仓廪、籍田等事务的司农主簿。但辛弃疾一心想的还是军事，他一边兢兢业业地做着司农主簿，一边又点灯熬油地写出了必将载入史册的《九议》，从《美芹十论》到《九议》，这一系列文章既是政论、兵论，也是继承了唐宋散文八大家之风骨气魄的散文。他将《九议》上呈虞允文，未想到与他君前奏对的结果差不多，依然是"以讲和方定，议不行"。虞允文是一个"大力提拔贤良之士"的伯乐，对辛弃疾这个人才也是挺看重的，辛弃疾虽"议不行"，但官运不错，乾道八年（1172年）春，被虞允文荐为滁州知州。这已是辛弃疾南渡归宋的第十个年头了，岁月蹉跎，他从一个二十岁出头的后生走过了而立之年，在三十三岁时，第一次出任独掌一州的长官。仅从仕途看，这是一个历史性的突破，他已经打破了"归正人"只许"添差某官职，而不厘务差遣"的历史纪录。

　　滁州地处江淮之间，为当时之上州，也是宋金在江淮之间争夺的要害之地，也是一个多灾多难之地，在兵荒马乱的岁月，又连遭灾荒，辛弃疾赴任时，许多老百姓逃荒在外，城郭冷落萧条，乡村难见人烟，田野里不见庄稼，只有疯长的野草。辛弃疾他既胸怀天下，心里也装着老百姓，为政以"宽征薄赋"为上策，以整顿治安、革除积弊、惩治贪腐为要务。说穿了，一个主政一方的父母官要干的事，古往今来也就是这些。一旦干到位了，那些逃荒的老百姓谁又不想回到自己家里，谁又愿意让自己的田地荒芜？没多久，那抛荒的田地里便有农人躬耕的身影，村庄里又冒起了炊烟，市场也热闹起来。辛弃疾把滁州新市场的一处建筑取名为"繁雄馆"，还修建了一座"奠枕楼"作为市民的娱乐场所。他也是一个爱热闹的人，会找乐子的人，也时常与民同乐，不亦乐乎。他还真是特别会当官，又特别会享受。从辛弃疾在滁州的政绩看，人道是"无不称治"，可见，他在政治上的出色表现一点也不亚于其军事才能。但他的军事情结太深，无论走到哪里，他都想着"招流散，教民兵，议屯田"，这是他无法遏制的冲动。而他一旦谈兵，不但得不到朝廷的反应，还有人出来遏制他，这让他累遭主和派掣肘，除了纸上谈兵，他在军事上一直难以施展开拳脚。

　　辛弃疾知滁州也就整整两年，来时，眼前出现的是一个满目荒凉的春天，走时，一个生机勃勃的春天留在他的背后。按说，以他"无不称治"的政绩应该提拔，但他接下来却度过了一段几如赋闲的日子。淳熙元年（1174年）春天，他离开滁州入建康留守叶衡幕中做了几个月的参议官。这几个月也是他人生中的一段不可忽略的过渡。这年秋天，他在登建康赏心亭时，抒写了他的代表作之一《水龙吟·登建康赏心亭》："楚天千里清秋，水随天去秋无际。遥岑远目，献愁供恨，玉簪螺髻。落日楼头，断鸿声里，江南游子。把吴钩看了，栏杆拍遍，无人会，登临意。休说鲈鱼堪脍，尽西风，季鹰归未？求田问舍，怕应羞见，刘郎才气。可惜流年，忧愁风雨，树犹如此。倩何人唤取，红巾翠袖，揾英雄泪！"若要解读一个真实的辛弃疾，他的生命密码尽在此间，他的人生就像这首词的起句一样突兀，一个能独带五十余骑突入五万敌军之中擒缚叛徒张安国的英雄，又怎能不令人备感震惊和突兀，而那壮阔的情怀，则源自他的匡扶社稷之志，这首词直承苏东坡词豪放奔放的气势，从慷慨报国的雄壮到报国无门的悲壮，最终成为他豪放词（壮词）的基调。

诚如一些后世词家的评析，这既是他"在特殊的时代背景下为内心激情所支配的一种结果"，也是一种自觉的、有意识的艺术追求，这使得他在苏词的基础上"进行极富于个人特色的创造"，其开拓性又突显在两方面：一是他在苏词的基础上进一步扩大了更广阔的题材范围，几乎达到了无事、无意不可入词的自由之境；一是从思想意境上，苏轼常以旷达的胸襟与超越的时空观来体验人生，而辛弃疾总是以炽热的感情与崇高的理想来拥抱人生，从而更多地表现出英雄的豪情与一个久困英雄的悲愤。因此，主观情感的浓烈、主观理念的执着，构成了辛词的一大特色。透过此词，与参透了人生、生死成败无计于心的苏东坡相比，辛弃疾则有一种人生苦短、壮志未酬的沉郁、惆怅与孤独，一个失去了故乡的"归正人"，更有远离故乡、飘无定所的离愁别恨，他只能如离群的孤雁一样悲鸣，却难觅知音。

其实，他的知音就在眼前，就是他此时的顶头上司叶衡。而叶衡很快将登上权力的巅峰，拜为右相兼枢密使。一个士人，无论你以气节自负，以功业自许，都必须有赏识你的贵人相助，随着叶衡入朝为相，辛弃疾的好运来了。他在叶衡的推荐下再次被宋孝宗召见，然后又是一段过渡，留在临安做仓部郎官。看来，他还得以十足的耐心继续等待。

在等待了两个年头后，辛弃疾于淳熙二年（1175年）六月出任江西提点刑狱公事（简称提刑司）。南宋提点刑狱，是由朝廷选派到各路（相当于行省）司法机构的长官，主要掌管刑狱之事，并总管所辖州、府、军的刑狱公事、核准死刑等，还有权对本路其他官员和下属的州、县官员实施监察，而尤让辛弃疾兴奋的是还可在本路"节制诸军"。对于一心想要带兵打仗的辛弃疾，这既是朝廷委以重任，也是临危受命，他要打的不是金军，而是"讨捕茶寇"。这也将是辛弃疾南渡归宋之后在实际作战上的主要使命，从一开始，宋廷就是让这位铁血英雄以铁腕手段来镇压朝廷的反叛者。除此之外，他穷其一生几乎再也未对金人动过一刀一枪。

又不能不说，辛弃疾在"讨贼荡寇"上还真是大有作为。他虽心系苍生，哀民悯农，但决不同情那些反叛朝廷的"贼寇"。而他在江西镇压的"茶寇",是赖文政率领的茶商起义军。赖文政又名赖五,荆南江陵人,茶贩出身。由于朝廷加重了茶叶赋税,引发茶贩、茶农起义,赖文政参与起义后,于淳熙二年(1175年)四月被推为头领,率部辗转于赣、湘、鄂、粤等地作战,其战斗力很强,在辛弃疾赴任之前已屡败官军。但辛弃疾不惧对手之强,他甚至巴不得遇到一个强大的对手,让他的军事才能充分施展出来,也让宋廷看看他如何骁勇善战。他采取步步为营之策,对茶商军围追堵截,一步一步将其逼入困境,尔后又一边威逼,一边利诱,派人去招安赖文政。而对于陷入绝境的赖文政,接受招安已是绝处逢生的唯一希望。而所谓招安,双方心里都委实难安,招安者对被招安者充满了猜忌,从来就不相信那些一身反骨的"贼寇"真的就会做一个安分守己的顺民,而被招安者更是诚惶诚恐,而在这样的相互猜忌和惶恐之中,招安和被招安均不过是权宜之计,双方心里都在各打各的算盘。而辛弃疾冷酷铁血的一面也在这次"招安"中以极端的方式表现出来了,赖文政刚被"招安",辛弃疾立马就将他押解到江州处死,而其余八百余义军也在一天之内被全部处理了,一个都没有落下。辛弃疾的决绝与冷血,和数百年后那个杀人如麻、如今还备受世人尊崇的曾国藩有得一比。从人性、人心看,辛弃疾又确如弹劾他的朝臣所谓,是一个"敢于诛艾,视赤子犹草菅"的酷吏,用现代话语说,他就是一个双手沾满了人民鲜血的刽子手。连宋孝宗也觉得他过分了,在表彰他"捕寇有方"时,也责备他"不无过当",把一些不该杀的人也杀了。但这样的责备也很虚伪,辛弃疾没有因滥杀而受到任何惩处,因其"讨捕茶寇"有功而加官秘阁修撰。

宋代官制繁复,秘阁修撰一般为贴职(在本职之外另加官职),"用以待馆阁之资深者,多由直龙图阁迁任",对于一个没有任何科举功名的"归正人",这已是相当高的礼遇和恩荣了。而辛弃疾还获得了一个不错的实职,宋淳熙三年(1176年)秋冬之际,从江西提点刑狱公事改任京西路转运判官,这还只是为他进一步升迁作铺垫。翌年春,辛弃疾知江陵府兼湖北安抚使,由此而成为一路诸侯。但没干多久,这年冬天,江陵驻军统制官率逢原纵容其部下殴打当地百姓,辛弃疾愤而上疏，建议对横行的军人和统制官加以惩处。但他的奏章未被采纳，反以帅守与驻军不能协同为由，将辛弃疾改知隆兴府（今江西南昌）兼江西安抚使。这虽是平移调动，却也难免让人猜测其间的原因。一说是率逢原在朝廷有后台为他开脱，而我觉得还是朝廷不想让辛弃疾干预军事，自然也包括军队上的事。

淳熙五年（1178年），暮春时节，辛弃疾从地方官转任京官，奉诏赴临安任大理寺少卿，相当于最高法院的副院长，正四品。就在这期间，他经理学家吕祖谦介绍与陈亮相识，陈亮在辛弃疾的人生中是一个相当重要的人，但陈亮的形象此时还比较模糊，两人的故事还将在日后演绎。

辛弃疾在大理寺少卿这个位置上才干了几个月，下半年又调任湖北转运副使，翌年三月又改湖南转运副使。到了秋天，又迁为潭州知州兼湖南安抚使。从这些经历看，他在短短的两三年里频繁调动，四处辗转，所谓仕途坎坷、宦海沉浮，莫过于此。而在他转了许多圈子、走了不少弯路后终于又回到了一路诸侯的位置，这又多亏了他的大贵人叶衡。《宋史》是这样交代的："留守叶衡雅重之，衡入相，力荐弃疾慷慨有大略。召见。寻知潭州兼湖南安抚。"辛弃疾这次安抚湖南（抚湘），除了叶衡力荐，实与他此前出任江西提点刑狱公事如出一辙，也是临危受命，只因"盗连起湖湘"，又由于湖南处于"控交广之户牖，拟吴蜀之咽喉"的特殊地位，且是所谓南蛮之地，"与溪峒蛮獠接连，草窃间作，岂唯风俗顽悍，抑武备空虚所致"，为了镇压这些"盗寇和蛮猺"的叛乱，朝廷又把这位铁血英雄派来以铁腕手段来镇压反叛的人民。

辛弃疾是一个天生的军人，只要能带兵打仗，他便能找到一种戎马征战的感觉，那一身烈性的血又开始沸腾。但英雄有了用武之地，却没有一支像样的军队。他一方面对当地"乡社"（在宋代，每当地方不安定，民间便纷纷结社自保）进行整顿，一边上书朝廷，请求在湖南创建一支精锐厢军（地方部队）。事实上，这并非辛弃疾第一个提出来的，此前，淳熙四年（1177年），曾有朝臣提议："江西、湖南多盗，诸郡厢、禁军单弱，乞令两路帅司，各选配隶人置一军，并以敢勇为名，以一千人为额。"但后来却没有施行，宋廷似乎也不那么迫切。而这次，宋廷为情势所迫，很快就批准了辛弃疾的请求。据《宋史》载："诏委以规画。乃度马殷营垒故基，起盖砦栅，招步军二千人，马军五百人，傔人在外，战马铁甲皆备。先以缗钱五万于广西买马五百匹，诏广西安抚司岁带买三十匹。"辛弃疾组建的这支部队号称"飞虎军"，虽只有两千步兵、五百骑兵，但从数量上已大大超过了朝廷"以一千人为额"的限令。为了不引起朝廷猜忌，辛弃疾竟冒着欺君之罪向朝廷瞒报，禀报的数字是"步军一千余人，马军一百六十八人"。他自然知道这有多危险，又上书"乞军额"，以消化自己打的埋伏。

除了瞒报兵马人数，辛弃疾还采取了不少危险的举动。就在他在五代十国时楚王马殷的营垒故基筑造营寨时，"时枢府有不乐之者，数沮挠之"，枢府即总揽军事的枢密院，其中有些人对辛弃疾染指军事极为警觉，他们一边以辛弃疾"经度费巨万计"，弹劾他聚敛民财，一边奏请皇上"降御前金字牌，俾日下住罢"，命辛弃疾在接到金字牌的当天日落前停工。这是死命令，但"弃疾行愈力，卒不能夺"，他在接到金字牌后，竟把"御前金字牌"藏了起来，反而下了一道与"御前金字牌"截然相反的死命令，限期一个月建成飞虎营寨，超过期限按军法处置。军令如山倒，然天公不作美。《宋史》云："时秋霖几月，所司言造瓦不易，（辛弃疾）问：须瓦几何？（答）曰：二十万。弃疾曰：勿忧。令厢官自官舍、神祠外，应居民家取沟瓦二，不二日皆具，僚属叹服。"眼看二十万片瓦无法按期烧制，辛弃疾下令，除官舍、神祠之外，命全城居民每家献沟瓦两块，对于一家人，两块瓦不算什么，但人多势众，二十万片瓦在两天内就全部运到营地了。除了砖瓦，筑寨铺路还需要大量石料，又如何在这么短的时间内备齐呢？他还真是有办法，命将全城在押囚犯押到城北驼嘴山开山采石，"以石赎罪"，根据每人的采石量作为减刑的依据。那些囚犯一听采石可以赎罪、减刑，一个个恨不得把吃奶的劲儿都使出来，很快，所需石料就备齐了。

透过这些历史细节，一个军人雷厉风行的天性和随机应变的智慧也得以全方位施展。史称"弃疾善斡旋"，从筹措经费、筑造营寨到招兵买马,"事皆立办",直到工程"如期落成",他才"开陈本末,绘图缴进",把整个过程、经费来源、开支情况,连同飞虎营寨的图样,一五一十向朝廷奏明,"上遂释然",而皇帝释然了,那些在皇帝耳边聒噪的人也只好暂时闭嘴了。

暂时,对于辛弃疾,这还真是一个短暂的可以带兵打仗的时机,他有一种时不我待的急迫,日日亲自坐镇,"督同操习",勉励将士精忠报国,并严申军纪,扰民者轻则罚,重则格杀勿论。这两千五百名步兵、骑兵,一个个都是反复挑选出来的精壮勇武之士,早在辛弃疾平茶盗时,他就打算拣选能以一当十的士兵,如今终于如愿,人言"飞虎军皆选士,自谓无不一当十者",堪称是当时南宋最精锐的一支湘军,"为江上诸军之冠"。这样一支军队一旦投入战场,对付那些"盗寇和蛮猺"就不用说了。辛弃疾无论攘外还是安内,都是有勇有谋,所向无敌,他带出来的兵一个个也是敢打敢拼的狠角色。而这次湖湘平寇更是暴露了他残忍嗜杀的一面,凡"盗贼"逮住就杀,许多"盗贼"根本未经审问就被他杀掉了。这难免会滥杀无辜。在这种快刀斩乱麻式的屠戮与镇压之下,从"盗连起湖湘"到"弃疾悉讨平之",是一个几乎没有悬念的结果,但又不能不说,这是一个血腥而必然的因果。

历史不忍细看。解读这样一个双手沾满了鲜血的铁血英雄,让我愈加感到了历史与人性的复杂。而辛弃疾接下来的命运,让我觉得既是不幸也是幸运。随着湖湘大地在弥漫的血腥味中开始平定,辛弃疾还来不及施展他的政治才能,他的使命便已结束,于淳熙七年(1181年)冬,再知隆兴府兼江南西路安抚使。在告别湖湘时,最难割舍的无疑是他亲手缔造的飞虎军,从此他一生再也没有带兵打仗的机会,更无缘率飞虎军北伐抗金,但他创建的飞虎军却在接下来的时空中叱咤风云三四十年,从对内镇压反叛、巩固政权的暴力工具,逐渐演变为抵抗金、蒙入侵的一支劲旅,金人畏之如虎,呼之为"虎儿军"。在南宋地方军队中,这是一支发挥了最大战力、持续时间最长的地方部队,作为缔造者,这也是辛弃疾在军事上对南宋王朝最直接、最卓著的一个贡献。

从淳熙二年(1176年)六月出任江西提点刑狱公事,到淳熙七年

（1181年）冬调离湖南，这五个年头，在辛弃疾南渡后的大半生中，就是他在军事上的实战经历，也是属于他的一段非凡的人生插曲。眼下，一段非凡而短暂的人生插曲已提前走到了尾声，此去，他再也没有带兵打仗的机会了。

辛弃疾奉调江西，"时江右大饥，诏任责荒政。"越是荒年，越是有人囤积粮食，抬高粮价。他一到灾区，就在大路边张榜告示："闭籴者配，强籴者斩。"凡囤积粮食者发配流放，凡强买粮食者杀头！但光有铁腕高压不行，他从来就不缺智慧，"次令尽出公家官钱、银器，召吏民……各举有干实者，量借钱物，逮其责领运籴，不取子钱，期终月至城下发粜，于是连樯而至，其直自减，民赖以济。"随着运粮船只络绎而至，粮价自降，百姓才得以熬过饥荒。而历史中还有这样一个感人细节，当时信州太守谢源明乞求辛弃疾拨运米粮救助，由于信州不在江南西路辖区，幕属皆不答应，这时辛弃疾说出了一句感人肺腑的名言："均为赤子，皆王民也。"这是一个古代士大夫的肺腑之言，"天底下都是一样的赤子，每一个人都是皇上的子民，哪有见死不救的道理？"辛弃疾所说的赤子是百姓的意思，而辛弃疾无疑是一种有着更高境界和喻义的赤子，他当即拍板，拿出米舟的十分之三，以拯救信州饥民。此举，让孝宗皇帝也很感动，"帝嘉之，进一秩"，给他涨了一级俸禄的嘉奖，还赏给了他一个有名无实的奉议郎。

从荆湖南路到江南西路，辛弃疾在两三年时间大致就干了这两件大事，一是在湖南创建飞虎军，二是在江西治理荒政。此外，他在整顿乡社、弹劾贪官、兴办教育、兴修水利等方面也多有政绩。然而就在他这些为后世津津乐道的政绩背后，早已预伏着他必然的命运。以我对历史的观察，在他从荆湖南路奉调江南西路时就有调虎离山之嫌，对他的清算就开始了。那些一度暂时闭嘴的朝臣，很快又对他发起了更严厉的弹劾，指斥他"奸贪凶暴，帅湖南日虐害田里"，这些指斥有的是恶毒攻击，有的也是无须为尊者讳的历史事实。仅建飞虎军这一项，从招兵买马、筑造营寨到"铁甲皆备"的全副武装，哪一样都需要巨大的投入，据一些史籍记载，光地方政府投入的资金就高达四十二万贯，这不可能不加重一地老百姓的负担。辛弃疾为筹措经费又不得不绞尽脑汁采取变通、"斡旋"之策，他在税收上做文章，将税酒改为榷酒以增加收入。税酒是对酒征收专税，民户只需按国家规定交纳酒税，而榷酒则是政府严格限制民间私酿、私卖酒类，由政府专卖，独享其利。辛弃疾就是通过这些方式来增加税收，换言之也就是巧取豪夺、榨取民脂民膏。如果他是大公无私，虽说残酷倒也情有可恕，但很多人都言之凿凿地指斥他"聚敛"以中饱私囊，就算他没有直接把"聚敛"之财攫为己有，也难免让人怀疑有更大的私心。连后来被誉为庐陵"五节一忠"的大忠臣周必大也曾说过："辛卿又竭一路民力为此举，欲自为功，且有利心焉。"连他也这么说，更遑论那些居心不良、一心想要把辛弃疾这个"归正人"扳倒的朝臣了。除此之外，辛弃疾还有一些罪状也被揭露出来了，如他在江西救济灾民时，未经朝廷许可便动用了十万石桩积米救荒，这相当于擅自动用了国家储备粮。而在此前，他也曾下令荆湖南路的各州郡动用官仓中所存粮食，大募民工，浚筑陂塘。此举，历来都是作为辛弃疾的一件政绩记载的，既可以让饥民吃饱肚子，挨过饥荒，又可以兴修农田水利，不是弊政而是德政。然而，赈济灾民是德政，擅自打开国库则是不可饶恕的大罪。

千错万错，辛弃疾还犯了一个根本性错误，当他厉兵秣马、雄镇一方时，就已经把自己推向了风口浪尖。赵宋之世自开国以来一直对手握兵权者高度警觉，这也是辛弃疾遭受弹劾的根本原因，但宋廷对这个根本原因却又从不明说，而是另外罗织一些罪名来惩罚你。而对辛弃疾遭受罢黜的根本原因和复杂历史，《宋史》的交代极为简短，"以言者落职"，也就是遭御史或谏官的弹劾而落职。这年，他才四十一岁，从二十出头南渡归宋，经历了二十年宦海沉浮，无论他怎样不甘沉沦地打拼，他那"归正人"的尴尬身份、倔强刚烈的军人性格和对北伐抗金始终不渝的热情，当然还有他难辞其咎的滥杀和"聚敛"，使得他在南宋官场始终是一个难以兼容的另类。说到底，这只貌似青兕的古怪猛兽，在一个崇尚和平、特别仁慈的王朝里是难以容身的，他兴许更适合放归于处江湖之远的山林之中。

三、白鸥在何处

淡蓝的天空下,淡远的山影,一弯婉转如带的碧水一直在渺远的视野里漫长地起伏。

南宋时期的信州带湖,原本是一片无名水泽,只因一个叫辛弃疾的词人而有了名,而且是他命名的。当细密的沙子在脚底下发出低鸣声,我仿佛已涉足于那逝去千百年的岁月中。没有在想象中消失,只是比南宋那个带湖小多了,当年那上千亩水域,如今已萎缩了三分之一,看似是一个蜷缩于山间的水塘了。

南宋的信州,就是如今的上饶,在地图上标示得一清二楚,但若要寻觅当年的带湖庄园,只能潜入梦中,那该是辛弃疾做了二十年的梦。自他从沦入敌手的故乡南渡归宋,他的故乡连同故国便如同寄存在前世,只是他一生频频回首远眺的一个方向。二十年辗转于宦途,他的家人随他一起漂泊,他特别渴望有一个安定的家来安置自己的家人。宋孝宗淳熙八年(1181年)春,当他赴任隆兴(南昌)知府兼江西安抚使时,他好像有某种不祥的预感,又或许他早已清醒地意识到自己"刚拙自信,年来不为众人所容",开始提前为自己准备了一条退路。对于一个没有故乡的人,何处为家便全凭缘分了。他能够走到这里来就是一种缘分,又几乎一眼就看上了这里的风水。据他的好友洪迈在《稼轩记》中记载:"信州郡治上饶之北可里许,故有旷土,三面附城,前枕澄湖如宝带,其纵千有二百三十尺,其衡八百又三十尺,截然砥平,可庐以居,而前乎相攸者皆莫识其处,天作地藏,择然后予。"这样一方水土,不是没人发现,而是没有缘分,它一直在冥冥中等待一个叫辛弃疾的人来临。

历史中的一切都是顺序,辛弃疾毫无悬念、别无选择地来了。他像一个风水师,从清澈的湖水望向缓慢移动的山影,他的心思全然沉浸在山水间,目光几乎不想收回。就是这里了,这里就是他的家,"高处建舍,低处辟田",一个庄园在他的意念里呈现出清晰的格局。"人生在勤,当以力田为先。"这话,他既是对家人说的,也是对自己说的,而谁来耕耘稼穑?他第一个想到的就是自己,他把带湖庄园命名为"稼轩",并以此自号"稼轩居士"。一切仿佛就此缘定,这就是他为自己提前准备好的退路,是他接下来一生要过的日子。

当带湖庄园开始兴建,辛弃疾还没有罢官。他还得回到隆兴官舍去治理荒政,拯救那些在饥荒中苦苦挣扎的苍生。当一场大饥荒终于挨过,辛弃疾的预感在入冬之后应验了,当罢官成为一个事实,他倒也没有太多的沮丧,兴许多少还有些欣慰,当他在一场呼啸而来的风雪中挥别隆兴官舍时,他的带湖庄园已经落成。一个没有故乡的人,在罢官之后总算有家可归了。从此,刚刚年过不惑的辛弃疾,一变而成为辛稼轩,开始了他人生的另一半生涯,这是他作为农人、词人和居士的名号。适者生存。不能不说,这是一个有着顽强生存能力的人,他不断变换角度、姿势和方法来适应这个时代以及自己的命运。同那些没有心理准备的贬官相比,他似乎很快找到了无官一身轻的感觉,很快就完成了自己的转身。他接下来的生活与心境,一如他在词中的描述:"带湖吾甚爱,千丈翠奁开。先生杖屦无事,一日走千回。凡我同盟鸥鹭,今日既盟之后,往来莫相猜。白鸥在何处?尝试与偕来。破青萍,排翠藻,立苍苔。窥鱼笑汝痴计,不解举吾杯。废沼荒丘畴昔,明月清风此夜,人世几欢哀?东岸绿荫少,杨柳更须栽。"

很想看看南宋的那座带湖庄园,特别想,但如今连遗址也难以寻觅了。透过他那一首《清平乐》,可知他的乡居之乐,但那庄园却很寒碜:"茅檐低小,溪上青青草。醉里吴音相媚好,白发谁家翁媪? 大儿锄豆溪东,中儿正织鸡笼。最喜小儿亡(通无)赖,溪头卧剥莲蓬。"此词的境界自不用说,如王国维所谓,词必以境界为最上,有境界者自成高格,而历代境界最高的诗文辞赋,又大多是从道者的境界中生发的。辛弃疾虽是宋代词人中非常独特的一位,在这方面并没有什么例外,他血管里流淌着烈性的血,但他一向也格外羡慕那些笑傲尘世、隐于林泉的高士。但古往今来,也不乏对他人生境界的怀疑者。一个很具体的怀疑,就是他的带湖庄园到底是"茅檐低小"还是"筑室百楹"?

据洪迈《稼轩记》载："济南辛侯幼安……一旦独得之，既筑室百楹，才占地什四。乃荒左偏以立圃，稻田泱泱，居然衍十弓，意他日释位得归，必躬耕于是，故凭高作屋下临之，是为'稼轩'。田边立亭曰'植杖'，若将真秉耒耨之为者。东冈西阜，北墅南麓，以青径款竹扉，锦路行海棠，集山有楼，婆娑有室，信步有亭……"还原洪迈的描述，这庄园"筑室百楹"，有人误以为是上百间房子，这真是大大低估了。古时一列为楹，百楹，即上百列的房屋，一列又该有多少间房子？不说上千间，也有数百间。盖了这么多房子，才占地十分之四，还有大片荒地、空地，辛弃疾不会让土地白白闲着，于是又把左边的荒地辟为园圃、稻田，其长度可达到十支箭的箭程。一座在高地筑造的代表性建筑"稼轩"，可凭栏俯瞰整个庄园，在田边还建了"植杖亭"，东边山冈，西边土山，北边田舍，南边山脚，有穿过竹林的青径（林荫道），而在锦路（花径）两旁栽植海棠。群山间有楼，树影婆娑中有屋宇，闲庭信步有亭子……这样一处私家庄园，一个隐者之家，风花雪月，蔚为壮观，绝非林和靖那种梅妻鹤子的隐者可比。若按《稼轩记》，"其纵千有二百三十尺，其衡八百有三十尺"估算，至少有十多个足球场那么大，曲径通幽，繁花似锦，亭台楼阁，风生水起，说是庄园，实在是一座大兴土木的山水园林。果真如此乎？其实洪迈交代得明明白白："……皆约略位置，规岁月绪成之，而主人初未之识也。绘图畀予曰：'吾甚爱吾轩，为吾记。'"他描述的并非带湖庄园的实景，而是辛弃疾按自己的预想所描绘的图景。走笔至此，特别值得一提，辛弃疾堪称是个全能型的天才，他一生不仅在军事、政治和文学上有杰出的建树，在建筑营造上也独具匠心，从知滁州时建奠枕楼到安抚湖南时筑飞虎军营栅，从带湖庄园到日后在铅山瓢泉营造宅第，及至在浙东建秋风亭，几乎每到一地就要留下一个建筑方面的代表作。

那么，带湖庄园真正又是怎样的规模，怎么建起来的呢？这很重要，与辛弃疾的人格境界直接有关。一种怀疑由来已久，那就是辛弃疾在知潭州（长沙）兼湖南安抚使任上，组建飞虎军、建造飞虎军营寨时，他所"经度费巨万计"的费用，到底有没有"聚敛"民财以中饱私囊？

宋代官俸是比较优厚的，但以辛弃疾二十年为官的合法收入，要养活一大家子人已经很不容易了。据邓广铭编撰的《辛稼轩年谱》，他除原配夫人范氏之外，至少还有整整、钱钱、田田、香香、卿卿、飞卿六位侍妾，还有稹、秬、稏、穮、秸、褒、穟等九个儿子，还有多少难以数计的女儿、仆人、用人，这么多人的吃穿用度，他还有多少余钱，又能否造得起他自己预想的、洪迈所描述的这样一座大庄园？这样的怀疑不无证据。洪迈这篇《稼轩记》并非孤证，同为辛弃疾好友的朱熹也曾眼见为实，并在致陈亮的信中发出了"耳目未曾睹"的惊叹，陈亮也是辛弃疾的好友，又在《与辛幼安殿撰书》中将朱熹的观感反馈给辛弃疾："如闻作室甚宏丽……见元晦（朱熹）说，潜入去看，以为耳目未曾睹，此老必不妄言。"我想朱熹也不会妄言，而以此公所见过的世面，对辛弃疾的带湖庄园居然惊为"耳目未曾睹"，其"宏丽"可想而知，那么对这来源不明的巨额财产也就有必要发出历史的追问了。

从宋孝宗淳熙八年（1181年）冬天开始，辛弃疾在带湖庄园度过了十多年闲云野鹤的岁月，春种秋收，饮酒赋诗，交朋结友，一心沉浸在庄子、陶渊明的境界中，但他要比庄子、陶渊明富贵悠闲多了。而带湖庄园也绝非闭塞的乡村，那婉转如带的碧湖三面环绕着信州郡治上饶城，辛弃疾虽是乡居，却在城郊，而信州的官道，又是从南宋首都临安（今杭州）到隆兴（今南昌）的必经之路。可见辛弃疾绝非一个隐于乌有之乡的隐者，而是隐于一个得天独厚之乡，随时都可以进城，随时都准备上路，无论他外出访友，还是有朋自远方来，往来方便，不亦乐乎，乐土乐土，爰得我所？此间乐，不思蜀，他简直是在天堂里过着神仙般的生活。

事实上，他也不是自甘寂寞的隐士，他一辈子都少不得朋友。快意之事莫若友，快友之事莫若谈，往来无白丁，谈笑有鸿儒，如朱熹、陈亮、刘过等，或为名臣，或为名士，一泓碧青的带湖，映出了这些仁者、智者清晰的倒影。而自从归隐之后，一个人远离了官场，也远离了是非，反而获得了一份与权势无关的尊荣，成就了一位名闻遐迩的名士，想结交他的人很多，但真正能跟他结交的知己好友却很少。

若说到辛弃疾的知己好友，陈亮算是一个。早在淳熙五年（1178年）辛弃疾就经吕祖谦介绍与陈亮相识，到了淳熙十年（1183年）春，辛弃疾在带湖庄园已乡居两个年头了，陈亮来信说秋后来访，却没有来。这倒不是陈亮爽约，他被捕下狱了。

说来话长。陈亮比辛弃疾小三岁，也是南宋士人中的一个另类、一位奇人。据《宋史·陈亮传》载，他"生而且有光芒、为人才气超迈，喜谈兵，议论风生，下笔数千言立就……郡守周葵得之，相与论难，奇之，曰：他日国士也"。然而这样一位"他日国士"却时乖命蹇。看他自述的家世："陈氏以财豪于乡，旧矣，首五世而子孙散落，往往失其所庇依。"可知，这位陈公子实为一破落户子弟；又看他的科举之路，在青壮年时期他曾两次参加科考，两次落第，还两次下狱，只因他"诣阙上言"，慷慨激愤地抨击自秦桧以来朝廷苟安东南一隅的国策，又指斥"儒生、学士拱手端坐，空言性命"。他的上言也曾一度感动了孝宗皇帝，"欲榜朝堂以励群臣，用种放故事，诏令上殿，将擢用之"，这样一次由皇上钦点对他破格任用的机遇，竟被陈亮一口回绝了。这就奇怪了，你既指责别的儒生、学士无用，而朝廷要用你时，你又拒不受用，莫不是脑子进水了？乾道五年（1169年），宋廷与金人媾和，陈亮又连上五疏，是为《中兴五论》，堪与辛弃疾的《美芹十论》比肩。见朝廷依然无动于衷、置之不理，他又连续三次上书，严词痛斥宋廷那些一味退让求和的执政大臣。这一次朝廷不再无动于衷，以"言涉犯上"之罪将他逮捕入狱，还让他亲身体验了一下宋朝刑罚的厉害，"笞亮无完肤"。这当是继北宋苏东坡"乌台诗案"之后的又一桩发生在赵宋之世的文字狱，好在宋朝皇恩浩荡，当年宋神宗对苏东坡"下诏免死"，这次宋孝宗又对陈亮下诏免死。陈亮虽免了死罪，却免不了还有一次牢狱之灾。大约就在淳熙十年（1183年）秋天来临之前，又发生了一桩奇案，一次他参加乡人宴会，有人在杯中放了胡椒，致使一同桌人回家暴卒，他家人竟诬告陈亮下毒。又一说，陈亮的家童杀了人，被仇家控告为陈亮所指使。总之是陈亮惹上了一桩莫名的人命官司，又被打入了大理寺狱，只等着砍头了，甚至有满门抄斩之危。但他虽说命运多舛，却又总有贵人搭救。辛弃疾自罢官归隐之后一向不问世事，这次却没有袖手旁观，也为之奔走疾呼。他是干过大理寺少卿的，多少有一些人脉。而受理此案的大理寺少卿郑汝谐曾知信州，与辛弃疾过从甚密，酬唱交游，也算是好友了。但起到关键作用的还是郑汝谐，他据理驳斥诬告，又加之还有丞相王淮奔走营救，直至在天子面前求情，才让冤案得以平反，救回了陈亮一条性命。而这样一桩命案，表面上看是刑事案件，据说背后暗藏复杂的玄机，至少陈亮自己是这么认为的。他出狱后尝言："亮滥膺无须之祸，初欲以人残其命，后欲以受赂残其躯，拒狱反端，搜寻竟不得一笔之罪……可谓吹毛求疵之极矣。"

陈亮到底是何时来造访辛弃疾，史无详载，倒是有不少宋人笔记中津津乐道。陈亮从家乡婺州策马数百里来信州造访，那匹老马一路上翻山越岭走得疲惫不堪，在跨过离辛家不远的一座石拱桥时，"三跃而马三却"，怎么也过不了这座桥。换了别的主人，哪怕脾气再大，最多也就是狠狠地抽它几鞭子，可这匹不幸的老马却遇到了一个最残暴的主子，陈亮忽地一下抽出腰上的佩剑，活生生地劈下了马头，然后带着一身的血腥气，怒气冲冲地朝辛弃疾家走去。他这样子，哪像是来访友，就像一个满怀深仇大恨的仇人，来找辛弃疾报仇。而辛弃疾呢，站在自家门口就已看到了陈亮挥刀斩马的血腥一幕，震惊之余，还在心里对这位奇人赞叹不已，两人"遂订交"。

如果说这是英雄惺惺相惜，这样的英雄未免也太残暴。我不想就此放过这一细节，我觉得这里边还有耐人寻味之处。从血腥，我忽然想到血性！辛弃疾在南宋那些羽扇纶巾、斯斯文文的士人中，还真是很少看见这种有脾气、有杀气的血性男儿，这让辛弃疾对陈亮的残暴之举有了一种下意识的欣赏。陈亮这个不速之客的造访，对北伐抗金已心灰意冷的辛弃疾无疑是一次强有力的撞击，而以陈亮的率真，从朝野上下到南北形势，自然是畅所欲言，一吐为快。对于一个从人生到内心都处于极度压抑状态的士人，他需要找到一个同类，来完成一次彻底的倾诉，一种情绪的宣泄。两人一直谈到"七八个星天外"的后半夜，主要是陈亮在谈，陈亮感到"畅快之极"，而奇怪的是，辛弃疾几乎完全成了一个听众，一直眉头紧锁，脸色凝重，却一言不发，看上去非常冷静，冷静得像一座冰山。这让陈亮有些看不懂了。天快亮了，两人才睡下，但陈亮却怎么也睡不着，此时他已不是兴奋，而是疑虑。对此，宋人笔记中有如是记载："陈亮夜思稼轩沈重寡言，醒必思其误，将杀我以灭口，遂盗其骏马而逃。"从这段话猜测当时的辛弃疾，他归隐之后的性格或已大变，以前他也像陈亮这样慷慨激烈，口无遮拦，因此而吃了大亏，而在归隐之后他变得更深沉、更谨慎了。事实上，他表面是冰冷的，内心里是炽热的，就像一座沉默的火山。这样一个辛弃疾和陈亮心中的那个辛弃疾简直判若两人，陈亮越想越觉得不对头，再也睡不着了，只想在辛弃疾醒来之前赶快逃走，可自己的马已被自己杀了，于是便有了宋人笔记中发生的一幕："遂盗其骏马而逃。"

陈亮盗走了辛弃疾的一匹骏马，辛弃疾既未告发他，也未追究他这个盗马贼，陈亮一颗悬着的心这才放了下来，却又节外生枝："逾月，致稼轩书，假十万缗以纾困，稼轩如数与之。"可见，这个奇人有多奇，他盗走了人家的骏马不说，居然还写信向人家借钱，而辛弃疾居然又一分不少地借给了他。说是借，他也没想过陈亮能还上这笔债。这样的传奇，也只会发生在辛弃疾和陈亮这两位奇人的身上，尤其在那个儒雅的、彬彬有礼的宋代，这样的士人更是绝无仅有，简直不像是发生在士人身上的故事。

从另一侧面看，辛弃疾出手如此慷慨阔绰，只因他有阔绰的本钱，他不但对陈亮如此慷慨，还给穷愁潦倒的友人刘过送了一大笔巨款，晚年他在绍兴为官时，还曾要为诗人陆游建一座房子，但被陆游婉言谢绝了。这是一段插叙，却也让一个未解的疑团愈加成疑，辛弃疾哪来那么多钱？

接着往下看，陈亮与辛弃疾的再次会面，已是宋孝宗淳熙十五年（1188年）冬天（一说是秋天）。从陈亮第一次造访辛弃疾到此次见面，两人是否还曾见过面，难觅文史记载，也就只能猜想了。而此次见面，是陈亮致信辛弃疾和朱熹，相约到铅山紫溪鹅湖来商讨北伐抗金的统一大计。陈亮相约会面的铅山紫溪是福建崇安和江西铅山的分水关，宋淳熙年间（1174—1189年）便于此设巡检司，既是交通要道，也是历史上著名的驿站，几位士人大约是先要在此接头。但朱熹借故推辞了这次会面，究其原因，一是理学此时正得势，年近花甲的朱熹时来运转，官运亨通，时任江南西路提点刑狱公事，日理万机，正忙呢；二是朱熹和陈亮原本就有些道不合不相与谋，一个重王道，一个重霸业。两人还曾发生过一次激烈的"王霸义利之辨"，朱熹讲"三代之治"的儒家理想主义，认为尧、舜、禹三代以后的社会一直是不完美的；而陈亮讲汉唐经验，突出强调的是强盛大国的经验，这在朱夫子眼里却不值一提。不过，在北伐抗金的统一大业上，辛弃疾、陈亮和朱熹三人的立场又是一致的，这也是他们成为好友的感情基础，然而此时的朱熹在这一立场上似乎也发生了微妙的变化，他更重视的已不是恢复中原，而是克己复礼，还曾为辛弃疾的斋室题词："克己复礼，夙兴夜寐。"由于朱熹的缺席，这一次鹅湖之会反而少了许多争议，无论在情感上还是志趣上，辛弃疾和陈亮更加气味相投。

  对这一次相会，除了史载，还有更接近文学笔法的叙述。据说陈亮来访那天，天公作美，雪后初晴，此时辛弃疾正卧病在床，但他是躺在自家的床上还是驿馆里，不得而知。他一直望着窗外冷清的雪野，或许是想要看看一个奇人又将以怎样的方式出现。当夕阳西下，那皑皑白雪殷殷泛出一片血色，一个身影披着一身霞光、骑着一匹大红马从落日巨大的光晕里飞驰而来，这让辛弃疾的精神为之一振，病也顿时好了一大半。在接下来的十余日里，两人同游鹅湖，共饮瓢泉，纵谈十余日，国事、家事、天下事，无所不谈。尽管他们谈得最多的还是国事，但更多人把他们这次的鹅湖之会视为南宋词坛的一桩盛事。辛弃疾已是当时词坛的领袖级人物，而陈亮也是著名词人，在辛弃疾的词章渐渐步入庄子、陶渊明之境时，陈亮之词却是一路高亢，如他写给辛弃疾的《贺新郎·寄辛幼安和见怀韵》："老去凭谁说？看几番，神奇臭腐，夏裘冬葛！父老长安今余几？后死无仇可雪。犹未燥，当时生发！二十五弦多少恨，算世间，那有平分月！胡妇弄，汉宫瑟。　树犹如此堪重别！只使君，从来与我，话头多合。行矣置之无足问，谁换妍皮痴骨？但莫使、伯牙弦绝！九转丹砂牢拾取，管精金，只是寻常铁。龙共虎，应声裂。"这慷慨而悲怆、激烈而磅礴的壮词，其实是辛弃疾最想写的、最擅长的。清人刘熙载《艺概》尝言："同甫（陈亮）与稼轩为友，其人才相若，词亦相似。"但此言的表述并不完整，陈亮只是与那个铁血英雄辛弃疾相似，却与眼前这个"白鸥在何处？尝试与偕来"的稼轩居士决不相似。辛弃疾自罢官之后，一直把那北伐抗金的壮志和报国无门的悲愤使劲压抑着，像一座冰雪覆盖的火山。而在绝望中，他也只能从庄子、陶渊明那里去寻求解脱，他要用他词让世人看到，你瞧瞧，他活得多么旷达、多么逍遥！世间有两个辛弃疾，却只有一个陈亮，陈亮绝不是辛弃疾"尝试与偕来"的白鸥，而是一只被剪断了羽翼的雄鹰，却想要一飞冲天。对陈亮的命运，辛弃疾比陈亮本人看得更清楚，他知道陈亮是在徒劳地挣扎，但他也在陈亮身上看到了另一个自己。

　　南宋曾有两次著名的鹅湖之会，一次是淳熙二年（1175年）朱熹、吕祖谦、陆九龄、陆九渊的鹅湖之会，那是心学和理学的一次巅峰对决，也是一个民族的心理冲突；还有一次便是辛弃疾和陈亮的这次鹅湖之会，又称第二次鹅湖之会。鹅湖一别，转眼变成历史，辛弃疾写了《贺新郎·同父见和，再用韵答之》，抒写了他与陈亮日夜纵谈的痛快，还有他与陈亮惜别的惆怅，一开始他还是很压抑、很低调的，到了最后，他突然迸发出"男儿到死心如铁，看试手，补天裂"的呐喊，这是绝望中的呐喊。他可能没想到，一个年届天命、自觉已心如死灰的稼轩居士，竟然又发出了只有辛弃疾才有的呐喊。是陈亮，一次次点燃了他心中的火焰，那个被埋藏在冰山下的辛弃疾复活了，那烈性的血又开始像岩浆一样燃烧、迸发。这很危险，那不祥的预感又一次向他袭来。

　　谁也没有想到，辛弃疾的预感竟然以另一种方式发生了。带湖山庄，他的天堂，竟然被一把火给烧掉了。这把火是何时点燃的？一说是淳熙十二年（1185年）夏天，一座庄院化为灰烬，辛弃疾只得举家移居瓢泉，寄居于门生范开的别墅里。又有一说，带湖庄园失火为宋宁宗庆元二年（1196年），比前一说要晚了十一个年头。若要推测带湖庄园失火的时间，不妨根据辛弃疾和陈亮鹅湖之会的人生经历来推测。

在鹅湖一别的五年后，宋光宗绍熙四年（1193年），陈亮又创造了一个奇迹，竟一举高中状元。这也是他一生创造的最后一个奇迹。此时，他已五十一岁，在中状元后的报恩诗中，他依然不改平生的志向："复仇自是平生志，勿谓儒臣鬓发苍。"然而，他的平生志很快就变成了遗志，中状元后他被授以建康签判。签判之职，正是辛弃疾二十出头南渡归宋后被授予的第一个官职，可怜陈亮还来不及赴任，就因"忧患困折，精泽内耗，形体外高"于第二年病逝，年仅五十二岁。

再看辛弃疾。淳熙十二年（1185年），辛弃疾"卜居铅山"，所谓卜居或卜筑，凡古人起造新居，一般都会先来看地形，相风水，精于风水者自己来看，不懂风水者就请风水先生来看。兴许就因"卜居铅山"这句话，让人误以为辛弃疾于这年移居铅山。辛弃疾还真是懂风水，他在铅山与信州接壤的期思渡看见了一眼无名清泉。此泉大约属于一户姓周的人家，人称"周氏泉"，就在他门人（门生弟子）范开的别墅附近，一旦被辛弃疾发现，它就有名了，因其形状如瓢，辛弃疾便取孔子"一箪食，一瓢饮，在陋巷，人不堪其忧，回也不改其乐，贤哉回也"的含意，名之为"瓢泉"。又据《铅山县志》载："瓢泉，在县东二十五里，泉为辛弃疾所得，因而名之。其一规圆如臼，其一规直若瓢。周围皆石径，广四尺许，水从半山喷下，流入臼中，而后入瓢，其水澄可鉴。"辛弃疾这个北方侠士，仿佛与江南之水前世有缘，水的灵气给他带来了源源不绝的灵感，他一生为"瓢泉"写了很多诗词，在瓢泉写了很多诗词，在他传世的六百多首词作中，大约有三分之一是在瓢泉写下的。

一眼清泉，如同一个引子，在冥冥中把辛弃疾的人生引向了另一个方向。而那个铭刻在中国人文地理中的鹅湖，就在瓢泉附近，却不是湖，而是一座连绵百余里的山，其主峰便叫鹅湖，山下有座鹅湖寺，辛弃疾常和文朋诗友游鹅湖山，在鹅湖寺谈诗论道，这里边自有朱熹、陈亮等人的身影。可惜，陈亮一去，再也来不了，辛弃疾备感知己零落，在《贺新郎》一词中嗟叹不已："甚矣吾衰矣。怅平生、交游零落，只今余几！白发空垂三千丈，一笑人间万事。问何物、能令公喜？我见青山多妩媚,料青山、见我应如是。情与貌,略相似。　一尊搔首东窗里。想渊明、停云诗就,此时风味。江左沉酣求名者,岂识浊醪妙理。回首叫、云飞风起。不恨古人吾不见,恨古人、不见吾狂耳。知我者,二三子。"这"二三子"里边,应当也有他的门生范开吧。辛弃疾的第一本词集《稼轩词甲集》就是由范开编定印行,两人的关系非同一般,范开既有别业在此,辛弃疾免不了也时常来走动。而那一眼无名清泉,从他词中透露出的信息看,他对瓢泉是一见钟情,在"卜居铅山"时便萌生了在此修建新居之念,并即兴赋词《洞仙歌·访泉于奇师,得周氏泉,为赋》):"飞流万壑,共千岩争秀。辜负平生弄泉手。叹轻衫短帽,几许红尘,还自喜,濯发沧浪依旧。　人生行乐耳,身后虚名,何似生前一杯酒。便此地、结吾庐,待学渊明,更手种、门前五柳。且归去、父老约重来;问如此青山,定重来否?"又看他接下来的词,他是一个很冲动的人,凡事全凭心性兴致,一眼看上了瓢泉,很快就兴冲冲地买下了瓢泉及四周的一片土地,又大约在两年之后,他在瓢泉盖了一座别墅,但这别墅可能不大,安置不了他那一大家子人,他大约也没有将一大家子人安置在瓢泉的念头,只是有了兴致,自己来这里小住。在往后的数年里,他便时常往返于带湖与瓢泉之间。

　　而在这一个人的来来往往之间,又有一段人生插曲。宋光宗绍熙二年(1191年,一说为绍熙三年),辛弃疾忽然又被朝廷起用。此时他已五十一岁了,被朝廷授以福建路刑狱公事,春初赴任。这是他多年前干过的老差事,也不难猜测,又是一次临危受命。只有临危,他才可能有复出的机会。其时,福州因临近大海,是盗贼的藏身之所,而在辛弃疾看来,福建上四州(建州、南剑州、汀州、邵武军)的百姓"凶暴蛮横",很不安定,而帅府空虚,一旦发生紧急情况该怎么办?这是辛弃疾充满忧患和危险意识的发问,其实也是朝廷把他派来的原因,这也让他又有了主持军事的机会。而这个铁血英雄一旦复出,必然又会使出他的铁腕,于是又有极残忍的传闻,相传辛弃疾上任的第一天,就把牢房的囚犯全部杀掉了。果真如此,那这个归隐十几年的稼轩居士对生命不但没有任何参悟和忏悔,反而修炼成了一个十足的魔兽了。

对于这个传说，我是真的不敢相信。而辛弃疾开始军事准备当是事实，这是他的天职和使命。从一些史载看，他在不到一年时间里就积累了铜钱五十万缗，这一笔巨款从何而来？未免又有搜刮民财之嫌了。他用这笔巨款建起了"备安库"，顾名思义，这是为了预防危机、维护安定而准备的钱库。

  一座备安库建起来了，他的官运也来了。次年九月，因时任福建路安抚使病逝，朝廷命辛弃疾权兼福建路安抚使。虽说是个代理安抚使，辛弃疾也不会在此职上虚度，这是一个一旦有机会就绝不会浪费生命的人，就会把权力发挥到极限的人。是时，他的老友朱熹正在福建建阳闲居，辛弃疾常向他征询政务，并向朝廷上疏，建议推行经界（清查地亩所有权与均平赋役负担）和变革盐法。他一边向朝廷要政策，一边根据福建的实际情况审时度势，思谋为政之举。福建地少人多，每当年成歉收时就到广南买粮，但近年来连年丰收，还有了余粮。在如何处置这些余粮上辛弃疾又打起了算盘。譬如说，在粮价较高时，若皇族和官军来福建买粮时，就可以卖给他们，等到秋收后粮价走低时，就用备安库的钱买入二万石储备起来，如此一来既能赚取差价，又能让储备粮得以新陈更替，更重要的是无论丰年荒岁，皆有备无患。一旦钱粮有了保障，辛弃疾便筹划造万套铠甲，像当年创建飞虎军一样招募身体强壮者再造一支劲旅，这样又何患盗贼作乱？

  就在辛弃疾大显身手时，忽蒙宋光宗召见。翌年早春，刚过完年，他从福州启程赴临安觐见天子，一番君前奏对后，又奏进《认荆襄上流为东南重地疏》，可见他身在福建，依然心系江防，对长江上游的军事防御提出了很有见地的建议，却未受光宗重视，也没让他回福建，让他留在朝廷做了掌管金帛财帑的太府卿，可见皇帝对他的理财本领也很看好。半年后，又命他以集英殿修撰知州兼福建路安抚使，从代理安抚使变成了名正言顺的安抚使。但好景不长，辛弃疾正踌躇满志地开始他的军事计划，很快就遭谏官、御史台官的弹劾而罢官，只给了他一个挂名闲差，以集英殿修撰提举建宁府武夷山冲佑观。这是宋朝打发贬官的老套路了，给你一份俸禄，回家养老去吧。八月，辛弃疾回到带湖庄园，一条往来于带湖和瓢泉之间的老路上，又见一个须发飘白、踽踽独行的老翁了。其实他还不老，才五十五岁，但在那岁月，他已是一个名副其实的老翁了。然而，那些弹劾他的人还不肯放过他，回老家才一个月，因御史中丞谢深甫弹劾，他在罢官后又一次遭罢，他已无实职可罢，但还剩下一些虚职，从集英殿修撰降为秘阁修撰。十月，新任御史中丞何澹再次提出弹劾，又将他的秘阁修撰削夺了。

回首辛弃疾复出两年的经历，南宋的官场或宦途竟是如此大起大落、变幻莫测。从他屡遭弹劾的命运看，他在宋廷中还真有太多的天敌，而那一场宿命的火焰，还将在又一次改朝换代中发生。宋宁宗（赵扩）庆元二年（1196年），也就是他五十六岁那年，一把无名之火烧毁了辛弃疾隐居十五年的带湖庄园。九月，辛弃疾又遭朝臣弹劾，连提举冲佑观的虚衔也被削夺。到此，他生平所有的各种名衔被削夺得干干净净，成了一个真正的赤子（老百姓）。

走笔至此，似乎可以确定，带湖庄园失火的时间就在庆元二年（1196年），但从辛弃疾的一首《沁园春·再到期思卜筑》看，又有问题了。词云："一水西来，千丈晴虹，十里翠屏。喜草堂经岁，重来杜老；斜川好景，不负渊明。老鹤高飞，一枝投宿，长笑蜗牛戴屋行。平章了，待十分佳处，着个茅亭。　青山意气峥嵘，似为我、归来妩媚生。解频教花鸟，前歌后舞；更催云水，暮送朝迎。酒圣诗豪，可能无势，我乃而今驾驭卿。清溪上，被山灵却笑：白发归耕。"此词作于绍熙五年（1194年）秋冬之间，而他"再到期思卜筑"，交代得明明白白，就是选地盖房，把一家人从带湖庄园的废墟上搬过来。既然那地方遭了火灾，在古人心中便是灾难之地，他自然不想在那里重建家园了。如此推算，带湖庄园失火当在绍熙五年（1194年）或稍早，其瓢泉新居自然是失火之后所盖了。

从带湖到瓢泉其实很近，一辆灰扑扑的摩托很快就把我载到了。但辛弃疾在这条路上至少走了十五年。如果说带湖庄园是辛弃疾中壮年的家园，瓢泉庄园则是他晚年的故居，他自然又有一番独具匠心的构思，并在词中记下了从最初的卜居、再到期思卜筑以及构思和营造的过程，从一开始他决意"便此地、结吾庐,待学渊明,更手种、门前五柳",到"新葺茆檐次第成,青山恰对小窗横",一座新庄园差不多就落成,入住了。

带湖山庄现在已荡然无存,但瓢泉庄园还有迹可循。其主体建筑被后世称之为稼轩公馆,其实就是辛弃疾一大家子人居住的正宅,原为一座三进九厅的大宅院,地处瓢泉南石塘河与紫溪河汇合处,如今只见一片大型建筑群的遗址,还有三根粗大的木柱和一扇木门,当地老乡说这就是稼轩公馆当年的遗物。但我越看越起疑,八百多年了,这三根粗大的木柱和一扇木门能在天灾人祸、风雨沧桑中保存至今?但有些东西我相信是真的,譬如说在当地老乡家里散存的那些石墩、石板和砖瓦等,细细辨认,或有可能是瓢泉庄园的遗物。从稼轩词和一些别的文史资料可知,除稼轩公馆外,瓢泉庄园还有一座专门用来会客的稼轩府堂,由这府堂右侧可以走进一个不小的花园,这是辛弃疾的私家花园,还有一口养生塘,这是建房时挖土筑基留下的一口池塘,辛弃疾入住后在塘里放养青蛙。山水园林中的那些点缀之物自然不少,对于辛弃疾这样一个孜孜不倦的建设者,只要健在,他一生都可能在不断地修修建建,这里弄个水榭,那里修个凉亭,如接云岗上的接云亭,瓢泉左山脚下的秋水观等,这都是辛弃疾穷其一生陆续建造起来的,这就像他填词的雅兴。人生苦短,但岁月漫长,他也需要找点什么事情来排遣内心的寂寞、消磨缓慢的时光。当他终于走到了自己时光的尽头,数十年数百年之后,他当年苦心经营的一切渐在风霜雨雪中剥蚀、坍塌、毁火,或在泥沙掩埋中留下一些残砖断瓦,或在荒芜中化为一片废墟。在期思村头,原有一座斩马桥,亦早已不存,但后人在桥址附近修建了一座斩马亭。无论是那座消失的桥,还是后世重修的亭,显然都是根据陈亮斩马的传说而附会的建筑。哪怕陈亮斩马不是传说,按时间推测,也该是发生在带湖而非瓢泉的故事。

从带湖到瓢泉,从年届不惑到风烛残年,辛弃疾居信州凡二十年。除了复出为官的那一段短暂的人生插曲,他春秋鼎盛的生命与岁月就一直被荒废在这里,就像他北方的故乡和故国一样,被南宋朝廷给抛弃了。但他从未抛弃自己，除了躬耕，除了填词，他还开办了好几座书院，但他开办的书院却不同于朱熹、陆九渊等理学家的书院，他和陈亮一样，崇尚的是汉唐那些强盛大国的霸业。朱熹曾为他的斋室题词"克己复礼，夙兴夜寐"，让他夙兴夜寐的却是山河破碎，他念兹在兹的不是克己复礼，而是克敌制胜。这也是宋廷一直高度提防的，有人甚至猜测他开办书院可能有养士和招徕豪杰的念头，他对陈亮、刘过等人出手为何那般慷慨豪爽，这是否透露出了他结交天下豪杰重建义军的念头？

这只是后世的猜测了。而辛弃疾一直预感到了这样的危险，一直在规避这样的风险，他也就只能躲进庄子、陶渊明的境界里，寄情云烟流水，乐而忘忧，以驾驭山水自命，托笑山灵，却分明又是自嘲之词，由此正可窥见他复杂的心境。有宋以来，从来就不缺少纸上谈兵的士人或士大夫，很少有称得上豪杰的人物出现，但这个人，先不管有这样那样的问题，他绝对是南宋王朝最奇缺的一个豪杰。可惜了，他的一身本领白白浪费了，这让南宋丧失了一次中兴的机会，至少也是一种可能吧！

千年尘埃早已落定，一切早已不是悬念，而是命定。一座带湖庄园命定是要在烈火中化为灰烬的，一座瓢泉庄园命定也是要在岁月中沦为废墟和遗址的。有人说这是他的故乡，一个没有祠堂和祖坟的地方能定义为故乡吗？如果你看见了一座带湖山庄或一座瓢泉山庄，那看得见的一切都是假的，辛弃疾也只是时空中的一个匆匆过客，而真实的历史永远存在于那些看不见的地方。但也有一些事物难辨真伪，譬如说那一棵棵浓荫蔽日的参天古松，当地老乡们都说这些古松是辛弃疾当年亲手所栽。世间也只有这种高大的乔木可以从南宋一直长到如今，看那极为壮硕的身躯，至少还可以再活八百年。

四、迟到的召唤

年过花甲，生命的轮回又一次开始，但辛弃疾的生命似乎还没有黯淡下来的迹象，在他辞世之前，命定的还有一段未竟的英雄宿命。

宋宁宗嘉泰三年（1203年）六月，六十三岁的辛弃疾竟然又奇迹般地受到朝廷的召唤，又一次复出，知绍兴兼浙东安抚使。绍兴是陆游的故乡，是时，这位比他年长十五岁、年近耄耋的老英雄正在绍兴三山闲居。这两人一是南宋词坛的丰碑，一是南宋诗坛的丰碑，又都是力主北伐抗金却又被朝廷长期闲置的久困英雄。辛弃疾对陆游仰慕已久却又缘悭一面，一旦赴任，便兴冲冲地去拜访陆老英雄。当他走近一间低矮残旧的草堂，看见一位挂杖而立的老翁努力地支撑着腰杆，心中不禁一阵酸楚，疾步趋前，一双苍老的手与另一双更苍老的手便紧紧地握在了一起。这无疑是中国文学史上的一次非凡的握手，但两人的心思此时都不在文学上，都在北伐抗金上。

辛弃疾此次能奇迹般复出，只因宋廷主战派又占了上风。自张浚隆兴北伐失利后，整整四十年过去，南宋已历孝宗、光宗、宁宗三朝，又是一个世纪了，而北伐抗金在这四十年偏安岁月中几乎成了一个谁也不敢涉及的禁区。然而这一次，朝廷又要北伐了，这不但让辛弃疾终于得到了迟到的召唤，连陆游这样的老臣也奉诏入朝，拄着拐杖支撑着一个老病交加的身子奔赴临安，为北伐出谋划策，还参加了孝宗、光宗两朝实录及三朝史的修撰。他在临安待了一年，直到辛弃疾来访的一个月前，他才回家。

对陆游此次奉诏复出，很多士人都不看好，不是不看好他，而是不看好这次北伐，如他的好友、在辞官之后隐居江西的一代诗宗杨万里，就认为他不该去蹚这一浑水，甚至认为他有失晚节。诗人的责备和规劝也是以诗的方式："不应李杜翻鲸海，更羡夔龙集凤池。道是樊川轻薄杀，犹将万户比千诗。"这几乎是在咄咄逼人地逼问他，你重新出山是否仔细考虑过？千万不要因攀龙附凤、贪图富贵之念而做出些不切实际的事来啊，北伐可不是写诗，关乎千家万户的安危，不可不慎啊！我们都是白发老翁了，你怎么还做出这等轻率之事来？杨万里与陆游、尤袤、范成大并称为南宋"中兴四大诗人"，且是一位"浩然之气，至刚至大"的爱国诗人，为庐陵"五忠一节"之一，连他也如此反对此次北伐和陆游复出，看来这次北伐真是有问题了。不过，若说陆游复出是为了攀龙附凤、贪图富贵，那可真是冤枉他老人家了。当辛弃疾看见他破旧凡草庐，一片好心要为他盖一座新舍时，陆游婉言谢绝了。这绝非他对辛弃疾有什么看法，看他一生的行状，他坚守的是一种人生的节操，否则也不会落得这样一个多少有些凄凉的晚境。而在这年岁末，辛弃疾奉宋宁宗召见，临行前去三山向陆游告别时，陆游还抱病抒写了一首长诗为他送行，可见陆游对辛弃疾是情深义重的。

  陆游复出，不是为了攀龙附凤、贪图富贵，辛弃疾亦不是，只因北伐抗金、恢复故疆是他们一生的长梦与大梦，哪怕他们的生命长期处于打击与排挤、闲置与荒废的状态下，又哪怕他们使劲压抑自己沸腾的热血，那一种渴望都不会磨灭。其实，杨万里也是这样一个志士，却又为何如此反对呢？追溯起来，这又与此次北伐的主导者、外戚韩侂胄直接有关了。

  韩侂胄的出现非常偶然。偏安一隅的南宋，极少有敢言抵抗的宰相，韩侂胄虽非士人出身，却是一代当之无愧的国士。历史上对外戚出身的官员一般都抱有偏见，而在赵宋一朝以天子与士大夫共治天下，外戚一般很难登上执政大臣的高位。而韩侂胄能跻身于执政大臣，自有许多阴暗的内幕，这里就不多说了。只说他一生中干出的两件大事，第一件便是在庆元年间（1195—1200年）制造了"庆元党禁"，把朱熹等理学家和支持理学的朝臣列入"伪学逆党"籍，进行了一次全面清洗，这也是自周敦颐创立理学以来，所遭遇的一次史无前例的大劫。韩侂胄可谓是毕其功于一役，大获全胜。这也让他的声望倍增，权势更大，成了南宋时代的一代权相，掌握军政大权达十三年之久。他的地位和权力远高出一般的宰相，堪与南宋的另一权相秦桧相比。这也是他为天下士人既痛恨又不齿的直接原因。

  韩侂胄虽被历史描述为有秦桧之奸，但绝不是秦桧那样的投降派或金人的奸细，他是一个坚决的主战派，主政之后，便力主北伐抗金，这也是他一生所干的第二件大事。在北伐之前，他先在政治思想上做了充分的准备，第一个就是"崇岳贬秦"。如何评价秦桧和岳飞这两个南宋初年的历史人物，在韩侂胄执政时期还不像后来那样判若分明，这从宋廷给死者的谥号也可窥见一斑。秦桧死后，加封为申王，谥忠献，而岳飞则是一个被否定的人物。宋孝宗即位后追复岳飞原来的官位，谥武穆，这等于是为岳飞平反昭雪了，但并未剥夺秦桧的爵谥。直到韩侂胄执政时，才追封岳飞为鄂王，在政治上给予了一个冤死的抗金英雄极高的地位，而秦桧则被削去王爵，并改谥"缪丑"（荒谬、丑恶）。在贬秦的制词中云："一日纵敌，遂贻数世之忧；百年为墟，谁任诸人之责？"此言一出，对那些一味主张媾和的朝臣是一个沉重的打击，而对陆游、辛弃疾、叶适等被排斥的主战派人士，则是莫大的振奋。这就是陆游、辛弃疾等重出江湖的大背景，也是陆游、辛弃疾等与韩侂胄的高度契合点。为了抵抗外侮这一最高目标，结成统一战线，如此方能众志成城。

在交代了一段背景后，还说辛弃疾接下来的命运。他于翌年正月赴临安觐见宁宗赵扩，多少年了，辛弃疾久已没有听到天子的召唤，这迟到了多少年的召唤，让他又有了一种出征的感觉，一个老掉了牙的词人，在奔赴临安的路途上，已决意把自己生命的最后一段岁月交给一个像他一样白发苍苍的王朝。但天子还很年轻，当他一眼望见比自己年轻近三十岁的天子赵扩，他多少有些疲惫的身子一下就打起了精神。而从他这次的君前奏对看，他对克敌制胜既有必胜的把握，也显得异常清醒和冷峻。他的把握，是三十多年前他向宋孝宗进献的《美芹十论》中对"形势"清醒的研判，而根据眼下的宋金形势，他认为金国"必乱必亡"。一是南宋数十年来国势大增；二是金朝国势一直处于急遽衰退的状态，其内部矛盾日益激烈，北方沦陷区的百姓纷纷揭竿而起，那些不堪金人奴役的汉人不断有人"跳河子"（越境投宋），而此时金国北方的蒙古人正在崛起，金国既困于北方战事，又穷于应对境内的饥荒。透过辛弃疾对宋、金形势的研判，也可知他在隐居带湖与瓢泉时，一直在密切注视宋、金两国的力量对比。但他也感觉到了"异常"，他显然已经发现，宋宁宗就像当年力主北伐的宋孝宗一样急切，而韩侂胄更比当年的北伐领袖张浚急躁，为此他郑重谏言，也可谓是劝告，北伐务必要有一段充分准备的时间，对揽军政大权于一身的韩侂胄他显然也不放心，在力陈"金国必乱必亡"的同时，他"请委付元老大臣"，"预为应变计"，向宋宁宗明确提出应把军事大权交给元老大臣。这就意味着，除了在北伐的核心意图上他与最高决策者高度一致，但在谁来指挥北伐以及具体战略上与宋宁宗和韩侂胄有明显的分歧，就算宋宁宗答应将军事大权"委付元老大臣"，韩侂胄又怎么会拱手让出军权呢？

此番召见后，辛弃疾便于同年三月改知镇江，镇江是扼守南宋心脏临安的江防重镇，可见宋廷此时对他还是相当信赖的。而那北临大江、南据峻岭的京口，形势尤为险要，此处也是江南运河北口，越长江与江淮运河相通，若京口失手，南下金军可直取临安。东汉建安年间（196—220年），这里一度是东吴的京城，在迁都建业后改名"京口"。六十五岁的辛弃疾，一步一步登上京口北固亭，他长久地伫立在那里，像一块奇崛的岩石，遥望北方故国与故乡的方向，抒写了他迟暮岁月最悲怆的一首代表作《永遇乐·京口北固亭怀古》，这也是他特别擅长的怀古之作，又善化用前人典故入词："千古江山，英雄无觅孙仲谋处。舞榭歌台，风流总被雨打风吹去。斜阳草树，寻常巷陌，人道寄奴曾住。想当年，金戈铁马，气吞万里如虎。元嘉草草，封狼居胥，赢得仓皇北顾。四十三年，望中犹记，烽火扬州路。可堪回首，佛狸祠下，一片神鸦社鼓。凭谁问，廉颇老矣，尚能饭否？"回想当年，他率五十余骑突入数万金军中一举活捉了叛徒张安国，又在金军的围追堵截下冲过了金军的一道道防线，越过淮河与长江天险南渡归宋，"壮声英概，懦士为之兴起，圣天子一见三叹息"，如今却轮到他像老将廉颇一样叹息了，二十年的闲置与荒废，那"二十年金戈铁马，气吞万里如虎"的戎马岁月，只在他内心里发生。这首词是对他南归第十二年一气呵成的那首《水龙吟·登建康赏心亭》的悲怆呼应，"红巾翠袖，揾英雄泪"，此时他已南归南宋四十三年，一直没有北伐抗金的机会，一个千古英雄，从血气方刚的壮岁到须发飘白的衰年，如今他已是六十五岁的老人，如老将廉颇一样想要披挂出征却又力不从心。后世在评说辛弃疾这两首词时，也是再三叹息，当年宋孝宗时未能出兵中原，让一个王朝也让辛弃疾这样极具军事才能的英雄之士错过了绝好的时机,而"机会一差,至于开禧,则向之文武名臣欲尽,而公亦老矣"!

辛弃疾虽有力不从心之感,但还是拖着迟缓的步伐为北伐做准备,他计划招募一万名壮丁,连一万套军服都提前预制了。然而,那十分吊诡的诏令又总在他的计划付诸实施之时出现,开禧元年(1205年)六月,他忽然又从镇江前线奉调大后方的隆兴知府,还未到任,他又因谏官弹劾而去职,他只得返回瓢泉家中去继续养老。到了第二年春,宋廷又起用他为浙东安抚使,这简直是在故意折腾一个老臣了,也可见宋廷对于辛弃疾是用还是不用的心态是何其矛盾与复杂。这一次,辛弃疾倒是挺干脆,他没有听从召唤,而是上疏辞免。经历了这么多年的折腾,他显得有些心灰意冷了。

辛弃疾辞免了朝廷的任命,但一次战争将不可避免地展开。是年五月,韩侂胄奏请宋宁宗正式颁诏,誓师北伐,史称"开禧北伐"。那伐金诏书出于直学士李壁的手笔:"天道好还,中国有必伸之理,人心效顺,匹夫无不报之仇。……兵出有名,师直为壮,言乎远,言乎近,孰无忠义之心?为人子,为人臣,当念祖宗之愤!"一个软弱的王朝突然变得强硬起来,铁骨铮铮,慷慨激昂,哪怕远隔千百年,也让人热血沸腾。随后宋军对金不宣而战,从东线、中线、西线发起了全线进攻。辛弃疾虽已置身局外,但那一身烈性的血还是按捺不住地沸腾起来,他慷慨作词,称颂北伐抗金的统帅韩侂胄:"君不见,韩献子,晋将军,赵孤存。千载传忠献(北宋名相韩琦谥号,韩侂胄为韩琦曾孙),两定策,纪元勋。孙又子,方谈笑,整乾坤。"无论当世还是后世,都把这首《六州歌头》视为稼轩词的一大败笔,甚至是辛弃疾人生的一大败笔。而我觉得,若要理解这首词,先要谅解辛弃疾,他毕竟对北伐抗金渴望已久,毕竟寄望于北伐大业一举成功,这也算是对北伐的一种支持和激励吧!如此,这应该与人格无关,只是他在热血沸腾之下也失之于冷静了。

又不能不说,这次和隆兴北伐一样最终以失败而告终的开禧北伐,也并非乏善可陈。尽管金军早已觉察到南宋"将谋北侵",并做好了应战的准备,在遭到进攻后立即进行了反击,那骁勇善战的骑兵,让以步兵为主的各路宋军连遭重创，但镇江副都统制毕再遇率领的一支宋军劲旅依然创造了连战皆捷的战绩，可惜像这样的将领实在太少了。在主和派长期把持朝政的情况下，宋军已多年没有作战经验，又加之那些力主抗金的将领在排挤出局后或已长逝、或已老迈，这都是开禧北伐失败的原因。更有一些将臣由于对韩侂胄这个外戚抱有固执的偏见或私人恩怨，不以国事为重，不是乐观其成，甚至巴不得韩侂胄大败而归，一旦韩侂胄北伐胜利，其权势自会更加不可一世，只有失败才能让他遭殃。如此一来，宋军既将帅乏人，许多将领又不听调遣，愈加难免失败了。这也是有历史事实的，如韩侂胄拟用广帅薛叔似去前线统率淮西军兵，薛叔似竟不赴任；又命知枢密院事许及之守金陵，许及之也不出守；调任光宗时派往四川的丘崈为江淮宣抚使，丘崈辞不受命。此外还有更可怕的内奸。早在宁宗下诏伐金前一月，镇守四川的吴曦（南宋抗金名将吴璘之孙）便与金军达成密约，以献出关外阶、成、和、凤四州来换取金朝封他为蜀王。一个内奸的力量远比金军更可怕，何况还是镇守西线的主帅，他的叛变足以使开禧北伐的全面部署遭到毁灭性破坏。随着西线不攻而破，金军可以集中兵力在东线和中线作战，宋军形势急转直下，一场战争由宋军北伐一变而为金军南侵，宋军开始节节败退。透过以上事实可以拨开历史迷雾，让后世窥视到部分真相，开禧北伐失败绝非韩侂胄一人之过，更非主战派之过，从根本上看，实是主和派长期主政的一个必然结果，也可谓是南宋所有积弊的一次总爆发。当然，还有一个直接原因，这也是辛弃疾提前发出过警示的，那就是此次北伐准备不足，此前宋军总是被动挨打仓促应战，而此次一变而为不宣而战、仓促出击。

接下来，又该是兵败之后的"议和"，作为战胜者的金人愈加虚张声势，变本加厉地开出了议和条件，除威逼南宋割地赔款之外，他们还要宋廷将挑起这场战争的罪魁祸首、战犯韩侂胄缚送金国。韩侂胄大怒，誓言与金人决一死战，还献出二十万家财以助军需。在韩侂胄重整兵马之际，辛弃疾这颗废弃的棋子又一次派上了用场，十二月，进龙图阁待制，知江陵府。江陵是南宋中线重镇，宋廷显然是要让这位老将来防守沿中线南下的金军，以便集中兵力在东线同金军决战。但他尚未就任，宋廷主和派朝臣又开始向金乞和，宋宁宗和当年的宋孝宗一样陷入了战与和的摇摆态度。在皇上举棋不定时，又给了辛弃疾一次奉诏入京、君前奏对的机会。奏对之后，宋廷拟授辛弃疾为兵部侍郎，这至少也是正三品的高官要职，但廉颇老矣，辛弃疾一再力辞，不是他不肯出山，实在是心有余而力不足，他或许对自己大限将至有了某种预感。

开禧三年（1207年）春，辛弃疾从临安回到瓢泉家中，八月，便身染重疴。入秋，韩侂胄已决意再次对金用兵，又授辛弃疾为枢密都承旨，命他疾速赶往临安赴任。此时辛弃疾连下病床接旨的力气也没有了，他只能在病床上挣扎着上章请辞。九月初十日，一场秋风将窗前早谢的黄叶与尘埃都吹得纷飞起来，辛弃疾竭力挺起身子又轰然倒下。那一身烈性的血，压抑了一生，也沸腾了一生。临终时，他混浊的老眼里忽然光芒四射，嘶声疾呼："杀贼，杀贼！"

在辛弃疾病逝两个月后，宋廷投降派朝臣、礼部侍郎史弥远（史浩之子，父子皆为主和派）就同杨皇后等秘密勾结，在韩侂胄上朝时，突然袭击，把他截至玉津园夹墙内暗杀，宋廷军政大权悉归杨后和史弥远操纵。史弥远按照金人的要求，割下战犯韩侂胄的头颅，派使臣送到金朝示众。南宋用一颗主战派领袖的头颅和更屈辱的代价，与国势急遽衰退的金国订立了"嘉定和议"，从宋高宗的"绍兴和议"到宋孝宗的"隆兴和议"，再到宋宁宗的"嘉定和议"，南宋从向金人俯首称臣到以父礼侍金，到此时又自贬身价，以侄事伯父礼事金。当时有太学生作诗讽刺："自古和戎有大仅，未闻函首可安边。生灵肝脑空涂地，祖父冤仇共戴天。"又见《四朝闻见录》中记载大臣王介为此提出抗议："韩侂胄头不足惜，但国体足惜！"而那个锐意北伐、恢复故疆的宋宁宗此时的热血已降至冰点，他曾痛定思痛地对大臣说："恢复岂非美事，但不量力尔。"

当开禧北伐成为历史，对此次北伐以及韩侂胄又如何评说？由于韩侂胄反道学，在历史上长期遭到程朱门徒的咒骂。元人修《宋史》，特立《道学传》以崇程朱，又依南宋《国史》立《奸臣传》，将韩侂胄这个主战派领袖与秦桧这个投降派领袖作为并列的"奸恶"。而对"开禧北伐"的历史书写，首先对其核心意图进行了篡改，认为这是韩侂胄为捞取政治资本而采取的一次军事冒险。——我从不否认历史上的那些英雄俊杰皆有建功立业、彪炳千秋之念，这也是中国历代士人永恒的追求，总比坐而论道要好，但把一个民族抵御外侮的战争直接贬低为韩某为个人的一己私念而战，我是绝对不能认同的。韩侂胄也因此而蒙受不白之冤近千年，直到现代史学家范文澜在《中国通史》中才为韩侂胄平反，并将他纳入南宋名相之列。如此，他也不愧为北宋一代名相韩琦的后人了。

　　同韩侂胄这个一段历史的主角相比，辛弃疾这个"归正人"的一生对于南宋王朝只是一段非凡插曲，那么开禧北伐也只是辛弃疾生命中最后的一段小高潮，但严格说，他还根本未进入角色，他的一生似乎也未进入他想要成为的那个角色。他像一片被北风吹到了江南的树叶，在飘荡了一生之后，再也无法落叶归根，一片远离故乡的土地，成为他最后的归宿，而故国与故乡，依然停留在他至死不渝的牵挂之中。我一直在江南寻寻觅觅，却没有寻觅到他真正的家园，能够寻觅到的，或是他的归焉之地。据铅山县志载："辛忠敏弃疾墓，在七都虎头门。宋绍定间赠光禄大夫，敕葬于此。旧有金字碑立驿道旁，曰稼轩先生神道。"一座埋在瓢泉之西阳原山墓冢，和他当年的庄园一样，早已难觅当年的真貌了，那原在其侧驿路旁的神道金字碑早已荡然无存，那用阳元山麻石砌就的坟墓，一看就是后来重修，不知里边埋葬的是不是一个铁血英雄的骨殖？

　　一个人被埋葬了，但他的词文不会被埋葬，这是他留给这个世界的唯一遗物。他最伟大的角色是一个词人，稼轩长短句是他人生或生命中最重要的、不可分割的一部分。这里需要突出强调的是他在宋词上对中国文学史的无与伦比的贡献。宋词能从唐五代那种为女乐声伎而作的秾艳华美中开创出一种高旷而豪放的词风，有几个人是不能忽略的，如寇准、范仲淹等，这些以文驭武的士人从北宋开国后就给它注入了血性与激情，在这些英雄豪杰的推动之下，北宋豪放词才有了被苏东坡推至巅峰状态的可能。在苏轼之后，北宋再也没有高峰出现，直到南宋，一个民族又到了最危险的时刻，又有一些充满了亡国之患和救国之志的士人，如南渡之初张元幹、张孝祥、叶梦得、朱敦儒等，又开始给豪放词注入了一种不屈的、不甘沉沦的力量。当辛弃疾这样一位"壮声英概，懦士为之兴起，圣天子一见三叹息"的"归正人"从北方归来，又命定将成为一个无用武之地的久困英雄，他只能通过另一种方式来抒发自己的雄心壮志，而他对文字的驾驭能力一如他勇冠三军的武功一样超群，只有众多的因素才能成就这样一位足以用伟大来形容的词人，他继北宋的苏东坡之后，又将南宋豪放词推上一个无与伦比的巅峰，他也因此而与苏轼比肩并称"苏辛"。后世中，最欣赏稼轩词的也是登峰造极的人物，如一代伟人毛泽东，一生最欣赏的就是稼轩词，这从毛泽东故居藏书中可以找到确证，一部中华书局影印出版的《稼轩长短句》（1959年版），凡四册，从每册封面到书中六十多首词的标题上都留下了他的圈记，还有他用红与黑两色铅笔所画的圈点和曲线。

辛弃疾既与苏轼并称"苏辛"，又与李清照并称"济南二安"。李清照比辛弃疾早生半个多世纪，为齐之章丘人，南宋济南府领历城、禹城、章丘诸邑，他们同为山东济南府人，又在字号中共用了一个"安"字（辛弃疾，字幼安；李清照，号易安居士），还有他们"山河破碎风飘絮"的相同命运，这都让后世把这隔代的英雄与才女下意识地联系在一起。他们在词风上虽各有千秋，却也有相通之处。辛弃疾既是南宋豪放词的巅峰人物，但在慷慨激昂中又不乏细腻柔媚之处，尤其是他罢官归隐之后抒写的那些田园词，其意境得乎庄子、陶潜，其词风则近乎婉约。李清照作为南宋婉约词的代表，却也留下了不少感时咏史、情词慷慨之作，但多为诗作，其诗风又近乎豪放。而李清照在二十五岁时命其室曰"归来堂"，取义于陶渊明《归去来兮辞》，这又是她与他的精神契合点。

斯人已去，对一位词人最好的祭奠方式也是词。元人张野在凭吊稼轩墓尝作《水龙吟·酹辛稼轩墓在分水岭下》："岭头一片青山，可能埋得凌云气。遐方异域，当年滴尽，英雄清泪。星斗撑肠，云烟盈纸，纵横游戏。漫人间留得，阳春白雪，千载下，无人继。　不见戟门华第，见萧萧竹枯松悴。问谁料理，带湖烟景，瓢泉风味。万里中原，不堪回首，人生如寄。且临风高唱，逍遥旧曲，为先生酹。"我不善词，无以为祭，当我下意识地吟着一个元人的词，两眼不禁一阵潸然，忽然觉悟，世间其实还有另一种苦吟，一吟双泪流……

朱熹

谁道天路幽险

这条道,一条夹在荆棘与巉岩间的幽险古道已经很久没有人走过,年复一年枯枝败叶堆积得太深厚了,我听见脚下正咔咔裂响,踩在上面的感觉又厚实又空洞,这是一种特别古怪的感觉,我还从未以这种方式走进历史。其实还有另一条路,那是一条捷径,一溜烟就可以接近我的目标,但那是一条偏离了历史真相的路,而我想找到一种更真实的感受。

一座书院是必然会出现的。当阳光在树最多的地方暗下来,古榕灰绿色的浓荫连同逶迤山影,扑面而来,一下笼罩了我,恍惚间有些辨不清今夕何夕。而为这浓荫长久笼罩着的,便是毓秀峰下的一座书院,它仿佛一直在这寂静的阴影中等待,等待某一个时刻露出它的本质。在它成为书院之前,其实是一位北宋士大夫的别墅,其主人为郑安道(一作郑乾道),号义斋,福建尤溪本土人氏,宋神宗熙宁年间(1068—1077年)进士,累官至金紫光禄大夫,这别墅名曰"南溪馆",也取其字称"义斋馆舍"。而它能够载入史册,其实又与它真正的土人无关,却与一次非凡的诞生有关。北宋末年,一个叫朱松的尤溪县尉一度寄寓于此,而在朱松寓居于此时郑安道已逝世多年,此公生前做梦也不会想到,他在家乡营造这座别墅,唯一的意义就是为了一个"圣人"的诞生而准备的。在他死后多年,宋高宗建炎四年(1130年),农历九月十五日午时,一个即将被命名为朱熹的婴儿,在这馆舍西厢房诞生。而这还不是它最后露出的本质,还得等到朱熹逝世数年之后,宋理宗才将这座南溪馆或义斋馆舍赐额为"南溪书院"。

一、"问渠那得清如许"

朱家是一个人丁兴旺的大家族,朱熹在朱家同辈兄弟中排行五十二。追溯其祖籍,则在徽州婺源(今江西婺源)。尽管朱熹并非在婺源降生,那里却有着更神奇的传说,在朱熹降生的那一刻,婺源南街的一口古井溅出一片如太阳出世的彤光,持续三日不绝。老乡们说,这是天降祥瑞,必出贵人。又据说,朱熹降生时,脸庞右侧有七颗小黑痣,排列如北斗七星。如果这么多黑痣长在别人脸上简直是破相了,但若长在一个圣人脸上,那就是神奇的天相和星象了。

朱熹之父朱松,字乔年,号韦斋,为宋徽宗重和元年(1118年)戊戌科进士,这一榜进士有七百八十三人,日后最有出息的便是一度"总中外之政"的南宋主战派领袖张浚。而朱松在同年进士中算是没有什么出息的,入仕后,一直辗转于政和、尤溪等地担任县尉一类的卑微官职,宦游于福建各地,也曾寓居尤溪、崇安,后又迁到考亭。看他的生平事迹,后来还当过著作郎、吏部郎等近乎七品上下的郎官,因不附和议而遭秦桧打压,被贬饶州,但还没来得及赴任便病逝了,活了不过四十六七岁,世称"吏部郎府君"。朱松可谓是遭秦桧迫害致死,这也在朱熹心里埋下仇恨的种子,秦桧就是他不共戴天的仇敌。这是后话。话说回来,像朱松这样一个芝麻官,日后能成为一个载入史册的人物,只因他是一个"圣人"的父亲。在他死去多年之后,又被朝廷追赠通议大夫,封粤国公,"谥献靖祀入圣庙"。而关于他的生平事迹与民间传说,命定的也只能与他那必将成为"圣人"的儿子联系在一起。一个最有名的传说:朱熹还在母腹中孕育,朱松曾求人给自己卜了一卦。卜者曰:"富也只如此,贵也只如此,生个小孩儿,便是孔夫子。"这恐是后人附会,自然是不能当真的,但朱熹日后能成为一个人格高尚、智慧高超的圣哲,则又是历史事实。

眼前，这一座看上去古朴庄严、俨然如庙堂般的书院，早已被岁月篡改得面目全非，但朱熹手书的四副板联据说还是真迹："读书起家之本；和顺齐家之本；勤俭治家之本；循理保家之本。"这也是所谓圣人的境界了。一个人能够成为一个"圣人"，除了天赋，必然还需要各方面的造化。南溪书院内那半亩方塘，据说还是当年的模样，朱熹幼年在此读书，留下了一首千古绝唱："半亩方塘一鉴开，天光云影共徘徊；问渠那得清如许，为有源头活水来。"一看就知道，朱熹诗中那半亩方塘早已被后世扩大浚深了，还建起了一座像模像样的活水亭。想象一个孩子能在明媚的阳光与波光中度过自己的童年，也是他的福分与缘分了。朱熹一生信仰的理学或道学，从其开创始祖周敦颐开始，对风水就是特别看重的，这样的风水对他的品性情操必然会有耳濡目染、潜移默化的陶冶。再从家教看，朱松在仕途上虽没有什么出息，但据说也很有文才。朱熹幼年受教于父，这也是他人之初的精神源头。相传他四岁时，朱松一手指天告诉他："这是天。"朱熹却奇怪地问："天的上方有什么？"一个童子的天问让一个父亲大惊，他瞪大眼睛看了儿子许久，却没有回答他的天问。天的上方有什么？谁知道呢？

朱熹在义斋馆舍度过的时间并不长，对于他，这里只是一条路的起点。童年时代，他几乎一直追随父亲辗转于宦途，而他还将继续演绎他的神话或童话。史载，他八岁时便能读懂《孝经》，并在书上题字自勉："不若是，非人也。"——若不按《孝经》上所说的去做，就不是人。这颇有点孩子气的赌咒发誓。遗憾的是，他那早逝的父亲却没有给他恪尽孝道的机会，朱松病逝时，朱熹才十岁（一说十四岁），随母定居崇安五夫里（今福建武夷山市），在穷困的家境中度过了少年时代，但无论有多苦也没有中断学业。朱松弥留之际，临终托孤，将朱熹托付给自己的三位道友胡宪、刘屏山、刘勉之代为教养，这三位道学先生都是不慕虚荣、不事权贵的高士和鸿儒，世称"武夷三先生"或"武夷三贤"，如果不是他们，一个寡母还真是难以将朱熹拉扯大。"武夷三先生"是朱熹在父亲病逝后的精神源头，他师从这三位师父，从他们的学养中兼收并蓄，融会贯通，也为日后成就一代大儒打下了扎实的学问功底和精神底色。

在苦读的同时，朱熹也有一份甜蜜的收获，恩师刘勉之把自己的女儿许配给了他。对朱熹的这位老丈人也简单地交代一下：刘勉之，字致中，世称"白水先生"，"少以乡贡入太学，时逢二程之学被禁，阴访程氏之书，于箧下，深夜于帐内潜抄默诵。后闻谯定从程颐游，精通《易》学，遂师事谯定，尽得其学之本末"——这是一段很重要的交代，接通了南宋朱熹与北宋二程在理学上的渊源，谯定（自号涪陵先生，人称谯夫子）师事程颐，刘勉之师从谯夫子，朱熹师从刘勉之，从程朱理学的精神谱系看，朱熹当是程颐的第三代传人。刘勉之的主要弟子除了朱熹，还有与朱熹、张栻（张浚之子）同被尊为"东南三贤"的吕祖谦。

刘勉之一生不仕，"结草为室，读书其中，力耕自给，淡然无求于世"，但他的得意门生兼女婿朱熹却不愿放弃仕途。随着一个少年渐渐长大，就该背着包袱上路了，那是一个士人走向士大夫的必经之路，朱熹一路走得相当舒展和顺畅，他十七岁参加建州（今闽北建瓯）贡生试，时任建州贡院考官的蔡兹对一名考生特别看重，对人说："吾取一后生，三策皆欲为朝廷措置大事，他日必非常人。"由于考卷是密封的，一开始不知道该考生是谁，等到考榜揭晓，一个为人瞩目的名字也被揭示了：朱熹。翌年春，朱熹又赴临安试进士，一考即中。史载朱熹"年十八贡于乡，中绍兴十八年进士第"，但他可能未登甲科进士榜，若要入仕，还得等待两三年。

三年之后，朱熹被朝廷授以左迪功郎、泉州同安县主簿。就在赴任途中，他拜见了程颐的二传弟子、"南剑三先生"之一李侗。关于朱熹何时师从李侗，文史记载不一，一说是绍兴二十三年（1153年），朱熹二十三岁时，拜罗从门人李侗为师。另一说则晚了六七年，直到绍兴三十年（1160年），而立之年的朱熹才正式拜李侗为师。为表诚心，他步行数百里，一路从崇安跋山涉水走到延平。道学家常以这种方式磨炼自己的心志，也常以此来考验别人的诚心，如"程门立雪"就是这样一个经典的事例。对于跋涉数百里前来拜师的朱熹,李侗也非常欣赏,他认下了朱熹这个弟子,并替他取字元晦。朱熹字元晦,并非父亲之命,而是源自师门。

南剑,即南宋时的南剑州,如今的福建南平市,这是理学(道学)在南方最初的传播中心。理学南传后开始出现分化,一部分崇佛,一部分排佛。朱熹先前的三位老师(武夷三先生)皆醉心于佛禅释老之学,从佛法和道宗中悟道,这也让朱熹从小到大对佛老之学有着浓厚兴趣,对他一生都有着难以磨灭的影响。李侗则是传承二程衣钵的一代理学宗师,朱熹拜于其门下,如重新接受了一次理学的洗礼,"始知释老之说为非,学问而就平实"。对于朱熹的一生,这是比他正式步入仕途更有深远意义的事件,从此,他才真正走上了周敦颐——二程(主要是程颐)——朱熹这样一条中国理学的正途与大道,最终成为一位全面继承了二程理学,进而集理学之大成的宋明理学家中的最高代表。对朱熹的悟性,李侗赞不绝口:"颖悟绝人,力行可畏,其所诧难,体人切至,自是从游累年,精思实体,而学之所造亦深矣。"如此激赏,意犹未尽,又说朱熹:"进学甚力,乐善畏义,吾党罕有!"

朱熹拜师李侗还只是在正统的理学上刚刚入门,这和他在仕途上的进程是一致的,主簿也只是仕途的入门之官。朱熹在同安主簿这个卑微的官任上倒也显得淡然而有耐心,只因他内心里还有另一种追求。同安离泉州相距百余里,他父亲宦游过的安海恰好处于同泉之间,朱熹时常于泉州各地寻幽探胜、求贤访友,在安海歇息过夜。每次路过安海,他都要寻访父亲生前的遗迹遗事,和当地的鸿儒名士谈经论道,如此一来,安海就成了他最早传播理学的一个地方。同安主簿任满后,朱熹的仕途功名之心更淡了,乃请求辞官,从此潜心钻研理学,四处讲学。此时,他从周敦颐的"太极即天理"、二程"存天理,灭人欲"的思路轨迹中,融合道学、佛学、儒学思想,初步建立了一套综合探讨宇宙本原、万物生成、人性、封建伦常等问题的理论体系。他在民间的影响越来越大,超越他的宗师李侗,中国理学的一个最大流派——"程朱学派",将在他手中大功告成。

但朱熹绝非那种两耳不闻窗外事的道学家，在对理学越来越精深和幽邃的钻研中，他谛听着灵魂的声音，也魂系国家的命运。他这样一只眼向内一只眼向外，反而让他对现实有了一眼就可看穿的透彻。绍兴三十一年（1161年）秋天，这是任何历史都无法绕开的一个民族的生死存亡之秋。是年九月，金国第四位皇帝完颜亮兵分四路，挥戈南征，妄图一举灭掉偏安江南的南宋。完颜亮以残暴嗜杀而闻名，靠弑君篡位而当上皇帝。登极之后，他对手下大臣坦承："吾有三志，国家大事，皆我所出，一也；帅师伐远，执其君长问罪于前，二也；得天下绝色而妻之，三也。"这样一个来自北方的暴君，把南宋高宗皇帝赵构吓得魂飞魄散，一想到自己将要被完颜亮"执其君长问罪于前"，高宗的第一个念头就是故技重演，赶紧逃亡海上。这里且不说一个天子怎样慌张，只说一个士人如何为国家之命运而忧心如焚。在金军压境时，朱熹作《感事》诗："闻说淮南路，胡尘满眼黄。弃躯惭国土，尝胆念君王。却敌非干橹，信威藉纪纲。丹心危欲折，伫立但彷徨。"幸运的是，金军此次南征在安徽马鞍山采石矶遭遇宋师重创。随着金兵败退，他又上书枢密黄祖舜，在这篇《与黄枢密书》中，他吁请宋廷趁金军败北之际乘胜出击，还建议朝廷及时安抚淮北遗民，起用张浚这样的主战派大臣勠力抗金，恢复中原。但一个士人的上书注定是起不到多大作用的，它唯一的意义，就是在历史中验证了一个士人对国家可贵的忠诚，同时也验证了朱熹不只是一介书生，他还是一位国士！

　　就在采石矶大捷的第二年，宋高宗将帝位内禅给宋孝宗赵昚，被主和派把持了多年的宋廷开始出现转机，宋孝宗在即位之初有志于恢复中原故疆，起用了主战派大臣张浚，平反了岳飞冤案，贬退了一批秦桧党羽。朱熹又在《应诏上封事》中再次表达了他冷峻而坚定的抗金主张，他认为与金媾和只是一种与虎谋皮的幻想："今敌与我不共戴天之仇，则不可和也。""所谓和者，有百害而无一利！"他在上书中提出了三项建议：一是讲求格物致知之学；二是罢黜和议；三是任用贤能。这一上书的后两条是务实的，而第一条则凸显了他以道学（理学）治国的主张。这一主张在当时也是有着明确针对性的，其时，朝野上下都崇尚佛老,而朱熹提出排佛崇儒的主张,与程颐当年的想法如出一辙,试欲将理学奉为儒宗、国教。他对格物致知之学的强调,只因这是程朱理学最基本的理论支点之一。他借用《大学》"致知在格物"的命题,提出了格物致知论,学为格物,达为致知,性为道,天为德。这是朱熹认识论的核心。他把道德看作天道的体现,通过道德修养,追求"至诚"的境界,以感应天地,达到天人合一的境界。在认识来源上,朱熹既讲人"生而有知"的先验论,但也不否认来自后天的见闻之知。他强调穷理离不得格物,格物才能穷其理。朱熹在给皇帝的上书中提出这一理论,显然不是唯理论而理论、从理论到理论,他特别探讨其间的知行关系,认为知先行后,而行重知轻。从知识来源上看,知在先;从社会效果上看,行为重。通过知行互发,"知之愈明,则行之愈笃;行之愈笃,则知之益明"。

这一次上书,给朱熹创造了一个非常难得的机会,他第一次得到了天子的召见,有了一次君前奏对的绝好机遇。然而时运不济,当他赶到临安时,正值隆兴北伐失利,以秦桧党羽汤思退为首的投降派又撺掇孝宗与金人"议和"。在觐见孝宗时,朱熹慷慨陈词,竭力反对议和,认为割地议和从来就换不到真正的和平。但宋孝宗此时处于战与和的剧烈摇摆之中,又加之有太上皇高宗的干预,这位南宋历史上最有作为的皇帝已越来越倾向于议和。结果是,朱熹枉费了一番心机和口舌,唯一的意义就是让一个皇帝感到了他的忠心,孝宗赏给他一个莫名其妙的官职:开学博士侍次。翻检宋代官制,未见其详,不知是个啥官,有后世猜测此职相当于副教授。但朱熹并未到任,原因是此职非其所长。

此次临安之行,朱熹还特意拜见了张浚。张浚作为隆兴北伐的统帅,在兵败符离后并未一蹶不振,仍在进行北伐抗金的战略部署。这让朱熹又看到了希望,也给张浚提了不少北伐抗金的具体想法。然而没过多久,在太上皇宋高宗干预下,宋廷又被主和派掌控,眼看北伐无望的张浚便自请辞职,未久便病死于外放途中。朱熹闻听噩耗,又专程赶至豫章(今南昌)为张浚哭灵。张浚被杨万里誉为"忠义勋名,中兴第一"的南宋中兴名相,朱熹对张浚评价也非常之高:"自靖康后,纪纲不振,王室陵夷。公首倡大义，率诸将诛傅、正彦，乘舆返正，复论琼罪，而后国法立，人心服。自武夫悍卒，小儿灶妇，深山穷谷，裔夷绝域，皆闻公名，益然归仰，忠义之感，实自此也。"张浚之死，意味着南宋中兴之梦的破灭。而在一介书生的悲哭与号啕中，金兵以战逼和，宋廷又与金人签订了一纸更屈辱的"隆兴和议"，金、宋从高宗时"绍兴和议"中的所谓君臣关系又一次变为了叔侄关系。这荒诞而又真实的历史，也是一个王朝的耻辱史。靖康耻，犹未雪，只有一桩接一桩的奇耻大辱。

随着南宋主战派领袖张浚去世，在国耻中备感屈辱的朱熹，有救世之心无救世之力，他只能钻进更深邃的内心里去寻找救赎的力量，便一头扎进理学中去了。他在故里修起一座"寒泉精舍"，一住十余年，一边开坛讲学，一边编纂理学经义。这也是他生命力最旺盛的一段时间，他好像真是两耳不闻窗外事了，对朝廷屡召不应。但朱熹深知，做学问绝非在故纸堆里穷钻，读书治学的妙境，诚如他在《观书有感》一诗中的阐述："问渠那得清如许，为有源头活水来。"当天光和云影一齐映入他那半亩方塘，不停地晃动，那清澈方塘中方能倒映神奇的、妙不可言的景致。这也是朱熹深切而独特的读书治学的感受。为了让"源头活水"不断注入，他除了在自己的寒泉精舍博览群书、讲学布道，还游走于各地学府。

宋孝宗乾道三年（1167年）八月，朱熹率范伯崇等门生从武夷山前往岳麓山，山重水复地跋涉了一个来月，终于抵达岳麓书院。其时，张浚之子张栻（字敬甫、敬夫，后避讳改字钦夫，号南轩）受湖南安抚使刘珙之聘，掌管岳麓书院教事，张栻摒弃科举利禄之学，以造就传道济民、经世致用的人才为办学的宗旨。朱熹此行，就是冲着张栻而来。这两位道学家，一为闽学的创立者，一为湖湘学派代表人物，在南宋理学版图上，两人又与婺学的创立者吕祖谦鼎足而三，被尊为"东南三贤"。朱、张在政治上是高度一致的，两人均是誓不与秦桧一党为伍、力主抗金的国士；在学术上，朱、张虽各有师承，但"张栻之学，亦出程氏"，两人均是程颐之学的三传弟子，其精神源头是高度一致的。这当是朱、张的第三次见面。据朱熹后来回忆："张魏公（张浚）被召入相，议北征。某时亦被召辞归，尝见钦夫（张栻）与说，若相公诚欲出做，则当请旨尽以其事付己，拔擢英雄智谋之士，一任诸已，然后可为。若欲与汤进之（思退）同做，决定做不成。"朱熹在这里提到他跟张栻第一次见面时的情况。朱、张的第二次会面是隆兴二年（1164年），那是张浚死后，张栻扶父灵柩过豫章，朱熹特意从福建千里迢迢赶到豫章，登舟哭祭张浚亡灵，然后从豫章护送灵柩到丰城，同张栻畅谈了三天。从朱熹日后留下的文字看，他对比自己小三四岁的张栻足以用敬服来形容："一则曰，敬夫见识卓然不可及，从游之久，反复开益为多；一则曰敬夫学问愈高，所见卓然，议论出人表。"朱熹一直渴望能与张栻在道学上有更深入的探讨和交流，张栻自然也怀着同样强烈的渴望，而一座枕山抱水的岳麓书院成全了他们。

据《宋史·道学传序》称："张栻之学，亦出程氏，既见朱熹，相与博约，又大进焉。"

学人之间"相与博约"在所难免，为了某个症结性问题，朱、张常常谈得通宵不眠，甚至几天几夜不合眼，这绝非虚言，有朱熹门生范伯崇的回忆文字佐证："二先生论《中庸》之义，三日夜而不能合。"而他们讨论的话题非常广泛，"举凡天地之精深，圣言之奥妙，德业之进修，莫不悉其渊源，而一归于正大。"譬如说，在"太极"等一些理学的根本问题上，两人经过夜以继日地切磋与论辩，在切磋的过程中不断完善自己的思想，见解渐渐趋于一致，而"归于正大"了，但在"中和"这一症结上，两人始终难以达成共识。中和，乃儒学的一个重要范畴，"喜怒哀乐之未发，谓之中；发而皆中节（节度），谓之和。中也者，天下之大本也；和也者，天下之达道也。致中和，乃天地安位，万物成长。"从德行而言，所谓中和，中庸也。致中和，则天下太平。由于两人私下里的切磋难以达成一致的意见，他们索性打开天窗说亮话了。

那是一场公开的辩论，这等于把他们在学术上的歧见和矛盾公开化了。在湘江滔滔不绝的流逝声中，中国理学史上一次长达两三个月的"朱张会讲"，是岁月长河中的另一种回声。两位道貌岸然的儒士都撕开了他们温文尔雅的面纱，展开了那场著名的"中和之辩"。这是思想领域的一场巅峰对决。一座始建于北宋初年的书院，为两位南宋的理学家提供了一个自由论争的平台，那台下坐着的不只是莘莘学子，还有络绎而来的学者。据载，当时听讲者多达千人之众，其声势据说为当时的全国之最。那书院的讲堂足够宽敞了，但还远远容不下这么多人，很多人只能拥挤在讲堂外边的走廊上和水池边。他们骑来的马把池水都喝干了，这也是枯燥的历史叙事中一个逼真而生动的细节："一时舆马之众，饮池水立涸。"若要把那些艰深而复杂的学术问题以及那漫长的会讲过程描述出来有难度，这里只交代一下结果，"中和之辩"最终以朱熹心悦诚服地接受了湖湘学派中"性为未发心为已发""先察识后持养"等核心观点而"归于正大"，而两位唇枪舌剑、争得面红耳赤的道学家，最终笑呵呵地握手言和。

有后世把这一场会讲和公开的争辩称为中国理学史上的一次创举。可以肯定的是，这是中国理学史和思想史上的一个重大事件，更是湖湘学派或湖湘文化的一个标志性事件，岳麓书院在"朱张会讲"的巅峰对决之后也被推向了巅峰状态，位居宋代四大书院之首。借用元代理学家吴澄《重建岳麓书院记》之说："自此之后……非前之岳麓矣。"如此评价，一座古老的书院几乎是脱胎换骨的涅槃与重生了。在朱熹吸收湖湘学派精髓的同时，湖湘文化也因这一次激烈而又充满了理性的争辩，褪去了"辞意多急迫，少宽裕""全无涵养之弊"的风气，"归于平正"。而归根到底，这一场旷日持久的"中和之辩"既验证了中华民族追求真理的精神，更不乏崇尚学术自由、凡有"疑误定要力争"的天赋基因。

如今，走进浓荫蔽日的岳麓书院，在一派肃穆中，朱张会讲的讲坛还在，他们坐过的椅子还在。一盆苍翠的万年青，作为人类精心打造的盆景，点缀着那一方古老的讲坛。但再也没有那种巅峰对决的公开争鸣了，只有一个个侃侃而谈的学者高高在上地传经布道，他们讲述的是无可争辩的经典和真理，你却听不见一句他们心底的话。

任何学术，只有在被确立为"国学"或"国教"之前，才会有"问渠那得清如许，为有源头活水来"的鲜活，才会有宽容、辽阔、自由言说的空间。这并非高深的道理,而是一个将被历史以重复的方式一次次验证的常识。从历史事实看,中国理学史上最著名的一次交锋还不是岳麓书院的"朱张会讲"和"中和之辩",而是朱、陆"鹅湖之会"。对于那一场持续了三天三夜的大辩论,至少需要用一个专节来讲述。

二、一场宿命的心理决斗

我原本以为鹅湖是一个湖,但一个老人指着一座山告诉我,那就是鹅湖。我心里咯噔了一下,鹅湖在我的脑子里颠覆了一次。走近了才发现,那个老人并未骗我,这里是武夷山脉北麓,有一座赣北的山岭,叫铅山。当一个事实得以确认,一座感觉像鹅毛一样轻盈的山,一下变得像铅一样沉重了。很多的树繁茂地生长,成为一片广袤的森林,不知长了多少岁月,才会让人感觉如此厚重。

我以为鹅湖是一座山,又有一个老人指着一片澄明的蓝色水泽对我说,那就是鹅湖。我心里又咯噔了一下,鹅湖在我心里又被颠覆了一次。走近了又发现,这个老人也没有骗我,眼前是一个真实的自然湖泊,接太湖,连长江,多少年来,或顺水推舟,或逆水行舟,而它又总是对人类倾心相许,厚德载物,只有走得离它很近了,你才能看见那闪亮着的蔚蓝色的反光,那是天空的倒影。

我一次次提到鹅湖的老人,只因这里有很多的老人,一个过于古老的地方,老得仿佛只剩下一些老人了,有的在鹅湖山上放羊,有的在鹅湖里放鸭、放鹅。这倒在我的意料之中,鹅湖是必然会有鹅的。相传,晋末有龚氏者,蓄鹅于此,因名鹅湖。很白的鹅,宁静地在鹅湖的怀中游弋,像神仙驾来的白云一样白。鹅湖是必然有莲的,那该是周敦颐一生一世最爱的白莲。对于理学而言,一种高贵而圣洁的信仰,一开始就是萌生于莲花的意念中。

山水之间,还有一些必然会出现的事物,一个白墙黛瓦的江南水乡古镇,一个古老的渡口,还有一座朱熹、吕祖谦和陆氏兄弟开坛讲学的鹅湖寺,后人立为四贤堂。淳祐年间(1241—1252年),天子又赐额为文宗书院。这是一座在岁月中不断搬迁、越搬越高的书院,从南宋淳熙年间的山腰,一直搬到了明代正德年间(1506—1521年)的山巅,书院搬到这里,再也没有地方可搬了,已经高不可攀了,书院的命名在这山巅最终完成——鹅湖书院。至此,作为中国理学或道学的一个核心念头,它崇高的地位才终于得以确立,而此刻,我只能以敬仰的目光,仰望它。

事实上我不想抵达那样崇高的一个高度。我已经抵达了我想要抵达的现场。那些从南宋淳熙二年(1175年)走来的身影,已经以倒影的形态在鹅湖中出现。水,天生就是用来营造某种意念或幻象的,但那些远逝千百年的身影,看上去却又格外清晰与真实,至少要比四贤堂里那些凝固而森严的偶像要真实许多。这些人,既是智者也是仁者,但此时还不是"圣人",但他们都想成为"圣人"。于是,一场宿命的精神决斗,紧接着便在这个叫鹅湖的地方发生。而这场决斗,将在三天三夜的激烈交锋中决定谁将成为真正的圣人,更重要的,它还将决定一个民族未来的心理走向。

在一场历史性的决斗发生之前,必须先对一个历史的现场再次予以确认。是这里,鹅湖,一个看上去十分澄明而平静自然的湖泊,雪白的浪花一直卷到我的脚下。我伫立于此,一个人,一心沉浸在这白云幽深的湖水里。

他们来了。他们至少比我早来八百年。此时正是农历六月,那时也是,八百年前的太阳和今天的太阳应该没有多大差别。那年,朱熹已经四十五岁,一副老成持重的神态,在太阳的光芒照射下不露声色;那年陆九渊三十六岁,或许是在龙虎山的茅庐中待得太久了,脸色异常苍白,一见阳光就骤然变色。除了他们,当然还有一些必然会出现的人,譬如说那个当时与朱熹和张栻齐名、同被尊为"东南三贤"的吕祖谦是绝对不会缺席的,他是这场鹅湖之会的中介,朱熹和陆九渊就是他邀集而来的,不过他不是为了挑起一场争斗,而恰好是为了让他们结束由来已久的争执,在这山水之间自然而然地达成一种和解,使两人心中的各种症结与纠结"会归于一"。但这位小东莱先生显然有些天真了，事态很快就开始朝着与他意愿相反的方向演绎。

有些东西是可以调和的，譬如说人与人之间的感情、友谊，事实上，朱熹与陆九渊一直以来也颇有交谊，但只要一论及道学，他们就仿佛是一对前世冤家。一场宿命的心理决斗，必将以会讲的方式在鹅湖书院展开。确切地说，那时还没有鹅湖书院，实际上是在鹅湖山麓的一座古寺里开始这场"决斗"的。此前，朱熹曾经寓居于此，这让他颇有先入为主的味道。

或许是吕祖谦善意的安排，他们一开始并未切入过于复杂的问题，而是从一个比较简单的问题入手。由于两人当时都在开坛讲学，每个人独树一帜，旗帜下都云集了一班弟子，争论的焦点首先便从"教人之法"展开。而所谓"教人之法"，往低里说是教育方式的问题，往高里说则是一个认识论的问题。朱熹再一次强调了他的认识论——格物致知，这也是程朱理学的一个核心论点，说穿了其实也很简单，就是主张多读书，多观察事物，根据经验加以分析、综合与归纳，然后做出自己的判断，得出结论。这其实是一般的常识，所谓常识也就是普遍使用的方式。一些貌似深刻而复杂的学术问题，说穿了，无不是从非常简单的常识问题开始，一步一步地变得深奥而复杂。譬如说陆九渊，他就不认可朱熹说出的常识，他认为唯有从"心即理"出发，所谓格物，就是"体认本心"，只有认识"本心"，才犹如木有根，水有源。在对本心体认的基础上，或前提下，方能"发明本心"，心明，则万事万物的道理自然贯通。如此，他就得出了一个与朱熹相反的判断，读书不是成为至贤的必由之路，因此不必去下读书穷理之功夫，也不必去观察外界事物，只要能"去此心之蔽"，也就是把遮蔽心灵的那些尘埃、杂物去掉，心里自然而然就像鹅湖一样澄明了，对万事万物都明白了，就可以通晓事理了，所以，尊德行，养心神，才是最重要的。

朱熹认为，在超现实、超社会之上存在一种标准，它是人们一切行为的标准，即天理。而这个天理又有几方面互相联系的含义：首先，理是先于自然现象和社会现象的形而上者。天下万物各有其理，而万物之理终归于一，就是"太极"，而"太极只是一个理字"，就是天地万物之理的总体，既包括万物之理，万物便可分别体现整个太极。这便是人人有一太极，物物有一太极。每一个人和物都以抽象的理作为它存在的根据，每一个人和物都具有完整的理。在朱熹哲学体系中还有仅次于理的第二个范畴：气。那么，又何为气呢？朱熹认为，理是形而上者，气是形而下者，是有情、有状、有迹的，它具有凝聚、造作等特性，是铸成万物的质料。天下万物都是理和质料相统一的产物。理生气，并寓于气中，理为主、为先，是第一性的，气为客、为后，属第二性。同时，气有变化的能动性，理不能离开气。其次，理是事物的规律。最后，理是伦理道德的基本准则。

基于"理"的这三层含义，朱熹又提出了自己的"动静观"，主张理依气而生物，并从气展开了一分为二、动静不息的生物运动，这便是一气分作二气，动的是阳，静的是阴，又分作五气（金、木、水、火、土），散为万物。一分为二是从气分化为物过程中的重要运动形态。朱熹认为由对立统一，而使事物变化无穷。他探讨了事物的成因，把运动和静止看成一个无限连续的过程。时空的无限性又说明了动静的无限性，动静又是不可分的。这表现了朱熹思想的辩证法观点。朱熹还认为动静不但相对待、相排斥，并且相互统一。朱熹还论述了运动的相对稳定和显著变动这两种形态，他称之为"变"与"化"。他认为渐化中渗透着顿变，顿变中渗透着渐化。渐化积累，达到顿变。

而朱熹所有关于"理"的逻辑推理最终都落实到人性、人心上，由此而提出了心性理欲论。在人性论上，朱熹发展了张载和程颐的天地之性与气质之性的观点，认为天地之性或天命之性专指理言，是至善的、完美无缺的；气质之性则以理与气杂而言，有善有不善，两者统一在人身上，缺一则"做人不得"。与天命之性和气质之性有联系的，还有道心与人心的理论。朱熹认为，道心出于天理或性命之正，本来便禀受得仁义礼智之心，发而为恻隐、羞恶、是非、辞让，则为善；人心出于形气之私，是指饥食渴饮之类。如是，虽圣人亦不能无人心。不过圣人不以人心为主，而以道心为主。他认为道心与人心的关系既矛盾又联结，道心需要通过人心来安顿，人心须听命于道心。朱熹从心性说出发，探讨了天理人欲问题。他以为人心有私欲，所以危殆；道心是天理，所以精微。因此朱熹提出了"遏人欲而存天理"的主张。朱熹承认人们正当的物质生活欲望，反对佛教笼统地倡导无欲，也反对超过延续生存条件的物质欲望。

如果说朱熹是中国理学一个更正宗的传承者和集大成者，那么争辩的另一方陆九渊则是理学史上的一个开创者，一个开山祖，他以"心即理"为核心，创立了理学上一个重要的分支——心学。看看他是怎么诠释自己的心学的。

从朱、陆争锋的焦点可以看出一个鲜明的不同，朱熹主张通过博览群书和对外在的客观事物进行的观察来启发内心的知识和理性，也即所谓客观唯心主义，而陆九渊认为应从主观的内在出发，"先发明人之本心然后使之博览"，也就是所谓主观唯心主义。陆九渊的精神源头直接孟子的"万物皆备于我"，认为"人心至灵，此理至明。人皆具有心，心皆具是理"，那么，他又是怎么看待人心与这个世界的关系呢？对此，他高度概括为"宇宙便是吾心，吾心便是宇宙"。他的这一观点也可称为"心本论"，认为"心"既是万物的本原，也是社会道德原则的本质，道德行为乃是心的外在表现。而他得出的结论比朱熹更直接，心和理都是天赋的，永恒不变的，仁、义、礼、智、信等封建道德伦理也是人的天性所固有的，不是外铄的。学习的目的就在于穷此理，尽此心。人难免受物欲的蒙蔽，受了蒙蔽，心就不灵，理就不明，必须通过师友讲学，切磋琢磨，鞭策自己，以恢复心的本然。修养功夫在于求诸内，存心养心。具体方法是切己体察，求其放心，明义利之辨。陆九渊自称这种方法为"简易功夫"，是"立乎其大者"，是"知本"，是"明本心"。他认为人们心中先天存在着善良，主张"发明本心"，即要求人们自己在心中去发现美好事物，达到自我完善。这也让他比朱熹更突出地强调精神的能动性和"自作主宰"，他的观点使理学的本体论更偏于主观，而与道德践履的思想是趋于逻辑上的统一的。这也就是他在理学中最具开创性的理论贡献。

这场大辩论持续了三天三夜，双方各执己见，针锋相对，所有的问题又始终围绕"教人之法"展开，朱熹主张先博览而后归之于约，认为陆九渊的教法太简易，讥讽他为"禅学"；陆九渊主张先发明人的本心而后使之博览，对朱熹的教法冷嘲热讽，指斥他过于"支离"。陆九渊的兄长陆九龄也参与了这次大辩论，不时为陆九渊帮腔，这更加激怒了朱熹，情绪一度失控。理学家原本是最有理性和理智的，但双方都有些控制不住自己的情绪了。吕祖谦原本是想当一个和事佬，没想到朱熹和陆九渊的分歧如此之大，最终只能眼睁睁地看着双方不欢而散，而这一场辩论的结果，不是"会归于一"，而是分道扬镳。

一场大辩论，反而让两个人的方向更加清晰了。思想与思想的"会归于一"，比人与人的"会归于一"更难。他们可以拥抱，甚至可以结拜为兄弟，但是在思想上却没有任何调和的可能。这是一个历史性事实，连一心想当和事佬的吕祖谦也只能接受。

如果说这是一场宿命的心理决斗，这个宿命可以一直追溯到程颢、程颐兄弟身上，如同兄弟之间的决斗。其实，程氏兄弟的思想学说在生前只是大同小异，不同的是，哥哥程颢比弟弟程颐更注重个人内心的体验。有的学者认为，程颢的思想就是后来陆九渊心学之源，而程颐的思想则是朱熹的理学之源。但在二程生前并未表现出明显的差异，在他们逝去七十余年之后，时间的内在张力，已足以把他们的学说拉向心理的两极。

鹅湖之会，朱、陆的心理之争，注定是一场没有结果也没有结束的争辩，还将在中国历史上延续数百年，又在争辩中形成了贯通理学发展的两条重要线索。一条是程朱理学，在元、明、清三代，被奉为国学（官学），从元朝恢复科举取士后，便诏定以朱熹《四书集注》为标准取士，到明朝洪武年间（1368—1398年），又规定科举以朱熹等"传注为宗"。朱熹的学说，对明朝大儒王阳明的心学也有深刻的影响，其知行合一思想正是在朱熹理学的基础上的突破。另一条便是陆九渊的心学——象山学派。同当过四十天国师的朱熹相比，陆九渊生前的地位与影响都要比朱熹小得多，同程朱理学相比，象山学派在南宋时的影响也十分有限，后世传人也没有程朱理学的传人那样有名气。直到王阳明这样集大成的大儒出现,对其学说在充实继承的基础上有了划时代的拓展,陆九渊的心学才从被程朱理学长久遮蔽的阴翳中凸现而出,成为中国哲学史上一个与程朱理学并驾齐驱的"陆王学派",甚至一度超越了程朱理学。说句实话,陆九渊能够成为与朱熹齐名的理学家,实际上也是一次迟到数百年的追认。而他作为"心学"开山祖的地位,也归功于王阳明这样一位杰出的继承者。如果一种学说没有继往开来的传承者,无论怎样具有开拓性,也只是一个孤立的个案。

一场宿命的心理决斗也让鹅湖从自然走向人文,成为一个心理中的鹅湖。鹅湖既是朱熹和陆九渊相遇的地方,更是一个分道扬镳的地方,这是自周敦颐、二程以来中国理学的一个最重要的分水岭,也是中华民族心理上的坐标。若要对一个王朝、一个民族进行心理分析,这是一个谁也无法绕开的坐标。在那些仁者智者飘然而去之后,鹅湖再次宁静下来,那些曾留下湖中倒影的人,一部分人已归于理性,一部分人则走向内心。而多少年过去了,只有这鹅湖依然跟明镜儿似的。

三、谁道天路幽险

经历了一场宿命的心理决斗,朱熹的宿命中注定还有长达九年的坎坷仕途。他将在自己走过天命的岁月,真正体验到天路的幽险,如果不经历大起大落、大是大非,又怎能造就一代旷世大儒或一个"圣人"呢。

在鹅湖之会两三年后,宋孝宗淳熙五年(1178年),经宰相史浩举荐,年届天命的朱熹出知南康军。和此前一样,对朝廷的征召他再三辞谢。朱熹如此三番五次地谢绝天子的征召,在历史叙事中似乎成了谦逊的美德,然而我却对此感到十分吊诡。这也许符合朱熹的性格,但实在不符合他的道理。朱熹之道,说穿了就是王道,朱熹之理,说到底,其核心意图就是对儒家"三纲五常"的进一步强化。而"三纲"中的第一纲就是君臣关系,君臣之间存在着天定的、永恒不变的主从关系:君为主、臣为从。君命如天命,而朱熹却对君主的征召一再拒绝,如此不服从君命，这又怎么能自圆其说呢？而这一次，无论他怎么谢绝，宋廷也未准他的辞呈，看来是决意要请他出山了。朱熹还想继续推辞，连他志同道合的道友都觉得他这样实在说不过去了，在道友的反复劝说下，也在朝廷的一再催促下，朱熹才于翌年早春三月赴任。

南康是他的祖师爷周敦颐待过的地方，最终周敦颐在这里穷困潦倒地死去。朱熹走马上任的第一件事，便着手整顿军学，"立周敦颐祠于学宫，以二程先生配"。理学传承的一根正宗血脉，立马就被他在南康接通了。每四五日，朱熹都要亲临学宫讲学。

但重返仕途的朱熹很不走运，在他上任之前，南康发生了灾荒，他一边上奏朝廷请求减免租税，一边查找此地灾难深重的原因。南宋的南康军，也就是今天的江西星子县一带，夹在庐山和鄱阳湖之间，又与长江相通，洪水是这里世代的忧患。朱熹察看了年久失修、四处开裂的防洪堤，心里有数了。若要造福一方，先要兴修水利，加固堤防，通过修堤，又可以雇用大量灾民、饥民上河工，解决他们的吃饭问题。看来，在道学里钻了大半辈子的朱熹，并未成为一个书呆子，而是一个很干练很有政治智慧的官员。他这一举两得的举措，既可让那些没有受灾的农人安心种地，又让那些灾民、饥民额手称善。一道大堤修好了，当朱熹在那雄劲而宏伟的大堤上巡视时，让人感受到了一个道学家脚下的坚实。这甚至是一个道学家知行互发、"知之愈明，则行之愈笃"的经典形象。

当然，作为一个清醒的理学家，决不会在俗世中迷失方向，他还有更重要的事情要干。南康背倚匡庐，襟怀鄱阳，一个地方有如此之靠山，有如此之襟怀，还有代代不绝的文脉，天底下有多少地方比这里更适合办学呢？朱熹很快就在庐山寻觅到了唐人李渤隐居的遗址，一条山脉又与理学宗师周敦颐一脉相连，朱熹决定就在这遗址上建一座书院——白鹿洞书院。还在书院建造的同时，他就开始为书院制定了一整套学规，这套学规高度体现了程朱理学的主旨："父子有亲、君臣有义、夫妇有别、长幼有序、朋友有信。"这也是朱熹提炼出来的"五教之目"。白鹿洞书院后来成为中国四大书院之一，也是朱熹讲学授徒、弘扬道学的大本营之一，而"白鹿国学"和白鹿洞书院一虚一实，相得益彰，其学规成为国中各书院的楷模，无论是从理学史看，还是从教育史看，这都是朱熹书写的极华丽的一笔。

朱熹在南康干了三个年头，南康人的历史却把他书写了千百年。

翻检南康旧志，朱熹是南康历史上政绩最显赫的官员。他其实很想在这里再干一些实事，但一封诏书下达，他又得转赴新任。那是淳熙八年（1181年），又是南宋历史上一个灾难深重的年份，全国各地都发生了饥荒，灾民纷纷揭竿而起。朱熹在离任之前所干的最后一件事，就是赈济灾民。他在南康所属的星子、都昌、建昌三县"设场济粜三十五场"，二十多万饥民一边呼啦呼啦地喝着稀粥，一边含着眼泪看着一个须发飘白的父母官渐行渐远，然后在他们的视线里消失。

对于朱熹，那是一场走不出的灾难，他只是从一场灾难走向另一场灾难。

朱熹从南康改任提举江南西路常平茶盐公事，但他离南康任东归后并未赴任，而是回到了崇安家里。七月，又得诏命，命他进京，"除宣教郎直秘阁"，朱熹又"三上辞免状"。而请辞却引来了另一种结果，宰相王淮以浙东大荒，改荐朱熹为浙东常平提举。这一次朱熹拜命——接受了。说到朱熹这个新授官职，是北宋统一后陆续在各路所设四司之一，实际上是从王安石熙宁变法后延伸而来的一种官职，简称"仓臣"。朝廷为了防止地方割据和豪强对土地的兼并，也为了赈济灾民，设置常平仓，由"仓臣"负责管理常平仓的调剂和对灾民的救济，其权力还可以延伸到对农田水利等的管理，权力很大，而且是实实在在的权力。朱熹赴任后，很快就抵达了灾区救灾，奏请朝廷在原赐米二十一万石的基础上再检放赐三十万石，并拨款一百七十万以籴米济民。在赈济灾民的同时，朱熹感觉灾难背后还隐藏着更深的灾难，他多次微服下访，调查时弊和贪官污吏的劣迹，弹劾了一批贪官和囤积居奇、想发灾难财的富豪。是年十二月，朱熹任直秘阁受命巡视台州时，又上书弹劾前太守唐仲友"违法扰民，贪污淫虐，蓄养亡命，偷盗官钱"，而这个大贪官背后还有一个大靠山，就是推荐朱熹担任浙东常平提举的宰相王淮。但朱熹不畏权臣，连续上书十次，终于罢免了唐仲友新任的江西提刑官职。而在反贪的同时，他又上奏朝廷，甚至当着天子的面，直指当时南宋天下"如人有重病，内自心腹，外达四肢，无一毛一发不受病者"，他不仅指出了体制上的根本问题，还提出了自己设想的六大对策："辅翼太子，选任大臣，振举纲纪，变化风俗，爱养民力，修明军政"。

关于朱熹和唐仲友的交锋，这只是历史的一面，在野史稗志或民间传说中还有另一面。而另一面的朱熹就几近邪恶了。他之所以和唐仲友过不去，只因唐某和他"存天理，灭人欲""饿死事小，失节事大"的道学过不去，而他上书弹劾唐某就是为了实施报复。为了给唐某罗织罪名，他竟然把一个叫严蕊的营妓（军妓）抓进大牢，每天严刑拷打，逼迫她承认与唐某有"私侍枕席"之事。按宋朝的政令或法律，官员可以命官妓、营妓一类"歌舞佐酒"，但不可以"私侍枕席"，否则一律查办，轻则罢官，重则问罪。没想到严蕊那一张樱桃小嘴还特别硬，死都不肯承认和唐某有那事儿。这也就是朱熹那桩在历史上一直不得清白的虐妓案。

而身为一国宰辅的王淮自然不会善罢甘休，他暗中指使吏部尚书郑丙受上疏反道学。王淮的这一招撒手锏，如同釜底抽薪，可以从朱熹的理论基础上直接扳倒朱熹。王淮此举让理学受到了一定程度的打压，但朝廷对朱熹还是比较看重，又先后任命朱熹为直徽猷阁、江西提点刑狱、江东提刑梁总，朱熹又是再三辞谢。经历了一场灾难，他又把主要精力倾注在开坛讲学和兴修书院上了。在接下来的几年里，他干的一件大事，就是襄助湖南衡州官府重修石鼓书院，提出把书院办成德行道义之实的教育机构的方针。在石鼓书院复兴后，他撰写了一篇名垂千秋的《石鼓书院记》，由张栻亲书，后人镌制成石碑，置于石鼓书院内，使"石鼓有声于天下"。明万历中，朱熹与李宽、韩愈、李士真、周敦颐、张栻、黄干同祀石鼓书院七贤祠，世称"石鼓七贤"。

直到淳熙十四年（1187年），朱熹才再次出任江南西路提点刑狱公事这一实职，管理赣州、江州一带的司法、刑狱、监察、农事等方面事务。不久王淮罢相，一度遭受打压的理学又重新得势。此时，已进入宋光宗赵惇（赵敦）执政的年代，朱熹又知漳州。他发现土地兼并非常严重，官僚地主倚势吞并农民耕地，而税额没有随地划归地主，致使田税不均，失去了土地的农民遭受了更为沉重的剥削，难免时常起来反抗。朱熹一方面对反抗的农民进行残酷无情的镇压，一方面又提出"经界"的对策，即核实田亩，按田亩而不是按人头纳税。但他的这一建议虽说减轻了农民负担，却损害了大地主的利益，遭到他们的强烈反对。"经界"这一于国于民都极有好处的良策，还未推行就被朝廷叫停，朱熹就像当年变法失败的王安石一样悲愤不已，最终辞职离去，以示抗议。

然而，他的仕途并未就此终结，绍熙四年（1193年），朱熹知潭州（今长沙），这次他又干了一件载入史册的事情，对岳麓书院从里到外进行了全面整修。想当年朱张会讲，盛况空前，可惜张栻天不假年，在朱熹此次入湘的十三年前便病逝了。他比朱熹还年轻三岁，却比朱熹少活了三十多年。没有了张栻的岳麓书院，朱熹成了一个孤独的主角。透过书院正堂里供奉的朱熹塑像，也让人逼真地感觉到一个偶像被供奉在神坛上的那种难以名状的孤独。事实上，十三年前的那次会讲，对于朱熹与岳麓书院而言仅仅只是一个引子，这一次重返岳麓，重新打造书院，岳麓书院才真正成为朱熹讲学授徒、传播理学的又一个大本营。追溯古代书院的历史，其实是在乱世中萌生。从唐末至五代，由于战乱频繁，官学衰败，许多读书人避居山林，遂模仿佛教禅林讲经制度创立书院，形成了中国封建社会特有的教育组织形式。自北宋开国，天下安定，又随着理学的日益昌盛，书院在发展中逐渐完备，成为集藏书、教学与研究三结合的民间高等教育机构。尤其到了南宋，书院逐渐成为理学各大学派的大本营，朱熹、张栻、吕祖谦、陆九渊等理学大师，几乎每到一处都会兴修书院，而众人之功又首推朱熹，除了白鹿洞书院和岳麓书院，他一生还亲手创办了二十七所书院，参与了众多书院的打造，天下书院几乎都有他奔走的身影……

凡大儒者，必是大教育家。朱熹一生广招门徒，开坛讲学，首先在选用教材上就煞费苦心，他必须选出符合自己道理的教材，选来选去，他最终在儒家经典中节选出四书（《大学》《中庸》《论语》《孟子》）作为自己讲学的统一教材,并刻印发行。这是中国古代教育史上的一件大事,他一个人选定的教材,日后成为贯穿历代封建王朝的统一教科书,而被他阉割的儒家思想就此成了全面控制中国封建社会的教义,而这正是他的核心意图。从教育贡献看,朱熹基于对人的生理和心理特征的初步认识,明确提出把一个人的教育分为"小学"和"大学"两个教育阶段:八至十五岁为小学,以培养"圣贤坯璞"为目的。鉴于小学生"智识未开",他提出小学教育的内容是"学其事",通过在日常生活中的具体行事,懂得人之初的基本伦理道德规范,养成一定的行为习惯,掌握初步的文化知识技能。而在这一阶段的教育方法上,朱熹强调先入为主,及早施教,在教学上要力求形象、生动,能激发学生的兴趣;对十五岁以后大学教育,其任务是在"坯璞"的基础上再"加光饰",把他们培养成国家所需要的、经世致用的人才。这一阶段的教育与重在"教事"的小学教育不同,重点是"教理",即重在探究"事物之所以然"。对于大学教育方法,朱熹一是重视自学,二是提倡不同学术观点之间的相互交流。

朱熹在教育学上还提炼出了一套"朱子读书法",归纳为六条,即循序渐进、熟读精思、虚心涵泳、切己体察、着紧用力、居敬持志。他根据自己的理学思想,又总结出了读书四要:

博学之,审问之,谨思之,明辨之,笃行之。——为学之要
言忠信,行笃敬,惩忿窒欲,迁善改过。——修身之要
政权其义不谋其利,明其道不计其功。——处事之要
己所不欲,勿施于人,行有不得,反求诸己。——接物之要

这些都是教育方式,关键还在教育宗旨,朱熹以穷理致知、反躬践实和"居敬"为宗旨。而对"居敬",他也再三重申和强调。所谓居敬,意思是持身恭敬,居身敬肃。《论语·雍也》:"居敬而行简,以临其民,不亦可乎?"明人李贽在《答周柳塘》云:"古人一修敬而百姓安,一居敬而南面可。"李贽是明代思想的异端,但在对"居敬"的态

度上并无异样。这里还说朱熹,朱熹继承伊川(程颐)的传统,把居敬作为身心的涵养而予以突出强调的,按朱熹的解释,第一,收敛。"只收敛身心,整齐纯一,不恁地放纵,便是敬"。第二,谨畏。"敬有甚物,只如畏字相似",他要求人内心时时处于一种敬畏的状态,而这种敬畏又并非对某一特定对象的畏惧。第三,惺惺。"敬只是常惺惺法,所谓静中有个觉处,只是常惺惺在这里,静不是睡着了",他要求人内心时时处于一种警觉、警醒的状态。第四,主一。朱熹直接继承了伊川"主一之谓敬"的主张,"敬即主一,主一即专一、无适"。第五,整齐严肃。朱熹与伊川一样将整齐严肃作为人之居敬不可或缺的一部分。以上是朱熹对自身的要求,也是对学生的要求,要求人身心并重、内外兼修,做到内无妄思、外无妄动,但又并非断念息率而入寂的"枯木禅"。

所谓理学,以我斗胆而言,是最有思想的,也是最没有思想的。在那讲堂正中的《岳麓书院记》屏风之前,左右两壁嵌有朱熹手书的四字石碑:忠孝廉节。这就是程朱理学包藏的精神内核。看了这四个字你就明白了,朱熹的野心绝不只是局限于讲堂之上,而是庙堂。这当然不是朱熹一个人的野心,从孔孟、董仲舒到朱熹遵从的祖师爷程颐,大多好为人师,而他们最高的追求就是成为国师,给天子讲课,把自己的学术思想上升到国家的最高层面。多少人为这样的野心而梦寐以求,却只有很少的人才能梦想成真,朱熹便是其中之一。

说到朱熹这一次成为国师的机遇,又与南宋历史上的一次宫廷政变有关。

绍熙五年(1194年),宋光宗禅位给太子赵扩,改太上皇。这在宋史上已是常有的事,北宋徽宗,南宋高宗、孝宗,还有光宗,都是以内禅在生前告别帝位。这样的内禅既有皇帝本人在位日久,以至"倦勤",是心甘情愿不想当皇帝了,也有被逼禅位的,据称,光宗就是在赵汝愚、赵彦逾、叶适等宰执大臣的逼迫下禅位的,而这里边还有一个关键人物——外戚韩侂胄,他暗中联络,并得到了高宗吴皇后的支持,与宰相赵汝愚等制造了一次不流血的宫廷政变,逼迫宋光宗让位给太子赵扩,是为宋宁宗。在这次发动政变的几位朝臣中,除了韩侂胄,都是理学的铁杆支持者。在政变中立了首功的赵汝愚,既是宰相又是皇室宗亲,其权势之煊赫可想而知。在他的力荐下,朱熹在一场与他毫无干系的政变过后一步登天,抵达了他人生仕途的巅峰状态,当上焕章阁待制兼侍讲,既是皇帝的顾问也是皇帝的老师,一跃而为名副其实的国师了!

朱熹那幅传世的标准像,大约就是此时留下来的:冠冕巍峨,方头大脸,满脸雪白的大胡子,连眉毛也是雪白的,那种肃穆与庄严的气势像是春秋时代的青铜鼎。这是一幅时常会与孔子、孟子像悬挂在一起的画像,世称朱子。端详着这样一幅画像,怎么看也觉得是一种假象。而我接下来的叙述,其中的历史很可能已经被提前篡改了,至少是部分被篡改了。

对朱熹,绝对不能把他视为一个纯粹的学者,他决不满足一种学术意义的认可,他一生都在追求理学的最高形式,那就是祈盼当今天子也像董仲舒时代的天子一样,罢黜百家,独尊儒术。董仲舒的追求,就是他的追求,但董仲舒的儒术,却不是他想要的儒术,他渴望得到天子、天下唯一遵从的是自己的儒术——程朱理学。他为宁宗进讲《大学》,也讲他自己的那套正心诚意的人欲天理之学。给皇帝上课,自然按皇家的规矩,也有作息时间,依陈规,为单日早晚进讲,双日休息。但朱熹这位国师却特别敬业,颇有一种时不我待、只争朝夕的急切,于是奏请,不分单日、双日和假日,他每天早晚进讲。这是一个相当自信的人,他认为自己已经找到了理学的密码,那也是让一个王道帝国的基业更加稳固、天下可以长治久安的密码。他讲得如醉如痴、心醉神迷,而他的核心意图也越讲越清楚,那就是用自己的思想来控制一个天子的思想,又通过一个天子去控制天下所有人的思想。说白了,他想成为一个帝国的大脑,让天下人的身心都按他的思维、在自己制订的一切规范里循规蹈矩地运行。

朱熹吹嘘的理学就是在这一段时间变得仁慈而阴森的,在朱熹抑扬顿挫的讲述中,其内在的残忍也一层一层地被揭示出来。朱熹给宁宗皇帝灌输的这一套理学,说穿了,就是以"存天理,灭人欲"的手段对国人实施全身心的精神控制,这也恰恰迎合了一个偏安的王朝以精神控制来巩固其统治的期望。这其实也是所有独裁者的期望。设想一下,如果朱熹的理学一旦被奉为南宋的国教,这个王朝对国人身心的控制与奴役将被推向万劫不复的极端,其凶险和邪恶的程度甚至超过金人入侵。事实上,朱熹这一"灭人欲"的念头是有可能达成的,但他犯了一个致命的错误:他不单是给皇帝讲道理,还趁着给皇帝侍讲的机会,多次进札,妄议朝政,对朝臣说三道四,这已经是直接干预朝政了。一开始,宁宗倒也没有太在意,当他斗胆说出宁宗被左右的人窃取了权柄,宁宗方才高度警觉起来,这样的话,在高层政治上也是高度敏感的。而朱熹所说的人又是谁呢,就是外戚韩侂胄!

韩侂胄,字节夫,相州安阳人。此人是北宋名相韩琦的曾孙(一说为五世孙),历史的错乱可见一斑,五代之内就开始变得颠三倒四。这个人到底生于何时也是一个问号,只知道他是皇亲国戚,由于他父亲娶宋高宗皇后之妹,和高宗皇帝成了连襟,高宗自然也就成了韩侂胄的姨父。有了这样高贵的外戚关系,也让他省去了一个士人走向士大夫的必经之路,未经科考,他便以恩荫入仕。越过一段历史的空白,此人已是枢密院都承旨。在宋代官制中,这并非高位,却是要职,处在枢密要害位置,掌管枢密院内部事务,负责诏令的上传下达,这是皇帝的心腹干的差事。事实上,韩侂胄也深得宁宗皇帝的信任,如果没有韩侂胄暗中联络,得到了高宗吴皇后的支持,他也做不了皇帝,至少暂时还做不了。对于这样一个拥立太子提前登基的大忠臣、大功臣,朱熹竟直指他"窃取权柄",他还不是在嘴上说说而已,又和史部侍郎彭龟年一起上书弹劾韩侂胄。

细究历史,朱熹怎么这样和韩侂胄过不去呢?韩侂胄又怎么得罪了朱熹呢?这里边说起来太复杂,但有一个原因是摆在那里的,那就是韩侂胄与宰相赵汝愚的权力斗争。赵汝愚是理学的虔诚信徒,也是朱熹在朝廷中最大的靠山。在拥戴宁宗即位的宫廷政变中,宗室赵汝愚和外戚韩侂胄是结成了统一战线的,但在宁宗即位后,两人又开始互相争斗。而在这样高度敏感的政治斗争中,朱熹挺身而出,坚定地站出来弹劾韩侂胄，明摆着就是站在赵汝愚的一个阵营。宁宗原本就是通过政变上台的，他绝对不愿意自己又在一场政变中下台。而在赵汝愚和韩侂胄这两个政治集团中，既是宗室又是宰相的赵汝愚无疑是更大的威胁。而韩侂胄也正是利用了皇帝的这一心理，以"宗室不得为宰执"的祖制，奏请宋宁宗罢黜赵汝愚。庆元二年（1196年），赵汝愚等人相继被罢黜，被逐出京师，一直站在韩侂胄一边的大臣京镗拜为右相，韩侂胄加开府仪同三司，不是宰相，胜似宰相。南宋由此而进入了韩侂胄把持朝政的时代，而一辈子干了三件载入史册的大事：一是拥立宋宁宗提前登基；二是接下来要干的一件事，打击道学，铲除程朱"邪教"；三是他一生中最后干的一件事，北伐抗金。

这里先说他如何铲除程朱"邪教"。在赵汝愚遭受罢黜后，宁宗随即便下诏免去朱熹的焕章阁待制兼侍讲，理由是"朱熹所言，多不可用"。可怜一代旷世大儒，仅仅当了四十天国师，就沦为了权力斗争的牺牲品。当时，许多朝臣脑子还一下转不过弯来，也可能是中"邪教"之毒太深了，纷纷上书，劝皇帝慰留朱熹。这其中，最急不可耐的就是彭龟年，他指责宁宗皇帝"近日逐得朱某太暴"，敦促皇帝要逐去小人，这个小人自然又是韩侂胄。结果可想而知，韩侂胄进一步得到了天子的器重，而被逐出朝廷的只能是彭龟年自己。

随着赵汝愚、朱熹和彭龟年等相继被逐，理学在宋廷中大势已去。设若事到如此，还不算最坏的结果，朱熹至少在民间还享有崇高的威望和影响力。韩侂胄显然看到了这一点，他决不会善罢甘休，让朱熹扮演一个处江湖之远的民间高士，以一种悲剧英雄的角色去蛊惑人心。他要彻底撕开朱熹道貌岸然的画皮，让世人睁开眼看看朱熹到底是个什么人。庆元元年（1195年）韩侂胄发动了一场举国上下抨击理学的运动，一时间，朝中很多反道学的官员应声而出，从指责朱熹的虚伪到攻击道学为伪学。右正言刘德秀痛斥道学为"依正以行邪，假义以干利"，"如饮狂药，如中毒饵"，"口道先王语，而行如市人所不为"。又云："孝宗锐意恢复（中原），首务覈实，凡虚伪之徒言行相违者，未尝不深知其奸。臣愿陛下以孝宗为法，考核真伪，以辨邪正！"看当时的历史背景，应该说这样的指责也不无道理，甚至是非常冷峻和理性的，国难当头，山河破碎，首要的是务实而非务虚，而朱熹的道学诚如宁宗皇帝所谓"多不可用"，对南宋王朝摆脱内忧外患也的确没有太多的实际意义。刘德秀再三恳请宁宗效法孝宗抗金，这正中宁宗下怀。据史载，宋宁宗也是南宋历史上一个很想有一番作为的皇帝，也是一个生活节俭、对民间疾苦充满了怜恤的皇帝，在南宋诸君中，这样的皇帝也就孝宗和宁宗两人而已。这样的皇帝脑子一般都很清醒，他虽然罢免了朱熹，对朱熹的道学有些不以为然，却也并未急于清算。这就意味着，要让一个天子以国家的意志来禁绝道学，韩侂胄还必须继续做文章，而且要上纲上线，让宁宗皇帝感到道学不是一种纯粹的学术，而是一种危及天下社稷的可怕而危险的邪教。

诬蔑很容易，诽谤也很容易，但要让一个最高统治者打心眼里感到来自文人书生的恐怖，并不那么容易。这也与赵宋一朝对文人的宽容心态有关，这个王朝极少把那些手无寸铁的书生文人作为敌人。直到第二年八月，形势开始起变化，先有太常少卿胡纮慷慨上书："比年以来，伪学猖獗，图谋不轨，摇动上皇（光宗），诋毁圣德。"接着，又有大理寺司直邵褒然进言："三十年来，伪学显行。场屋之权，尽归其党。"这两位没有什么实权的文散官，终于击中了道学的要害，也击中了宁宗皇帝的软肋，他不能不引起高度警觉了：三十年来，在朱熹不遗余力地蛊惑下，道学的影响力越来越大，崇拜者越来越多，用现在的话说，朱熹已如同一个凌驾于王权之上的精神领袖，以致很多士人眼里只有夫子（朱熹）没有天子了。这让宁宗感到了无形的威胁，也让他痛下决心，毅然下诏："伪学之党，勿除在内差遣！"

而韩侂胄等深知，若要铲除"邪教"，仅仅只在理论上对道学进行批驳是没有什么用处的，如果强行取缔也不得人心，还必须实实在在地抓到朱熹就是个伪君子的把柄。监察御史沈继祖很快就抓到了他的把柄，一下就列举了朱熹的数桩罪：一是他引诱两个尼姑做妾，连出去做官都要随身带着；二是朱熹在长沙做官时，故意藏匿朝廷赦书不执行，以致让很多应该赦免的人被判徒刑；三是朱熹知漳州时，"请行经界",引起骚乱;四是朱熹任浙东提举时,发生饥荒,朱熹向朝廷要了大量赈济钱米,但都分给了自己的门徒而不给百姓;五是朱熹霸占人家的产业盖房子,还把人家治罪,又挖掉崇安弓手的坟墓来安葬自己的母亲。此外,朱熹开门授徒,专收富家子弟,大量索要束修(学费),加上他在各地为官时收受各处的贿赂,一年就得钱好几万。而这些又并非信口雌黄的污蔑,一桩桩都铁证如山。看看吧,让世人都睁开了眼看看吧,看看朱熹是个什么东西,什么廉洁、宽恕、修身、齐家、治民等,都是朱熹平日讲《中庸》《大学》时的大话,全是用来欺世盗名的。他说的是那样,行为又是这样,岂不是"大奸大憨"?

沈继祖的这一番弹劾,如同剥茧一样,还真是一层层地剥开了朱熹这个道学家伪善的画皮。宋宁宗又一次颁诏,订立"伪学逆党"籍,看那些列入"伪学逆党"籍的人员,官至宰执的有赵汝愚、留正、王蔺、周必大,官至待制以上的则有朱熹、彭龟年、薛叔似等十三人,余官则有刘光祖、叶适等三十一人,此外还有武臣和士人十一人,共五十九人。这也是南宋历史上的一次大规模的"党禁",史称"庆元党禁"。这也是自周敦颐创立理学——道学以来,所遭遇的一次史无前例的大劫,那些道学家的箴言、语录之类已被朝廷下令全部销毁,凡与党人有牵连者,不得任官职,不得应科举。而在科举考试中,凡考卷内容涉及程朱义理者,一律不取。连儒学六经和《论语》《孟子》《大学》《中庸》,都成为"世之大禁",据说"士之以儒名者,无所容其身"。

如果说这是一场文字狱,当是有宋以来最大的一次文字狱,却又似乎是冤狱,这个案子还真是办成了铁案。作为当事人的朱熹,对那一桩桩罪证没有做出任何申辩和抗争,没有怒吼,没有撕心裂肺的哭喊,他完全是一副屈服的姿态,老老实实地俯首认栽,战战兢兢地上表认罪。先是从思想上认罪,把自己直贬为"草茅贱士,章句腐儒,唯知伪学之传,岂适明时之用";接着又从事实上认罪,对自己"私敌人之财""纳其尼女"等事实均供认不讳,并表示自己要"深省昨非,细寻今是"。从朱熹的"痛悔"来看,应该说他所受到的指责并非空穴来风,大多实有其事。这里且不说朱熹冤不冤,仅仅从朱熹的"痛悔"来看,我觉得这个人至少没有坚定的信仰，如果他觉得自己弘扬的理学或道学就是真理，他至少还达不到一个以生命来恪守真理的境界，可以说，他绝对不是一个殉道者。

与其说这是韩侂胄和朱熹的一次较量，弗如说这是世俗权力和精神道统的一次巅峰对决，韩侂胄可以说是毕其功于一役，大获全胜。随着赵、朱逆党被斩草除根，为韩侂胄当政全面扫清了障碍。从此，他掌握南宋军政大权达十三年之久。他的地位和权力远高出一般的宰相。他的历史形象也注定了，他是南宋时代继秦桧之后的又一个权相、奸相，而且是一个外戚擅权的奸相，一个制造了"庆元党禁"、对一代士人予以沉重打击的大奸臣。而宋史，是对朱熹和理学特别遵从的元人脱脱书写的，很明显，关于这个人的历史已经被部分篡改。

朱熹生前已经命定再无咸鱼翻身之日，他忠诚的信徒和门生，抓的抓，逃的逃。监察御史沈继祖对朱熹"请斩"，但赵宋一朝自开国以来从未开过杀士人的先例，这次也放过了朱熹的一条老命。朱熹最后悔的一件事，也许就是不该走上仕途，尤其是当你一步登天时，你也许就走上了一条幽险的天路。一切诚如他在一阕《水调歌头》中的抒写："富贵有余乐，贫贱不堪忧。谁知天路幽险，倚伏互相酬。请看东门黄犬，更听华亭清唳，千古恨难收。何似鸱夷子，散发弄扁舟。鸱夷子，成霸业，有余谋。致身千乘卿相，归把钓渔钩。春昼五湖烟浪，秋夜一天云月，此外尽悠悠。永弃人间事，吾道付沧洲。"这是理性至上的朱熹写得最感性的一首词，上阕先陈说福祸相倚之理，以李斯临刑时那个"东门黄犬"的典故和陆机临刑时那个"华亭鹤唳"的典故，对无比凶险的仕途发出悲怆而绝望的感慨，但悔之晚矣。而上阕实为下阕的反衬，由此引出范蠡功成身退、归隐江湖的淡泊生活境界。而最痛彻肺腑的感受，还是那不同版本的一句叩问："谁知天路幽险，倚伏互相酬？"

四、聆听灵魂的声音

走向考亭，心里出现一种古怪的感受，如同踏上一次莫测的长旅。

其实，只要想通了，看穿了，一切的莫测皆成必然。一条路，不再是幽险的天路，而是一条在透明的山水中穿行的自然之路，弯曲如山溪，蜿蜒如山脉，山也透明，水也透明，一脚踏上这条路，已经没有了任何悬念，感觉一天的云都散了，眼里，心里，都豁达了，彻悟了。这样，你才能走向一个生命的最后归宿，那个早已被深刻地标记在中国理学版图上的考亭古村。

这溪，就是建阳人的母亲河麻阳溪，而在那些虔诚的信徒眼中，这是闽学之源，施洗之河，如同一个圣人圣洁的意念，洁净得连鱼虾也藏不住身子。然而，当我走近这条河，看到的却是流水中翻涌的褐白色泡沫，嗅到的是酸腐呛鼻的气味。没有鱼虾，只有死亡的气息在风中弥漫。如果这真是理学圣洁的源头之一，它让我真实地感到了理学的虚伪，虚伪得可怕，谁敢在这样一条溪流里完成一次洗礼？

那山，就是传说中的玉枕山。相传，有一天朱熹读书到夜深，他也不知夜有多深了，迷迷糊糊睡着了，一双无形之手，悄悄给他塞了一只温润如玉的枕头。清晨，大梦方醒，一睁眼他就看见那只碧玉枕。他还以为是哪位弟子送来的呢，可一转眼，那枕头不见了，却看见了窗外的一座玉枕山。他魂不守舍地走进山中，在一根树杈上看到了自己束发用的绺带。瞬间，他恍然大悟了，他昨晚枕着的就是此山化作的玉枕。这样的传说或是后世为了赋予一个圣人的神奇，而神圣的理学也不能没有一座灵山来支撑。

村口，一棵千年古樟是一个宋朝村庄的古老标志。远远就听见嘶哑的蝉鸣，像一声声咳嗽，仿佛要咳出血来。走近了，才发现那是一棵古怪的树，在离地半人多高的树身上有个巴掌大的洞口，这么小的洞口内却藏有一尊半人多高的佛像，这也是考亭最奇异的风景之——古樟抱佛。我看了半天还是奇怪，当年，这棵樟树应该比现在小得多，那树干和洞口就更小了，人类又是怎样把这样一尊不小的佛像放进洞里的？这是一个谜，却是一个与朱熹无关的谜。朱熹的一生没有任何谜团，他也不想留下任何谜团，他穷极一生参悟太极、穷究天理，就是为了揭开世界上所有的谜团。

岁月中的一切都在模糊，而人类又总是苦心孤诣地想把历史打造得清晰起来。一座器宇轩昂的石牌坊，在挪移的阳光中一动不动地矗立着，一块"考亭书院"的匾额依然高悬，这四个古朴的大字据说是宋理宗御笔，枋柱间雕刻着雄狮、麒麟、飞凤、仙鹤等被神化了的禽兽，还有被神化了的仙居道士。而那个存在于历史中的真实人物，已是一个多病的老叟。宋光宗绍熙三年（1192年），年过花甲的朱熹在父亲生前寓居过的考亭村云谷结草堂，名"晦庵"。这是他自己的选择，也是他父亲的遗愿。还在他出生的数年前，他年轻的父亲朱松赴任政和县尉，当他经过这个叫考亭的山村时，突然被某种神秘的气场吸引住了，仿佛又不是气场，好似有某种预感。他舍不得走了。

　　一个父亲的预感在时隔数十度春秋之后，最终被他儿子朱熹在迟暮岁月印证。从六十二岁到古稀之年病逝，朱熹在此度过了生命最后的八个年头。当他步入形如衰翁的晚境时，已把理学推向风靡全国的鼎盛时期，武夷山深处的一个小山村在理学的光耀下成为众生求学问道的圣地，四方学子负笈而来，络绎不绝。为了容纳更多的门生，朱熹又在居室之东的一片竹林里盖了一座馆舍，名曰"竹林精舍"，后又改名"沧州精舍"，并自号"沧州病叟"。朱熹晚年多次改换自己的名号，如"晦翁""紫阳先生""考亭先生""云谷老人""云台真逸""遁翁""逆翁"等，这都与他在考亭的这一段经历有直接关联，也与他的心态有关。这也是朱熹一生中创办的最后一座书院。据建阳旧志（嘉靖时期《建阳县志》）载，书院里辟有学堂、膳堂、宿舍、操场，这也是宋代书院的一般格局，不一般的是，这书院里还有一个在别的书院很少见的跑马场。跑马场是古代骑射练武之地，可见朱熹在其书院式教育中，既崇文也重武，一张一弛，文武之道也。这既是劳逸结合的安排，也是亦文亦武相得益彰的安排，更是为了造就经国济世、以文驭武的全能型人才。也有后世史家认为，考亭书院为宋代四大书院之一，但若尊重历史事实，这座书院无论是规模还是在中国书院史、教育史上的地位，均远不及白鹿洞、岳麓、睢阳、嵩阳四大书院。但也有史家固执地认为，若以其在中国教育史和理学史上的影响而论，这座书院足以与中国历史上任何一座书院相提并论。而这座书院被后世习称为"考亭书院",严格地说也是朱熹身后的历史,"考亭书院"之名还是在朱熹辞世十多年后的淳祐四年(1244年),被宋理宗赐名"考亭书院"之后才载入史册的,而我穿过的这座石牌坊,早已不是南宋故事,而是明嘉靖年间重建书院时在门口竖立的。

岁月无敌,人类以及人类苦心经营的一切都难以抵抗时间的力量,毕竟时空中有太多烽火硝烟的战乱,还有太多的天灾洪荒,那座南宋的考亭书院早已荡然无存,但一座明代重建的考亭书院一直保留到了20世纪60年代,这已经是历史奇迹了。它不只是一个徒供后世凭吊的遗迹,还一直用作当地的校舍,钟声与书声从明朝一直延续到20世纪60年代,也只有那琅琅书声才能缩短了时间的距离。考亭村20世纪60年代之前出生的孩子,都在这古老的书院里完成了最初的学业。直到1966年,当地政府在考亭村上游的麻阳溪筑起了一座西门电站,整个书院在水底沉没,一座明代的石牌坊,是从水中打捞起来的唯一遗迹……

无尽岁月中真正可以与时间抗衡的,兴许还是那无形的存在。同考亭书院相比,对后世影响更深远的还是作为闽学之源的考亭学派。朱熹在自己老病缠身的岁月,除了传道授业,也在与生命赛跑,想把他未竟的几部理学著作在辞世之前完成。然而他实在禁不住作为帝师或国师的强大诱惑,结果是,做了四十多天国师,就从一步登天被打入了万丈深渊,一生英名毁于一旦。而在他生命的最后两个年头——这已是他回光返照的一段岁月了,他的弟子抓的抓,逐的逐,很多识时务者见风转舵,改换门庭而去。他已经被一个王朝逼得走投无路了,像垃圾一样被整个世界抛弃了。只有肉体上的病痛和精神上的摧残一直伴随着他,臂痛腹胀,上吐下泻,催逼着他一条老命。如果换了一个人,譬如说那个充满了天问的屈原,一定会选择自杀。但他没有。他没有天问,唯有天理,他还将拼尽老命来穷究天理,这或许就是他生命的最后支撑。

哪怕像我这样一个站在千年之外的冷漠而不动情的历史旁观者,在描述他最后的生命时，也感到异常残忍。一个年届古稀、百病缠身的老叟，左眼全瞎，右眼半瞎，他全凭那只半瞎半明的右眼，夜以继日地编修《礼书》，连找个抄书稿的人也找不着了。想象一个油尽灯枯的老叟，在那油尽灯枯的微光下一字一字地摸索，除了那微弱的沙沙声，整个世界都已在孤单和冷清中沉默。在他的一生中，或许只在这最后两年才真正开始倾听自己灵魂的声音，与自己的灵魂对话。

在朱熹的思想体系中，《礼书》是一部非常重要的著作。他的理学与孔孟儒家是一脉相承的，不同的是，孔孟思想体系中对"理"也很重视，但更为注重和强调教化功能的"礼"，朱熹在继承"礼"的基础上则更加重视"理"，强调"天理"是自然的根本，以"人欲"服从"天理"而强调人性、人心内部的深刻转化。这部书稿他最终也没有完成，《礼书》中"丧""祭"二编实为他的门生黄干（黄榦）所撰。在朱熹的门生中，黄干是一个不离不弃的追随者，一直坚持到了最后。绍熙三年（1192年），朱熹卜居考亭，黄干也在附近结庐伴居。当朱熹之学被斥为"伪学"时，黄干一直坚守在朱熹身边。朱熹病重时将所著书稿如同托孤般地托付给他。

庆元六年三月初九（1200年4月23日），朱熹病逝，享年七十一岁，在那个时代也算是一个长寿老人了。临死时，他还在病榻上修改《大学诚意章》。当时，朱熹的许多弟子、友人生怕受到牵连，都不敢去送葬，黄干不敢公开为他治丧、守丧，只为之"持心丧"三年。在几个稀稀落落的送葬者中，却有几个载入史册的倔强身影，一个是陆游，一个是辛弃疾，他们并非道学家，只是与朱熹互以道义相许、力主抗金的志士。但朱熹对抗金的态度不像陆游、辛弃疾那样一直坚定不移地坚持到最后。他先主战，后来又主和。当他还是一个极力主战的鹰派人物时，他砸过秦桧祠，在《除秦桧祠移文》中声讨秦桧："窃见故相秦桧归自虏廷，久专国柄，内忍事仇之耻，外张震主之威。以恣睢戮善良，销沮人心忠义刚直之气；以喜怒为进退，崇奖天下佞谀偷惰之风。究其设心，何止误国！岳侯既死于棘寺，魏公复窜于岭表。连逮赵汾之狱，盖将掩众正而尽诛；徘徊汉鼎之旁，已经闻图九锡而来献。天不诛桧，谁其弱秦？"无论从国恨还是家仇看，朱熹对秦桧的痛恨都是在所必然的，他父亲就是被秦桧迫害死的。然匪夷所思的是，他后来又转向主和，还曾为秦桧开脱，这个就不深究了。

回首此人平生，自登进士至死，凡五十年，经历了高宗、孝宗、光宗、宁宗四朝，"仕于外者共九年，立于朝者四十日"，他一生的主要精力和心血都倾注在理学上。从学术上看朱熹的历史贡献，他的研究触角几乎涉及儒家经典的所有领域，对经学、史学、文学、佛学、道教以及自然科学都有广博而宏富的涉猎和著述，清代学者全祖望在编撰《宋元学案》时曾感慨地称朱熹是一位"致广大，尽精微，综罗百代"的大学者。朱熹的理学思想是中国哲学发展史上的一个承上启下的重要阶段，之所以把他的理学与二程尤其是程颐直接联系在一起，称之为"程朱理学"，只因他直接继承和发展了程氏的理学体系，然后又开启了理学的一个崭新时代，"接伊洛之渊源，开闽海之邹鲁"。而朱熹哲学体系的博大精深和其人生处世的规范，又可以高度概括为："致广大而尽精微，极高明而道中庸。"如果把目光纵深到先秦时代，朱熹的理学则是以孔孟等儒家思想为主干，兼取大量的唯物主义朴素思想与自然科学的成果，但这是否就奠定了朱熹成为与孔孟等先哲并列的地位呢？至少在我看来，这还是一个问题。但可以肯定，两宋时期，学术上造诣最深、影响最大的是朱熹。他总结了以往的思想，尤其是宋代理学思想，建立了庞大的理学体系，成为宋代理学之集大成者。我觉得，这样的评价对于他已经是登峰造极了。

若用现代话语对朱熹一生做一个历史评价，他是中国古代最负盛名的哲学家、思想家、教育家，亦是一位成就卓著的诗人和文学家，还是名重一时的书法家。他的书法也是很被后世推崇的，明陶宗仪《书史会要》对其赞不绝口："朱子继续道统、优入圣域，而于翰墨亦工。善行草，尤善大字，下笔即沉着典雅，虽片缣寸楮，人争珍秘。"但归根到底，他还是一个理学家或哲学家，往高里说，他是一位对人类思想史做出巨大贡献的东方文化圣哲。

若以更理性的、审视的眼光看，朱熹为理学确立的大方向是对的，知行互发，知在先，行为重。但他在竭力主张以"存天理，灭人欲"的同时，他不遗余力地将儒家推向了顶峰，作为一个国家、一个民族的统治思想，这又是非常可怕的。这和他本人的命运一样，一旦到了登峰造极的高度，也就非常危险了，再往前迈一步就是万丈深渊。在我们叹息他晚年不幸命运的同时也备感侥幸，他的这一目的幸亏没有达到，终赵宋一朝也没有达到。哪怕对理学十分推崇的宋理宗，也没有罢黜百家、独尊程朱理学。程朱理学在历史上得到独尊的崇高地位，还是进入元朝后的历史，这是朱熹生前做梦也不会想到的，竟然是一个入侵中原的北方少数民族，把他的思想作为帝国的统治思想，而我已经提前说出的那个可怕的结果也出现了，当一个思想家、哲学家的学说与思想获得了独尊的崇高地位，也就成为国家意志。从元代开始，朱熹注疏的四书五经成了历代科举考试的钦定教科书，而他的注解也就成了帝国的圣经，是唯一的、绝对正确的正解，是无人胆敢质疑的绝对权威和绝对真理。元以后的中国封建政体也从"造极于赵宋之世"的文治盛世而演绎为一种中国式政教合一的政体，通过对国人从身体到精神的强有力的控制，使得中国的极权和专制又延续了一段漫长的时间。哪怕王朝更迭、帝国倾覆，这一思想体系也牢不可破。

　　学术之命运决定了学人之命运。从命运看，一个士人，哪怕一个大儒，在世俗的权力面前也不堪一击，他抗拒不了权势的力量，更抗拒不了死亡的力量；从人生意义上看，他既非一个单纯的士人，也不是一个简单的士大夫，以至死后也是戴罪之身，没有任何朝廷恩赐的任何哀荣。在朱熹辞世六年后，宋廷解除对朱熹"伪学"的禁制。嘉定二年（1209年），在他去世七年之后，宋宁宗又诏赐遗表恩泽，谥曰文。追到宋理宗朝，他死了快三十年了，又有了更隆重的哀荣，赠太师，追封信国公，又改徽国公。随着朱熹越来越受尊崇，那些程朱理学的精神传人也一直怀揣着未解的心结，也是心病，在庆元党禁期间，韩侂胄等人泼在朱熹身上的脏水，一直难以洗净。那到底是韩某罗织罪名、对朱熹的栽赃陷害，还是实有其事？尽管后世一直在为朱熹辩解，却和朱熹本人生前一样难以澄清，那个案子还真是办成了铁案。其实，哪怕朱熹真做了那些不堪的事情也情有可原，一个人的灵魂有时会低于自己的思想，只是那些想把朱熹塑造为圣人、完人的后人，实在太不甘心。倒是元人大大咧咧，他们不计较那些小节，直接把朱熹尊奉为孔孟之后的"第三大圣人"，称为"朱子"。甚至还有人撇开了孟子，把朱熹尊崇为继孔子之后的又一位大圣。历史还真是充满啼笑皆非的戏剧性，那个在凄风苦雨中死去的朱熹是否想过，在他死了多年后会有那么崇高的哀荣？

当朱熹一步步走向圣坛的时候，他的著作也开始大规模印行。据《四库全书》的著录统计，他一生写下了一百多部、七百多卷著作，现存著作在两千万字左右，堪称是"古今著述第一人"。朱熹生前，已有人开始编印他的著作，但远不及后来的影响。随着他思想地位的不断提高，不仅官方对他的著作表现出浓厚兴趣，民间也是热情高涨，《朱子大全》《朱子全书》《朱子类编》《朱子类纂》《朱子全集》《朱子大全集》之类的书层出不穷。这是不足为怪的，当一个人的学术思想成为国家的统治思想，又与科举考试联系在了一起，与天下士子的命运前程直接挂钩，谁又不读他的书呢？如果像庆元党禁时期一样，凡考卷中涉及程朱义理者，一律不取，他的书绝对没有这样大的影响。这实际上是两个极端，都是在不正常的社会里出现的不正常的学术状态，而这种不正常的状态也一直影响了对朱熹本人及其学术的正常评价。

朱熹的一生，可以说是从一座书院开始，以一座书院结束。他在考亭画上了生命的句号，也在此完成了理学思想的最后体系。一个闽北的小山村成了中国理学版图上的圣地，而建阳这个闽北古邑也被称为"理学之邦"。可惜的是，一座考亭书院已经在水底沉没，这让许多朝圣者只能望洋兴叹。随着当代社会发展，人们对传统文化的重视，现在当地政府又和韩国的一支朱子后裔共同出资，在玉枕山之巅重修了一座文公祠，俗称"朱子祠"。朱文公被供奉在这样一个巅峰上，再也不会被大水淹没了。祠堂正中，一个手捧经卷、慈眉善目的老夫子于沉寂中端坐，用无辜的眼神打量着每一位到此一游的匆匆过客。在一尊偶像的上方高悬着一块"大儒世泽"的匾额，两侧是一副对联："诚意正心阐邹鲁之实学,主敬穷理绍濂洛之心传。"这副对联不知是何人所作,一笔写尽了朱熹的一生,却遗漏了太多的历史细节,谁又知道这个人伤过、痛过?朱熹也曾在考亭留下了多副楹联,让我怦然心动的还是这一副:"道迷前圣统,明误远方来。"

　　站在山巅上,山坳里那一座黑白分明的山村愈加清晰地呈现出来,她背枕玉枕山,面朝麻阳溪。中国最古老的村落都由风水支撑,多少古村落都消失了,这样一个山村看上去依然郁郁葱葱、根深叶茂。就在我拜谒朱子祠时,一场散乱的山雨掠过,光影碎了,而黄昏降临,风中的晚霞,如一股火焰在天边上蹿烧。下意识地,又想到一代旷世大儒穷究了一生的天理,天理何在?茫然中,忽然觉悟,我看得见的一切都是假的,而真实的一切只存在于那些看不见的地方。或许,那就是天理。

陈文龙

从祭坛走向神坛

面对这样一个人,我曾经长时间发呆。他不只是一个文章魁天下的状元,不只是一个护国佑民的丞相,他已从祭坛走向神坛,在献祭的血泊中化身为从江河到海洋的保护神。他的神灵无所不在,一座福州城竟有五座陈文龙庙,每一条船上都供奉着他的神像,每一尊神像都有一种底气很硬的胎质,一身威严的袍服,一脸浓黑、茂密、直垂胸口的大胡子,一张脸黑煞煞的,如同张飞或包公的脸谱。一个儒雅而高贵的士人形象竟被后世塑造成这样,哪怕在逆光的阴影之中也让人感到了强烈的反差,怎么看都不像是一介书生、一个文臣。或许,在世人心中,文人天生就是一种过于孱弱的存在,必须把他们变成另一种样子,才能让他们承担起某种可怕的重负。这或许就是他将要扮演的历史角色,或许就是他毕生追求并最终寻找到的宿命。

一、一半是国史,一半是家史

每一段逝去的岁月都有如不绝的流水,流水易逝,但江山永存,这让后世的人重返历史现场有了某种可能。这一方水土,并不见河流,只有一条木兰溪,很清,很浅,几乎是一直贴在溪谷的心底无声无息地流逝,一路婉转地穿过北回归线上那些如同神经脉络的阡陌,流过一个个宁静的、安分守己的村庄，把我引向莆田榕树下那枝杈间渐次浮现的郊野。

这样一条小溪载不动许多愁，也载不动太多的记忆，却有一种忽如其来的力量冲撞着我的丹田。海风吹过早春二月，那柔顺的榕须在风中激起如猎猎马鬃，但我必须努力使自己平静下来，以平静的方式去迎接那一切的到来。假如时光倒流八百年，你将邂逅那一个个从流逝岁月中匆匆走过的身影，这一方离大海最近的水土，不只适合龙眼、荔枝、枇杷和无籽蜜柚的蓬勃生长，还盛产名士与圣贤。随便你走到哪一个貌不惊人的乡村，譬如说那个木兰溪北岸的镇海古山村，你就一脚踏进了南宋的玉湖乡。一个叫陈文龙的南宋士人就降生于斯。

按其《年谱》载："宋理宗绍定五年（1232年）壬辰二月辰时公生（陈文龙出生）。公世居莆田东门外玉湖乡。高祖宋卿与丞相魏国公俊卿为从昆弟。曾祖钦绍，祖袞，父粢（一说为铣），母黄氏封福国夫人。"关于他的这一段身世还有一点疑问，但他生命的第一个时间刻度已经确认。如今，陈文龙已是一个神圣的名字，但对他最初的命名，不是文龙，而是子龙，字刚中，号如心。从陈子龙到陈文龙，一条木兰溪至少还要流过三十五载岁月，对于一个仅仅活了四十五岁的人，那将是一段非常漫长的岁月。

若要确认这个人的故乡，还必须先翻检一下方志。由于北宋太平兴国年间（976—983年）的一次区划调整，将原属泉州的莆田、仙游两县改隶兴化军。所谓"军"，在宋史中频频出现，这是一种产生于五代后期的特殊地方行政单位，至宋时被广泛设置，在北宋初期均为县级，与"县"仅有直隶与非直隶的区别，换言之，"军"是一种中央直隶的县。至北宋中期开始，一些"军"开始升级，有了州级与县级的区别，至北宋末期，县级"军"开始与县的整合，这种整合至南宋时已全部完成，基本上都是州级了，依然由中央直隶。知军一般以朝臣身份由朝廷直接派任。《宋史》与《八闽通志》均称陈文龙为兴化人，但陈文龙降生于如今莆田郊野的玉湖乡是一个不争的事实，一座建于宋代的玉湖陈氏祖祠至今犹存，祠中还保存有"陈丞相里第""状元里"等石刻，这是历史确凿无疑的指证。

玉湖陈氏,是陈氏宗族最显赫的一支,在莆田又称"阔口陈"。据任崇岳《百家姓书系·陈》一书考证:"福建陈氏,除晋代、唐代几次自中原迁入者外,还有来自浙江的,这就是莆田玉湖陈氏。玉湖又称'白湖',今称'阔口',在莆田城南木兰溪北岸,古代是著名渡口。北宋庆历年间一个叫陈仁的人,从钱塘(今浙江杭州)迁来玉湖浦边定居,遂为玉湖陈氏始祖。玉湖陈氏第四代、第八代分别出了榜眼陈俊卿和状元陈文龙,两人先后拜相,是抗金、抗元的民族英雄。"翻检《宋史》,称陈文龙为"丞相俊卿之后也",这是不大准确的,陈文龙并非陈俊卿的直系后裔,按古代说法当为其五世从孙。由上溯五代,陈文龙的叔高祖陈俊卿三十七岁登进士第三名,为宋高宗绍兴八年(1138年)榜眼,同榜状元黄公度亦为莆田人氏。廷试时,高宗赵构看着那一位莆田状元、一位莆田榜眼,两位俊才,皆英气逼人,他禁不住有些惊讶地问:"莆田乡土贫瘠,怎会人才辈出?"陈俊卿从容对答:"地瘦栽松柏,家贫子读书。"这句话日后在莆田广为流传,成了莆田读书人自勉也自矜的一句口头禅。陈俊卿后来的出息就更大了,拜尚书右仆射同中书门下平章事(右相)并枢密院使,又进为左相,一度总揽帝国军政。后上章告老,以少师魏国公致仕。卒,谥正献。《宋史》称之"天资忠孝,清严好礼。在朝正色立言,无所顾避。凡所奏请,均关治乱安危之大者",又尤为看重气节,尝谓"人才当以气节为主",这也是他一生恪守的信念。一个士人抵达了这样的高度,也就成了一座难以逾越的巅峰。继后,陈文龙的曾祖陈仁、祖父陈贵、父亲陈粢皆赠太师、封国公,却并非自己的造化,皆因得陈俊卿的恩荫,还有陈文龙再造的辉煌。对此,《百家姓书系·陈》一书中交代得很清楚:"宋朝天子追赠二陈的上三代八人为太师,玉湖陈氏祖祠至今仍有'一门二丞相,九代八太师'的石刻楹联。"

"一门二丞相",指的就是陈俊卿和陈文龙。但严格说陈文龙一辈子也没有登上丞相的高位,屡官至参知政事,相当于副相。若论科举功名,陈文龙却是后来者居上,陈俊卿那一个榜眼在莆田还真不算什么,莆田是堪与吉州庐陵、抚州临川媲美的人杰地灵之郡，为中国状元之乡，仅陈氏就出了陈睦、陈文龙两位文状元，还有陈从龙、陈安定两位武状元；若论建功立业，陈俊卿为南宋中兴的一代名相，而陈文龙则是南宋覆没之际的最后拯救者，一位悲壮的失败英雄。

陈俊卿的一生早已成为历史，而陈文龙的一生此时还刚刚开始。

陈文龙降生时，宋、金南北对峙的格局正在被另一种更强大的力量打破，一个在金国北境崛起的蒙古部落，已成为金国难以抵御的大敌，黄河以北的土地，包括被金人占领的北宋故疆，大片大片地被凶猛的蒙古大军鲸吞。为迅速灭掉金国，蒙古向南宋提出了南北夹击、联手灭金的倡议，而且开出了让南宋正中下怀的条件，灭金后，将金人占领的北宋故疆交还南宋。随后，宋、蒙缔结盟约，宋、蒙联军合击金国，并于翌年——宋理宗端平元年（1234年）正月攻陷金朝末代皇帝金哀宗盘踞的最后一个重镇——蔡州（今河南汝南）。可怜哀宗在垂亡之际还派使者向宋人游说："蒙古灭国四十，以及西夏，夏亡及我，我亡必及宋。唇亡齿寒，自然之理。"但宋廷急于灭金，这也是南宋世代的梦想，为此他们等待了一百多年，怎会错失这千载难逢的历史机遇？

随着金哀宗自缢身亡，一个绵延了一百余年的大金帝国就此告亡。这也是南宋世代的梦想，一个心头大患终于被除掉了。但宋、蒙联手灭金的结果，一如当年宋、金联手灭辽的历史重演，由于蒙古违约，把南宋应得的土地削减，宋虽达到了灭金的目的，却未达到恢复故疆的目标，这一仗等于帮着蒙古人白忙活了一场。史上皆认为宋人软弱可欺，却也不然，南宋在索要无果后，随即向"灭国四十"的蒙古人出兵，试图强行收复河南失地，因遭蒙古军伏击而惨败。其后，蒙古便以南宋"违约"入侵。就在灭金的第二年（宋理宗端平二年，1235年），宋、蒙第一次大规模的战争爆发，蒙古军兵发三路，西线由蒙古大汗蒙哥统率，中线以蒙哥之弟忽必烈为统帅，东路由蒙古帝国名将兀良合台率领，从西起川陕、东至淮河下游的数千里战线上同时对南宋进攻。眼看如同旋风般的蒙古大军逼近长江防线，宋理宗拜贾似道为右相，率师驰援鄂州。南宋的鄂州也就是现在的湖北武昌，一旦鄂州失守，江南中线门户洞穿,蒙古大军将直捣江南。但贾似道却无心抵抗,在出征后就秘密遣使与蒙古军队私下议和,并向忽必烈游说,南宋可以放弃长江以北的土地,并向蒙古进贡。面对如此慷慨的议和条件,忽必烈却无动于衷,蒙古人不是女真人,他们有着更大的野心和征服性,他们想要征服的不只是南宋,而是整个世界。忽必烈正欲对鄂州发起猛攻,恰在此时,一路势如破竹攻克四川北部大部分地区的蒙古帝国大汗蒙哥,在合州(今重庆合川区)钓鱼城碰到了一颗硬钉子,攻打数月,一座钓鱼台依然坚如磐石,年届半百、正值壮岁的蒙哥中箭死于城下(一说是病逝)。蒙哥临终前恨恨不已地留下遗言,将来若攻下钓鱼城,必屠城。钓鱼城也成了蒙古军队攻城战中唯一没有被蒙古军队攻克的城池,后来是因南宋守将投降献城,才为蒙古军队取得,但忽必烈还算仁慈,赦免了城里的所有军民。

从历史的宿命看,这偏安一隅的南宋王朝,有时还真有上苍的格外垂怜。钓鱼城一战,宋军不但保住了一座西线关隘,也让鄂州以及南宋大半壁江山得以保存。贾似道侦知,蒙哥死后,忽必烈急于回师争夺觊觎已久的汗位,不愿恋战,这给了宋军一次反击的机会,但身为统帅的贾似道在这大好战机下却不顾江万载的反对,以许诺南宋对蒙古国称臣、岁奉二十万两银、绢二十万匹为条件与忽必烈暗中媾和,忽必烈原本就急于脱身,遂同意撤兵北返。在私下达成和议后,贾似道还必须做做样子,趁蒙古军北退时他装模作样地发起进攻,杀伤了一百七十多个蒙古军。就这么点儿微不足道的杀伤力,却被贾似道渲染成了一场"空前绝后"的大捷,连连向天子奏捷:"诸路大捷,鄂围始解,江汉肃清。宗社危而复安,实万世无疆之福。"宋理宗闻报,拜贾似道为卫国公,在贾似道"凯旋"时,又率文武百官在宫门外列队恭迎。

贾似道是一个无比荣幸的宰相,宋理宗也算一个幸运的皇帝。随着蒙古内部为争夺汗位的权争,对南宋的威胁暂时解除,这让他安度了自己在位的最后一段岁月,对贾似道这个"匡扶社稷之臣"自然也特别看重。未几,他就罢免了另一位丞相丁大全(此人亦是打入了历史另册的奸相），从而使贾似道得以专权。当南宋朝廷被贾似道搞得昏天黑地时，南宋皇帝理宗也已百病缠身。为了延续自己的生命，宋理宗征召国中名医为自己治病，却无人应征，无论医术多么高明的大夫，都无法为一个病入膏肓的天子开出救命的药方。景定五年（1264年）冬月，南宋第五位皇帝宋理宗赵昀驾崩，在位四十年，享年六十岁，刚好活了一个甲子。他虽是南宋在位时间最长的皇帝之一，但其一生亲政的岁月其实不多，在位的前十年基本上为权相史弥远挟制；执政后期，朝政又相继落入丁大全、贾似道等奸相之手。而史上公认，南宋王朝就是在他手上开始急遽地走下坡路的。这里还有一段过于残忍的后话：宋理宗死后葬于永穆陵，在他死后十五年，南宋已经覆灭，一个叫杨琏真珈的党项族僧人将理宗用水银浸泡的尸体从陵墓中拖出，倒悬于陵前的树林中以沥取水银，其躯干在沥尽水银后已毫无用处，被焚毁。但杨琏真珈觉得这个皇帝的脑袋还有点用处，便将脑袋割下，制作成一个奇特的饮器，呈送给大都的元朝统治者。一百余年后，明太祖朱元璋攻占大都，才在元朝的皇宫中找到了那被制作为饮器的宋帝头颅，这让一个隔代的天子唏嘘不已，随即命人将理宗颅骨重新安葬于宋陵。透过这段残忍的后话，让人看到人类的暴行可以施展到怎样的极限。

宋理宗只有一个儿子，但只活了几个月就夭折了，从此就再也没有生下皇子，只得将侄子（宋理宗同母弟荣王赵与芮之子）赵禥收为养子，又立为太子。但这孩子天生就发育不良，其皇母原本是荣王府中一名出身微贱的小妾，当皇后发现她怀孕后心生嫉妒，逼她服下打胎药，谁知胎儿没打下来，最终还是出生了。由于在胎中已中药毒，此子天生孱弱，手足发软，很晚才会走路，七岁才会说话，是个智力低于常人的弱智儿。宋理宗曾为他配备了良师，精心教导，但再好的师父也不能让一个弱智儿开窍，还常常把理宗气得发昏。这个既孱弱又弱智的太子偏偏还特别好色，据《续资治通鉴·宋纪一百八十》载："帝自为太子，以好内闻；既立，耽于酒色。故事，嫔妾进御，晨诣合门谢恩，主者书其月日。及帝之初，一日谢恩者三十余人。"大意是说，赵禥做皇太子就耽于酒色，当了皇帝后还是这样。按宫中旧例，如果宫妃奉诏侍寝，次日早晨便要到合门感谢皇帝的宠幸之恩，主管太监还会详细记录宫妃受幸日期。赵禥刚当皇帝时，有一天到合门前谢恩的宫妃竟有三十多名。这可不是传说，而是严肃的正史，却比传说更像传说。更荒唐的是，他连批阅公文奏章也交给四个最得宠的后妃执掌，号称春、夏、秋、冬四夫人。而他对贾似道的宠信更甚于理宗，即位后便拜贾似道为太师，将朝政也统统拜托给了他。这让总揽军政的贾似道成了无冕之皇。而贾似道见度宗赵禥比理宗还要昏庸，更好对付，动辄就以辞官相要挟。史上有这样一段插曲，在度宗登基五年后，贾似道为了测试自己在朝中的地位，在度宗面前说自己年事已高，再三请求致仕返乡，享几年清福。度宗一下慌了，为了挽留这位托命之臣，一个天子竟然卑躬屈膝地跪拜一个朝臣，拉着他的衣襟流着眼泪挽留他，还特意下旨恩准贾似道可三日一朝，且不必如百官一样行礼如仪，到后来，又变成了六日一朝甚至十日一朝。每次退朝，度宗总要离座目送他走出大殿，才敢坐下。贾似道既能一手遮天，又乐得逍遥自在，朝廷还为他在西湖葛岭盖了一座精美不亚于皇宫的豪宅，而贾似道的荒淫也不亚于皇上。如果历史真是这样，南宋王朝由这样一个皇帝和这样一个太师把持着，其昏暗的程度和覆没的命运也是天意了。

　　在追溯一段国史的同时，再看陈文龙的家史和个人史。他虽降生于莆田玉湖，却并非在玉湖长大，幼年随父陈粢定居连江长乐（今阜山），也正因这一段经历，如今让莆田和长乐都在争当陈文龙的故乡。在长乐流传着一个"青龙绕柱"的民间故事，陈文龙的父亲带他来长乐时，投宿于长乐后山一陈姓人家，一笔难写两个陈字，也算是投宿家门了。那夫妇俩年过半百膝下无子，此前做了一个"青龙绕柱"之梦，恰好父子俩来家中投宿，感觉这是梦兆的天意，便提出让陈文龙的父亲承嗣香火。那时陈文龙年幼，陈父也正年轻，还不知道那"青龙绕柱"的青龙究竟应验在谁身上呢。如此一来，陈文龙之父便挑起了阔口陈和长乐陈两家的香火，频频往来于莆田玉湖与长乐后山之间，而且在长乐居住的时间更多。陈文龙开蒙后就留在长乐后山明教堂念书。据清末莆田进士张琴《陈忠肃公年谱》载："淳祐十一年（1251年）辛亥，公（陈文龙）年二十岁。案张日起公行状云：公幼颖悟，苦学不厌。年未弱冠，以赋律名郡庠。公于是年入乡学；宝祐四年（1256年）丙辰公年二十五岁。是年文天祥状元及第。公补入太学，累捷私试。"

陈文龙比文天祥年长四岁，两人同为南宋末季状元宰相，同为南宋王朝的最后拯救者，但陈文龙在当世与后世的影响力都难与文天祥相比。从科举看，自幼颖悟的陈文龙却是典型的大器晚成，他二十岁时才入乡学，而文天祥在十九岁时就一举夺魁，钦点状元；二十三岁时，陈文龙方才"补入太学"，此时的文天祥已跻身于朝臣之列。在他二十五岁时，离进士登科至少还有十多年的距离，但当时他的书法让他称誉一时。在《安石仓诗选》载有时人所写《王一送陈刚中归莆》诗，陈刚中是陈文龙的字，在这首诗中对他的书艺有如是称赞："近得钟王法，才华世共称。剑锋看舞女，笔阵笑狂僧。散帙花前席，鸣琴竹里灯。石渠成远别，白下酒如渑。"由于陈文龙的书法手迹和他的诗文一样传世极少，后世也只能根据此诗的描绘去想象他的书艺了，大致可知，他的书法深得曹魏时代之钟繇、东晋王羲之的精妙神韵，那就是神品了。此外，史上对陈文龙"累捷私试"津津乐道，但所谓私试，一般与"公试"相对，只是唐宋时聚集士子定期举行的考试，这倒是科举时代在教育上的一项良策善举，除了科考成绩，还照顾到了平时的成绩。

宋度宗咸淳元年（1265年），三十三岁的陈文龙春闱夺魁，随即"升补外舍积分，私试分数中内舍优奏"，他"累捷私试"的分数到此时也派上了用场。不过，最关键的一场考试还要再等两三年。直到宋度宗咸淳三年（1267年，一说为四年），陈文龙才终于迈过了人生的一道大坎："帝临轩，对策试，赐进士六百六十四人，擢公第一，状元及第。公本名子龙，唱第日，御笔改为文龙，赐字君贲。"是年，正是陈文龙三十八岁的本命年，虚岁三十七，而他的高祖陈俊卿也是在三十七岁进士及第，摘得榜眼，陈文龙至少在科举功名上一举超过了他那显赫的叔高祖。在穿上一身状元郎的大红袍时，他还得到了天子御赐的名字。对于一个士子，这是无与伦比的恩荣。史上还有一段饶有趣味的记载，"龙飞榜，省试第一人胡耀龙，殿试第一人陈文龙"，这两条"龙"让皇上龙颜大悦,以为是天降祥瑞,福佑大宋,还给宰执大臣出了上联:"龙飞取士,省元龙,状元龙。"让大臣对下联,参政马廷鸾很是机敏,旋即对出了下联:"虎帐总戎,殿帅虎,步帅虎。"当时,朝中有两大虎将,一是范文虎,为殿前指挥使,也是一代权相贾似道的女婿;一是孙虎臣,为步军指挥使。马廷鸾此对,既恭维了两大虎将,更讨了丞相贾似道和度宗皇上的欢心,"上大悦"。走笔至此,我发现历史总是充满了矛盾,一说度宗是个智力低于常人的半傻子,到了这时候却又如此才思敏捷。而接下来,历史还开了一个更恶劣的玩笑,当元军入侵,一介书生陈文龙为抵御大敌而浴血奋战,最终走上了祭坛,而范文虎、孙虎臣这两大虎将都投降了元朝。这是一段提前交代的后话。

陈文龙中状元那年,离南宋灭亡仅仅只剩下十一个年头了,一个绵亘了三百余年的王朝,历史已进入倒计时,但对一个崩溃前的帝国,置身于其中者不一定有太强烈的感觉,只有极少的人提前察觉诸多的亡国之兆。当宋度宗与马廷鸾等大臣为一个藏龙卧虎的王朝而不亦乐乎时,一个大器晚成的新科状元又是否预感到了自己并不遥远的宿命?

二、清心为治本,直道是身谋

陈文龙入仕第一官,以宣义郎镇东军节度判官驻节越州(今绍兴)。这种节度判官,实为一个"以资佐理,掌文书事务"的幕僚,约为从八品或正八品。对于状元,这个起步官比一般进士也算是优待了。一个王朝到了末世,依然奉行着正统秩序,但官场里已是乱象丛生,充斥着趋炎附势的小人、行贿受贿的交易,在欲壑难填的疯狂中仿佛要把一个王朝剩下的最后一点东西榨干、吸尽。这其实是一种正在弥漫的末日情结。陈文龙以"清心为治本,直道是身谋"而立身,先正己,方可正人。但这只是对道德或道统的一种苍白的呼救,他虽疾恶如仇,但毕竟人微言轻,如果没有一个拥有实权的主官支持,除了写写公文几乎一事难成。幸运的是,他的顶头上司、知军刘良贵对这位状元还真是高看一眼,"政无大小,悉以询之。"既有了主官授权,他也就可以施展开自己的拳脚，秉公执法，革除弊政，这也让陈文龙在佐理位置上就提前扮演了主官的角色，成了一个"人皆惮之"的包青天式的人物。

咸淳七年（1271年），在陈文龙中状元后的第三个年头，他遇上了一个必将出现的大贵人——贾似道。这是一个史上铁板钉钉的奸臣，却也是后世公认的一个艺术鉴赏家和文学家，其《促织经》为世界上第一部研究蟋蟀的专著。这样一个大才子，也特别爱才，对陈文龙这个状元很是赏识，"爱其文，雅礼重之"。又有一说，贾似道为了扩张自己的势力，非常注意网罗天下人才。年届不惑的陈文龙就是在贾似道的荐举下从一个区区节度判官擢为崇政殿说书，此职也曾是文天祥干过的，为皇帝讲说书史、解释经义，以备顾问。此职一般由官阶较低、资历较浅者担任，而翰林学士等学术深厚者则为侍讲、侍读，其品秩、地位高多了。崇政殿说书还只是陈文龙被擢为朝官的第一级台阶，作为皇帝身边的近臣，只要能把握好这一机遇，又能得贵人相助，就可以一步步提升，甚至平步青云。这个机遇陈文龙把握住了，在贾似道的提携下，他不久就迁为秘书省校书郎，又迁监察御史，掌监察百官、巡视郡县、纠正刑狱、肃整朝仪等事务。宋代监察御史为从七品，有的甚至在正八品下，品位不高，但权力很大。若一个性格很强势的人与一种很强势的权力捆绑在一起，也就很危险了，当你监察这个弹劾那个时，也就成了众矢之的。陈文龙是那种看似儒雅而内心特别强大的士人，这也是一般国士的性格，为了江山社稷，可以置身家性命于不顾。这让很多人不禁为他捏了一把汗。让人们担心的还不只是他这无所畏惧的性格，还有他仰仗的那个大贵人贾似道，谁都知道那是个老奸巨猾的人啊。一个正直敢言、无所畏惧的监察御史，一个"专恣日甚，畏人议己，务以权术驾驭"的奸相，根本就是两股道上跑的车，道不同不相为谋，他们能够长久地捆在一起吗？两人闹翻恐怕只是迟早的事。果不其然，没过多久，陈文龙就忤怒了贾似道。

贾似道从宋理宗时开始当权，连理宗皇帝都对他以"师臣"相称，百官皆称其为"周公"。到度宗朝，"除太师、平章军国重事，一月三赴经筵，三日一朝，赴中书堂治事"，而"宰执充位署纸尾而已"。赵宋一世，为了防止大臣擅权，在天子集权之下，采取的是多位宰执大臣共同执政的体制，还极少出现像贾似道这种权倾朝野的大臣，当贾似道这种极端的政治强人一旦出现，连皇帝也无奈他何，更遑论其余宰执大臣来制衡他了。

贾似道擅政时干了一桩让后世争论不休的大事，他密授机宜，让其心腹、浙西转运使洪起畏上奏度宗，请求推行理宗时一直未能施行的"公田法"。所谓公田，说来话长，宋朝有很多国有土地，如没收不法官僚的土地（籍没田），在战乱灾荒岁月被逃户、尽户（绝户）抛荒的田地（户绝田、抛荒田），在濒江沿海地区自然淤积而成的沙田或涂田，还有北方与西北边境上军队开垦的营田或屯田等。大凡国有资产，在管理上都存在很多漏洞和弊端，一是租种公田的佃户作弊，田租流失严重；二是为了管理这些公田，政府要付出大量的人力物力。南宋初期，宋高宗将一部分公田划为寺院、学校，将其余公田全部卖断给私人经营，卖田的收入七成以上缴朝廷，其余则留给地方官府，此举既在短时间内缓解了南宋政府的财政危机，也缓解了军费的严重不足，同时也减少老百姓的苛捐杂税，在当时可谓是一举多得的良政。但随着岁月的嬗变，良政也可以转化为弊政，其弊端之一是不少大户在赎买公田后造成土地兼并，大量土地都集中在官僚地主手中，政府只能采取"和籴"之策，以阻止富人囤积谷物，要求地主将粮食卖给国家，为了购买粮食势必又要发行更多的纸币（会子），造成通货膨胀。若以客观公正的历史眼光看，贾似道推行"公田法"，至少在制度设计上并非弊政，且是一种颇有理想主义色彩的善举，从一开始就是针对官僚地主（官户）的，先按官员的品秩设置一个土地限田标准，一品限田五十顷，以下每品递减五顷，至九品为五顷，将超过标准的部分抽出三分之一，由国家回买为公田（官田），再租赁给无地户耕种，以田租偿付军需、弥补财政缺口。也正因"公田法"直接触犯了官僚地主的利益，宋理宗一直犹豫不决，贾似道则以辞官归田要挟，宋理宗这才同意先在平江（今苏州）、嘉兴、安吉（今湖州）、常州、镇江、江阴等州府试行，以观其效，然后再推向各路。贾似道率先垂范，带头献出浙西一万亩田作为官田，以期能起到上行下效的作用。但这种"榜样"的作用十分有限，若要抑制土地兼并，势必采取强有力的铁腕手段。而一切的铁腕行动都是把权力推向极限，也就极易在执行的过程中被推向极端，结果是，"公田法"从一个善举最终演变为以变相的行政手段强行改变土地所有权，名为回买，实为豪夺，致使浙西"六郡之民，破家者多"。

陈文龙之所以与贾似道反目，只因他公然反对"公田法"，直接站在了贾似道的对立面，他直言极谏，请求朝廷严惩洪起畏，而洪起畏背后是什么人，他心里十分清楚。然而，他从未考虑到那些背后的东西，他必须豁出自己来制止这种弊政，救民于水火。当"公田法"停止推行后，一时间，"朝绅学校相庆"，称赞陈文龙"乃朝阳之鸣凤也"。他虽迎合了天下人，却惹恼了贾似道这个"天下第一人"。

在贾似道擅政之际，元世宗忽必烈早已巩固了自己的统治地位，其军势日盛，南宋边事又频频告急。咸淳七年（1271年），蒙古大军围攻襄阳，试图从中线的荆襄突破南下。这是一次漫长的围困，从咸淳三年（1267年，也就是陈文龙高中状元的前后）一直围困到咸淳九年（1273年），长达六年。当边关告急的文书接二连三地飞抵临安，贾似道又在干什么呢？据《宋史》载："襄阳围已急，似道日坐葛岭，起楼台亭榭，取宫人娼尼有美色者为妾，日淫乐其中。唯故博徒日至纵博，人无敢窥其第者。其妾有兄来，立府门，若将入者。似道见之，缚投火中。尝与群妾踞地斗蟋蟀，所狎客入，戏之曰：此军国大事耶？"还有更荒诞的一幕，贾似道上朝议政时还带着蟋蟀上朝，庭上不时传出虫鸣声，一次蟋蟀自水袖内跳出，竟跳到了皇帝的胡须上。而对襄阳被蒙古大军围困一事，却被贾似道一一隐瞒。咸淳九年（1273年），一直在孤城路绝的状态下苦苦坚守的襄阳守将吕文焕已陷入了兵尽粮绝之境，贾似道的女婿范文虎在率兵驰援之际却又临阵逃遁，吕文焕在绝境之中选择了投降，打开了被围困达六年之久的襄阳城门。襄阳失守，南宋朝野震动，一个王朝哭声一片，骂声一片。贾似道在大骂吕文焕时，也痛骂自己的女婿范文虎，但在处理上却是从轻发落，只将范文虎降职一级。同时，又任命"曾多献宝玉"的小人赵晋为建康知府，又任命一个卖身投靠自己的无耻之徒黄万石为临安知府。

在这样一段不算短的历史中,陈文龙一直处于缺席状态,但他从未甘心成为一个历史的冷眼旁观者,只是历史还没有给他提供一个适合的位置。当他得贾似道荐举入朝为官后,尤其是担任监察御史之后,对贾氏在国难当头依然结党营私的丑行与心术,他看在眼里急在心里,如果不把这个奸相扳倒,这个王朝真是无可救药了。他全然不顾贾似道这个大贵人的栽培提携之恩,凛然上疏,力陈贾氏的种种过失,弹劾贾似道的女婿范文虎以及他的两位心腹赵晋和黄万石。但荒淫而孱弱的宋度宗压根就不理朝政,这样的奏疏和弹劾最终都落在贾似道手上,这等于指着和尚骂秃子,贾似道的愤怒可想而知。想来,他苦心孤诣栽培了陈文龙多年,将他从一个节度判官一路迁为崇政殿说书、监察御史、左司谏、侍御史,没想到竟然为自己培养了一个敌人。然贾似道既是一代奸相,自是高深叵测,哪怕满心杀意也是笑里藏刀。很快,他就微笑着派人去给陈文龙宣旨,将陈文龙贬知抚州。这还不是贾似道给他安排的最终命运,陈文龙一到抚州,早就有一双双眼睛盯上他了。这都是贾似道暗布的眼线,他就不信找不到一桩可以将这忘恩负义之徒置于死地的罪证。但他还真是没有找到陈文龙的什么罪证,陈文龙在抚州依然不改其"清心为治本,直道是身谋"的秉性,为官清廉,深得民心。贾似道既找不到借口,就以封官许愿收买了一个叫李可的监察御史,李可弹劾陈文龙"催科峻急",陈文龙随即被罢。

罢官后,陈文龙回到兴化故里,一介书生,方显出本色。他或以诗遣怀,或用家乡的山泉润润喉嗓,把岳飞的《满江红》高声朗诵一遍。这个人注定是做不了陶渊明的,他的心思不在东篱之菊,一心唯念的还是"靖康耻,犹未雪,臣子恨,何时灭"。就在他乡居期间,南宋王朝又经历了一次改朝换代。咸淳十年(1274年)七月,年仅三十五岁的宋度宗因酒色过度死于临安宫中的福宁殿。度宗在位十年,南宋江山版图一天一天萎缩,国势衰败更是一日胜似一日,后世不为他的早丧而遗憾,倒是为一个王朝没有亡在这样一个孱弱无能又昏庸荒淫的皇帝手上而侥幸,这还真是他的侥幸之处。在贾似道的扶持下,年仅四岁的宋恭宗继位,这是南宋第七位皇帝,朝政多由他祖母太皇太后谢道清代理,而谢太后则又主要依靠贾似道。随着贾似道在丁家洲兵败罢相,陈宜中被拜为右相,此时谢太后又主要依靠陈宜中了。此人也是贾似道荐举的人才,但他比陈文龙"识时务",一直依附于贾似道,在贾的荫庇下官运亨通、青云直上。历史选择这样一个人来主持南宋危局,又能让南宋转危为安吗?

陈文龙心里似乎有数。在贾似道罢相后,宋廷旋即召陈文龙进京,拜参知政事。临行时,叔父陈瓒给他献策:"为今之计,莫若尽召天下之兵屯聚要害,择与文武才干之臣分督之。敌若至,拼力奋斗,则国犹可为也。"文龙听了,沉吟片刻,才说:"叔之策非不善,然柄国政者非人,恐不能用,是行也,某必死之。"可见,此人虽说耿直,却又相当清醒,他已深知这个王朝危急到了怎样的程度,叔父的计策虽然好,但掌握国家最高权力的人,却未必肯采纳这些建议。而如今朝纲紊乱,人心涣散,大小官吏贪赃枉法、争权夺利,他又有什么力量可以挽狂澜于既倒、扶大厦之将倾?毕竟是"独柱擎天力弗支"啊。他也只能是尽人事、听天命,而他早已做好了舍生取义的准备,他这条命注定就是用来为一个王朝殉葬的。

三、从祭坛走向神坛

一切似乎都在陈文龙的预料之中。陈宜中主政之际,南宋大势已去,但气数未尽,仍有文天祥等文臣率领的勤王之师在拼命抵抗蒙古大军的进攻。以蒙古大军足以征服世界的伟力,这样的抵抗只是徒劳的象征,当临安北面被文天祥据守的独松关失陷,元军直趋临安的最后一道关隘已经打通。一个王朝已危在旦夕,在临安陷落之前,谢太后和陈宜中、文天祥、陈文龙、张世杰等宰执大臣在一起商讨应对之策,陈文龙力主背城一战,他对枢密副使张世杰说:"宋家天下,被人坏了,今无策可支,愿太尉无奈收拾残兵出关一战,大家死休报国足矣!"文天祥还没有陈文龙那样绝望,他提出了一个比较冷静、理性的建议:

入闽广再图匡复。此时具有决定权的是首辅大臣陈宜中和谢太后。陈宜中思忖再三，还是力赞议和，而谢太后也力赞议和。然而事已至此，哪怕卑躬屈膝的乞和也是妄想了。

当陈宜中派正少卿陆秀夫赴元朝丞相伯颜的大帐乞和，伯颜指定须由南宋丞相出城商议，这个角色也就只能由陈宜中来担任了。陈宜中行前，谢太后允许他见伯颜时可用臣礼，陈宜中当时还面有难色，太后哭着说："只要能保存社稷，还计较什么臣不臣的称呼啊。"事实上也是这样。为了能罢兵议和，南宋不但卑躬屈膝地"奉表求封为小国"，为此而开出了中华民族历史上最屈辱的条件，先请求称臣纳币，但伯颜不答应；又称侄孙，伯颜还是不答应。那就再降格以求吧，而那位深略善断的大元帝国丞相伯颜却一语道破了天机："宋昔得天下于小儿之手，今亦失于小儿之手。盖天道也，不必多言。"在伯颜看来，宋太祖赵匡胤当年在陈桥驿兵变中黄袍加身，从后周柴氏的孤儿寡母手里狠心夺得了天下，三百多年后，如今赵宋江山又落在了谢太后和一个小儿皇帝的手中，也该从这孤儿寡母手里失去了，一个王朝的历史如同轮回，这是天道，所谓天道，既是宿命，也是报应，你还有什么可说的呢，认命吧。

陈文龙早已就认命了，但他认的是另一种命。在临安陷落之前，由于谢太后、陈宜中一味乞和，陈文龙痛心疾首，便以母老乞求归养为辞，再次无限惆怅地回到了兴化故乡。

又是一个年头了，德祐二年（1276年），又一个早春二月来临。一座临安古城，作为南宋帝国一百年的"行在"，一直都是一个临时首都，这是临安扮演的一个古怪的历史角色。南宋一直想要回到他们原本的首都汴京开封，而百年之后，却连一座偏安江南的行在也将拱手让给外族。当陈文龙转身从临安走向他宿命中的故乡时，一场瑞雪把临安变得分外吉祥、宁静，那些攻城略地的蒙古大军，仿佛是被一座古都美妙的雪景吸引而来。在首辅大臣陈宜中悄无声息地消失之后，一头白发似雪的太皇太后谢氏携着五岁的宋恭帝，踩着满地积雪，从临安宫中走向城外，她走得小心翼翼，她身后的人都走得小心翼翼。这其实是一个王朝的最终选择，它放弃了同历史的对抗。随后，谢太后、宋恭宗以及那些未逃走的赵宋皇室成员皆被俘北去，临安城头插上了元帝国的王旗。这是北宋靖康二年（1127年）也曾发生过的一幕，几乎可以一字不差地重复一遍。

至此，一个绵延三百余年的王朝事实上已经灭亡，却还有一段苟延残喘的最后挣扎。是年四月，张世杰、陆秀夫等大臣一路护卫着宋度宗的庶长子益王赵昰和第三子广王赵昺（史称"二王"）逃奔福州。此时，那个一度神秘失踪的首辅大臣陈宜中忽然又出现了，据说他是提前到温州筹建流亡小朝廷了，随着他的再度出现，在他与文天祥、张世杰、陆秀夫等大臣的拥立下，年仅七岁的赵昰于五月登基，是为宋端宗，为南宋第八帝。而小朝廷班底，依然以陈宜中、文天祥为丞相，张世杰签书枢密院事，陈文龙再次被拜为参知政事。福州虽是东南一隅的福地，但元军却没给这个小朝廷立足的机会。刚刚入秋，闽海依然蝉声四起，元军便挥师向闽粤挺进，一路路铁骑驰驱于江南金黄的秋野之中，如同奔驰在一望无际的漠北大荒。眼看元军已逼近福州，福州知府一听到马蹄声，浑身颤抖，不战而降。张世杰、陆秀夫等大臣又保护着一个吓傻了的小皇帝从海上逃亡泉州。就在这关头，陈文龙接到朝命，依前职充闽广宣抚使，并在兴化开设衙门。一个手无寸铁的书生，只能倾尽家财招募兵勇，组成一支抗元义军。此时除了大敌当前的外患，还有趁火打劫的内乱，他一上任就以铁腕平定了漳浦、兴化等地的盗匪，而接下来，他将要面对的是世界上最强大的敌人。

眼看着一个又一个宋臣献城投降，元军估计陈文龙不会死守，很快就派了说客来劝降。当第一个说客来到，陈文龙立马就把使者杀了；元军又派来了第二个使者，也被陈文龙立斩。那些元人还真是固执，一连派了四次说客，又一律为陈文龙斩杀。元军最后一次派来的说客还是陈文龙的一位姻亲，但陈文龙已经杀红了眼，六亲不认，斩杀如故。他给元军复信，也是一个接一个的死字："孟子曰：效死弗去；贾谊曰：臣死封疆。国事如此，不如无生，惟当决一死守……若以区区之守义为不然，或杀身复家，鄙意则虽阖门磔尸数段亦所愿也？请从此诀,勿复多言。"为了让元军断了劝降之念,他索性在城头竖起一面大旗:"生为宋臣,死为宋鬼。"这其实是他为自己提前升起的一面灵幡。秋天过去了,兴化没有冬天,却也有了一丝丝北风吹来的寒意。当一座座城池的守将相继叛降,陈文龙一直坚守着兴化这一座孤城。孤城,孤臣,这是多少王朝中反复上演的一幕,现在终于轮到陈文龙来扮演这一段历史的主角。一座孤城,一面旗帜,一个仗剑而立的书生,仿佛成了一个王朝最后的象征。

陈文龙并不是一味孤守,还时常派人去侦察敌情,以便应战。他最终就是被自己派往福州打探敌情的两位部将林华、陈渊给出卖的,这两位部将和降将王世强勾结,把元军引到兴化城下,而早已动摇的通判曹澄孙随即开城投降。一座孤城,最终变成了一个人的坚守。历史所遵循的是一种仿佛前世就已注定的逻辑,陈文龙的命运和这个王朝的命运一样已不可改写,他只能以明知不可为而为之的方式,一直血战到最后,才被一拥而上的元军和叛将捕获。当他看见元军在城中纵火烧杀,一边挣扎一边怒喝:"速杀我,无害百姓!"

他想死,这是他此刻最强烈的念头,但那些胜利者当然不会让他轻易地死掉。能够主宰一个人的生命,对于胜利者既是一种权力,也是一件很有意思的事情。和陈文龙一起被俘的还有他的母亲、妻子、两个儿子、三个女儿。这一家人,从他们的故乡出发,先被押至福州元将董文炳军中。董文炳身为元将,也是汉人,他好奇地打量着眼前这个俘虏,这可不是一般的俘虏,这是一个文章盖世的状元,一个王朝的末世丞相(实为参知政事,相当于副相)。他眯着眼睛看了陈文龙好一会儿,然后命左右对陈文龙百般凌辱戏弄。身为汉儿,他兴许以为自己很懂得汉人,他也知道"士可杀而不可辱"的大道理,那就让这个自以为高贵而骄傲的士人先尝尝比杀他还难以忍受的侮辱吧。如此,才可以杀一杀陈文龙的气势,然后劝降。但他很快就发现自己屡试不爽的经验也有不爽的时候。一个人可以俘虏,一颗心却难以驯服。当董文炳开始劝降时,陈文龙突然伸手一指,他没有指着董文炳的鼻子,而是指着自己的肺腑说:"此皆节义文章也,可相逼邪?"他的声音不高,但很深，一种突如其来的力量，让董文炳和四周的人为之一震。这都是那些刚才侮辱他的人，他们恍然明白了，在有的人身上，还真有一种叫气节的东西。但董文炳还不死心，他深信陈文龙是一个聪明人，一个俊杰，识时务者为俊杰。他说："国家兴亡有成败，汝是书生，何不识天时？"陈文龙又是一声怒吼："国亡我当速死！"一个叫唆都的元将，看见他如此决绝，却也并非没有空子可钻。他知道陈文龙是一个孝子，一个慈父，便从人同此心、心同此理的亲情上开导他，你不怕死，但你"母老子幼"，难道你要扔下他们不管吗？这一席话，还真是说到了陈文龙的心坎上，这是他最割舍不下的啊。他眼圈红了，两行泪水流过脸颊，缓慢得让人颤抖。但他随即又调整了一下呼吸，慷慨答道："我家世受国恩，万万无降之理。母老且死，先皇三子岐分南北，我子何足关念！"为此，他还写了一篇《复元将唆都书》，这是一篇披肝沥胆的自白，如今读来，依然一字一句撕扯着人心。

　　元军见劝降无望，便把他押往临安。从离别故乡兴化起，陈文龙就开始绝食，无论元军怎样软硬兼施，他都咬紧牙关粒米不进。行至一个叫合沙的地方，他赋诗一首，同与他随行的次子诀别："斗垒孤危力不支，书生守志誓难移。自经沟渎非吾事，臣死封疆是此时。须信累囚堪衅鼓，未闻烈士竖降旗。一门百指沦胥尽，惟有丹衷天地知。"这是他对自己人生与心迹的最后写照，如同文天祥《正气歌》的另一个版本。走笔至此，又该拿陈文龙和文天祥做一下比较了。无论科举还是功名，陈文龙似乎都比文天祥稍逊一筹，他中状元比文天祥晚，一直到死也才官至参知政事，说他是状元丞相还有些勉强。他也没有像文天祥写出"人生自古谁无死，留取丹心照汗青"这样的千古绝唱。这的确是他的局限，也是他比文天祥影响较小的原因之一。他唯一比文天祥走在头前的就是舍生取义的赴死，提前登上一个国士的祭坛，为国献祭。这也是他一生最非凡的意义。

　　陈文龙被押解到临安，临安已不是一座王城，而是一座牢笼。他被囚禁在自己当年寒窗苦读的太学里，挨过了大半年岁月。景炎二年（1277年）四月，他预感大限将至，提出了生前的最后一个要求，拜谒岳飞庙。或是有感于他的气节，元军同意了。此时他已经骨瘦如柴，一路飘然而行，如同悬身于虚浮的天地间。到了岳庙，他连连打晃地抬起腿，跨过一道门槛。他或许早已看透，死是为每个人预备的一道门，只有看透了，才会这样坦然地面对死亡，视死如归。仰望岳飞那壮美而威严的雕像，一百五十年的岁月如风掠过，一位被谋杀的元帅依然带着一身铿锵的光芒。他一下伏倒在地上，仿佛被一种穿透岁月的伟力所击倒，一阵难以名状的失声痛哭，把他的生命席卷而去。他死了，不是死在异族的刀斧之下，当晚便死于岳庙中，年仅四十五岁。对于他，能够追随岳飞的灵魂而去，无疑是一种最完美的死亡方式。后来，他被安葬在西湖智果寺的翠竹园里。他圆满了。

在他死后，他母亲还被拘禁在福州一座尼姑庵中，老人身患重病但拒绝服药治疗，唯求一死。她对监守说："吾与吾儿同死，又何恨哉？"一个老妪的话，让囚禁她的人也情不自禁流泪，很多人感叹："有斯母，宜有是儿。"除了这位老人，陈文龙一大家人，包括他的三弟陈用虎、从叔陈瓒，最终都选择了一条以牺牲为结局的不归路，连他的弟媳朱氏，在陈文龙被俘后就挂上白练，一身缟素，自缢而亡。玉湖陈氏，满门忠烈，被后世誉为"兴化义门"。一个士人能生在这样一个家族，从小就"濡染先训"，而"先训"中最重要的又是气节。而所谓气节，说穿了，就是刺在岳飞背脊上的那四个血淋淋的汉字：精忠报国。一笔一画，疼痛锥心。

一座始建于宋代的玉湖陈氏祖祠，由于陈文龙与其从叔陈瓒在兴化（今莆田）誓死抗元，祖祠遭元兵破坏，族中子孙或血战而死，或逃离四散。朱元璋在灭亡元朝、缔造大明帝国之后，旌表历朝先烈，以作为帝国臣民之楷模，诏告天下："凡有功国家及惠爱在民者，著于祀典，令有司岁时致祭。"在各地呈报的忠烈名录中，朱元璋最看重的就是南宋末季的两个状元丞相：文天祥和陈文龙。朱元璋御封陈文龙、陈瓒为福州府和兴化府城隍庙主神，之后又在兴化府城隍庙东侧建"二忠祠"，并重建玉湖祖祠。陈文龙从御封福州城隍庙主神后，从一个历史人物又渐渐变成了民间传说和戏曲说唱中的一个半人半神的人神。至明永乐年间，朝廷又敕封陈文龙为"水部尚书"，清乾隆皇帝又加封陈文龙为镇海王。明清时期，每三年一次的大比（进士考试）之后，历代皇帝都要委派新科状元率册封团赴琉球、台湾册封当地官员，他们在海上行船时，风高浪涌，为了祈求平安，便将陈文龙像供奉在船中拜祭，渐渐演变为"官船拜文龙、民船拜妈祖"的风俗，陈文龙成为一个海上保护神。如今，在福建境内建有"历代奉旨祀典"陈庙十余座，在我国的台湾和马祖还有保存完好的陈文龙庙十六座之多。由于陈文龙被封为"水部尚书"，这些庙宇又称尚书庙或尚书祖庙。

陈文龙，从士人到国士，又从祭坛走向神坛，这已超越了他的人生意义，超越了历史边界，也让我的拜谒带有某种神性，这是拜谒文丞相祠没有的感觉，当我第一眼看见他的那一刻，我就想要跪下。但我却一直愣愣地站着，面对这样一个人，或一个神，脑子的空白仿佛占据了一切。

文天祥

最后的拯救

北京东城，府学胡同63号，听起来有某种阴森的神秘感，像一座深藏着无数秘密的王府。当我问路时，哪怕他是一个老北京，一下也反应不过来。一个坐在小板凳上的北京大爷朝我翻了翻眼皮，以一种近乎警惕的神情问，您说的那是啥地儿？

但顺天府学很多人都知道，不知道府学的也知道孔庙。去那儿，先要穿过一条苍老而瘦小的胡同，这条胡同只因有一座顺天府学而得名。岁月中有太多的阴差阳错，而偶然又往往变成必然。顺天府学的前身据说是元末的一座报恩寺，寺庙刚刚盖好，连佛像也来不及安放，明军便一举攻入元大都，报恩寺僧人在兵荒马乱中生恐寺院被明军强占，而和尚出生的朱元璋对佛庙之类满不在乎，却特别在乎孔孟等圣贤的庙堂，严令明军不得擅自闯入，众僧在惶急之中便将一尊孔子像置于庙堂，一座佛庙却由此而变成了孔庙，再也改不回来了。永乐元年（1403年），在燕王朱棣以其"圣武神功"夺得天下后，升北平为顺天府，孔庙又成为顺天府学，而一条府学胡同，穿越六百年岁月，从明朝一直贯穿至今。

我来这里，不是来拜谒一座孔庙或府学，而是来拜谒比一座府学还早一百多年的前身，一座几乎处于遗忘状态的土牢。在宫殿、王府和大夫第此起彼伏的老北京，眼前出现的是一座看上去很不起眼的建筑，一座寂静的门楼连接着一座坐北朝南的老宅院，土灰色的墙，土灰色的瓦，连北京深秋的阳光看上去也是土灰色的，愣愣地照着这土灰色的一切。它的表情是安详的、自在的，仿佛天生就是这个样子。

我瞅了瞅那个门牌号码，如同历史的指证，就是这里了。

没有丝毫震惊，也没必要仰望。走进大门，一目了然，远没有我想象的那样阴森神秘、深邃复杂，在一棵枣树向南倾斜的稀稀疏疏的树影下，大门、前殿、后殿，以安稳的姿态不紧不慢地展开。穿过一道狭长的过厅，如同穿过一个人的一生一世。这是一种设计，人类真是充满了智慧，他们可能连想也没想就这样决定了，用这样一道过厅来展示一个人的平生，这让一个人和一段历史有了一条不再拐弯抹角的捷径，也让一个人走进历史的途径变得直接而简单。然而，走过这段历史的过程还是比我预料的要漫长得多。

一、颠倒的名字

追溯一段历史的开端，其实也是生命的开端。诞生是一种必然的方式。

一个远在江南的村庄，在一个婴儿降生之前便已出现，那是南宋的吉州庐陵，如今的江西吉安。当一个地址被确定，时间突然也变得分外清晰。南宋理宗端平三年（1236年），农历五月，一个婴儿的啼哭仿佛在憋了很久之后突然喷薄而出，在这座北方的院落里产生了经久不息的回荡，回荡了七百余年。但那时候，还没有谁能预知一个南方的婴儿和一座北方院落之间必将产生某种宿命的联系。如果说一切的历史都是宿命的存在，至少还要耐心地等待四十余年，这命定的一切才会被最终揭示。

那是一个特别适合生命诞生的季节，随着越来越旺盛的阳光，以层次分明的方式照亮了满目葱茏的江南原野、明镜般的江湖和淡远的山影，然后是江山之间的一幢幢白墙黛瓦的村舍。这其实是一个偏安百年的王朝的背景。当一方天井裁出一方整齐的蓝天，透过这一方天井，我们才得以确认一个婴儿的准确的降生地。那位安坐于天井里的书生，便是婴儿的父亲文仪。此人一生嗜书如命，对经史子集无不精研，上至天文，下至地理，甚至连中医、占卜之书也百读不厌。他还有买书的嗜好，凡他看上了的书，有时没钱买，他把身上的衣服典当了也要买回来。只要一卷在手，他就读得废寝忘食，经常是一盏孤灯，陪伴着他通宵苦读。而当天色微明，熹微的晨光下出现的又是一个读书人的身影，他站在天井里，必须仔细辨认，才能看清那书卷上的蝇头小字。这样一个读书人，应该是要干一番大事的，从他所著的《宝藏》三十卷、《随意录》二十卷看，他不仅有渊博且驳杂的学问，也有读书补世的志向，还有对穷苦老百姓感同身受的悲悯。可惜了，这样一个读书人却一生未仕，他一生的意义仿佛就是作为一个父亲，他所有的学问仿佛就是为他那未来将无与伦比的儿子预备的。这也是历史公认的，设若没有这样一个父亲，一个叫文天祥的状元，就不会有那样出类拔萃的文辞，一个叫文天祥的丞相，也不会从小就有见贤思齐的高贵品行。至少，从中国历史看，每一个英雄或圣人的诞生，都与他的家世、他的成长背景有着必然的联系。由于有了这样一个父亲，有了这样的家学渊源和耳濡目染的家教，才有一个忠孝节义的胚子，才会成长为一种命定的历史结果。

　　文天祥，初名云孙，字天祥。父亲为他命名时，是否感到天上有什么祥兆出现？这是一个更接近民间传说的问题，也只能以民间传说的方式来回答。相传，在他降生的那一刻，他父亲正下意识地仰望着天井的上空，天上出现了一朵很白的云，白得像是神仙驾来的祥云，在一个读书人的眼里闪烁着神秘的启示。这样的启示看似神秘却并不费解，江南的五月，明净的天空时常都会浮现出这样明净的白云。但这个名字又必将会给他带来意想不到的好运。

　　接下来发生的一切就像我此刻正在穿越的一条过厅的必然走向。一座学宫出现了，那是吉州学宫，一个父亲带着他的儿子去瞻仰学宫里的先贤遗像，欧阳修、杨邦乂、胡铨、周必大、杨万里……这是按时序出现的"庐陵五忠"，他们身上仿佛有一种强大的磁性，哪怕变成了泥胎木偶，那筋骨中也蕴藏着伟力，让一个少年身形倾倒，魂不守舍地向他们靠拢。自此之后，这孩子一双清澈似水的眼睛里便有了某种不同寻常的神秘感，而他接下来的人生，仿佛成了一个被时间验证的过程。

文天祥十九岁时，中庐陵乡试第一名，二十一岁又高中殿试一甲第一名，中状元了！

从科举功名看，他一下就超过了"庐陵五忠"。说到他这个状元，还真是鬼使神差。据说，文天祥赴殿试时身染风寒，高烧不止。当他拖着一副病躯赶到考场，整个人都昏昏沉沉，头重脚轻，进门时，众生忽然一阵拥挤，挤出他一身淋漓大汗，浑身顿觉爽然一轻，头脑也一下清醒了。看了命题，他连草稿也没打，如得神助，一挥而就。他这试卷初评仅名列第七，哪怕中了第七名进士也算是高中了。但这不是最后的结果，卷子还得密封了，呈请天子钦定名次，若无意外，天子一般也以考官平定的名次为准。当宋理宗在集英殿阅览试卷时，拆开密封，一眼看见文天祥的名字，眼里豁然一亮，"天祥，天祥，这是天降的吉祥，乃天降大的祥瑞啊！"宋理宗御笔一勾，就把文天祥取为一甲第一名，一个状元就这样横空出世了。当年欧阳修实实在在考了个第一名，却因"众考官欲挫其锐气"而被打入二甲第十四名进士，如今文天祥考了个第七名却钦点为状元，可见宋代科考的随意性和偶然性。无论如何，中状元是一个士子最辉煌的事，天子觉得这个名字是天降的吉祥，文天祥这个意想不到的状元郎更觉这是天降的吉祥，从此他便把自己的名字颠倒过来了，以大祥为名，又取大宋祥瑞之义以宋瑞为字。

然而，一个从名到字都透着天降祥瑞的状元，却难以化解一个王朝积重难返又迫在眉睫的危机。就在文天祥中状元不久，我正在缓步穿行的这道狭长的过厅里，忽然切换到了一幅极其不祥的画面：宋理宗开庆元年（1259年），南宋蜿蜒的边境线上，狼烟四起，由北向南，胡马奔腾，那些骑在胡马上的蒙古大兵，一路号叫着、呼啸着，挥舞着手中的刀剑。这是南宋历史上遭遇的最强大的敌人。南宋长江以北的防线已处于全线崩溃的状态，当急报一道接一道向临安飞驰，满朝文武急红了眼,而每当北军压境,宋廷那些大臣第一个想到的就是迁都。那个外号"活阎罗"的宦官宠臣董宋臣,急催理宗迁都四明(今浙江宁波)。宋理宗也觉得走为上策。眼看着当今天子又要重演宋高宗赵构当年逃亡海上的一幕,一向谦卑低调、文质彬彬的文天祥忽然挺身而出,他把长袖充满感召力地一抖,大声疾呼,迁都之议乃小人误国之言,董宋臣恶贯满盈,应该斩首!

就在一道过厅呈现的历史画面里,一个状元的形象突然变得充满了血性和杀气。这其实也是历史的真相。细察那一段历史,文天祥中状元后因父丧而未授官职,直到守丧期满回朝,也仅授以一个八品刑部郎官,一个人微言轻的小官,也只能谦卑地站在属于他的位置。而这次进谏,让他一下走到了历史的前台,第一次显示出了他血气方刚、锋芒毕露的禀性。但若尊重历史事实,让理宗打消迁都念头的其实不是他,而是另一个地位更高的人,时任礼部尚书的江万载。江尚书并未同皇上直接顶撞,走的是一条曲线救国的路。他深知理宗对皇后谢道清一向是言听计从的,便请谢皇后出面,谢皇后又以迁都"恐动摇民心"来劝阻理宗,理宗才暂时打消了迁都之念。谢皇后又建议理宗派有军事经验的江万载襄助丞相贾似道督师出战。江万载不负重托,顶住了蒙古大军的多路进攻。但在西线统帅蒙古大汗在钓鱼台战死、中线统帅忽必烈急于北返争夺汗位的大好形势下,贾似道却与忽必烈私订丧权辱国密约,一场被贾似道大肆渲染的所谓"大捷",也被他贪天之功攫为己有。哪怕那真是一场大捷,也只是南宋日薄西山时的一场回光返照般的胜利,却也为接下来的历史埋下了灾难深重的伏笔。"凯旋"的贾似道从此更加得势,由此而成为把持三代朝政的一代奸相。

在贾似道等人的排挤之下,不愿同流合污的江万载只得以奉养慈母为由辞官归里,年轻的文天祥身陷于混浊不堪的朝廷,还想施展自己救国报国的抱负。他是踌躇满志的,也是深思熟虑的。从他给宋理宗的上书看,他认为南宋的危机主要在内部而非外部。他从批评宋朝开国以来一直奉行的"守内虚外"的国策入手,提出了一系列改革政治、扩充兵力、抗蒙救国的建议,而他的建议也是非常直接和大胆的,譬如说，他提出要革除祖宗专制之法，通言路、集众思、从众谋，发挥中书枢密院的作用，主张用人必须举贤授能，收用君子，起用直言敢谏之士。他还力主加强地方力量，以抵御外侮。他的这些改革思路，已经超越了范仲淹的庆历新政和王安石的熙宁变法，更接近近现代的变法主张。这也是被历史忽略或遮蔽了的。如果他的建议能够被宋理宗采纳，或许是宋朝历史上的又一次变革，对危机四伏的南宋王朝，还真有挽狂澜于既倒、扶大厦之将倾的可能。但在一个权奸当道的朝廷里，又加上一个碌碌无为的被贾似道所架空的皇上，他对这个帝国的理想设计也就只能沦为一种无望的空想。一个徒有空想的状元，如同一个摆设的花瓶，既无法给朝廷带来天降的吉祥，也无法施展自己一腔报国救国的抱负，这让二十五岁的文天祥提前感到了绝望。"邦有道则仕，邦无道则隐"，这是中国士人的处世哲学，既然不能兼济天下，也就只能选择独善其身。就在文天祥处于进亦忧、退亦忧的两难选择中时，他被任命为签书镇南军（今江西南昌）节度判官厅公事。这明显是将他排挤出朝，他不愿赴任，请求"祠禄"。所谓"祠禄"，一般是朝臣罢职后挂名管理某处道教宫观，实无职事，仅以此领一份俸禄。

在"祠禄"两年左右后，那个被罢黜的"活阎罗"董宋臣又被朝廷重新起用，文天祥连"祠禄"都不想干了，原本想就此挂冠而去，却被贬知瑞州（今江西高安市）。这当是文天祥第一次担任地方官。瑞州曾遭蒙古军践踏，这让他眼睁睁地看到了一座千年古城遭受外族入侵后的惨象。这里不妨把眼光放远一点，才有可能看清部分血腥的历史真相。那些兴起于北方的游牧部族，一直以其野蛮而强悍的征服力轮番摧残着汉民族文明，而蒙古军的强大和残暴的力量又超过了中国历代所有的外族入侵者，他们每攻占一座城池，将可带走的东西掳掠一空后，便将一座城池一把火烧掉。所谓文明如同青瓷一样脆弱，在他们的屠刀和烈火面前不堪一击。据《蒙古秘史》载,蒙古人每攻陷一城，必纵火屠城。成吉思汗曾经下令把男子和车轮高度做对比，凡高于车轮者一律杀掉，而所有女子悉数分给部下轮奸，然后掳走作为性奴隶，还可作为殉葬品。他们把孕妇的肚子剖开，用刺刀挑出母腹中的婴儿，甚至用死人的头颅垒成金字塔，以此来炫耀、取乐。如果战争还在继续，这些平民则被驱赶去填平敌军留下的防御沟壕，或用这些活生生的生命作为战争掩体。有人统计过，蒙古人仅在中国北方沦陷区所屠杀汉人、女真人口，约占总人口比例的百分之九十，十人就有九人被杀。又据忽必烈自己估计，大约有一千八百万人被蒙古军直接屠杀，因焚烧房屋、毁坏农田而造成冻死、饿死以及由此而引发的瘟疫中死亡的总人口，据西方史学家估计至少超过三千万。蒙古帝国制造的种族灭绝，以受害者的人数之多被载入了吉尼斯世界纪录。他们在中亚、阿拉伯、俄罗斯、欧洲和印度等地制造的屠杀和种族灭绝的规模令人发指。美国现代历史学家桑德斯曾说过："作为人类种族灭绝屠杀的典型代表，这些蒙古人是自古 Assyrians 以来最恶劣的屠夫。他们把许多国家民族完全斩尽杀绝，或者全部驱赶出家园。在屠杀上令人发指程度，一直到现代的纳粹都没有超越。"在苏联，还有专门的纪念蒙古大屠杀博物馆。而在中国，由于蒙古人建立的元政权成为一个入主中原的正统王朝，从元帝国到后来的历代王朝，出于为尊者讳的需要，又历经元至清代的残酷文字狱，很多记载蒙古人暴行的历史文献大都被官方销毁，对蒙古人的大屠杀一直进行淡化处理，从而让血腥的历史真相淡出了后世的视线。但哪怕从残留的历史碎片中，也能看到蒙古人不分男女老幼一律赶尽杀绝的暴行，其凶狠、残暴程度，是世界上任何其他种族灭绝行为都无与伦比的。

  一座如同废墟的瑞州，正是国破家亡的梦魇，从此一直笼罩在文天祥的心头，这也让他更坚定了抵御外族入侵的信念。文天祥在瑞州为官的时间很短，只有一年多，但历史却记载了他不凡的政绩，他在这里实行宽惠政策，尽力安抚劫后余生的百姓，并筹资建立供借贷和救济之用的"便民库"，使地方经济和社会秩序迅速得以恢复。此外，他还修复了一些古迹，如碧落堂、三贤堂等，又新建野人庐、松风亭等，以发扬先贤的民族正气。在文天祥的治理下，瑞州政通人和，百废俱兴。

  一段岁月掠过，恍然已是宋度宗咸淳六年（1270年）初，文天祥奉诏还朝，先被任命为军器监，正四品上，掌管武器制造，随后又迁为崇政殿说书，为天子讲说书史，解释经义，以备顾问。从二十一岁中状元，到三十四岁迁为崇政殿说书，一个少年得志的状元，仕途并不顺遂。但如果能在崇政殿说书这个皇帝身边的位置上把握好机遇，是有可能得以超升的。然而，他很快又丧失了这一机会。据说是，他为皇帝起草诏书，由于没有像别的大臣那样对贾太师歌功颂德，反而直言贾似道"惜其身，违皇心"，以此来规劝皇上远离奸佞，重用那些可以辅国的社稷之才，如此方能让赵宋王朝得以中兴。但一心想力挽狂澜的文天祥，实在是高估了度宗皇帝的智商，这样的规劝只能是徒劳，他也因此而得罪了贾太师，随即被罢黜了一切职务。

这次罢官回乡后，文天祥便决意从此归隐林泉。他在文山修建了一所山庄，这是他自号"文山"的原因，又以"浮休道人"自命。浮休，语出《庄子》："其生若浮，其死若休。"他给两个儿子命名，一为道生，一为佛生，也能看出他的超尘出世之心。而佛也好，道也罢，说穿了就是失意文人的一条退路。他曾在一首诗中抒写自己归隐之后的心境："昔我爱泉石，长揖离公卿。结屋青山下，咫尺蓬与瀛……天地不知老，日月交其精。人一阴阳性，本来自长生。指点虚无间，引我归员明。一针透顶门，道骨由天成……"那三年岁月，他终日寄情于山水泉石，"领客其间，穷幽极胜，乐而忘疲"。然而这段闲云野鹤的日子，注定只是他人生的一段插曲，三年之后，朝廷不知怎么又想起了这个人，又命他为湖南提刑，他再三推辞不得，便启程上任。第二年，他又被任命为紧邻他的家乡的赣州知州。这是他第二次担任地方官，他似乎也很适合担任一个地方官，在为一州百姓干实事的同时，他也显得特别平和沉静、宽厚仁慈，主张对老百姓少用刑罚，多用义理，知赣州不过一年多，所属十个县的老百姓对他非常爱戴，又加之风调雨顺，稻谷丰收，在危机四伏的南宋版图上，赣州却宛如一片江南的锦绣江山。

咸淳十年（1274年）七月，三十五岁的宋度宗赵禥因酒色过度而崩。赵禥是历史上公认的最荒淫无道又昏庸无能的皇帝，他每活一天南宋王朝就折寿一天。但他的驾崩并未给南宋的历史带来转机，为继续把持朝政，已是两朝元老的贾似道还想当三朝元老，采取了抑长立幼之策，扶四岁的宋恭帝赵㬎继位。就在宋度宗死后两个月，咸淳十年（1274年）九月，元丞相伯颜统领二十万大军，兵分两路，试图以包抄的方式一举灭掉南宋王朝。东路，南宋淮西制置使夏贵不战而逃，危急之中，已辞官十多年的江万载自组义军，对蒙古大军进行节节抵抗，虽没有战胜元军的实力，却也拖住了元军进攻的脚步。而到了这样生死存亡的关头，贾似道把持的南宋朝廷还生怕江万载拥兵自重，竟下令他不准抵抗；西路，鄂州在十二月失守，都统程鹏飞投降。此时的南宋，兵败如山倒。随着元军在东、西两路夹持的扇形包围圈越缩越紧，当年的理宗皇后、如今已是太皇太后的谢道清应众大臣屡请，垂帘听政。南宋最后的朝政就是由谢太后来主持的。

　　此时，元军已攻占鄂州，正沿长江一路东进，谢太后命贾似道率十三万宋军迎敌，这也是南宋军队最后的主力，一个王朝已把自己的命托付给了这个三朝元老。但贾似道既无心作战，又心存幻想，于是故技重演，像当年鄂州之战一样，一心只想与元军谈判媾和。为巴结伯颜，他献上了黄柑、荔枝等礼物，这是他狡黠的试探，但今日之元军已非昨日之元军，伯颜对贾似道一点也不买账，其攻势反而更加凌厉。结果是，原本就无心一战的贾似道在鲁港（一说为丁家洲，今安徽芜湖西南）被元军一举击溃，十三万宋军主力，南宋王朝的最后一点本钱，经此一战而化为乌有，宋军的尸体漂浮在长江里，连江流都堵塞了。贾似道在大败之后乘单舟逃奔扬州，而宋军大败的消息比他逃跑的速度更快，噩耗传到临安，大臣陈宜中请斩贾似道以谢天下。谢太后深知贾似道罪孽深重，天怨人怒，却又念及贾似道乃三朝元老，在朝中树大根深，实在是下不了杀手，只是罢黜了其相位。尽管她对贾似道有些妇人之仁，但也表现出了一定的政治智慧，譬如说，她在整治贾似道把持朝政时留下的弊政时就显得果断而坚决，而且在短时间内就清除了贾似道在朝中的同党，平反了被贾似道诬陷的冤案，对朝政也做了一系列调整。谢太后想以此来安抚民心，却难以平抑民愤，朝野上下继续谴责贾似道"既不死忠，又不死孝"，请斩。谢太后思虑再三，还是刀下留人，决定放逐贾似道到漳州。行至漳州木棉庵，没有被朝廷处死的贾似道，却被监押使臣会稽县尉郑虎臣砍掉了脑袋。

然而，杀了一个贾似道，无非是泄一时之愤，却无法改变一个王朝行将覆没的命运。此时，南宋已经没有精锐军队可用，而树未倒，猢狲已散，那些在偏安中醉生梦死的朝臣与官僚们，很多连招呼都不打就不见了踪影。谢太后念及赵宋三百年家国，到头来，无兵可战，无士为政，她在悲哀中，也只能在朝堂上张挂出一篇比她更悲哀的榜文："我国家三百年，待士大夫不薄。吾与嗣君遭家多难，尔小大臣不能出一策以救时艰，内则畔官离次，外则委印弃城，避难偷生，尚何人为？亦何以见先帝于地下乎？天命未改，国法尚存。凡在官守者，尚书省即与转一次；负国逃者，御史觉察以闻。"然而这样一张榜文又有多少意义呢，面对元军铁桶似的围攻，此时的南宋王朝已危若累卵，谢太后一个妇道人家，也只能是明知不可为而为之，竭尽全力来挽救这个王朝。她一方面下令紧缩国家开支，减少冗官，以助军费，一方面又下了一道著名的"哀痛诏"，述说继君年幼，自己年迈，民生疾苦，国家艰危，希望各地文臣武将、豪杰义士，急皇室之所急，同仇敌忾，共赴国难，朝廷将不吝赏功赐爵。这一哀痛无比又无奈的诏书，意味着不得不承认了江万载等抗元义军的合法地位，然而像江万载这样的忠臣又实在太少了，对朝廷的哀痛诏，各地文武将官都只是冷漠地观望，静观时局，以决定何去何从。而像王积翁之流的宋臣，原本就熟谙"良禽择木而栖"之术，心中早有了投奔元军的打算，此时奉诏勤王，无疑是给自己断了一条后路。

一道哀痛诏的结果也令人悲哀，最初奉诏起兵勤工的只有文天祥、张世杰等人。

德祐元年（1275年）正月，原想当一辈子隐士的文天祥接到朝廷专旨，命他"疾速起发勤王义士，前赴行在"。一声疾速，可知当时临安的危急程度。文天祥拜读诏书，号啕大哭，一个儒雅的、一身书卷气的士人，仿佛就在这样的悲恸中完成了从士人到军人的转换，一转身，他就挥拳擦干了满脸的涕泪，立即发布榜文，征募义勇之士，筹集军需粮饷。他带头捐出了全部家财，又把母亲和家人送到弟弟处赡养，以

"毁家纾难"的决绝方式,竖起了起兵勤王的义旗。而他的旗下,很快就云集了三万多义士。这也验证了他在赣州深受拥戴、一呼百应的事实。但也有人并不看好这支义军,出征之前,一位友人就对文天祥说:"元军三路进兵,你以乌合之众迎敌,无异驱群羊斗猛虎。"文天祥淡然一笑说:"我也知道如此,但国家养育臣民三百多年,一旦有急,征天下兵,竟无一人一骑应召,我万分悲痛。所以不自量力,以身赴难,希望天下忠义之士闻风而起,聚集众人力量,也许能保存社稷。"

从颠倒的名字,到颠倒的身份,只有一个理由:"受君之恩,食国之禄,应该以死报国。"就这样,一个以"以死报国"为信念的士人,从此踏上了他宿命中的戎马征途。

二、最后的拯救

我依然在北京府学胡同63号一条狭长的过厅里穿行。我越来越感到这样一条过厅是一种局限,它呈现的只是历史片段,却无法为历史赋形。它把历史变成了一条狭窄的、笔直的、单线条的进程,这让错综复杂的历史被简化了、抽象了,然而,在远隔七百年后,这样一条过厅,又几乎是我得以穿越时空、重返那一段岁月的唯一方式。

从文天祥德祐元年(1275年)正月起兵勤王,到祥兴二年(1279年)南宋王朝随着在南海崖山海战的战船最终沉没,仅仅只有四年时间,而在此前,他已度过四十年,对于这个人短促的一生来说,此前的四十年,却如同一个漫长的引子。他一生真正的意义,仿佛是从德祐元年开始。

天祥,天祥,一个陷入灭顶之灾的王朝多么渴望他能带来转危为安的吉祥,然而,苍天昭示的却是另一种异象。就在他挥师向临安进发途中,德祐元年六月,江南盛夏的大太阳底下,黑暗突然笼罩了一切。这是日食,是天狗吞日的凶兆,谢太后随即便采取了削"圣福"——削减皇室开支"以应天变"。其实,就是没有出现所谓凶兆,作为朝廷,也早就该压缩皇室开支以增加军费,从范仲淹的庆历新政到王安石的熙宁变法,一直都试图解决这一问题,却又一直没有解决,时已至此,一切都晚了。当一个王朝走向了尾声，谢太后虽有力挽狂澜之志，却已无力回天，文天祥又何尝不是如此。

文天祥起兵后，奋不顾身地想要奔赴前线阻击元军，但连这样一个请求也遭到朝廷中主和派大臣的阻挠，甚至有人诬告这些勤王军在乐安、宜黄一带抢劫。文天祥在同元军交战之前，却要先同朝廷内部的人交锋，他愤而上书抗辩，除了那些处心积虑想要投降的人，朝野上下都支持他，连太学生也上书抨击投降派。在各方面的压力下，朝廷才终于颁旨召文天祥领兵入京。八月，文天祥率部抵达临安，一路秋毫无犯，虽是义军，其阵容的整齐、纪律的严明却胜于官军。十月，常州告急，朝廷命文天祥率军保卫平江（苏州旧称平江府），又派一位叫张全的将领率两千余官军由淮驰援常州。文天祥从战略大局考虑，派部将尹玉率兵偕同赴援。宋、元两军交战后，张全却坐视文天祥部将麻士龙与元军激战，为保存实力竟按兵不救，麻士龙壮烈殉国。在元军攻击下，张全又未战先退，文天祥部将朱华奋起抗击，挡住了元军。而在尹玉指挥宋军与元军决战时，打退了元军的一次次进攻，元军损失惨重，而张全又始终按兵不动，隔岸观火。最终，尹玉寡不敌众，为元军所杀，所部将士大部分战死。张全见大势已去，又乘夜逃跑，陷余下的义军于孤立无援之境。常州失陷后，义愤填膺的文天祥请斩张全，却遭到丞相陈宜中反对。文天祥对朝中赏罚不明感到十分愤慨，力战而无功，逃跑而无罪，这样一个朝廷，又怎么能统御军队同强敌作战？

文天祥的担心其实有些多余，主持朝政的大臣们根本就无心于战，反而生恐惹恼了元军，打乱了他们乞和的步骤。当蒙古铁骑攻破常州、平江，直逼临安门户独松关时，朝廷中的主和、主战两派又发生了激烈的争议，江万载、文天祥、张世杰等主战派将领联名奏请朝廷，力主与元军决一死战，若以背水一战，或可于危中求安。而时任南宋宰相的陈宜中却力主向元纳贡求和。但结果可想而知，此时的南宋王朝，在蒙古人眼里已不是一个谈判对象，而是一个随便拿捏的软柿子。德祐二年（1276年）正月，眼看着乞和不成，陈宜中又建议迁都，但谢太后不同意。陈宜中"痛哭固请",谢太后才不得已而从之,但第二天启行时,宫车已经驾好,只等开路了,陈宜中却迟迟还不来,谢太后在怒气中下令不迁都了。很快,元兵已攻到了皋亭山,眼看着临安不保,陈宜中和文武百官纷纷逃走。若说谢太后是个女政治家,就是在这时候表现出了她的政治智慧,她沉着安排江万载摄行军事,暗中保护赵宋皇族人员及部分大臣和宫廷机构撤离临安,企望赵氏一脉得以延续,寻找机会再造赵宋王朝。而她此时已将自己的生死置之度外,继续留在京师主持危局,与元周旋,为一个王朝的再造而提供掩护。也正是因为她这一处心积虑的安排,才使南宋王朝在临安失陷后又延续了三年。

陈宜中的逃跑给了文天祥一个历史机会,谢太后拜文天祥为右丞相兼枢密史,这也是谢太后所下的最后一道任命。此时文天祥正当不惑之年,受命统揽南宋的军政大权。然而此时的南宋王朝,哪里还有什么政权、军权?他要干的第一件事,就是奉命去与伯颜谈判。对谈判的结果,文天祥心里十分清楚,他想的是借谈判之机,深入元军大营去一探虚实。这是历史上的一次奇特的谈判,一个是即将亡国的丞相,一个是气焰冲天的元丞相,在这种极端不对等、没有任何讨价还价余地的谈判中,文天祥只能以一个汉民族士大夫的气节去战胜一个不可一世的侵略者。他以一国主宰的正义凛然,对元军的入侵予以严厉斥责。伯颜没想到一介书生竟有如此逼人的气势,这让他凶相毕露,一把怒不可遏的长剑,几次差点夺鞘而出,又几次被他按捺下去。他最终没有杀掉这个南宋的书生,考虑的不是两军交战不斩来使的规矩,而是这个士人还有利用价值,利用他的声望,兴许可以尽快收拾南宋灭亡后的残局。最终,伯颜做出了一个很聪明的抉择,他把文天祥扣押了,随即便发起了对南宋京都临安城的总攻。但他根本没有必要这样摆出一副阵势了,还没等他下达命令,谢太后似乎就早有准备,她先派左丞相吴坚赴元大都向元世祖忽必烈进呈降表,在宋军攻城之际,便抱着五岁的宋恭帝,带着尚未撤退的南宋皇族出城跪迎元军统帅伯颜。而后世史家对她这次投降给予了美化,认为她是以主动投降而保全一座经营了一百五十多年的临安城，使一城生灵免遭战火涂炭。如果历史可以这样书写，所有的投降都可以得到完美的解释。

至此，从北宋到南宋绵延了三百多年的赵宋王朝，已基本告亡。但按历史的主流叙事，这还并非南宋王朝的终结，至少还留下了一个长达三年的尾巴，对于文天祥，他一生最非凡的意义，恰好是从南宋基本告亡后开始的。

元军占领了临安，但两淮、江南、闽广等地还未被元军完全控制和占领。伯颜企图诱降文天祥，然后利用他的声望来招降那些负隅顽抗者。当一个强大的敌人有了这样的妄想，文天祥也就有了可乘之机。他一直在捕捉两种可能性的机会，一是生机，一是自杀的机会。他暗中藏了一把匕首，以备必要时自刎。而上苍仿佛故意留给了他一次生机，让他继续去演绎那九死一生的余生。在历尽艰险之后，他于景炎元年（1276年）五月二十六日辗转到达福州，被刚刚拥立为小皇帝的宋端宗赵昰拜为右丞相。

此时，江万载仍按谢太后投降之前的嘱托，只在暗中摄行军中事，实为南宋小朝廷的暗线统帅，而由文天祥担任枢密使都督诸路军马，为公开的宋军统帅。这也就是南宋末期抗元作战中所形成的明暗两帅的格局，一明一暗，一个在背后出谋划策，一个在前线浴血奋战，南宋形势在临安陷落后还一度奇迹般地好转。然而，一个刚刚在福安（福州）立足的小朝廷，很快就陷入了内部倾轧，那个在临安失陷之前便逃走了的右丞相陈宜中与张世杰等人纠结在一起极力排挤江万载、文天祥这明暗两帅的力量。这年七月，文天祥既对张世杰专制朝政不满，又与陈宜中意见不合，于是奏请离开福安，以同都督身份在南剑州（今福建南平）另辟督府。对陈宜中，史上多为负面评价，而对张世杰，则是高度嘉许，将其与陆秀夫、文天祥并称"宋末三杰"，但我觉得文天祥对他的评说是最接近历史真相的："闽之再造，实赖世杰之力。然其人无远志，拥重兵厚资，惟务远遁。"又从文天祥被陈宜中、张世杰等人排挤出朝的结果看，与其说文天祥去南剑州另辟督府是被排挤的结果，弗如说是一种极具战略眼光的军事部署。其时，江万载有意派部分江氏子弟兵襄助文天祥筹组训练督府军，但文天祥念及江氏家族满门忠烈、死伤无数的惨况，婉言谢绝了江万载的好意，并奏请端宗下旨，让江氏子弟去军，择地隐居，以保全江氏一脉。从历史的叙述看，文天祥在当时还真是很有声望，很快就有福建、广东、江西的许多文臣武将、地方名士、勤王军旧部纷纷投奔而来，文天祥又派人到各地招兵买马，筹集军饷，很快组成了一支规模和声势都比江西勤王军大得多的督府军。从他的一首《南剑州督第六十四》也能看出他那非同一般的意气："剑外春天远，江阁邻石面。幕府盛才贤，意气今谁见？"这也是在南宋基本告亡后重组的一支精锐之师，但其战斗力又如何呢？三个月后便见了分晓。这年十月，暗中摄行军事的江万载命文天祥出兵汀州，尽管将士们奋力作战，但实在是寡不敌众，很快就被元军打败了，拱卫行都福安的南剑州也很快失陷，行都福安失去屏障，江万载和丞相陈宜中、枢密副使张世杰在元兵的追击下只得紧急护送端宗登舟入海，一个王朝从此只能在东南沿海漂泊。

　　景炎二年（1277年）初，文天祥率部退到广东梅州一带，经过数月休整，五月间又从梅州出发，打响了收复江西的战役。首战雩都（今江西于都），是文天祥作为统帅打得最漂亮的一仗，也充分显示了一位儒将的军事天赋，此役不但一举打破了元军不可战胜的神话，也打出了士气，随着文天祥麾下的督府军士气大振，各路义军也积极配合作战。文天祥统一部署，以重兵进攻赣州，以偏师进攻吉州，从元军的铁蹄下收复了会昌、兴国、分宁、武宁、建昌等大片沦陷的土地。历史上有文人不善战之说，并把宋朝在抵御外侵上的失败归咎于文人，应该说这是让文人背了黑锅。宋朝在用兵上的失败，主要原因还是其"守内虚外"的国策所致，无论文官还是武将，一旦拥有了军队就让朝廷畏之如虎狼，视为心腹大患。而一个王朝三百年的积弱，进入了这样一个尾声，文天祥就是一个天神，也无法战胜可以征服整个世界的蒙古铁骑。而文天祥所创造的大好局面，也仅仅维持了两三个月。是年八月，随着元军主力发起大规模的反攻，文天祥的督府军以及各路义军或战死，或归降，而文天祥一家只剩下了老少三人。他率残部再次入粤，在潮州、惠州一带继续抗元。在又苦苦坚持了一年多后，祥兴元年（1278年）十二月二十日，文天祥在五坡岭被元将张弘范部下的一支部队以偷袭的方式俘获。他早已做了以死殉国的准备，当即吞下了二两致命的龙脑，但奇迹又一次出现了，药力竟然失效了，他想死也死不了。这意味着，他的宿命已经注定，最终只能以俘虏的方式度过自己的余生。

对文天祥被俘前后的这一段历史，被后世叙述得颠三倒四，或是真相，或为假象，斑斑驳驳地闪烁出一个帝国瓦解后山河破碎的片段。有史载，文天祥被俘之后即被押送元大都，如果真是这样，他又怎么会留下一首《过零丁洋》的悲怆诗篇？零丁洋，亦作伶仃洋，明摆着是在今广东珠江口外的内伶仃岛和外伶仃岛之间，也就是宋元最后一战——崖山海战一带的海域。显然，文天祥被俘后并未直接押送到大都，而是被张弘范率领的元军押解着，一直押往崖山。张弘范比文天祥小两岁，虽为元将，却是汉人，从襄樊之战开始，他便一直追随元军攻宋战役总指挥伯颜，南宋的一大半版图几乎就是这个人拿下的。在一路追击南宋小朝廷时，他一直逼文天祥写信招降张世杰。文天祥的回答却让他如同呛了一鼻子咸涩的海水："我不能保护父母，难道还能教别人背叛父母吗？"当元军押着文天祥过了零丁洋，逼近崖门战场时，张弘范看见宋军摆出了决一死战的阵势，又再次逼迫文天祥写信劝降。文天祥却把《过零丁洋》一诗抄录给了他。当张弘范读到"人生自古谁无死，留取丹心照汗青"两句时，似乎有所触动，不再强逼文天祥了，随即便发起了对宋军最后一战的总攻。

对那场人类历史上最为惨烈的大海战，这里就不说了，无论多么惨烈、多么悲壮，都只有一个被最终确定的结果：宋军一直战斗到了最后，而最后的一幕是，左丞相陆秀夫背负宋幼帝蹈海殉国。一个王朝，在大海里沉没了。宋朝绵延了三百二十年的历史，在祥兴二年（1279年）春天终结，而文天祥还活着，对南宋王朝的一个忠臣，这是最残忍的一件事，他眼睁睁地看着一个王朝最终是怎样彻底灭亡的。

接下来便是一次漫长的押送，元世祖忽必烈下令将文天祥押解到大都。从广州到元大都，一路跋山涉水，一走就是小半年时间，几乎纵贯了整个中国大陆。当文天祥押往大都途经他故乡吉州庐陵时，有个曾追随他起兵勤王的庐陵人王炎午，且深受他器重，本拟留军重用，但此人以父死未葬、母又病危辞谢而归，既当了逃兵，还博得了一个至孝的好名声。当他听说文天祥被俘后将押往大都，便在他的必经之路上张贴了数十张《生祭文丞相文》，这是历史上少有的活祭，每一张祭文都在催命，催促文天祥舍生取义。文天祥何尝不想死，死是他铁了心的念头，"惟可死，不可生"。他一路上服毒，绝食，却又怎么也死不了。在一种求死而不得、欲逃又不能逃的状态下，他只能一步一步走向自己最后的归宿。

三、一个王朝真正的尾声

仿佛就是在文天祥被押解着抵达这里的那一刻，我也穿过了一条狭长的过厅。

除了我，这院子里几乎没有别的人。这其实很适合一个历史旁观者在这里旁若无人地游走与遐思。回忆中的岁月如同倒流，与其说是回忆又不如说是想象。但无论如何想，还是难以想象，这里曾经是一座一半在地下一半在地上的土牢，这土牢隶属于元朝兵马司，又称兵马司土牢。一个王朝的开国皇帝，就是用这样一座土牢来囚禁另一个王朝的末代丞相。这让一座土牢成为时空中的一个坐标，既是历史的开端，也是历史的结局。但要找到那座兵马司土牢已经不可能了，连一座当年的元大都如今也只剩下残余的土城遗址，不说元代建筑，哪怕要寻找一座能完整地保存下来的明代古建筑也是一件奢侈的事。但我还是情愿相信，一个王朝最后的守望者，他生命的最后岁月，就是在这里度过的。

文天祥被押解到元大都的确凿时间，是元世祖至元十六年（1279年）十月。当他从广州上路时还是春夏之交，抵达大都时已是深秋，秋风拂过枯败的黄叶，连同那薄如叶片的时光，从一个俘虏身上纷纷掠过，犹在我走过来的这条胡同里无声地飘飞。一个王朝灭亡了，这个秋天多么寂静，但还有一些前尘往事并未尘埃落定。

接下来的历史，只能按元朝的纪元来进行。这样意味着，又一个由北方少数民族入主中原的王朝。对文天祥而言，这无疑是一件非常尴尬的事，而他接下来的存在，事实上已是时空中的一个悖论。从胜利者来看，在征服了一个王朝之后，接下来要征服的是人心，而要征服南人之心，最好的方式就是从一个人心所向、众望所归的代表性人物开始。这其实就是文天祥最后剩下的利用价值，而眼下，他们俘虏的还只是文天祥的躯体，若要利用这个俘虏，还必须俘获他的心灵。

换一种视角，从文天祥来看，一个王朝已经灭亡，一个忠贞不渝的忠臣事实上已丧失了忠诚的对象。这样一个事实，在文天祥被押到广州时，那位俘获他的元将张弘范就及时点醒过他："南宋灭亡，忠孝之事已尽，即使杀身成仁，又有谁把这事写在国史？文丞相如愿转而效力大元，一定会受到重用。"但文天祥却执迷不悟："国亡不能救，作为臣子，死有余罪，怎能再怀二心？"张弘范微微一笑，不复再言。按张弘范的想法，他是不想带着这样一个累赘上路的。从他与文天祥打交道的过程中，他也知道这个人的愚忠已到了无可救药的程度，既然留着这没用的人，那就不如干脆杀掉，兴许还能让南宋那些依然心存幻想的人们在绝望中死心塌地地归顺大元帝国。但张弘范还没有权力擅自杀掉一个亡国的丞相，决定文天祥生死的是元世祖忽必烈。忽必烈在灭宋之后突然变得仁慈了，慨然道："谁家无忠臣？"他命张弘范对文天祥以礼相待。这实际上又反映了统治者的另一种心机，善待另一个王朝的忠臣，说穿了也是对本王朝忠臣的一种激励。

有了元世祖殷切的关照，一个走在穷途末路上的亡国丞相一路上都受到了优待。抵达大都，他仿佛不是一个俘虏，而是上宾，他先是被安置在朝廷专门接待宾客的会同馆里。当然，接下来便有人来劝降招安了。第一个来劝降的是留梦炎。此人和文天祥一样，也是状元出身的南宋丞相，他于宋端宗景炎元年（1276年）降元后，命也保住了，官也保住了，从礼部尚书迁为翰林承旨，后又拜相。从南宋丞相到元朝丞相，可见这个人是何等的识时务，识时务者方为俊杰。而他也的确为元朝立下了汗马功劳，在宋元交战之际，他为元朝招降了一大批"弃暗投明"的宋臣宋将，让蒙古大军兵不血刃就占领了大片大宋江山。现在，他以自己的现身说法来规劝文天祥，很谦恭，很真诚，很有说服力，但文天祥一见留梦炎就没有好脸色，搞得留梦炎只好"悻悻而去"。紧接着吕师孟又来了，此人原为南宋兵部尚书，德祐二年（1276年）正月，文天祥奉命与元军谈判，双方在谈判桌上正相持不下，吕师孟竟提前向元军献上降表。这让文天祥还怎么谈呢？回朝之后，文天祥立马上书请斩吕师孟，而吕师孟却干脆投降了元军。此时，作为降将吕师孟穿着一身元朝的官服大摇大摆地走到了文天祥的面前，他就没有留梦炎那样谦恭了，一开口就挖苦文天祥："丞相请斩叛逆遗孽吕师孟，现在我来了，丞相为何不杀了我呢？"文天祥厉声呵斥："你叔侄都做了降将，没有杀死你们，是本朝失刑。你无耻苟活，有什么面目见人？"吕师孟讪讪地说了声"丞相骂得痛快"，便转身走了。

眼看着一个个降臣降将的现身说法都未奏效，忽必烈又把一个投降的皇帝请出来了。文天祥不是南宋的忠臣吗，宋朝灭掉了，但皇帝还在。应该说，在对待南宋君臣上，元世祖忽必烈还真是表现出了一个胜利者足够的仁慈，只要投降，一律予以善待，文天祥尊敬的谢太后在归降之后被封为寿春郡夫人，文天祥所效命的天子宋恭宗（或称宋恭帝）赵㬎也被封为瀛国公。在宋元交战的最后几年里，这老太后与小皇帝也被屡屡恭请出来，以规劝他们的臣民放弃抵抗，让天下归心，而天下自然是元朝的天下。这样的劝降很有效果，与其说是来自一个老太后和一个小皇帝的号召力，弗如说是让那些在降与不降中挣扎的臣子们有了一种伦理上的解脱，既然太后和皇上都归降了，他们的归降就不能说是叛国投降，而是对太后和皇上的忠诚追随。从后世对谢太后是非功过的评价看，也并未把谢太后简单地看成投降派卖国贼，并且对她最后下诏降元抱有情有可原的体谅。从历史的实际出发，对于南宋末年那样一个孤儿寡母式的残破危局，这位太皇太后选择降元实在有太多的无奈，后世也实在不能苛求她抗战到底。又从历史大势看，汉民族可以接受异族的统治，却不能接受分裂，谢太后能舍半壁江山，求一统天下，与其说是投降，不如说是主动接受国家的统一，这就不是什么投降卖国了，而是一种政治智慧，有着更深远的历史眼光。谢太后在灭国之后又活了七年，享年七十四岁，也算是寿终正寝了。

宋恭宗五岁随太后降元，元世祖让他来劝降文天祥时，还是一个七八岁的孩子，又知道什么呢，他甚至连自己当过皇帝都懵懂无知。但在文天祥眼里，这孩子却依然是天子、圣上，一见赵㬎，他便北跪于地，痛哭失声，又深深地叹了一口气，对赵㬎说："圣驾请回！"

关于赵㬎，还有一段后话：他十八岁那年，忽必烈忽然赏给他许多钱财，叫他去西藏萨迦寺当喇嘛，法号和尊。他很有悟性，也很有佛性，在萨迦寺学会了藏文，还曾将《百法明门论》《因明入正理论》这两部汉传佛教经典翻译为藏文，在藏传佛教中影响很大，他也成了藏传佛教的高僧。据说，直到元英宗至治三年（1323年），他年过天命时，才知晓自己从前的皇帝身份，在悲哀与惆怅中赋诗一首："寄语林和靖，梅花几度开？黄金台下客，应是不归来。"然而，一个人知道了自己天命中的秘密，也就天命将尽了，他这首对自己的命运颇有些不甘心的绝句，很快就成了生命的绝唱。其时已是元英宗当政，英宗读了他的诗，遂下令赐死。赵㬎死时五十三岁。关于这位亡国之君的结局，在正史中没有记载，但在汉文《佛祖历代通载》有这样一句："至治三年（1323年）四月赐瀛国公合尊死于河西，诏僧儒金书藏经。"这是历史的后话了。

由于多次派人劝降不成，元世祖终于忍无可忍，对文天祥"遂用酷刑"。文天祥从会同馆原本还算优待的软禁状态，带着一身受刑后的伤口与血痕被关进兵马司监狱，从此便被囚禁在这一半在地上一半在地下的土牢里，而他生命的最后一段岁月，也就处于这种半活埋的状态。对七百多年前的那个现场，我只能根据历史的残片来拼凑还原。那是一间如同墓穴般的土牢，冬天冷得像一个冰窟，春夏又潮湿闷热，由于不通风，空气恶浊，臭秽不堪。一个囚徒，戴着沉重的枷锁和脚镣手铐被狱卒呼来喝去，还要经受住一次又一次酷刑的折磨，哪怕一个铁打的汉子，也经受不住这炼狱般的痛苦。他在狱中绝食过，自杀过，然而，当一个曾经主宰天下的宰相一旦沦为囚徒，连死也不能自作主宰了。

只要他一天不死,元朝统治者就不会放过他。在经历了一段时间的折磨后,文天祥又被押到枢密院大堂,这一次是大元帝国丞相孛罗亲自审讯他。此时文天祥已经一身是病、形销骨立,却依然昂然而立。进门时,他只对孛罗抱了抱拳,就算打过招呼了。孛罗这次是来硬的,他喝令左右强迫文天祥跪下,他拼命挣扎着,哪怕被按倒在地下,他也没有跪下。而经历了这样一番折腾,被折腾的好像不是文天祥,而是孛罗,那故作高深的一张脸,此时连青筋都探出来了,他用低沉而疲倦的语气问:"你现在还有什么话可说?"

文天祥平静地说:"天下事有兴有衰。国亡受戮,历代皆有。我为宋尽忠,只愿早死!"

孛罗立马露出一副强盗般的凶相,咬牙切齿道:"你想死,我偏不让你死!"

对这样一个认死理的人,无论是丞相孛罗,还是元世祖忽必烈,还真是无计可施了,一个看上去那么文弱的书生,他的骨头,他的脑袋,竟然比岩石还硬。你越来硬的,他越是坚硬无比。忽必烈只得下令解除了他的脚镣手铐,过了半个多月,才给他脱去枷锁。又一轮优待开始了,狱卒奉命给他端来了香气扑鼻的饭食。文天祥已有很长时间没有吃过一顿饱饭了,一个饥饿的囚徒,痴痴地望着那精心烹制的鱼肉,拿起筷子忽然又放下了:"我不吃官饭数年了。"这下,轮到那狱卒痴痴地望着他了。在一个狱卒眼里,这是一个他永远也难以理喻的囚徒。

文天祥在这间土牢里被关押了四个年头,从劝降、逼降到诱降,元朝君臣备感让一个囚徒俯首称臣要比让一个王朝俯首称臣难得多,他们为此而绞尽脑汁,几乎把各种软的、硬的,能够想出来的手段使尽了,无论是参与劝降者之多、威逼和施暴的手段之狠,还是许诺的条件之慷慨优越,都远远超过了其他被俘或投降的宋臣,如此无所不用其极,达到了一种令人惊叹的地步。从囚禁的时间来看,还没有哪个王朝有这样长久的耐性,居然把一个誓死不降的俘虏关押了三四年之久。时间也是一种逼人就范的力量,很多一开始誓死不屈的宋臣,后来纷纷被时间打败。这其实也是最狠的绝招,很多人可以在某个瞬间壮烈献身,却难以忍受这长时间的、缓慢的、如同凌迟的身心折磨,而一个人在长时间的孤独中感受着自己时,又会蹿出多少各种各样的念头?而人生也好,命运也好,往往就在一念之间决定了。

此时,我依然在一条狭长的过厅里踟蹰,窗外依然是北京灰霾密布的天空,我的脑子里也有各种念头频频闪现。在历史的背后,还有多少我们看不见的存在。当黯淡的阳光在土灰色的墙壁上照出我恍惚的身影,我的眼光下意识地瞟向了那个看不见的深渊,一个不止一次蹿出的疑问,文天祥是否动摇过?又是否对自己的信念产生过怀疑?

我相信有过。这让我充满了道德的焦虑感。我一直在寻觅又一直在排除这种发现的可能,而一个载于《宋史·文天祥传》的证据又是难以排除的,其中记载了文天祥的一段自问:"国亡,吾分一死矣。傥缘宽假,得以黄冠归故乡,他日以方外备顾问,可也。"所谓"以黄冠归故乡",也就是回故乡当道人。当时,一些降元宋臣也曾奏请忽必烈,在生死两端之间给文天祥第三种选择,恩准他回庐陵当道士。又有史载,在文天祥被囚期间,曾有一个叫灵阳子的道人来狱中跟他论道,这也勾起了他对三十多岁时那段隐逸生活的忆念。"谁知真患难,忽悟大光明,日出云俱静,风消水自平。功名几灭性,忠孝大劳生。天下惟豪杰,神仙立地成。"这是文天祥写给灵阳子的一首赠诗,让我们看到了时空中还真有两个文天祥的存在,一个是以一曲《正气歌》抒发其舍生取义、正气凛然的文天祥,一个是在佛道中徘徊的文天祥。设想一下,如果忽必烈能放文天祥归山做道士,让他重返隐逸林泉的生活,从此一生不问政治,他也是能够接受的,也是情有可原的。这是一种寻求解脱的囚徒心态,也是中国士人"邦有道则仕,邦无道则隐"的传统,而佛道就是最好的隐逸之境。然而,在文天祥对当道士表示"可也"的同时,紧接着还有一句"他日以方外备顾问",这个意思很明显,也很危险,他若答应将来以"方外之人"来充当元朝顾问,对他忠贞不屈的形象无疑是一次重创,这虽不是投降,但至少有变节之嫌,一个完美的英雄形象,至少有了瑕疵。当然,这一切都是假设,忽必烈最终也没有给文天祥第三种选择,那个第一个来劝降的留梦炎及时点醒了他:"天祥出,复号召江南,置吾十人于何地!"就是这句话,彻底了断了文天祥在生死两端之间的另一线可能的生机,把文天祥的命运推向了生死抉择,一是投降归顺以求生,一是坚贞不屈而就死。而无论有多少种选择,我深信文天祥只有一个前提,那就是无损于一个士人的大义与名节。

从文天祥留下的诗文看,他在内心里挣扎过,也在选择上彷徨过,但他从未动摇自己的底线,那就是他恪守的大义与名节,他看得比生命还要重,这也正是他超越了一切的信仰或信念,"人生自古谁无死,留取丹心照汗青",就是他给历史留下的证词。但对此,他也同样有过疑虑。当他被押到大都后,就在另一首诗中发出了对自己的疑问:"亡国大夫谁为传?只饶野史与人看。"他以自问自答的方式,表达了自己选择舍生取义却未必就能"留取丹心照汗青",这种担心其实是他在理智上表现出来的另一种清醒,所有历史都是胜利者写的,成者英雄败者寇,而作为胜利者的元朝又会公正书写一个誓死抗元的志士吗?他们很可能会篡改和歪曲事实。是故,文天祥断定自己身后"只饶野史与人看"。而劝降者对他这种"留取丹心照汗青"的信念也一再予以打击:"国亡矣,忠孝之事尽矣。正使杀身为忠孝,谁复书之?"他们以为,这是文天祥唯一的信念,只有把这一信念打消之后,文天祥自然就豁然顿悟了。那个熟谙"良禽择木"之术的宋降臣王积翁,还苦口婆心地写信劝解文天祥,但文天祥的回信却未给他留下任何余地:"管仲不死,功名显于天下;天祥不死,遗臭于万年。"从"留取丹心照汗青"到"只饶野史与人看",再到"天祥不死,遗臭于万年",一步一步地让后世看出,文天祥在一步一步地设想之后,对所谓青史留名已做了最坏的打算。这既表明了他誓死不降、时刻准备殉国的意志,也表明他已清醒地意识到了历史的另一种评价,如此坚守,不一定是青史留名的结局,也有遗臭万年的可能。这也澄清了后世对他的误解与偏见,以为他最后的坚持只为身后名,好在文天祥以异常坚定的方式提前回答了:"殷之亡也,夷、齐不食周粟,亦自尽其义耳,未闻以存亡易心也。"他是为信仰和信念而殉命，而绝非为了博得一个名垂青史的身后名。

当一座土牢将一位孤臣置于与世隔绝的绝境，在漫长而孤寂的囚禁生涯中，最考验一个人的还是骨肉亲情。文天祥膝下有二子六女，原本是一个洋溢着天伦之乐的大家庭，后在"毁家纾难"中家破人亡，只剩下了夫人欧阳氏和柳娘、环娘两个女儿。当文天祥率勤王之师奔赴临安时，两个女儿还只有十来岁，一别之后，从此永别。三年里，他给两个女儿写了很多诗，不只是悲切的思念，还有不尽的愧疚，如《二女第一百四十八》："床前两小女，各在天一涯。所愧为人父，风物长年悲。"就在他思念着妻子女儿时，他竟在狱中收到女儿柳娘的来信，得知妻子和两个女儿也被元军掳至大都，如今都在宫中为奴。而柳娘的信能到他手上，自然也是元朝统治者使出的又一招数。他知道，只要他一句话，哪怕点一下头，一家人就可以重新团聚，然后过上一个士大夫之家应有的生活。但肝肠寸断的文天祥却又心如铁肠，他在写给妹妹的一封信中倾诉："收柳女信，痛割肠胃。人谁无妻儿骨肉之情？但今日事到这里，于义当死，乃是命也。奈何？奈何！……可令柳女、环女做好人，爹爹管不得。泪下哽咽哽咽。"当一个人连骨肉亲情都能割舍，除了等待死神降临，他已没有了任何牵挂。他只是从容地等待着死神，却没有主动扑向死神。他没有自杀，而是一直安顺守命地在这土牢里读书、写字、吟诗，或透过一线微弱的天光辨认着南方的季节……

春去秋来，季节深处已经历了七百多载轮回，当年的土牢之上，如今已是一座隔世的祠堂，当往事化为虚空，便有了一种禅意：空和静。这让我谛听到了来自另一个世界的声音，那是一个囚徒在纸和笔之间发出的声音，如同那时间深处发出的隐秘的回声。当一抹斜阳或一盏青灯勾勒出他的侧影，他又在伏案疾书。在这元朝的徒劳、明朝的祠堂里，还保留着文天祥的一些遗物和手迹，他的《指南后录》第三卷、《正气歌》等，据说都是他在这土牢中写的。不看别的，只看这些文字，这些墨迹，就能理解，为什么忽必烈那样敬重他的人品与才学。我深信这样的敬重是真实的，也是真诚的。

历史没有遗忘这样一个细节：某日，忽必烈忽然问左右大臣："南方和北方的丞相，谁最贤能？"他这样问，其实是明知故问，而群臣心中似乎也早有答案："北人无如耶律楚材，南人无如文天祥。"这个答案，似乎也是一生杀人如麻的忽必烈一直对文天祥迟迟下不了杀手的原因之一。在文天祥就义的前一天，忽必烈决定再作一次努力，他要亲自劝降。他知道，这是最后一次了。文天祥也知道，这是最后一次了。文天祥依然是彬彬有礼，对元世祖长揖而不跪。元世祖倒也没有强迫他下跪，只是说："你在这里的日子久了，如能改心易虑，用效忠宋朝的忠心对朕，朕可以在中书省给你一个位置。"这已不是转述，而是元世祖对一个俘虏的当面许诺，所谓中书省的位置，不是丞相就是枢密使。但文天祥又是淡然一笑："我是大宋宰相，国家灭亡了，我不当久生，但愿一死足矣！"元世祖摇了摇头，又挥了挥手，随即下了处决令。一个不可一世的帝王，可以战胜一个王朝，甚至可以征服大半个世界，但他最终却无法战胜一个手无寸铁的南宋士人，这让忽必烈多少有些悲哀。在经历了三四年的较量之后，那即将喷溅的鲜血，最终将见证了一个帝王的失败。在忽必烈叱咤风云、纵横捭阖的一生中，还很少有这样的失败感。

北京东城，府学胡同63号，那被土灰色的背景衬托着的两扇厚重的朱漆大门，关不住一棵苍老而遒劲的枣树，传说此树为文天祥手植。所有树木都会朝着天空生长，但这棵树的枝干却向南倾斜，一根根硬得像黑铁一样。我小心翼翼地看着它，谛听着，这北国的枣树仿佛听见了来自遥远南方的召唤，然而，哪怕真的还能听见七百年前的马嘶、三千里外的潮汐，那也是非常渺茫而又极其可疑的消息。又想，当一个王朝的丞相被另一个王朝的皇帝囚禁在这里，他用了多少年时间才能栽活了这样一棵树，又是否看到了一棵枣树开花、结果？我情愿相信，他曾亲口品尝过自己亲手种出来的枣子，这该是一个生命最后品咂到的滋味儿。然后，就在忽必烈劝降的第二天，他以一个士人的优雅的姿态擦擦嘴，穿上一身宋臣的官服，迈开一个宋臣的脚步，一步一步地走出这囚禁了他多少年的院落，沿着这枣树的枝干指引的方向，在元朝的天空下去完成一个大宋国士的献祭。

那是一个必将载入史册的日子，至元十九年十二月初九（1283年1月9日），一个王朝最后的丞相，被押到府学胡同西口的柴市，那里将成为他的祭坛。那一天，兵马司监狱内外，布满了戒备森严、如临大敌的元兵，数以万计的市民听到文天祥就义的消息，早早就伫立在了胡同两侧。从监狱到刑场，文天祥走得神态自若，如同最后一次上朝。行刑前，文天祥再次辨认了一下南方的方向，随即向着空茫的南方拜了几拜。

监斩官问："丞相有什么话要说？回奏尚可免死。"

文天祥淡然一笑说："吾事已毕，心无怍矣。"

这个人一直到死都文质彬彬，他没有像岳飞那样发出怒发冲冠的呐喊，也不像辛弃疾那样血脉偾张地仗剑疾呼。作为一介书生，他似乎一直缺少这样的英雄气概，只有永远的微笑和一身的书卷气。他以一个读书人的形象，完成了一个民族英雄的另一种造型。一个引颈就戮的过程，对于他，仿佛是一次深呼吸。当一颗头颅坠地，一腔热血飞溅，瞬间让你觉得，这个人的生命能量是在最后一刻爆发的。又一次验明正身，刽子手在身首分离的血腥中翻检着一个士人的身躯，在他被鲜血浸透了的衣服中，有一片如同偈语的《衣带赞》："孔曰成仁，孟曰取义。唯其义尽，所以仁至。读圣贤书，所学何事？而今而后，庶几无愧。"这是一个大宋国士以四十七年人生书写的一段生命偈语。

在文天祥死后四十年，他终于魂归少年时代瞻仰过的吉州学宫的先贤堂里，在"庐陵五忠"之列又多了一座肃然端坐的国士，他与欧阳修、杨邦义、胡铨、周必大、杨万里合称为"五忠一节"，一个少年见贤思齐的意念，从此化作永世的祭祀、永恒的存在。在他死去近一百年后，明洪武九年（1376年），一个隔代的王朝，又为一个隔代的丞相在当年的土牢上建起了一座文丞相祠。而后世对他的评价，一种是比较低调但也比较公正的："事业虽无所成，大节亦已无愧。"他一生的意义，其实不是作为一位名相，而是以名相而成为烈士，对此，还有一种更崇高的评价："名相烈士，合为一传，三千年间，人不两见。"

在一个囚徒远逝七百余年后,我突然想来这里看看,来了之后我才发现,这是一个由来已久的年头。那个一半在地上一半在地下的土牢,我已无从进入,我能走进来的,是一座模棱两可的老宅院,既像是一座宅院,又像是一座祠堂。而一个被捆绑住了双手、戴着枷锁和镣铐的囚徒,已经冠冕堂皇地端坐于庙堂之上。看着他,像他,又不像他。

　　天下有太多的文丞相祠,但我觉得北京这一座最有纪念意义。毕竟,这是他最后的归宿,而每一个王朝的最后,都会有这样一个绝望而忠诚的守望者来为之送葬,这个人,既是一个王朝的最后守望者,其实也是一个王朝真正的尾声。一个王朝虽已灭亡,一个亡国之臣最终以血祭的方式化作一座永生的大都之魂。从大都到北京,无论改朝换代风流水转,在一座京都的骨骼与经络之间都不能缺少这样一个灵魂,而时空中的一个坐标,也从此成为一个灵魂的坐标。

后 记

一个王朝走到了尽头，一部书也写到了尽头。所谓历史，其实就是致一个王朝的悼词，或一个王朝漫长的挽歌。

我坦承，若不是陈寅恪先生对宋朝给以"华夏民族之文化，历数千载之演进，造极于赵宋之世"的崇高评价，我兴许不会对这个王朝以及这个王朝的士人产生前所未有的兴趣。陈先生不仅是国学大师，更是一个有良知的现代知识分子，这也是我特别崇敬先生、服膺先生的缘由。

当我从不惑走向天命，回首一路走过来的岁月，越来越觉得，人生的每一个阶段都与历史心态有关。我的少年时代正处于"文革"动乱中一个非理性的时代，那时我是一个羸弱而内向、经常受到欺侮的少年，那种文攻武斗的社会混乱和无序，给一个少年贫血的身心带来了强人的冲击和冲动。仅从这样一个事例看，历史与现实就是互相映照的镜像；青年时代，我最敬佩的又是为大汉江山开疆拓土的汉武，那也是一个充满了力量感的人，但他的历史形象似乎比铁血秦皇更饱满、更丰富，更像一个人；人到中年，我又叹服那个集文治武功、雄才伟略于一身的唐太宗，诚如《新唐书》之赞叹："甚矣，至治之君不世出也！"如今我已年届天命，在岁月的嬗变中心态又为之一变，我对年轻时一向不那么看好的赵宋之世充满了平和而淡定的憧憬。追溯宋朝三百余年士大夫与天子共治天下的历史，我发现这个早已被历史注定为"积贫积弱"的王朝，远比我此前臆测的要强大得多，它的强大不是诉诸武力与强权，而是文化的伟力，在历代王朝中，从来没有哪个王朝盛世像赵宋之世这样拥有文化自信，也从未出现过这样一个无与伦比的文治盛世。

穿越三百多年的岁月，越往历史深处走，你越是发现，这是一个特别能激发文人抑或人文潜能的时代，这个时代的士人或士大夫在与天子共治天下的政治设计下，又在一个王朝誓言"不杀士大夫"的制度保证下，既充满了"为天地立心，为生民立命"的天下抱负，又充满了"为往圣继绝学，为万世开太平"的历史使命感，从而形成了中国古代史上士人们较为健康、典型的文化人格和更为进步发达的士人文化，开创了中国古代文化繁荣的新高度，促进了文化盛世的新发展。在漫长而幽邃的时空中，我邂逅了太多性格、命运非常相似的人物，那一个接一个的士人，仿佛是有着某种血缘关系的直系后裔。而在一个文治盛世，又有着比任何一个王朝更多的、更杰出的、更值得书写的士人。我只能反复筛选，在北宋时代，我选出赵普、寇准、晏殊、范仲淹、欧阳修、三苏（苏洵、苏轼、苏辙）、王安石、司马光十大国士；在南宋士人中，我遴选了李纲、陈规、张浚、虞允文、胡铨、陆游、辛弃疾、朱熹、陈文龙、文天祥十大国士，以此作为解读宋朝历史的节点人物。他们并非纯粹意义上的文人，而是在历史上起到了关键作用，或具有历史开创性，或具有决定性意义的代表性人物。他们都是有志于天下、以天下为己任的当之无愧的国士，在他们身上焕发出了一种高远而超拔的精神光芒。除他们之外，宋代还有很多杰出的士人，如唐宋八大家之一的曾巩、宋代理学先师陈抟以及宋代理学的代表人物——"北宋五子"周敦颐、二程（程颢、程颐）、邵雍、张载和南宋张栻、陆九渊等，还有周必大、范成大、杨万里等，都是我难以割舍的大宋士人，此外如柳永、黄庭坚、秦观、姜夔、吴文英等宋代杰出的文学艺术家，更有"千古第一才女"李清照，无不是值得后世铭记的杰出士人，但这些人扮演的历史角色大多体现在学术或文学意义上，也可以说是大宋鸿儒、大宋风流，我也只能忍痛割爱。这也是我在本书人物取舍对读者的一点诚实交代。

所谓历史，是一种既不会消失也不能确定的存在，也可以说是在存在与可能性存在之间发生。无论谁来书写历史，无论以怎样的方式书写，先必摒弃先入为主的、超历史的价值立场，绝不能以今天的时空对过去的历史做出是非判断，必须让历史人物回归历史，回到当时的历史情境来做出基本判断。这既是对历史的尊重，也是对后世高度负责的交代，可谓是历史书写者的基本底线。这就注定了，对历史的书写只能采取一种过去式的非虚构方式，必须以既有的历史典籍为依据。作为一个历史的追溯者，我也只能在苍茫时空和浩如烟海的史籍中，对其存在或可能性存在进行追溯或追问，这需要一条基本的历史线索，而我别无选择，只能以《宋史》为依据。尽管我对这类所谓正史、国史一向充满了怀疑，我深知这种被王朝钦定的历史往往会遮蔽或扭曲了历史真相，但离开了正史，你又无法对历史进行叙述。这样一部历史摆在那里，已经提供了原型，提供了基本事实，对那些基本的史实，又注定无法改写，但可以变换角度，不同的角度会产生不同的效果；对那些历史原型，注定已无法塑造，但可以更深入的方式，去探悉他们所遭逢的命运的秘密、内心的动机、背后的玄机等，有时候还真有新的发现。譬如说，在翻检《宋史》的过程中，我发现了很多前辈依然没有发现的颠倒、错乱和明显的谬误。这也是史家公认的，在所谓"二十六史"中，有人说"《宋史》是史上最污浊、错杂、颠三倒四的一部历史"，这一方面是因其有太多先入为主的观念在起作用，如后世在《四库全书》提要中所谓："它是以表彰道学为主旨，其他的事都不用心，因而错误数也数不清。"清代史学家赵翼在其《陔余丛考》《廿二史札记》中，摘录《宋史》各传中的袒护处、牵强附会处、是非失当处和错讹处共百余条。又有清人檀萃更切中要害地指出："《宋史》非常烦琐，而判断是非也并不是出于公心。自从出现了洛党和蜀党，到南渡而没有停止，其中的门户之见，对人心的禁锢很深，因而一路的人就多为人掩饰，不同路的未免指责过分。"明人柯维骐"为专一心志，矢志著述其《宋史新编》，竟毅然自宫"。其后又有沈世泊撰《宋史就正编》，"综核前后，多所匡纠"。尽管有那么多前辈为《宋史》纠偏、补正，甚至出现了柯维骐这种为矢志著史而毅然自宫的极端人物，但《宋史》依然难以完全纠错。我采取的方式是以此为追踪线索，决不全然以此为依据，尽可能参阅宋人笔记和更靠谱的历代帝王实录，从中理出史实的来龙去脉，若有直接的或各种史料可以互相验证的可信证据，则对《宋史》的谬误、缺憾进行矫正与弥补；而对一些历史原本就没有交代清楚的史实，我则尽可能厘清彼此间的逻辑链条，由此而审慎、客观地推断出我对历史真相的猜测，但绝不断定这就是（我也无法保证）事实真相，只是给有兴趣探悉历史真相的读者提供一些参考。对于一些源自宋人笔记、野史稗志或民间传说中的内容，我在叙述中都会明确交代其出处。

　　从一开始我就有一点野心，那就是把历史变成人的历史，从人的角度或角色去展现历史。中国历代正史基本上是王朝史，作为历史主体的活生生的、真实而复杂的人，大都被高度抽象化、符号化，这其实是中国历史最大的失实。而我既选择以人为历史主角，这也决定了本书的谋篇布局：全书按历史时序叙述，以每一位代表性的士人为一个独立的主题，独立篇章，对其生平事迹、价值观念、生活方式、精神世界等，从各个侧面呈现出来，并广泛地切入他们所处时代的政治、经济、军事、文化背景，再现他们所处时代的独特生存境域，尽可能还原"事件实景"。这每一个代表性的士人都不是孤独的个体，由一个代表性人物往往能带出一批与之同时代或与其先后的关联人物，许多人与事是相依相存、相生相克的，他们的历史又互相交集与呼应，对其归因分析、现实应对等有关的环节，笔者也尽可能交代清楚。如此一来，每一篇既是相对独立的篇章，从人物命运到历史情节又互相勾连、彼此呼应、浑圆一体，又可视为一部完整的长篇著作。

　　最后，必须坦诚交代，这并非一本纯粹的历史著作，而是以文学的方式重述历史，也可谓是一部亦史亦文、夹叙夹议的人文随笔或评传。既是文学作品，也就不可避免地有属于文学的原创性，其中除了任何非虚构类写作者都无法撇开的、具有公共性的文献史料，其他如对历

后记

史人物与历史事件的解读、思考、质疑、追问与猜想，又如叙事方式、人物描写、对历史情景的再现，以及如语言、细节、结构、意象、氛围等，均为本人的文学原创，这是读者在阅读时必须与文史资料区别开来的。以文学方式重述历史既是我写作的动力，也是本书的意义，这是还原历史的最逼真的方式，通过充满了现场感的文学手法可以把历史演绎得更加栩栩如生。事实上，我追踪的这些历史人物，对于今天的读者都是一些熟悉的陌生人，或陌生的熟人，说起来谁都知道，但我们又真的了解他们吗？对他们以及他们背后的那个王朝，我们又了解多少呢？这也是我在追踪这些历史人物的过程中，时常对自己发出的追问，在对历史的追溯与持续不断的追问中，我甚至对自己也时常产生怀疑。在辨识历史人物时，必须从认识自己开始。